추천사

칼뱅의 글을 읽을 때마다 나는 언제나 그의 균형 잡힌 시각에 놀란다. 그의 균형은 성경 말씀에 대한 넓고도 깊은 이해에서 나온다. 이 책의 주제인 참여 신학과 그리스도와의 연합, 선물의 경우도 예외가 아니다. 빌링스는 이 주제들과 관련해서 칼뱅이 얼마나 균형을 잘 유지했는가를 보여 준다. 이 책 번역자의 노고에 감사를 드린다. 이 책을 손에 잡는 분들마다 그리스도와 연합하여 그리스도와 함께 죽고 함께 살아나 하나님께 감사드릴 뿐 아니라 자신이 받은 선물을 이웃과 나누며 살아가기를 희망한다.
- 강영안 | Calvin Theological Seminary 철학신학 교수

과연 칼뱅은 하나님의 주권을 절대적으로 내세움으로써 인간이 참여할 여지를 완전히 배제한 것일까? 빌링스는 칼뱅의 '이중 은혜'를 지적하면서 이에 대한 답을 전개한다. 하나는 칭의의 은혜를 통해 그리스도의 의에 참여하는 것이며, 다른 하나는 중생의 은혜를 통해 갱신하는 과정이다. 이 둘은 모두 '그리스도와의 연합'이라는 관점과 연결된다는 점을 훌륭히 드러낸다. 특별히 기도와 성례론에 대한 칼뱅의 이해는 신자를 수동적으로만 두지 않으며 하나님 앞에 나오는 능동성으로 이끈다는 점을 지적한다. 따라서 칼뱅을 내세운 개혁 신학을 주장하지만 자칫 그리스도와의 연합을 통해 하나님의 은혜에 생동감 넘치게 반응하는 인간의 신앙 활동을 강조하지 않는 잘못을 교정해 준다. '그리스도와의 연합' 교리에 관심을 가진 칼뱅 연구자들에게 필독서로 추천할 만하다.
- 김병훈 | 합동신학대학원대학교 조직신학 교수

논쟁적인 책이다. 칼뱅이 말하는 하나님은 구원 역사에서 인간의 자유로운 역할의 여지를 허용하지 않는 강압적인 분이라는 기존의 고정관념에 도전장을 던진다. 저자는 '참여'라는 신학적 개념으로 칼뱅 신학 전체를 조명하면서, '선물' 신학의 편향성을 넘어서는 신자의 능동적 참여와 역할을 강조한다.
고무적인 책이다. 본서는 '역사신학과 조직신학의 변화하는 패러다임' 시리즈 중 하나이며, 2009년 기대되는 신학 서적에게 수여하는 템플턴상을 수상했다. 이는 이 책이 지닌 신학적 함의가 칼뱅 신학의 논의에 새로운 자극이 됨을 시사한다. 칼뱅과 그의 신학에 관심을 두고 있는 독자에게 묵직한 내용과 논의를 담고 있는 본서의 정독을 권한다.
- 박경수 | 장로회신학대학교 역사신학 교수, 아시아칼빈학회 회장

칼뱅이 특정 주제를 신학의 근간으로 삼지 않음에도 불구하고, '선물'의 관점에서 칼뱅의 신학은 인간을 수동적으로 만든다는 급진적 신학자들의 주장에 본서는 동의하지 않는다. 오히려 저자는 그리스도 안에 나타난 아버지의 사랑에 성령의 능력으로 '참여'하여 살아가는 신자의 능동적 삶이 칼뱅의 신학이 지닌 현대성이라고 강조한다. 곧 삼위 하나님의 사역인 칭의와 성화의 이중 은혜를 믿음으로, 신자는 삼위 하나님의 삶에 참여하되 기도와 말씀과 성례로 계속 참여하면서, 하나님 사랑과 이웃 사랑의 능동적인 실천으로 이 참여를 일상적 삶에서 펼친다. 본서는 개인주의로 물든 한국 교회를 성경적으로 교정하고, 신자들을 교회 안팎에서 삼위 하나님의 삶에 참여하는 능동적인 인격으로 만들도록 도울 풍성한 작품이다.

- 유해무 | 고려신학대학원 교의학 교수

토드 빌링스는 신학의 주요 주제를 전통과 현대를 아우르며 연결하고, 또 목회와 시민 생활과 접목하기 위해 섬세하며 실제적인 언어로 심도 깊은 대화를 주도하는 신학자이다. 이 책은 칼뱅의 '선물' 신학에 대해 여러 전통을 대표하는 학자들이 오해한 지점을 적극적으로, 그리고 성공적으로 해명한다. 칼뱅의 은혜와 칭의 교리는 하나님이 절대적이며 '유일무이한 수여자'이심을 강조하지만 인간을 단지 수동적인 수혜자로만 머물게 하지 않고 참여함과 교제와 공유의 풍성함으로 이끌고 있음을, 칼뱅의 여러 주석과 『기독교 강요』를 오가며 심도 있게 설명한다. 그리스도에게 '참여함'을 통해 자발적으로 하나님께 순종하고 함께 기능하며 교회와 국가를 세워 나가는 그리스도인들의 삶과 '은혜의 수동적 능동성'을 이보다 더 흥미진진하게 풀어낼 수 있을까 싶다.

- 이정숙 | 세계칼빈학회 중앙 위원, 횃불트리니티신학대학원대학교 교수/5대 총장

칼뱅,
참여,
그리고 선물

: 그리스도와 연합한 신자는 어떻게 살아야 하는가

칼뱅, 참여, 그리고 선물
Calvin, Participation, and the Gift

지은이　토드 빌링스
옮긴이　송용원

초판 1쇄 인쇄　2021년 6월 1일
초판 1쇄 발행　2021년 6월 7일

기획, 마케팅　김정태
편집　송혜숙, 오수현
총무　곽현자

발행처　도서출판 이레서원
발행인　문영이
출판신고　2005년 9월 13일 제2015-000099호
경기도 고양시 일산동구 백석로71번길 46, 1층 1호
Tel. 02)402-3238, 406-3273 / Fax. 02)401-3387
E-mail: Jireh@changjisa.com　Facebook: facebook.com/jirehpub

ISBN 978-89-7435-562-3 (93230)

CALVIN, PARTICIPATION, AND THE GIFT
ⓒ J. Todd Billings 2007

CALVIN, PARTICIPATION, AND THE GIFT was originally published in English in 2007. This translation is published by arrangement with Oxford University Press. JIREH PUBLISHING COMPANY is solely responsible for this translation from the original work and Oxford University Press shall have no liability for any errors, omissions or inaccuracies or ambiguities in such translation or for any losses caused by reliance thereon.

Korean translation copyright ⓒ 2021 by JIREH PUBLISHING COMPANY
Korean translation rights arranged with Oxford University Press
through EYA (Eric Yang Agency).

이 책의 한국어판 저작권은 EYA(에릭양 에이전시)를 통해 Oxford University Press와 독점 계약한 도서출판 이레서원에 있습니다. 저작권법에 의하여 한국 내에서 보호를 받는 저작물이므로 무단전재 및 복제를 금합니다.

토드 빌링스 J. Todd Billings 지음
송용원 옮김

칼뱅, 참여, 그리고 선물

: 그리스도와 연합한 신자는 어떻게 살아야 하는가

Calvin, Participation, and the Gift

이레서원

목 차

❖ 칼뱅 저서 약어 표 · 9
❖ 서문 · 10

|1장| 칼뱅, 참여, 그리고 현대 사상에서 선물의 문제 ·············· 15

1. 칼뱅, 그리고 '선물' 신학 · 18
   1) 교환의 선물들과 '값없는' 선물 · 18
   2) 선물 교환과 참여 · 23
2. 칼뱅의 독특한 참여 교리 · 33
3. 칼뱅의 참여 교리와 칼뱅 연구 · 37
   1) 칼뱅과 참여의 범주 · 37
   2) 칼뱅, 베르나르두스, 그리고 '그리스도와의 연합' · 40
   3) 칼뱅의 그리스도와의 연합 교리 안에 있는 법정적 요소 · 44

|2장| 칼뱅의 참여 교리 : 맥락과 연속성 ·················· 47

1. 칼뱅의 훈련과 맥락: 칼뱅의 신학적 형이상학 위치 결정 · 51
2. 교회 교부와의 연속성에 대한 칼뱅의 주장 · 65
3. 칼뱅이 참여 신학과 신-인 관계에 전유한 교부와 종교개혁 전통 · 69
   1) 인간과 신성: 근본적 분리인가? 아니면 서로 교통하는가? · 69
   2) 은혜와 죄: 중생에서 사람은 아무것도 아닌 걸까? · 70
   3) 신화(神化)의 문제와 오시안더 · 81
   4) 참여의 유형: '실제적 참여' 대 '단순한 모방' · 89
4. 결론 · 94

| 3장 | 칼뱅의 "그리스도 안에 참여함"
　　　언어의 발전 ··· 97

1. 초기 저작: 『기독교 강요』 초판 및 다른 초기 저작에 나오는 "참여" · 99
　1) 1536년 『기독교 강요』 초판의 기원 · 99
　2) 교리 교육에서 신학 체계로: 1539년에서 1543년까지 『기독교 강요』 · 108
2. 주석과 논쟁을 통한 칼뱅의 '프로그램' 발전 · 120
　1) 성서 주석에 나타난 참여와 칼뱅의 '프로그램' 확장 · 121
　2) 참여와 1550년대 논쟁들 · 133
3. 참여와 『기독교 강요』 최종판 · 138
4. 결론 · 141

| 4장 | 그리스도 안에 참여함 ··· 145
　　　: 신자들이 기도와 성례전 안에서 하는 활동

1. 선물과 감사: 이중 은혜, 그리고 입양에 참여하는 기도 · 147
　1) 이중 은혜와 성화 · 147
　2) 이중 은혜, 삼위일체적 기도, 입양의 경험 · 150
2. 그리스도 안에 '진정으로 참여함': 참여로서의 세례와 주의 만찬 · 160
　1) 참여와 성례전의 형이상학 · 160
　2) 성령으로 된 아브라함의 자녀: 참여와 세례 · 167
　3) 그리스도의 몸과 피에 대한 '진정한 참여': 주의 만찬 · 177
3. 결론 · 192

| 5장 | 참여와 율법 197
 : 인간이 하나님에게 적응하게 하시고자
   하나님이 인류에게 적응하심

   1. 근본적 '관계 양식': 타락 이전의 율법 · 199
   2. 타락 이후: 숨겨지고, 고발하고, 억제하는 율법 · 203
   3. 참여와 자연법 · 207
   4. 참여, 적응, 그리고 율법의 완성이신 그리스도 · 215
   5. 적응된 지식과 자발적 사랑의 기쁨 · 219
   6. 참여와 두 가지 '질서' · 232
      1) 참여와 교회의 질서 · 232
      2) 참여와 국가의 질서 · 240
   7. 결론 · 248

| 6장 | 칼뱅의 참여 신학 전망 251

   1. 선물 담론에서 칼뱅의 자리를 재평가하기 · 253
      1) '선물'의 범주와 칼뱅의 신학 · 253
      2) 칼뱅의 참여 신학과 그에 대한 비판 · 257
   2. 칼뱅의 참여 신학 전망 · 264

   ✤ 주 · 268
   ✤ 참고 문헌 · 308
   ✤ 색인 · 317

《 칼뱅 저서 약어 표 》

CC	D.W. Torrance and T. F. Torrance (eds.), *Calvin's Commentaries*, 12 vols.
CO	*Ioannis Calvini opera quae supersunt omnia*, Corpus Reformatorum, ed. W. Baum et al., 59 vols.
Comm.	Commentary
CTS	Calvin Translation Society translation of *Calvin's Commentaries*, 45 vols.
OS	*Joannis Calvini opera selecta*, ed. P. Barth et al., 5 vols.
TT	*Tracts and Treatises on the Reformation of the Church*, trans. H. Beveridge, 3 vols.
Wevers	John Calvin, *Institutes of the Christian Religion of John Calvin, 1539: Text and Concordance*, i, ed. Richard F. Wevers (Grand Rapids, MI: Meeter Center for Calvin Studies at Calvin College and Seminary, 1988)

다른 언급이 없다면, 『기독교 강요』 최종판 영어 번역은 *Institutes of the Christian Religion*, 1559, ed. J. T. McNeill and F. L. Battles, 2 vols.에서 인용한 것입니다.

서문

　선물 신학을 다루는 책은 감사의 말로 시작하는 것이 적절하다. 내가 칼뱅과 선물 담론의 관계에 관심을 가지게 된 것은 10년도 더 된 일이다. 당시 나는 우간다에서 지역 사회 개발 사역자로 있었다. 그 자리에 있으면서 나는 선물이란 것이 빈곤에 대하여 생색을 내는 정도의 대응은 아닐까 의혹을 품을 줄 알게 되었다. 하지만 그리스도인으로서 나는 그리스도교의 구원 안에 있는 '값없는 선물'처럼 권능을 부여하는 선물이 있다는 것도 고백했다. 우간다에서 보낸 시간에 대한 응답으로 나는 니체에서 마리옹, 밀뱅크에서 태너에 이르기까지 선물 수여와 관련된 문제를 탐구한 문헌에 몰두했다. 나의 많은 질문들을 장 칼뱅의 저작에서 다루고 있음이 점차 눈에 보이기 시작했다. 그가 선물 신학자들의 글에서 비판용 조연으로 자주 등장한다는 사실은 문제가 되지 않았다. 칼뱅이 그 질문들을 다룬 방식은 선물 담론과는 다른 틀에서 그 질문들을 보게 해 주는 동시에 그 질문들에 훨씬 복잡하고 정교한 답변을 제시했다. 나는 풀러 신학교에서 처음으로 이 탐구를 시작하던 시절 나의 스승과 멘토가 되어 준 미로슬라브 볼프와 존 톰프슨에게 감사드린다.

하버드 신학대학원의 멘토들과 동료들에게도 감사한 마음을 전한다. 이 프로젝트의 다음 단계가 거기서 완성한 나의 신학박사 논문이었기 때문이다. 하버드 신학대학원 콜로퀴움은 한 해 동안 선물 수여 담론을 다루었는데 당시 교수들과 학생들 모두의 통찰력에 감사한다. 논문 작성 기간 내내 매우 훌륭한 논문 심사 위원인 세라 코클리 교수, 데이비드 리틀 교수, 케빈 매디건 교수와 함께 일할 수 있는 특권을 누렸다. 세 분 모두 논문 프로젝트의 단계마다 에너지와 통찰력을 보태 주었다. 논문 연구와 작성 과정에서 이끌어 주고 격려해 준 지도 교수 코클리 교수에게 특별한 감사를 전하고 싶다. 하버드 박사 과정의 여러 학생도 많은 유용한 논평을 제공했다. 벤저민 킹, 탐신 존스, 마크 스콧, 랜들 쇼트, 데이비드 킴에게 특히 감사드린다. 나에게 학장 논문 장학금을 수여한 하버드 신학대학원에도 감사를 드린다. 덕분에 나는 독창적 논문 주제를 연구하고 집필하는 과정을 예상보다 훨씬 일찍 끝낼 수 있었다.

원고가 논문에서 책으로 발전하는 과정에서 내게 도움을 베푼 웨스턴 신학교의 동료들에게 감사하고 싶다. 이곳 웨스턴에서 가르치기 시작할 즈음 내 강의 부담을 줄여 준 학교의 선견지명 덕분에 이 프로젝트를 지속할 수 있는 여유를 가질 수 있었다. 게다가 격려와 비판적 의견을 제공한 웨스턴 교수진과의 대화에 감사를 드린다. 선임 동료인 존 헤세링크 교수는 이 작업의 마지막 단계에서 논평을 제공하여 특히 도움이 되어 주었다.

이 책을 쓰는 어느 단계에서든 관대하게 의견을 개진한 여러 칼뱅 학자와 종교개혁 학자(필 부틴, 존 톰프슨, 로니 데인, 이레나 배커스, 마이클 호턴)에게도 감사를 드린다. 그러한 유용한 조언을 받을 수 있는 것은 특전이었다. 이 책에 반영된 내용 개정을 위한 연구가 2006년 8월에 완료되었음을 밝혀 둬야겠다. 2006년 국제 칼뱅 학회에서 발표된 빔 얀스의 탁월한 논문 '칼뱅의 성찬 신학: 세 가지 교리-역사적 고찰'이 너무 늦게 나오는 바람에 그의 통찰력을 이 책에 담아 내지 못한 것을 안타깝게 생각한다. 그 논문의 개정판은 학회 자료들과 함께 헤르만 셀더르하위스가 책임 편집을 맡은 책 *Calvinus Sacrorum Literarum Interpres* (Göttingen: Vandenhoeck & Ruprecht)를 통해 곧 나올 예정이다.

이 책을 출판하는 데 동의하고 동료 심사를 통해 탁월한 비평적 논평을 제공해 준 옥스퍼드 대학 출판부에 감사를 드린다. 덕분에 원고의 많은 부분이 개선되었다. 또한, 이 책이 '역사신학과 조직신학의 패러다임 변화'라는 새로운 시리즈의 첫 번째 책으로 선정된 것을 기쁘게 생각한다. 역사신학과 조직신학의 경계는 여러모로 상당히 소통에 열려 있다. 여러 면에서 이 책은 칼뱅을 최근에 다양하게 사용하는 것에 대한 심문이면서 칼뱅 신학이 현대 신학 담론에 내놓을 만한, 가능성 있는 통찰들에 대한 재고이다. 나는 또한 이 책의 몇몇 항목과 일부 중복되는 나의 초기 소론(小論)을 출간했던 아래 출판사에서 저작권 허가를 받게 된 것에 감사드린다. 'John Calvin: United to

God through Christ', in *Partakers of the Divine Nature*, ed. M. Christensen and J. Wittung (Madison, NJ: Fairleigh Dickinson University Press, 2007), 200-218. 'United to God through Christ: Calvin on the Question of Deification', *Harvard Theological Review*, 98 no. 3 (July 2005), 315-334; 'Milbank's Theology of the Gift and Calvin's Theology of Grace: A Critical Comparison', *Modern Theology*, 21/1 (January 2005), 87-105.

마지막으로, 재기 넘치는 아내 레이첼에게 고마운 마음을 전한다. 아내의 격려, 동반, 교정은 이 프로젝트에 없어서는 안 되는 것이었다.

무엇보다도, 하나님께 영광을!

1장
칼뱅, 참여, 그리고 현대 사상에서
선물의 문제

칼뱅의(칼뱅에게) 하나님은 생명의 원천인가, 아니면 강력한 폭군인가? 신적 작용(divine agency)에 대한 칼뱅의 강력한 설명에 따르면 구원은 강압적인 신적 행위가 되는가, 아니면 피조물에게 권한을 위임하여 창조를 완성하는 것이 되는가? 이 질문들은 칼뱅의 사상을 받아들이는 과정에서 아주 오랫동안 지속(반복)되어 왔고, 종종 그의 작품에 나오는 동일한 이미지에 대한 다양한 해석에서 비롯된다. 칼뱅이 하나님을 모든 선함의 원천이라 말할 때, 이는 하나님의 공급과 사랑을 보여 주는 이미지일까? 아니면 하나님의 작용을 제외한 다른 행위자의 작용을 감소시키고 배제하는 신적 능력을 말하는 것일까? 의지의 속박에 대한 칼뱅의 교리에 따르면 구원은 인간의 동의를 폭력적으로 무시하는 것인가, 아니면 그로 인해 감사의 삶이 가능해짐으로

써 동의하기가 실제로 용이해지는 것일까? 이와 같은 질문은 오래되었지만 사라지지 않을 것만 같다.[1]

오늘날 신학 담론에서, 이러한 해석학적 기둥의 부정적인 측면은 '선물'에 대한 조직 신학의 발전에 의해 새로운 활력을 얻고 있다. 선물 개념이 계시, 은혜, 윤리를 둘러싼 토론의 중심적 범주가 되면서, '선물'과 관련된 논쟁이 최근 신학 담론에서 눈에 띄게 두드러지고 있다.[2] 이러한 신학의 기반에는 (창조와 구속에 있어서) 하나님의 베풂과 (자기를 내주는 사랑으로서) 인간의 베풂의 관계를 재구성하는 선물 수여에 대한 학제 간 논의가 자리 잡고 있다. 이 논의의 일환으로, 하나님에 대한 칼뱅의 관점은 '일방적(편무적)인 선물'의 교과서적인 사례로 치부되었다. 받는 쪽의 역할을 박탈하여 인간의 작용을 배제하는 한쪽만의 선물이라는 것이다.

'선물' 담론에서 나오는 이러한 최근 비판의 배경에는 너무 자주 들어 (이제는 다소) 진부해진 칼뱅에 대한 비판의 메아리가 놓여 있다. 예정론을 칼뱅 신학에서 '가장 중요한 신조'로 보는 해석에 대한 비판 말이다. 칼뱅 학계에서 이러한 해석에 대해 활발한 (그리고 매우 다양한) 반응이 있었지만, 선물 담론은 몇 가지 새로운 이슈를 토의에 부친다. (1) 칼뱅의 은혜 신학을 '참여'와 '신화'(神化, deification)에 대한 로마 가톨릭 신학과 정교회 신학과 관련시키는 것에 대한 관심, (2) 하나님의 구원에 대한 칼뱅의 묘사가 어떻게 구속 안에 있는 신자들의 활동과 관련되는지에 대한 관심, (3) 기독교적인 사랑의 본성과 어떻게 그것이 하나님의 사랑과 관련되는지에 대한 관심이 그것이다.

선물 담론에서 제기된 이러한 이슈들은 칼뱅 신학에 대한 오래된 질문을 새로운 방식으로 틀을 잡고 표현할 기회를 제공한다. 칼뱅의 '그리스도 안에 참여함' 신학은 정확히 무엇인가? 그리고 그것은 어떻게 신자들의 활동(혹은 그것의 부족)과 관련되는가? 칼뱅의 참여 교리에 만약에 형이상학적인 차원이 있다면 무엇인가? 참여 개념은 하나님이 자기를 내주시는 것과 인간이 자기를 내주는 것을 유익하게 결실을 맺는 방식으로 연결하는가? 선물 담론에서 행해지는 칼뱅 비평은 그에 관한 체계적이고 역사적인 학문 연구에 어떤 간극과 빈틈이 있는지 드러낼 뿐 아니라, 칼뱅 신학의 이러한 중대하고도 상호 연관된 주제들을 탐구하기 위한 토론의 장을 제공한다. 내가 그리스도 안에 참여하는 것에 대한 칼뱅의 교리를 칼뱅의 글 안에서 탐구하고자 노력하는 동안, 선물 담론의 에큐메니칼 및 학제 간 맥락은 칼뱅의 교리를 다양한 교리적 대안 가운데 자리매김할 수 있는 도전과 기회를 제공한다. 이에 더하여, 선물 담론에서 만들어진 칼뱅에 대한 비판은 동방 정교회 및 페미니스트 학계의 칼뱅 비판과 더불어 칼뱅 연구자들의 칼뱅 비판과 종종 겹친다. 나는 이러한 겹치는 부분을 이 책 본문의 적절한 대목에서 언급할 것이다.

이 책 서론에서는 선물 담론에서 비롯된 칼뱅 비평을 더 상세히 설명해 나가려 한다. 그 설명을 마치면 이러한 비평에 대한 응답으로 나의 가장 중요한 논지를 진술하고, 이 논지와 관련된 칼뱅 연구의 핵심 이슈들을 잠시 생각해 볼 것이다.

1. 칼뱅, 그리고 '선물' 신학

1) 교환의 선물들과 '값없는' 선물

"칼뱅은 가톨릭 신학의 핵심에서 상호적(호혜적) 개념을 찾아내어 맹렬히 비난했다." 역사가 나탈리 제몬 데이비스는 이렇게 쓴다. "칼뱅은 그가 할 수 있는 모든 곳에서, 무상의 관점으로 상호(호혜) 관계를 재구성하면서, 로마 가톨릭의 선물과 의무 체계 전체를 해체하고자 시도했다."[3] 데이비스의 분석에 따르면, 칼뱅은 하나님과 인간의 관계에서 상호성과 호혜성이 있을 수 있는지 신학적 의혹을 가지고 있다. 이러한 의혹은 칼뱅이 (마치 그들의 하나님처럼) 값없이 선물을 베푸는 그리스도인들을 옹호하고 근대 초기에 만연했던 호혜성 규범을 버렸다는 내용으로 이어진다. 일방적인 선물의 하나님은 일방적 선물의 제네바로 이어지는데, 결혼 예식, 선거, 기타 사교 행사들과 관련된 교환의 선물에 관한 규정에서 그러했다.[4] 데이비스가 볼 때, 칼뱅은 어떻게 사랑을 베풀지에 관해서는 명확한 지침을 주지만, 어떻게 받을지에 관해서는 아무런 설명을 하지 않는다.[5]

선물 관계에 대한 데이비스의 분석은 공백 상태에서 나온 것도 아니고 칼뱅 자신의 관점에서 나온 것도 아니라 마르셀 모스의 민족지학(誌學)적(ethnographic) 분석에 기반한 인류학 모델을 참고하여 나온 것이다. 1925년에, 마르셀 모스는 『선물에 대한 소론』(*Essai sur le don*)을 썼고, 이는 1954년에 『증여론: 고대 사회에서의 교환의 형태와 이유』(The Gift: The Form and Reason for Exchange in Archaic Society)로 번역되었다. 이러한 중추적인 작업은 영향력 있는 인류학자, 사회이론가, 역사가로 하여금 사회에 내재된 '선물 경제' 관점에서 사회를 분석하도록 이끌었다.[6] 모스 자신은 '선물 경제'를, 부족 간 상호 교환을 수반하던 '집단 서비스' 경제와 시장 경제 사이에 있는 하나의 과도기적 단계로 보았다.[7] 모스 이후 인류학자들은 현대 자본주의 시장 경제에 대한 하나의 대안으로 선물 경제의 일부 형태를 옹호하는 경향이 있었다.[8] 하나의 문화 속에서 선물 경제는, 경쟁과 사익 추구에 의존하기보다는, 상호 이익과 교환에 바탕을 두는 사회적 합의로 이어질 수 있다.

선물 경제에 대한 모스의 묘사는 하나의 역설에 바탕을 두고 있다. '선물'은 표면적으로는 '무상'이나, 언제나 교환을 요구한다는 것이다. 증여자와 수령인의 관점에서 보면, 선물에는 그것이 구매가 되지 않도록 하는 숨겨진 비밀이 있다. 선물에는 거래를 주고받음을 비인격화하기보다는 인격화하는 호의가 있다. 여기서 증여자와 수령인은 사회적 동맹으로 함께 묶여 있다. 하지만 바로 그 호의 때문에, 호혜적 반응에 대한 다음과 같은 기대가 있다. 대개는 시간이 좀 지난 후에 수령인은 답례 선물을 이용해서 감사하는 마음으로 응답해야 한다. 다시 말하면, 답례 선물은 현금이 아니라, 감사의 응답으로서, 웬만하면, (예전에 받았던) 첫 번째 선물을 넘어서는 것이어야 한다. 이와 같이 선물 수여 관계의 복합 네트워크는 '전통' 사회에서 발전하고, 그 안에서 개인들은 선물의 호혜적 수여를 통해 사회 연대를 형성함으로써 적대감(또는 개인주의)를 극복한다. 참여자 관점에서 보면, 선물은 '무상'이나, 선물을 받으면 의무가 발생한다. 모스와 같은 인류학자가 볼 때, 선물은 무상과 거리가 멀다. 선물은 비-자본주의적인 사회적 교환 시스템과 떼려야 뗄 수가 없다.[9]

모스와는 대조적으로, 자크 데리다는 '무상의 선물' 개념이 '선물' 그 자체의 온전성에 내재된 것으로 본다. 데리다에 따르면, 모스는 선물 수여가 항상 교환을 포함한다고 주장하기 때문에 '선물을 **제외한** 모든 것'에 대해 들먹대는 것이다.[10] 경험적 관찰의 측면에서, 데리다는 실은 모스에게서 그리 멀지 않다. 하지만 데리다가 볼 때, 선물이라는 개념 그 자체는 '비경제적인(aneconomic) 것으로 남아 있어야 하고,' 주고받는 교환의 '순환에 이질적인' 것으로 남아 있어야 한다.[11] 선물은 선물로 **등장하자마자** 즉시 선물이 아니게 된다. 왜 그럴까? 그렇게 되면 의무가 발생하고, 이러한 의무 때문에 선물이 진정 무상의 것, 정말로 값없는 것이 되지 못하기 때문이다.[12] 따라서, '불가능한' '선물'은 데리다의 은유가 되는데, 이는 **차연**(différance)에 의거한 그의 윤리적 전환을 위한 것이다. (차연: 프랑스 철학자 데리다가 영어의 'difference)'로는 설명할 수 없는 또 다른 차이를 설명하기 위해 새롭게 창조한 개념으로, 차이를 시간적으로뿐만 아니라 공간적으로 연기해 놓는다는 의미이다. 한국어로는 '차연(差延[다를 차, 늘일 연])' 또는 '차이(差移[다를 차, 옮길 이])'라고 한다.- 역자 주) 비록 순수한 선물은 언제나 미루어질지라도, 우리는 언제나 타자에게 순수하고 자유로운 방식으로 주려고 애써야 한다. 데리다의 선물 탐구는 'es gibt'('존재는 주어져 있다'는 뜻 - 역자 주) 개념과 더불어 현상학의 한계에 대한 하이데거의 암시적 진술을 기반으로 하고, 에마뉘엘 레비나스와 대화를 나누다가 윤리적 방향성으로 데리다의 생각이 전환한 것을 기반으로 한다.[13] 데리다가 보기에, 아브라함에 의한 이삭의 희생이라는 죽음의 선물은 나타날 수 없는 '순수한 선물'을 위한 일종의 윤리적, 종교적인 모델이 된다.[14]

'선물'에 대한 이러한 두 가지 대조적인 묘사와 관련하여, 현대 신학자들은 하나님과 관련하여 '선물' 개념을 발전시켰다. 모스가 볼 때, 선물 수여는 종국에는 실질적인 사회적 재화의 교환이다. 데리다가 볼 때, 선물 수여는 필연적으로 (자유롭게 무상으로 내주는) 잉여(초과)의 형태를 포함한다. 대개 선물 신학자들은 모스의 교환 경제의 일부 버전을 채택해서, 모스가 언급했던 무리한 요소들로부터 선물 경제를 정화하고자 한다. 이처럼 기독교는 세계자본주의 방식에 하나의 '견제'와 저항 세력을 제공할 수 있다. 이에 더하여, 어떤 선물 신학자들은 데리다가 선물을 호의와 잉여(초과)의 행동으로 강조하는 측면을 전유하고자 애를 쓴다.

스티븐 웹은 칼뱅과 바르트에 대한 그의 비평에서 선물에 대한 두 가지 개념의 측면을 결합한다. 웹은 하나님은 '과도하면서 동시에 호혜적'이신 분이라고 주장한다. 그리고 그는 기독교 신학이 교환 양식에 도전하는 '과도한' 선물과 더불어 호혜성을 갱신하는 길을 가리킬 수 있으리라 주장한다.[15] 과도성과 호혜성과 관련하여, 칼뱅은 그의 하나님이 모든 선함의 원천으로서 '경탄할 만한 관대함'을 가지고 계시다는 점에서 가능성을 보여 주고 있다.[16] 칼뱅의 하나님은 무엇이 필요하거나 부족해서 선물을 주시는 분도 아니고, 또한 그 자체로 전혀 효과가 없는 것을 주시는 분도 아니다. 하지만 '과도'와 '호혜'라는 두 가지 관점 모두에서, 웹은 칼뱅의 생각이 적절하지 않다고 생각한다.

'과도'의 측면에서, 웹은 칼뱅이 '상환, 교환, 부채, 노동이라는 경제적인 면에서의 감사'를 '지속적으로' 그리고자 하기 때문에, 핵심을 놓치는 것이라 생각한다.[17] 하나님과 인간 사이의 선물 교환을 이러한 방식으로 묘사하게 되면 선물에 대한 감사를 깎아내리게 되고, 마지못해 감사를 강요받는 결과를 초래하게 된다. 감사는 하나님께 대한 자유롭고 자발적인 응답이어야 하는데, 칼뱅의 신학에서는 그것이 '강요되고, 강제되고, 제약된다'.[18] 이는 선물, 부채, 그리고 답례 선물이라는 경제적 논리에 너무 쉽게 들어맞는 하나님의 '선물' 개념이 원인이다.

반면에, 웹은 칼뱅의 신학이 하나님과 인간 사이의 선물 수여 관계에서 호혜성이라는 결정적인 논리를 놓치고 있다고 생각한다. '차별 없이 풍성하게 베푸시는 하나님'이라는 칼뱅의 개념을 접한 사람은 '시큰둥하게' 반응하고 싶은 마음이 든다. 왜 그럴까? 그 이유는 "사람들이 이러한 영속적인 베풂을 받기만 하는 데 만족하지 않고, 어떤 형태의 베풂을 자신의 것으로 주장하기를 원하기" 때문이다.[19] 만약 하나님만이 **유일무이한** 수여자라면, 인간은 권한이 없는 정도가 아니라 무력한 존재가 되고 만다. 그들에게 즐거운 감사는 없고 (자기도 수여자가 되기를) 바라는 마음 때문에 죄책감에 시달리게 될 것이다. 하나님의 신적 작용에 대한 칼뱅의 강력한 진술은 상호적, 호혜적 교환의 진정한 과정에서 수취자를 빼 버린다. 하나님의 베풂이 인간에게 주어진 바를 통제하고, 그 결과로 하나님이 받으시는 것과 하나님이 베푸신 것이 동일해진다. 결과적으로, 우리의 감사는 우리가 아무것도 드릴 능력이 없다는 표현이 된다.[20] 이처럼 하나님에게서 받는 것 말고는 우리는 아무것도 할 수 없기 때문에, 우리의 감사는 우리 반응의 가장 기본적인 수준(차원)에서 '감사 없음'에서 기인하는 '불안하고 고된 노동'이 된다.[21]

2) 선물 교환과 참여

웹과 달리, 대부분의 선물 신학자들은 '일방적인' 선물을 말하는 데리다 전통에 반대하는 입장에 서 있다. 그 대신에, 그들은 교환으로서의 선물 개념으로 시선을 돌려 세계 자본주의의 거래 논리와 데리다의 수수께끼 같은 '죽음의 선물'에서 벗어나고자 한다.

이러한 인물들 대부분은 '급진 정통주의'(근대성과 탈근대성 모두에 대한 대안으로 1990년대에 영어권 신학에서 일어난 운동으로, 모든 세속주의를 포기하고 포괄적인 기독교의 관점을 추구한다. -역자 주)로 알려진 분파에 속한 신학자들로 대략 분류할 수 있다.[22] 이 신학자들이 데리다식의 포스트모더니즘에 대한 대안을 제공하고자 노력했던 만큼, '선물' 개념은 이들의 작업에서 중요한 역할을 했다. 존 밀뱅크(John Milbank), 캐서린 픽스톡(Catherine Pickstock), 그레이엄 워드(Graham Ward), 그리고 시몬 올리버(Simon Oliver)는 '선물'이라는 범주를 각자 나름의 방식으로 써서 자신의 이론을 세우기도 하고 남을 비판하기도 했다. 이러한 인물들 모두는 선물에 대한 신학을 전개하는 과정에서 칼뱅을 신랄하게 비판한다.

칼뱅을 포함한 그룹인 '일방적 선물' 신학자들에 대해 가장 상세한 반론을 펴 온 학자로 밀뱅크가 있다. 밀뱅크는 선물과 교환의 관점에서 교리적 자리들(loci)을 재구상해서 선물을 초월적 범주로 만들려고 노력한다.[23] 이러한 프로젝트의 일환으로, 그는 참여를 통해 사람들이 통합되는 삼위일체적 교환을 서술하고자 한다. 인간은 하나님의 본성의 일부인 자기를 내주는 교환에 참여하면서, 수평적 차원에서도 자기 수여와 교환으로 이루어진 호혜적 관계에 적극 참여한다.[24] 이러한 방식으로, 인간은 '동일하지 않은 재현'을 통해 하나님의 베풂에 화답하고, 그리하여 모스의 사회적 합의(배열)의 정제된 형태를 통해 삼위일체 하나님의 삶을 드러낸다.[25]

이러한 구성적인 프로젝트의 일환으로, 밀뱅크는 선물의 '호혜적' 개념이 아니라 '일방적' 개념을 지니는 이들과 자신의 접근 방식을 구별하고자 한다. 데리다가 이 범주에 해당하는데, (그에게) 선물이란 만일 보답의 어떤 암시라도 있다면 (혹은 그 자체가 선물로 인지되면), 선물이 아니게 되는 것이기 때문이다. 밀뱅크가 볼 때 데리다가 일원으로 있는 긴 명단의 철학자들은 호혜와 상호 배려보다 허무주의적 자기희생과 궁극적으로는 칸트의 '무심'(disinterest) 개념을 옹호한다. 밀뱅크의 계보가 미심쩍기는 하지만,[26] '일방적' 선물에 반대해 온 그의 오랜 비판은 그 자신의 신학적 관심사에 대해 많은 것을 말해 준다.

예를 들어, 장 뤽 마리옹에 대한 그의 긴 비평에서, 밀뱅크는 계시에 있어서 마리옹이 신적 선물(donum)에 대해 설명한 것이 '정확히 절반만 맞다'고 주장한다. 포화 현상에 대한 마리옹의 설명에서 '선물'과 '과도'의 언어는 계시가 될 수 있는 상황(양상), 즉 수취인의 예상을 무색하게 하고 압도하는 상황(양상)에 관해 말하는 데 사용된다. 우리 자신의 예상의 지평을 이 현상으로 가져오는 대신에, 이 현상은 그 자체의 지평으로 '포화'되고, 그리하여 수취자가 거기에 추가할 수 없게 된다. 우리는 스스로 돌출하는 그 현상을 응시하는 것이 아니라, 자체의 지평을 가져오는 현상의 응시를 받아들인다.[27] 밀뱅크는 모든 선물 수여는 무에서 창조하시는 하나님으로부터 처음 나온다는 의미에서 마리옹이 '절반은 맞다'고 생각한다. 수취인의 존재 그 자체가 무상의 선물인 셈이다. 더욱이, 구원은 사람들을 신적이고 삼위일체적인 생명으로 통합시키시려는 하나님의 자유롭고 과도하게 넘치는 '베풂'을 포함하는 의미가 있다.

그러나 밀뱅크는 마리옹이 신적인 선물을 **수동적으로** 받는 것으로 기술한다고 생각하고, 이것이 문제가 된다고 여긴다.[28] 밀뱅크는 '무심'과 관련된 이 수동적 수용을 '아가페'와 '에로스'를 선명하게 대조하는 안데르스 니그렌의 빈약한 윤리에서 그대로 볼 수 있다고 주장한다. 밀뱅크에 따르면, 마리옹의 하나님은 니그렌의 하나님처럼 '아가페' 사랑의 선물을 베푸시는 분이다. 그리고 그것의 아킬레스건(치명적인 약점)은 그것이 은전(恩典, gratuity)과 자기 수여를 옹호하고 상호 호혜를 배제한다는 데 있다. 동정녀 마리아가 그랬듯이, 인간이 선물을 '**필연적으로** 받게' 되는 자리는 어디에 있을까?[29] 마리옹의 일방적 선물은 인간 작용과 호혜성을 손상시킨다는 말을 듣는데, 한마디로, 신적 선물에 대한 인간의 **참여**를 약화시킨다는 것이다. 그리스도인들은 신적 선물을 수동적으로 받아들이기보다는, 주는 것과 받는 것을 동시적인 것으로 만드는 '능동적 수용'에 참여한다.[30] 사람이 교환에 능동적(적극적)으로 참여하지 않으면서, 그리고 자기 자신을 하나님과 타인들에게 사랑으로 되돌려주지 않으면서, 하나님으로부터 선물을 받을 수는 없다.

비슷한 방식으로, 밀뱅크는 은혜가 '전가'를 포함한다고 설명하는 것에 깊은 의혹을 품는다.[31] 전가는 가능한 최악의 의미에서의 값없는 일방적 선물이라고 한다. 신자들은 이러한 의로움을 수동적으로 받는다고 하며, 그들 밖에서(extra nos) 오는 이 의로움에 그들은 어떠한 것도 더할 수가 없다. 밀뱅크에 따르면, 전가로서의 구원은 인간이 능동적으로 하나님과 주고받는 참여의 구원론을 구성하는 '능동적 수용'을 약화시킨다. 분명히, 밀뱅크는 인간이 신적 수준과 동일한 수준에서 하나님과 서로 호의를 베풀 수는 없다는 데 동의한다. 밀뱅크가 이야기하는 하나님은 모든 존재와 모든 선물의 토양이 되시는 분인 것이다. 그렇지만, 인간은 삼위일체의 자기를 내주시는 교환 속으로 끌려들어가 이러한 교환 속에서 능동적인 참여자가 될 수 있다. 이러한 능동적인 삼위일체적 참여는 일방적 선물과 전가의 수동적 반응과는 대조적이다. 니그렌은 전가의 궁극적인 윤리적 결과를 보여 준 것으로 여겨지는데, 그 결과인 사랑은 상호 존중(배려)과 호혜에 관심이 없지만, 자체 목적으로서 자기희생을 지향한다.[32] 이러한 묘사와는 대조적으로, 밀뱅크는 사랑을 연회로 묘사한다. 다른 사람이 연회에 참여하도록 돕는 일에 희생이 관련될 수 있겠지만, 여기서 목표는 상호 배려, 기쁨, 호혜적인 사랑에 있다.[33]

놀랄 것도 없이, 칼뱅의 '전가' 교리는 밀뱅크가 선물 관점에서 칼뱅을 비판할 때 겨냥하는 중요한 과녁이다. 그는 칼뱅의 칭의 교리의 법정적 요소(=전가)가 토마스의 참여 신학 안에 있는 교부학의 종합과 근본적으로 불연속적 관계에 있는 유명론적 원리 체계를 나타내는 것으로 여긴다. 전가는 칭의를 '존재론적 주입'에서 '신적 법령'으로 대체한 중세 후기의 흐름에 굴복한 생각이라는 것이다. 그 결과, 그는 전가가 하나님과 피조물 사이의 근본적 유비를 무너뜨리고 참여의 존재론보다는 존재의 일의적 이해를 강조한다고 본다.[34]

밀뱅크에 따르면, 칼뱅이 구원을 하나의 '선물'로서 이해하는 것은 옳으며, 칼뱅은 은혜와 성화 교리를 통해 그리스도 안에의 참여 교리를 재발견하는 데 감탄할 만한 관심을 보인다.[35] 그러나 칼뱅은 전가에 의한 칭의를 강조한 탓에, 중세 후기 유명론자들이 잃어버렸던 참여와 신화(神化, deification)라고 하는 풍부한 범기독교적 유산을 재발견할 수가 없게 된다.[36] 칼뱅이 퍼지게 했던 법정적 칭의 논리는 그리스도 안에 참여하는 것에 대한 그의 언어를 약화시켜서 그것이 영화(靈化, spiritualized)되고 존재론적으로 모호하게 만든다고 밀뱅크는 말한다.[37] 결국, 칼뱅에게 구원의 선물이란 전가를 통한 '일방적' 선물이고, 인간의 수동적인 반응만을 허용하는 (선택을 통해 성취되는) 선물이다. 이렇게 되면 인간이 신적 선물을 능동적(적극적)으로 받기에 적절한 자리가 약화되고 손상된다. 픽스톡의 말에 따르면, 칼뱅의 접근 방식은 '성부와의 화해'를 성취하기 위해 '성자 안으로 통합되는 것'을 포함하지 않고, '우리를 대신해서 하나님이 행하신 계약(거래, transaction)을 받아들일 뿐'이다.[38] 삼위일체적 구원론 안에서 신자들은 성령을 통해 그리스도 안에 참여하여 성부와 화해하게 되는데, 전가의 외적인 의는 삼위일체적 구원론을 약화시키는 것으로 보인다.

따라서 비록 칼뱅이 교부와 토마스주의(중세의 대표적인 신학자이자 철학자인 토마스 아퀴나스의 사상을 가리키는 용어 - 역자 주) 유산에서 발견되는 '그리스도 안에의 참여'라는 주제를 부분적으로 재발견했음에도 불구하고, 그의 형이상학적 모호성과 유명론으로 끌리는 경향성 때문에 그의 참여 신학에서는 이전의 참여 신학에 담겼던 중요한 의미가 사라지고 말았다고 한다.[39] 예를 들어, 칼뱅이 율법의 완성으로서의 사랑에 대해 많은 말을 했지만, 밀뱅크는 칼뱅의 법정적 논리 때문에 그리스도인의 삶의 중심 자리에 서 있던 사랑이 밀려났다고 주장한다.[40] 사랑 대신에, 하나님의 약속을 신뢰하는 믿음이 중심적 역할을 맡는다. 다시 한번, 이렇게 되면 인간인 신자에게는 참여적 역할보다는 수동적 역할이 남는다. 신적 선물은 칼뱅에게서 일방적인 것이다. 이것은, 하나님에게서 인간으로, 인간에게서 인간으로 이동하는 일방적(한쪽 방향의) 사랑으로 이어진다. 신자들은 일방적 선물로 받은 사랑을 모방하려고 애쓰기 때문이다.[41]

밀뱅크는 칼뱅의 신학적 형이상학이 모호하지만 의심스럽다고 여긴다. 전가의 법정적 논리는 하나님과 인간을 분리시키는 경향이 있어서 칼뱅의 칭의와 성화 신학만 약화시키는 것이 아니라, 성례전에서 기표와 기의를 분리시키고, 그의 그리스도론에서 신성과 인성을 분리시킨다는 것이다. 결국, 밀뱅크는 신적 작용과 인간 작용을 심사숙고하여 조화시켜 내려던 칼뱅의 시도는 실패한 것이라 생각한다. 오히려, 신적 작용과 인간적 작용은 둘로 분리되어 칼뱅의 구원론, 그리스도론, 성찬 신학에 있는 결함으로 이어지는 경향이 있다.[42]

다른 급진 정통주의 신학자들, 특히 그레이엄 워드와 시몬 올리버는 성찬에 담긴 칼뱅의 참여의 언어를 집중 비판했다.[43] 밀뱅크와 달리, 그들은 칼뱅의 참여의 형이상학을 모호하다고 보지 않는다. 오히려, 칼뱅은 이러한 성찬의 형이상학에서 명백한 유명론자일 뿐 아니라, 근대성을 위대하게 예견한다고 한다. 그들은 칼뱅이 그리스도의 임재를 위한 인식론적 근거를 개인 안에 둔다고 주장하는데, 개인이야말로 그리스도의 현존 여부를 자신의 믿음 혹은 불신으로 결정하기 때문이다. 워드는 칼뱅이 데카르트의 방법론적 의심을 예견했던 것으로 이해한다. 워드에 따르면, 칼뱅은 이른바 상징의 유효성이 하나님이 기만자인지 여부에 의존한다고 제안하여 '공허한 상징'을 하나의 가능성으로 만드는 방식으로 그렇게 했다.[44] 워드와 올리버는 칼뱅의 전가라는 법정적 논리가 그의 신학 전반을 전형적으로 나타내는 것으로 본다. 이러한 법정적 논리는 궁극적으로 하나님과 인간의 자의적인 대조와 분리를 초래한다는 것이다.

그러나 밀뱅크처럼, 워드와 올리버는 칼뱅이 초기의 범기독교적인 참여 신학과 관련된 언어를 많이 사용한다는 것을 알고 있다. 워드와 올리버가 볼 때, 칼뱅의 신학은 이 언어를 궁극적으로 포섭해 내는 모습을 보여 준다. 특히, 워드는 칼뱅의 성찬 신학이 '참여', '실체' 그리고 '유비'라는 단어에서 유명론 등장 이전에 그 단어들에 담겼던 모든 내용을 비워 낸다고 주장한다.[45] 칼뱅은 성찬에서 그리스도의 '실체' 안에 '참여'한다고 말하지만, 그 언어에 대해 어떤 존재론적이고 형이상학적인 의미도 부인한 채, 그것을 불충분한 '영적인' 참여로 대체하고 만다.[46] 이러한 '영적' 참여는 성찬이 육체라는 물질적 세계, 정치라는 지상적 실재, 교회라는 사회적 실재와 동떨어진 것이 되게 한다.[47] 그 대신에, 이러한 형이상학적 결핍에 이끌려 칼뱅은 개인주의 근대성과 자기 확증된 '영적' 경험을 향한다. 신성과 인성, 천상적 실재와 지상적 실재 사이의 깊은 '이원론'은 근대성 안에 있는 내면과 외면, 영적인 것과 과학적인 것의 이분법(양단법)을 예견한다. 궁극적으로, 칼뱅의 이원론은 근대성 안에 있는 '세속적 이성'의 부상을 예견한다.[48]

밀뱅크, 워드, 올리버, 픽스톡의 작업에서 선물, 선물 수여, 참여의 언어 사이에 강력한 연결이 이루어진다. 참여의 신학은 신적 사랑과 인간 사랑 사이를 연결하고 그것을 호혜적인 삼위일체적 구원론과 통합하는 데 필수적인 재통합 요소로 간주된다. 그들 각자가 하나님은 선함의 유일한 원천, 모든 선물의 수여자라고 보는 칼뱅의 하나님 교리에서 특정한 미덕을 본다. 그러나 칼뱅의 문제는 본질적으로 두 가지이다. 첫째, 그의 '선물'로서의 구원 개념은 그의 전가 교리 및 더 나아가서 예정론에 예시된 바와 같이 일방적이다. 따라서 인간은 '수동적(소극적)'으로 남겨지게 되고, 베풂을 위한 신적 모델은 상호적이기보다는 일방적인 것이 된다. 둘째, 칼뱅은 그리스도 안에 있는 참여의 언어에서 유명론 이전에 있던 신학적 중요한 의미를 비워 내어 (급진 정통주의 신학자들이 분명히 표현한) 아우구스티누스와 토마스 아퀴나스 계열의 상호성 모델을 약화시킨 것으로 보인다.

급진 정통주의 사상가들의 이러한 비판과 유사한 것을 웹과 태너(Tanner)에게서도 볼 수 있다. 위에서 언급했듯이, 웹은 감사의 문제에 대해 칼뱅을 비판한다. 신적 '선물'에 대한 칼뱅의 진술은 너무 강한 나머지, 인간이 응답할 공간을 남겨 두지 않는다. 그러나 이에 더하여 웹과 태너는 칼뱅에게는 선물에 대해 부채와 상환의 논리를 넘어서는 초과의 신학(과잉의 신학 혹은 넘침의 신학 - 역자 주)이 부재하다고 생각한다. 웹은 '황홀한(자기를 벗어나 타인과 서로 주고받는 상태를 의미함 - 역자 주)' 상호성(호혜성)만의 어떤 고유한 특징을 칼뱅에게서 볼 수 없다고 주장한다.

칼뱅의 신학에 있어서 인간 작용의 위치에 대한 이러한 비판은, 칼뱅의 진술에 대한 페미니스트들의 비판과 겹친다. 예를 들어, 안나 케이스-윈터스는 신적인 '지배와 통제'를 특징으로 하는 칼뱅 신학 안에서 하나님과 세계의 2항(二項) 대립이 작용하고 있다고 주장한다.[49] 그러한 신학에서는 호혜성과 상호성을 찾아볼 수 없는데, 이 둘은 신-인 관계 안에서 바람직할 뿐 아니라 대인관계에서도 그대로 모습을 드러내는 것이다.

게다가, 최근 동방 정교회 저술가들은 칼뱅의 신학이 구원을 신화(deification)로 이해하는 신학이 빠져 있는 전형적인 서방교회적 특징의 한 사례라고 보았다. (칼뱅에게서 발견되는) 인간의 죄에 대한 아우구스티누스적인 강조는 용서로서의 구원 개념으로 이어져, 구원이란 창조의 목적을 성취하는 것이라는 더 큰 의미를 몰아내는 것이다.[50] 앤드루 루스에 따르면, 서구 신학자들은 창조에서 신화에 이르는 궤적을 놓치는 경향이 있고, 그래서 '창조 질서는 구속의 위대한 드라마를 위한 배경에 지나지 않는다고 보고, 그 결과 성육신은 아담의 타락을 바로잡는 것, 구속의 한 수단으로만 여기는' 경향이 있다.[51] 루스가 볼 때 이 규칙의 예외는 서구의 일부 신비가들이고, 그들은 '주변화'와 '의혹'에 시달렸다.[52] 다른 경우에, 정교회 저술가들은 칼뱅의 신학에 구체적으로 반대하는 주장을 펼치면서, 신적 작용과 인간 작용에 대한 칼뱅의 진술은 후기 비잔틴 신학의 범주를 사용하지 않기 때문에 결함이 있다고 했다.[53] 급진 정통주의 사상가들과 같이, 이들 정교회 저술가들은 칼뱅의 참여 신학에 결함이 있음을 암시한다. 위에 언급된 모든 비평가들과 마찬가지로, 그들은 구원에 있어서 신적 작용에 대한 칼뱅의 강력한 진술이 인간의 정당한 호혜적 반응을 압도한다고 생각한다.

요약하면, 현대 선물 담론과 페미니스트와 정교회 신학자들의 공통된 주장들은 칼뱅의 신학에 몇 가지 역사적이고 신학적인 도전을 제시한다. 비판의 핵심은 칼뱅의 언어와 참여 신학에 쏠려 있다. 그것은 교부 신학과 유명론 이전의 중세 신학과 연속성을 가지고 있는가? 이 언어의 형이상학적 중요성은 무엇인가? 그것은 칭의와 성화 안에 있는 신자들의 활동과 어떻게 관련되는가? 인간은 이 구속에 있어서 하나님을 향해 수동적이기만 한가? 만약 그렇다면, 이러한 수동성은 '일방적 선물들'을 통해 타인들에게 전달되는가? 칼뱅의 성찬 신학과 사랑의 윤리학에 '상호성(호혜성)'은 존재하는가?

2. 칼뱅의 독특한 참여 교리

이러한 오늘날의 질문을 다루는 데 있어서, 나는 역사적, 신학적 분석에 착수하여 칼뱅의 참여 신학의 모든 차별성을 명확히 하고자 한다. 오늘날 칼뱅의 비평가들은 대개는 (말하자면 칼뱅과 대조할) 숨겨 놓은 장부를 염두에 두고 있다. '참여'는 토마스 아퀴나스가 올바로 표현해 냈고, '신화'(deification)는 후기 비잔틴 신학에서 결정적으로 정리해 냈으며, '상호성(호혜성)'은 마르셀 모스 혹은 다른 선물 이론가들이 제대로 이해했다는 식으로 말이다. 일반적으로, 이런 상황에서 외부적 기준을 칼뱅의 신학에 부과하게 되는데, 그러면 칼뱅은 해당 기준에 미치지 못하는 것으로 드러난다.

확실히 해석학적 순환에서 벗어날 방법이 없다. 독자들이 아무 목적이나 관심사도 없이 칼뱅을 읽지는 않는다. (그렇게 읽어서도 안 된다.) 하지만 이러한 현대 담론에서는 칼뱅의 독특한 목소리와 현재 진행

되는 신학 담론에 칼뱅이 기여할 수 있는 바가 완전히 빠져 있다. 칼뱅의 그리스도 안에의 참여 신학을 분석해 보면 그의 신학에 담긴 매력적이면서도 수수께끼 같은 측면이 드러난다. 그것은 아퀴나스주의자 혹은 (동방 정교회의) 팔라미스주의자도 아니고, '선물 교환'의 선명한 사례도 아니다. 칼뱅은 교부들과 중세 신학자들이 전개한 참여 신학에 깊숙이 관여한다. 그러나 이러한 신학은 그의 신학에서 근본적으로 다른 맥락에서 재구성된다.[54] 참여의 문제에 대한 이전 시대의 신학 전통과 칼뱅의 관계는 연속성과 불연속성의 미묘한 조합이다.

기독교 참여 신학의 다양한 '유형'과 관련하여, 칼뱅의 접근 방식은 독특하다.[55] 그는 그리스도 안에의 참여가 이중 은혜, 즉 분리할 수 없지만 구분할 수 있는 칭의와 성화의 은혜로 구성된다고 본다. 로마 가톨릭과 동방 정교회의 전달(impartation: 베풀고 나누어 주는 것 - 역자 주) 신학에 반대하면서, 칼뱅은 칭의가 전가로 주어지는 하나님의 값없는 용서로 성취된다고 믿는다. 멜란히톤의 경우처럼 전가를 하나의 법적 행위의 의미로 이해하기도 하지만, 전가에 대한 칼뱅의 설명은 그리스도와의 연합과 불가분하게 결부되어 있다. 신자들은 그리스도와 그분의 의로우심을 '소유'하게 된다는 것이다.

그리스도 안에 참여함의 두 번째 은혜, 즉 성화 안에서 칼뱅은 참여를 전달로 보는 이전의 교부 신학과 중세 신학에 깊숙이 의지한다. 칼뱅이 볼 때, 그리스도 안에 참여하는 것은 생명을 주시는 성령에 의해 권능을 받아, 사랑의 법을 감사로 성취하는 것을 언제나 포함한다. 이 참여는 교회와 성찬의 삶이라는 공동체적 맥락 안에서 일어나는 데, 이 공동체적 맥락은 상호 연결된 일련의 외부로 나아가는 사랑과 이어져 있다. 교회 안에서의 서로를 향한 사랑, 이웃에 대한 사랑, 궁핍한 사람들에 대한 사랑, 사회에서의 정의와 평등을 통해 나타나는 사랑이 그것이다. 칼뱅은 고독한 명상가의 순간적인 황홀경(자기 바깥으로 나감, 혹은 자기 밖에 섬 - 역자 주)을 통한 참여를 말하는 플로티노스 전통을 멀리한다. 그리스도 안에 참여함 – 그리고 그에 따라오는 성령을 통하여 그리스도 안에서 하나님과 연합함에 대한 가장 풍요로운 언어 – 는 칼뱅에게는 언제나 수평적인 사랑의 삶과 연결되어 있다. 칼뱅의 신학은 인간의 사랑과 성화를 가르치되 그것을 성령의 전달과 주입의 관점에서 말하기에, 인간과 그의 능력은 성령을 통해 사용되는 것이 된다. 그러나 인간의 사랑의 행위는 결코 칭의나 영원한 생명을 얻을 '공로'가 되지 못하며 이는 하나님께 바치는 자발적인 찬양의 응답이다.

종말에 신자들은 언젠가 태곳적 누렸던 하나님 안에 참여함을 되찾겠지만, 그것은 더욱 심오한 방식의 참여가 될 것이다. 그것은 그들이 성령을 통해 그리스도와 하나가 되었기 때문이다.[56] 하나님과 연합하게 되면 성화라는 두 번째 은혜는 절정에 이르게 될 것이고, 그렇게 해서 첫 번째 은혜를 통해 믿음으로 이미 얻은 연합이 온전해질 것이다. 그와 같이, 신자들은 성자께서 본성으로 가지신 것을 은혜로 받게 되면서 하나님께 연합되고 더 이상 죄인이 아닌 자가 될 것이다. 하지만 이 마지막 상태에서조차도, 하나님과의 연합을 위한 근거는 하나님이 거저 주시는 호의가 될 것이다.

그렇기에, 칼뱅의 '그리스도 안에의 참여' 신학의 발전, 범위 및 형이상학을 검토함으로써, 나는 칼뱅의 참여 신학이 창조와 구속에서 하나님과 인간의 차별화된 **연합**을 단언하는 구원론에서 나온다고 주장한다.[57] 칼뱅은 성경과 범기독교적 자료들(특히 이레나이우스, 아우구스티누스, 알렉산드리아의 키릴로스)을 연구함을 통해, 참여에 대한 광범위하고 두드러진 교리를 발전시킨다. 기도, 성례, 율법에 대한 순종에서 신자들은 삼위일체의 생명으로 통합된다. 신자들은 믿음으로 그리스도와 '완전히 하나'가 됨에 따라, 성부는 그분의 값없는 용서에 의해 관대하신 분으로 계시되고, 성령은 신자에게 권능을 부여하여 감사의 삶을 살게 한다. 이러한 방식으로, 신적 작용에 대한 칼뱅의 강력한 진술은, 성화에 있어서 인간 작용을 약화시키는 것이 아니라 오히려 가능하게 한다. 은혜는 본성을 파괴하지 않고 충족시키고, 그리하여 신자들은 창조의 목적대로 '하나님 안에 참여'할 수 있게 된다. 더욱이, '그리스도 안에의 참여'는 교회 안과 밖 모두에서 사회적 상호성과 자선(박애)이라는 사랑의 관계에 참여하는 것과 분리될 수 없다. 모든 단계에서, 그리스도 안에 참여함에 대한 칼뱅의 진술은 인간 활동과 번영에 대한 참여적 비전에 근거를 둔다.

이 책에서 나는 칼뱅의 신학이 '일방적 선물'에 대한 일반적 비판의 대상이 되지 않는다는 것을 보여 줄 뿐만 아니라, 하나님과 인간의 구원 관계에 대한 그의 미묘한 삼위일체적 진술이 '선물', '교환', '호혜'의 범주가 허용하는 것보다 훨씬 더 복잡하고 다면적 의의(가치)를 지니고 있다는 것을 보여 주고자 한다. 이렇게 하여, 본서는 신학 담론에 대해 선물 범주가 환원주의적 위험이 있음을 경고하는 역할을 할 수 있다. 나는 이 작업을 칼뱅의 그리스도 안에의 참여 신학을 주해함으로써 진행하려고 한다. 그 과정에서 최근의 비평에 대응할 뿐 아니라 선물 신학자들의 관심사를 다루는 방식으로 하나님과 피조물의 구원 관계를 표현하는데 유망한 성경적, 신학적 방식을 가리킬 것이다.

3. 칼뱅의 참여 교리와 칼뱅 연구

이 책에서 내 주장의 본론으로 들어가기 전에, 나는 칼뱅 연구의 최근 문헌 맥락 속에 연구 프로젝트를 배치하고 싶다. 나의 주장을 펼치는 모든 과정을 통해 관련된 이차 자료들을 내가 인용하는 동안, 우리가 앞으로 나아가기 전에 간략하게 살펴보는 것이 도움이 될 만한 세 가지 주제가 있다. (1) 칼뱅과 참여의 범주 (2) 칼뱅, 베르나르두스(Bernard), 그리고 '그리스도와의 연합' (3) 칼뱅의 그리스도와의 연합 신학 안에 있는 법정적 요소에 관한 질문이다.

1) 칼뱅과 참여의 범주

칼뱅의 그리스도 안에의 참여 신학에 관한 문헌에 대해 주목해야 할 첫 번째 사실은 다음과 같은 내용을 찾아볼 수 없다는 점이다. 즉 칼뱅의 참여 언어와 신학의 전개와 범위에 특별히 초점을 맞춘 논문이 존재하지 않는다. 상황이 이렇게 된 이유 중 하나는 그리스도 안에 참여함과 칼뱅이 그것과 관련시키는 입양과 접목과 같은 개념이 칼뱅에게 분명한 위치를 차지하는 교리로 형성되지 않은 데 있다. 참여 개념은 내가 이 책 3장에서 살펴본 것처럼, 매우 다양한 교리적 주제 안에서 나타난다. 그리스도 안에 참여함이 칼뱅의 사고에서 두드러진 개념이긴 하나, 그것이 그의 작품 여기저기 퍼져 있다 보니 포착하기 어렵다는 점과 더불어[58] 그 주제가 성례, 윤리, 삼위일체, 그리스도와의 연합을 다룬 논문에 각각 다 등장했지만, 그 주제에 관한 어떤 종합적 연구도 없는 상황이 되었다.

오늘날의 신학적 관심사를 칼뱅의 본문에 가져오면, 이질적 범주를 부과하려는 유혹이 늘상 있게 마련이다. 사실, 바로 그 이유로 나는 '선물' 언어의 분석을 이 책의 일차적 취지로 만들고 싶지는 않다. 칼뱅이 구원을 '선물'로 여기는 신학을 지니고 있다고 생각하지만, 그것이 구원이나 그리스도인의 삶을 위한 그의 주된 은유는 아니다. 칼뱅이 성찬, 구원, 성령이라는 다양한 맥락에서 '선물'에 대해 이야기하지만, (그렇다고 해서) 그것이 그가 기독교 교리를 체계화하는 데 있어 중심 범주는 아니었다. 그렇기에, 데이비스의 저작과 같은 작품은 선물의 범주를 칼뱅의 신학적 가르침에다 집어넣어 읽으면서, 칼뱅의 사고에서 '선물'의 중심성을 지나치게 강조하는 경향이 있다.[59]

대조적으로, 나는 '참여'의 개념이 칼뱅 자신에게 중요한 범주인 것을 보여 주고 싶다. 그 이유는 주로 그것이 성경적이고 교부적인 범주이기 때문이다. 칼뱅이 1539년에 『기독교 강요』라는 '프로그램'과, 로마서로 시작되는 주석 시리즈를 개발하면서 로마서 6, 8, 11장에 나타나는 참여 신학은 광범위한 중요성을 가지고 전개된다. 더 나아가서, 칼뱅이 (알렉산드리아의 키릴로스를 읽는 동안) 요한 문서에 관해 주석해 나가면서 그의 참여의 구원론은 그리스도 안에 참여함에 의해 삼위일체 하나님의 생명 안으로 통합되는 것이라고 강력하게 진술된다. 칼뱅은 참여로서의 구원에 대한 성경적이고 교부적인 언어를 전유하면서, 또한 수평적 방향으로 그 개념을 발전시킨다. 이렇게 하여, 칼뱅의 참여 신학의 특징은 그의 기도, 성례, 율법 신학에서 영향을 끼치고 있다. 결국, 지금 행하는 작업에서 갖는 부담은, 칼뱅 신학에서 참여의 의미를 명확히 하는 것만이 아니라, 그의 사상에서 그것이 중대한 개념임을 보여 주는 데 있다. 칼뱅의 참여 신학에 관해 특별히 초점을 맞춘 다른 논문이 없는 까닭에, 이것은 참신한 과제이다.

그렇긴 하지만, 이 프로젝트가 이 주제와 관련된 칼뱅 2차 문헌의 경향과 어떻게 연관되는지는 주목할 만한 가치가 있다. 리처드 멀러와 함께, 나는 칼뱅이 그의 신학 체계 전체를 추론할 수 있는 '중심 도그마'를 가지고 있다고 생각하지는 않는다.[60] 그렇기 때문에, 나는 '그리스도 안에 참여함' 혹은 그와 관련된 '그리스도와의 연합'이라는 개념이 칼뱅에게 '중심 도그마'라고 생각하지 않는다.[61] 이 책은 '그리스도와의 연합'과 관련된 이전의 몇몇 연구들과 공통점도 있지만 중대한 차이점도 있다. '연합'보다는 '참여'에 초점을 맞춤으로써, 나는 구원을 받아들이고 그리스도 안에서 사는 신자의 활동에 초점을 맞춘

다. 게다가, 데니스 탐부렐로와 달리, 나는 칼뱅 사상의 '신비적' 차원을 탐구하는 한 방식으로 '연합'을 이용하진 않겠다.[62] 그 대신에, 나는 칼뱅이 체계적으로 인성에서 신성을 분리한다는 주장에 대한 해독제로서 '연합'(칼뱅에게 그것은 언제나 차별화된 연합이었다)과 관련된 개념들을 사용하겠다.

2) 칼뱅, 베르나르두스, 그리고 '그리스도와의 연합'

나는 '그리스도와의 연합'이 칼뱅 사상의 중심이라고 보지는 않지만, 칼뱅의 신학에서 이 주제는 분명히 그의 그리스도 안에의 참여 신학을 고찰하는 데 부인할 수 없는 중요성을 지니고 있다. '참여'는 '연합', '접목', '입양'과 더불어, '그리스도 안에' 있다는 것이 어떤 의미인지에 대한 칼뱅의 개념을 보여 주는 주요한 이미지들이다. 실제로, 칼뱅은 신자들이 누리는 그리스도와의 연합이 중세 시대에 우선하는 중요한 용어였던 '신비적 연합'으로 불릴 만한 가치가 있다고 생각했다.[63]

이러한 연결의 결과로, 탐부렐로의 『그리스도와의 연합』(*Union with Christ*)과 같은 연구서들은 칼뱅에게서 볼 수 있는 '신비적 연합'에 대한 관심을, 그에 앞선 신학자들이 그에게 미친 영향에 대한 평가와 결합했다. 탐부렐로는 콜프하우스의 고전적인 작품 『장 칼뱅과 그리스도 공동체』(*Christusgemeinschaft bei Johannes Calvin*)를 광범위하게 비평하는 도중에 그리스도와의 연합과 관련된 주제에 관하여 베르나르두스와 칼뱅을 나란히 비교하고 있다.[64] 탐부렐로는 콜프하우스가 칼뱅의 신학에 있어서 '신비적' 차원을 교리적 동기에서 외면하는 태도를 제대로 문제 삼는다. 콜프하우스가 칼뱅의 그리스도와의 '연합' 개념이 동화와 정체성 상실을 포함하는 신과의 연합이 아니라고 주장한 것은 옳지만, 그러한 불명료한 연합을 필연적으로 포함하는 그의 '신비주의' 정의는 기독교 신비주의 저작의 역사와 관련해서 볼 때 적절하지 않다는 것이다.[65] 탐부렐로는 칼뱅과 베르나르두스를 비교하면서, 칼뱅이 베르나르두스처럼 '정통' 신비주의자들과 유사성이 있고, 그들에게 의존하는 영역이 있음을 보이고자 한다. 반면 콜프하우스는 이러한 계통의 연속성을 불편하게 여겼다.

그럼에도 불구하고, 여러 면에서 콜프하우스의 작업은 칼뱅의 그리스도와의 연합 신학에 관해 올바른 방향을 가리킨다. 콜프하우스는 교리적 감수성에 힘입어 연합에 대한 칼뱅의 신학과 언어의 광범위한 교리적 중요성을 알아볼 수 있었다. 콜프하우스의 설명에 따르면, 그리스도와의 연합은 성례와 깊이 연결되어 있으면서 그리스도인의 삶에 대한 칼뱅의 관점에서 성찬이 지니는 필수적인 역할을 보여 준다.[66] 더 나아가, 콜프하우스는 그리스도와의 연합이 교회를 단지 제도(기관)가 아니라 '살아 있는 유기체'로 보는 교회관에 생기를 불어넣는 데 어떻게 도움이 되는지 보여 준다.[67] 콜프하우스의 작업의 한계가 무엇이든, '그리스도와의 연합' 범주가 칼뱅 신학의 다면적 측면에 중요한 의미가 있음을 옹호하는 의견을 내고 있다.

탐부렐로가 중세의 신비 신학 전통에 대한 콜프하우스의 편견에 있는 결함을 보완하려 하지만, 칼뱅의 '그리스도와의 연합' 신학에 대한 탐부렐로의 설명 또한 뚜렷한 한계가 있다. 베르나르두스의 신학을 전면에 내세움으로써, 독자는 베르나르두스와 칼뱅을 나란히 비교하는 선상에서 그리스도와의 연합 신학을 접하는 데 그치고, 칼뱅이 베르나르두스를 어떻게 전유하며 사용했는지에 관한 분석을 접하지 못한다. 후자의 경우, 앤서니 레인의 작업은 16세기에 베르나르두스를 수용하는 맥락과 칼뱅이 자신의 목적을 위해 베르나르두스를 사용했던 방식을 보여 주는 데 더 많은 도움이 되었다.[68]

레인의 설명에 따르면, 칼뱅은 자신의 주장을 뒷받침하고자 베르나르두스를 사용했던 것이지, 베르나르두스를 그 자체로 연구하고자 했던 것도 아니고 베르나르두스의 뚜렷하게 관상적인 주제를 자신의 작업에다 전유하고자 했던 것도 아니다. 예를 들어, 그리스도와 교회 사이의 성애적인 결합(erotic union) 은유는 베르나르두스의 작품에서 중심이 되는 것이다. 이 은유는 사실상 칼뱅에게는 전무하다. 그럼에도 불구하고, 칼뱅은 아가서(Canticle)에 관한 베르나르두스의 주해를 많이 사용하고 있다. 거기에서 성애적 결합 은유는 명백하고 가장 중요하다. 칼뱅은 어떠한 방식으로 이 자료를 사용하는가? 그는 그것을 선택적으로 사용한다. 이를테면 그리스도와의 연합을 '전가'로 말하는 식이다. 신자들은 그리스도와 그분의 의로움에 너무나 연합되어 있어서 그분의 '의로움' 안에서 '안식'할 수 있다는 것이다.[69] 이 경우, 칼뱅은 성애적 은유를 본래의 문맥에서 떼어 놓고 고찰했기에, 그 은유를 본인 당대에 일어난 칭의에 대한 매우 정교한 논의에 적용할 수 있었다. 그런데 이러한 논의는 베르나르두스의 정신(마음)에서 가장 중요한 자리를 잡고 있지는 않았다. 이렇게 베르나르두스를 이용하는 것이 베르나르두스를 오용하는 것인지 여부가 칼뱅의 사상을 이해하는 데 특별히 관련된 질문은 아니다. 칼뱅의 그리스도와의 연합 신학에 대해서는, 그가 베르나르두스의 연합과 안식의 언어를 받아들이고, 그래서 베르나르두스의 영향을 받는다는 점에 주목하는 것만 중요하다.[70] 하지만 만약 이것이 칼뱅 안에 있는 중세의 '신비적' 요소라면, 그것은 독특하게 비-수도원적이고 종교개혁의 목적을 위한 새로운 맥락에 적용된 셈이다.

그리스도 안에 참여함을 다루는 본서의 초점은 '그리스도와의 연합'에 관한 예전 연구들과 다른 요소들을 강조하는 것이긴 하지만, 본서는 유사한 이슈들을 새로운 방식으로 재검토할 것이다. 칼뱅과 교부 신학 및 중세 신학과의 관계 이슈가 여전히 중심이 되지만, 베르나르두스에게 쏠려 있던 초점은 이레나이우스, 아우구스티누스, 그리고 알렉산드리아의 키릴로스와 같은 인물에게서 발견되는 참여 신학으로 옮겨진다. 게다가, '참여'의 이미지가 지니는 적극적인(능동적인) 초점을 통해 우리는 신자들이 믿음으로 그리스도와 하나 될 때 보여 주는 활동을 보다 면밀하게 살펴볼 수 있을 것이다. 끝으로, 콜프하우스의 작업이 지니는 한계에 단순히 반응하기보다, 참여에 초점을 맞추면서 그의 논쟁의 여러 요소를 확장하여 칼뱅이 구원과 성례와 교회 안에 있는 연합과 참여에 대하여 이야기하는 다면적인 방식을 보여 주려고 한다.

3) 칼뱅의 그리스도와의 연합 교리 안에 있는 법정적 요소

그리스도와의 연합에 대한 칼뱅의 법정적 언어의 의미와 중요성에 대한 문제는 이 책의 중요한 부분을 차지한다. 이는 그 자체로 한 무더기의 2차 문헌으로 다뤄진 이슈이다. 전반적으로, 나는 나의 접근 방식이 내가 볼 때 다투고 있는 두 대안 사이에 자리를 잡는다고 본다. 첫째, 칼뱅 사상에 대한 '반-법정 학파'(Anti-Legal School)라고 부를 만한 입장은 칼뱅의 그리스도와의 연합과 칭의 교리에서 법정적 요소를 경시하는 경향이 있고, 때로는 참여, 입양, 접목이라는 유기적인 이미지가 신적 법령이라는 법정적 이미지의 대안임을 암시한다.[71] 다른 한편으로, 어떤 작가들은 외부 법령의 비유가 그 자체로도 충분하다고 (아무리 의도치 않았다 해도) 암시할 수 있는 방식으로, 칭의 안에 있는 그리스도와의 연합의 환원할 수 없는 법적 차원을 강조한다.[72] 갈라진 두 진영 학자들 모두 정당한 논지를 가지고 있지만, 나는 칼뱅의 입장이 그 중간에 해당한다고 주장한다. 그의 칭의 교리, 그리고 그의 그리스도 안에의 참여 신학의 일부는 틀림없이 '법정적'이다. 우리 밖에서(extra nos) 오는 의로움은 그리스도와 하나 되는 존재가 되면서 받는 동시에 하나님의 값없이 주시는 은혜로운 용서를 통해서 받게 된다. 나는 반-법정 학파의 일부 사람들이 칼뱅의 칭의 교리를 법정적으로 읽는 것은 후대 개혁파 정통주의의 시점을 가지고 칼뱅을 읽는 경향이라고 주장하는 것임을 깨닫는다. 다른 한편으로, 다른 학자들은 신적 법령의 외적 본성을 강조함으로써 이 독특한 종교개혁 교리를 보호하려고 시도한다. 그와 반대로 나는 칼뱅의 이중 은혜(duplex gratis) 교리를 완전히 법정적이라든지 아니면 '그리스도와의 연합'에 대한 비-법정적 설명으로 단순하게 환원할 수 있다든지 하는 식으로 간단히 분류할 수 없다고 주장한다. 칼뱅의 관점은 다르게 환원할 수 없게 법적인 것이지만, 외부적이고 법률적 법령을 담아내는 법정 은유는 그가 그리스도와의 연합과 이중 은혜에 대한 신학을 위해 구사하는 유일한 이미지는 아니다. 오히려, 칼뱅의 그리스도와의 연합 신학은 참여, 입양, 전가, 놀라운 교환과 관련하여 분명하게 표현되고 있다. 그것은 법적 이미지와 변화의 이미지를 모두 활용하는 다면적 교리이다.

칼뱅 연구의 여러 사안들에 관한 이상의 광범위한 설명은 본 연구에서 다양한 칼뱅 학자들과 나누는 대화의 물꼬를 트는 역할을 한다. 나는 선물 담론의 비평과 관련하여 칼뱅의 그리스도 안에의 참여 신학을 탐구하면서, 오늘날의 신학자들만 아니라 칼뱅 학자들과 16세기 전문가들과 대화를 나누고자 한다. 이 작업의 결론에서, 나는 나의 설명이 칼뱅의 그리스도 안에의 참여 신학과 관련된 다양한 역사적이고 신학적인 담론에 대해 지니는 여러 함의를 한데 모을 것이다.

2장
칼뱅의 참여 교리
: 맥락과 연속성

칼뱅의 '그리스도 안에 참여함' 개념에 대한 많은 비판은 그의 생각의 맥락과 배경과 관련이 있다. 1장에서도 언급했지만, 선물 신학자들의 주장은 칼뱅이 '참여'에 대해 말하지 않았다는 것이 아니라, 그가 참여라는 언어에서 이전의 신학 내용, 특히 아우구스티누스와 아퀴나스에서 발견되는 내용을 비워 버렸다는 것이다. 다시 말하면, 이 비판은 칼뱅의 참여 신학이 그보다 앞선 시기 유명론 등장 이전의 참여 신학과 근본적으로 불연속적이라는 것이다. 신학적 내용의 관점에서, 칼뱅은 하나님과 인간을 근본적으로 대립하게 만드는 방식으로 죄에 대한 의지의 속박을 강조했다는 말을 듣는다.[1] 그 결과 본성과 은혜 사이에 긴장을 내세우게 되고 성례전에서 '기호'와 '기의'를 날카롭게 분리하게 된다고 한다. 칼뱅은 '유일한' 존재에 대한 형이상학을 극단적으로 내세운 나머지, 피조물은 존재이신 하나님 안에 어떤 참여도 하지 않게 만들었다는 말도 듣는다.[2] 이렇게 하여, 선물 담론의 칼뱅 비평가들은 칼뱅이 '유명론자'라서 신성과 인성을 체계적으로 '분리했다'고 주장하면서, 그에게 네스토리우스 그리스도론자 칭호를 부여하고 그의 성찬 신학에 결함이 있다고 본다.[3] 칼뱅의 '참여' 신학은 교부 및 중기 중세 개념과 거리가 있는 탓에 결함이 있다는 것이다.

선물 신학자들의 이런 칼뱅 비판은 칼뱅이 받은 훈련과 그의 무언의 형이상학적 가정을 '유명론'으로 설명하는 일군의 학자들의 칼뱅 비판과 눈에 띄게 겹친다. 이러한 학자들의 주장은 이 장의 뒷부분에서 검토되겠지만, 여기서 그들이 추론하는 방식의 한 예를 제공하는 것이 유용할지도 모르겠다. 킬리언 맥도널은 그의 저서 『칼뱅, 교회, 그리고 성찬』(John Calvin, the Church and the Eucharist)에서 게오르크 마요르(John Major), 둔스 스코투스(Duns Scotus), 리미니의 그레고리(Gregory of Rimini), 그리고 "오컴의 윌리엄(William of Occam)의 유명론"이 칼뱅 사상의 주요한 역사적, 신학적 배경을 구성한다고 주장한다. 역사적으로 그들의 사상이 칼뱅의 학창 시절에 주요한 영향을 끼쳤을 것으로 보인다. 신학적으로 그들의 사상은 칼뱅의 신학을 적절하게 해석할 중세 후기의 주의설(主意說, voluntarism)[어떤 현상을 이해할 때 의지의 선택을 본질적 측면으로 여기는 견해로서, 하나님의 의지를 지성보다 위에 둔다. - 역자 주]의 배경을 제공하는 것으로 보인다.[4] 이러한 맥락에서 맥도널은 칼뱅이 신성과 인성을 철저히 '변증법적'으로 바라보는 사상가라서, 그리스도의 인격 안에 신성과 인성이 어떻게 연합하는지 궁극적으로 설명할 수 없다고 주장한다.[5] 맥도널이 볼 때, 칼뱅은 상징과 의미를 연합시키지 못하는 성찬 신학으로 이어지는 펠라기우스식 그리스도론을 지닌다.[6] 더욱이 칼뱅의 그리스도 안에의 참여 신학에는 토마스 아퀴나스의 참여 개념에 담긴 형이상학적인 무게가 결여되어 있다.[7] 그러나 맥도널의 칼뱅 해석을 어떻게 평가하든 한 가지는 분명한데, 그가 칼뱅의 학문적, 신학적 '배경'에 대해 내린 평가가 그가 그린 칼뱅의 초상화에 결정적 영향을 끼쳤고, 그가 그린 칼뱅의 모습은 선물 담론에서 나오는 많은 비평을 반영하고 있다는 점이다.

이 장에서 나는 칼뱅이 신성과 인성을 체계적으로 대립시켜서 '그리스도 안에의 참여'라는 그의 언어를 무용하게 한다는 주장을 뒷받침하기 위해 사용되던 칼뱅의 '배경'에 담긴 역사적이고 형이상학적인 측면을 재평가하고자 한다. 첫째, 나는 칼뱅의 학문적 훈련과 맥락에 대한 역사적 설명을 간략하게 제공하면서, 칼뱅을 신성과 인성을 대립시키는 '변증법적' 신학자로 간주하는 공통된 주장을 평가할 것이다. 나는 칼뱅에 대한 중세 후기의 영향이 자주 오해되었고, '유명론' 경향이 과장되었다고 주장할 것이다. 오히려 칼뱅은 교회 교부들의 다양한 생각을 다방면에 걸쳐 점진적이고 선별적으로 전유하면서, '토마스주의', '유명론', '주의설' 같은 일반화된 범주에 딱 들어맞지 않는 신학적 전제를 발전시킨다. 둘째, 칼뱅이 교부 신학을 어떻게 사용하는지 서론적 설명을 제공하고 나서, 참여와 관련된 일련의 질문과 칼뱅이 특정한 요점에 관해 교부들을 어떻게 전유하는지 계속해서 살피고자 한다. 2장에서 나는 칼뱅의 신학에서 하나님과 인간의 구원 관계에 대한 형이상학적 설명을 스케치한다. 나는 칼뱅이 어떻게 참여와 입양이라는 바울의 테마와 내주, 접목, 연합이라는 요한의 테마에 의지하여 참여 신학을 발전시키는지 보여 주고 싶다. 나는 칼뱅이 광범위한 형이상학적 추측을 피하면서도 창조와 구속에서 하나님과 인간의 구별된 연합을 긍정(확언)하는 형이상학을 지니고 있다고 주장할 것이다. 따라서 인간은 그리스도를 통해 하나님 안에 참여할 수 있게 된다. 하나님과의 연합은 종말론적인 목적일 뿐 아니라, 신-인 관계의 패러다임적 특징이다.

독자들은 여기가 여러 시작점을 다루는 장이자, 다양한 배경을 소개하는 장이라는 점을 유념해야 한다. 특히 1536년까지 칼뱅의 초기 배경, 그리고 참여와 관련된 칼뱅의 생각을 뒷받침하는 일반적인 형이상학적 배경을 다루려고 한다. 따라서 이번 장은 이후 여러 장에서 좀 더 추구하게 될 주제와 개념을 소개한다. 3장에서는 1536년 이후 칼뱅 신학의 발전과 관련된 역사적 질문에 대한 논의를 진행할 것이다. 4장에서는 칼뱅의 성찬 신학과 관련된 형이상학적 질문을 숙고할 것이다. 5장에서는 법과 본성에 관한 칼뱅의 관점과 연관된 형이상학적 질문을 좀 더 탐구할 것이다. 이러한 내용을 염두에 두면서, 칼뱅의 그리스도 안에 참여함의 신학과 연관된 두 가지 '배경'을 고찰해 보자.

1. 칼뱅의 훈련과 맥락: 칼뱅의 신학적 형이상학 위치 결정

칼뱅의 학문 훈련 내용과 이 훈련이 그의 신학에 끼친 영향은 지난 반세기 동안 칼뱅 학자들이 벌인 열띤 논쟁 주제였다. 학자들이 칼뱅의 생애에서 몇 가지 주요 사건이 실제로 일어났다는 데는 동의하지만, 이러한 사건들의 발생 시기에는 불확실한 부분들이 남아 있다.[8] 십대 시절에 칼뱅은 석사 학위 공부를 하고자 파리로 갔다. 콜레주 드 라 마르슈에서 잠시 공부한 후에, 콜레주 드 몽테귀로 옮겨 5년에서 6년 동안 공부를 계속했다. 몽테귀에서 철학과 문학 학위를 마친 후에는 법학을 공부하기 위해 오를레앙으로 옮겼다. 이는 아버지의 결정에 따라 사제의 길에서 법률가의 길로 넘어갔다는 의미였다. 일 년 후에 오를레앙에 있던 칼뱅은 저명한 이탈리아 인문학자 안드레아 알치아티에게 사사를 받고자 부르주로 갔다. 이 기간은 아버지의 건강 악화와 뒤이은 죽음 때문에 칼뱅이 고향 누아용으로 돌아오게 되면서 중단되고 말았다. 그 후, 칼뱅은 인문주의 연구를 계속하고 싶어 파리로 가서 그리스어와 히브리어를 익히게 되고, 마침내 『세네카의 관용론 주석』을 집필하게 된다. 이 주석이 출간된 시점부터 칼뱅 생애에서 발생한 사건의 연월에 관해 학자들의 의견이 일치하기 시작한다. 그때가 1532년 4월, 칼뱅의 나이 23세였다.

칼뱅의 학문적 훈련 마지막 단계의 결실이 반영된 『세네카의 관용론 주석』은 아래에서 살펴보게 될 것이다. 하지만 몽테귀 시절의 칼뱅에 대한 연구는 어떠한가? 칼뱅의 교육에서 중요한 이 시기에 관해서는 직접적인 증거가 거의 남아 있지 않다. 예를 들어, 루터와 달리 칼뱅은 자신에게 영향을 끼쳤던 선생이 누구였는지 혹은 자기가 공부했던 철학이나 신학이 어떤 유형이었는지 언급하지 않는다. 하지만, 이 당시 칼뱅이 교육을 받은 기간이 형성적인 것이었음이 틀림없다는 가정하에 다양한 이론이 전개되었다.

가장 널리 퍼진 이론 중 하나는 칼뱅이 몽테규에 있던 시절 스코틀랜드 신학자 게오르크 마요르와 함께 공부했다는 것이다.[9] 이 이론은 마요르가 칼뱅에게 가르쳤을 것이라고 추측되는 것에 근거해서 칼뱅과 다양한 신학자들 사이의 연속성을 주장한다. 예를 들어 로이터는 마요르가 소개해 준 일련의 사상가들에게 칼뱅의 신학이 깊은 영향을 받았지만 칼뱅은 그들의 권위를 거의 인정하지 않았다고 주장하는데, 이들의 명단은 스코투스, 토머스 브래드워딘(Thomas Bradwardine), 리미니의 그레고리다.[10] 토머스 토런스는 로이터를 기반으로 하여 아타나시우스와 힐라리우스와 같은 교부 저자들을 목록에 추가한다.[11] 로이터와 토런스는 마요르가 오컴주의 혹은 '유명론' 형이상학을 칼뱅에게 전해 준 것으로 보고 있다.[12] 알리스터 맥그래스는 로이터의 이론을 완화된 형태로 재진술하고자 칼뱅이, 반드시 마요르를 통해서는 아니더라도, 중세 후기 신학의 일반적 추세, 특히 리미니의 그레고리에 의해 예시된 신(新) 아우구스티누스 학파(schola Augustiniana moderna)의 영향을 받았다고 주장한다.[13]

게오르크 마요르 논제에 대한 여러 변형은 칼뱅이 거의 언급하지 않은, 혹은 결코 명시적으로 언급하지 않은 '출처'를 거론하고 인물들이 (칼뱅에게 끼친) '영향력'을 보여 줄 수 있다는 아이러니한 이유 때문에 학자들을 유혹하고 있다. 예를 들어, 리미니의 그레고리의 중세 후기 아우구스티누스주의와 칼뱅은 실제로 놀랍도록 닮아 있다. 하지만 칼뱅이 그레고리를 읽었다는 직접적인 증거가 있는 것은 아니다.[14] 로이터 이론은 궁극적으로 침묵 논법에 의존한다. 이 논증은 칼뱅이 **실제로** 자신에게 영향을 끼쳤던 인물을 절대 언급하지 않기에 역사가는 칼뱅의 커리큘럼과 스승들로부터 이러한 '자료(출처)'를 재구성해야 한다고 가정한다. 칼뱅이 자기가 받은 신학적 영향력을 스스로 진술한 내용에 역사가가 의심을 품는 것은 타당하지만, 로이터의 이론을 시작으로 칼뱅의 후기 신학과 외관상 유사한 점에 근거하여 칼뱅에게 영향을 끼쳤을 가능성이 있는 다소 혼란스러운 한 꾸러미의 후보들이 봇물 터지듯 쏟아져 나온다.

이러한 사료 부재의 문제 외에도 로이터 이론에 의문을 제기하는 증거가 늘어나고 있다. T. H. L. 파커는 칼뱅의 초기 경력에 있었던 여러 사건의 시기를 기존과 다르게 잡으면서 게오르크 마요르가 칼뱅과 같은 시기에 몽테규에 있었는지조차 의심스럽게 만들고 있다.[15] 더욱이 인문학부 학생이던 칼뱅은 신학 수업을 듣지 않았을 것이다.[16] 또한 라발리는 로이터의 이론을 뒷받침하는 마요르와 칼뱅의 개념적 유사점에 제대로 의문을 제기했다.[17] 게오르크 마요르에 대한 논쟁과 로이터 이론의 아이러니한 결과는, 그로 인해 칼뱅이 거의 전적으로 신학을 독학으로 익혔다는 주장이 더욱 그럴듯해졌다는 것이다. 이것은 『기독교 강요』의 어떤 일정한 특색을 설명해 줄 수 있다. 전통적으

로 신학자들이 신학 체계를 구축할 때 다루던 이슈를 칼뱅이 성서 주석에서 다룰 때 특히 그러하다.[18]

로이터 이론의 근거가 의심스럽다는 것을 감안할 때, 칼뱅이 몽테규에서 실제로 배운 것에 대해 무엇을 말할 수 있을까? 그러한 대답에 유일한 확실한 증거가 되려면 몽테규의 전반적인 교육 프로그램에 대한 역사적 증거에 의거해야 한다.[19] 대체적으로 인문학부 과정은 논리, 형이상학, 윤리, 수사학 과목을 포함할 것이다. 그렇다면 아리스토텔레스 같은 그리스 고전을 공부할 테고, 십중팔구는 스코투스와 유명론 철학도 접할 것이다. 칼뱅은 아마도 몽테규에서 스콜라 신학은 공부하지 않았겠지만, 스콜라 철학을 공부했을 가능성이 크다.[20] 칼뱅이 이곳에서 배웠을 스콜라 철학의 많은 부분을 나중에 의식적으로 거부했는지 몰라도, 칼뱅은 스콜라 체계의 다양한 요소를 자기도 모르게 '흡수했을' 것이라고 가노치는 다소 대담하게 주장한다.[21]

그러나 칼뱅이 몽테규에서 중세 후기 스콜라 철학을 접했다는 것을 인정한다고 해서 스코투스나 오컴이 칼뱅에게 "숨겨진 영향력을 끼친" 주요 인물이라고 보는 칼뱅 해석마저 정당화되지는 않는다. 체계적인 차원에서 칼뱅은 철학을 임기응변식으로 사용한다. 어떤 신학적 의견에서는 칼뱅이 스코투스주의 혹은 유명론의 경향을 가진 것처럼 보이지만, 다른 의견에서는 토마스주의의 입장에 훨씬 더 가깝다.[22] 하지만 스코투스나 토마스 아퀴나스에 비추어 칼뱅을 읽는 방식은 칼뱅의 출처를 평가하는 데 전혀 적절하지가 않다. 칼뱅은 이러한 '대표적인' 인물 중 누구도 폭넓게 연구하지 않았지만, 다른 15-16세기 프란체스코 수도회와 도미니크 수도회의 저작들을 접함으로써 그들의 영향을 받게 되었다.[23] 칼뱅이 철학을 특별한 목적을 위해 임시로 사용했다는 것과 칼뱅의 저작 내용이 후기 중세 철학의 어디에서 영향을 받았는지 명확하지 않다는 사실을 감안할 때, 칼뱅의 신학적 형이상학에 대한 의견은 문제가 되는 특정 교리를 하나하나 신중하게 평가하는 것에 근거해야 한다.

칼뱅의 참여 신학과 관련하여 스코투스주의와 유명론 철학이 칼뱅에 미쳤을지 모르는 영향을 어떻게 평가할 수 있을까? 이것은 역사적이고 체계적인 차원에서 복잡한 이슈이다. 역사적으로 가노치 같은 학자들은 칼뱅의 저작에서 중세의 '변증법적' 토론 방법의 존재를 정확하게 감지해 낸다. 멀러는 『기독교 강요』 현대판들이 어떤 부분에서 이러한 차원이 모호하다는 사실에도 불구하고 변증법적 특성의 (이러한 역동성의) 존재를 확인했다.[24] 그러나 가노치와 같은 일류 학자들조차도 '변증법'이라는 용어와 관련해서는 위태롭게 미끄러지는 모습을 보인다. 가노치가 '변증법'이라는 스콜라 철학의 토론 방법이 인간과 신을 체계적으로 대립시키는 철학적 관행과는 구별된다는 것을 분명히 파악하고 있음에도, 그는 칼뱅이 두 가지 의미 모두에서 '변증법적'이라고 말한다. 가노치는 칼뱅이 "거룩하신 하나님"과 "전적으로 타락한 인간"을 변증법적으로 대조하되, 그의 신학의 다양한 측면에서 "신-인 통합을 이루지 못하는 운명에 처하게 되는" 방식으로 그렇게 했다고 주장한다.[25] 가노치의 경우, '변증법'의 두 번째 의미는 '유명론'이 신학적으로 쇠퇴해 가던 (신성과 인성을 체계적으로 대조했던) 형이상학을 포함한다고 하는 그의 유명론 해석에서 나온다.[26] 가노치가 '변증법' 용어가 지니는 매우 다른 이 두 가지 의미를 모호하게 하는 경향이 있는 반면, 다른 학자들은 바르트적 의미를 담는 용어로 칼뱅을 '변증법적' 신학자로 읽으면서 16세기 맥락에서 훨씬 더 멀리 벗어난다.[27] 하지만 이러한 사용은 바르트의 포스트-키르케고르 맥락을 떠나서는 생각할 수 없는 것이고, 그것은 스콜라 철학의 토론 방법으로서의 변증법과는 사실상 거의 관련이 없다.[28] 그럼에도 불구하고, 이렇게 독특하게 20세기적인 의미에서(도) 칼뱅의 신학을 '변증법적'이라고 간주하는 모습을 여전히 흔히 볼 수 있다.[29]

명확성을 위해 분명히 밝혀 두자면, 중세 후기와 16세기 맥락에서 '변증법'은 신적인 것과 인간적인 것의 체계적인 대조 혹은 어떤 다른 신학 주제와 직접적인 관련이 없다. 변증법은 **방법**이지 교리가 아니다.[30] 루돌프 아그리콜라(Rudolf Agricola)와 멜란히톤과 같은 초기 근대 인물과 그보다 더 이른 시기의 '스콜라주의자들'이 변증법을 권했다.[31] 논증의 한 방법으로서 '변증법'은 (성서와 전통에서) 외관상 충돌하는 권위의 원천들을 대립시킴으로써 외견적 긴장을 해결하려 하고, 문제가 되는 쟁점에 대해 진리의 통일성과 유효성을 암시적으로 확인하려 한다. 그것은 하나님과 인간과 같은 신학의 자리들(loci)을 체계적으로 대립시키지는 않는다. 실제로 칼뱅이 신성과 인간성을 체계적으로 대립시킨다고 주장하려면, 그 주장은 그가 중세의 '변증법'과 가졌던 연속성 이외의 어떤 다른 근거에서 제시되어야 할 것이다. 유명론이 칼뱅에게 끼쳤을 영향에 대한 관련 비판은 구체적으로 선물 신학자들, 특히 급진 정통주의와 관련된 신학자들에게서 나온다. 대개 그들은 칼뱅이 스코투스주의와 유명론 철학을 전유하면서 인간을 하나님으로부터 분리시켜 '자율적'이 되게 했다고 주장한다. 이렇게 되면 칼뱅의 '참여' 언어는 기반이 약화되어 하나님 안에 참여함을 포함하는 '존재' 안에 참여함을 말하는 토마스주의 형이상학을 잃어버리게 된다.[32] 더욱이 토마스주의 전통을 '상실'하게 되면서 토마스주의의 참여 신학이 제공하던 하나님과 인간 사이의 "존재의 유비"(analogia entis)가 약화되고 만다.[33]

그러나 급진 정통주의에서 제시된 유명론에 대한 초상에는 의문의 여지가 있다. 1960년대 헤이코 오베르만의 저작 이래로 '유명론'의 의미에 대한 중대한 재평가가 있었고 13세기 신학과 여러 점에서 연속성이 강조되었다.[34] '유명론'이라 불리는 운동은 '교리적 일치'라기보다는 '마음의 상태'에 가까운 것이었다. 오베르만은 이를 몇몇 다른 진영으로 나누면서 '회의론', '결정론', '펠라기우스주의'로 이어지는 급진 좌파 진영을 가정한다.[35] 하지만 펠라기우스주의에 맞서면서 좌파 진영의 중심 신조를 반대하는 아우구스티누스의 입장을 취하는 우파 진영도 있다. 좌파 진영이 인간의 '자율성'을 강조하는 것과는 대조적으로, 우파 진영은 "하나님을 반대자(상대자)가 아니라 창조주, 보호자, 인간 자유의 원인자로 본다."[36] 다수의 유명론자들은 인간과 신성을 체계적으로 분리하기보다는, 신-인 관계에서 "직접성 추구"의 모습을 보여 준다.[37] 실제로 형이상학 관점에서 오컴조차도 흔히 주장되는 것만큼 존재론과 자연신학에 적대적이지 않았다는 증거

가 있다.[38]

마찬가지로 급진 정통주의의 둔스 스코투스 해석이 문제시되고 있다. 리처드 크로스가 지적했듯이 스코투스의 단일성 이론은 존재론이라기보다 의미론이다.[39] 스코투스의 이론은 "피조물은 어떻게든 신적인 속성에 참여하고 있다는 견해와 전혀 모순되지 않는다."[40] 크로스의 주장에 따르면, 급진 정통주의 신학자들이 스코투스가 토마스 아퀴나스의 유비와 참여 신학에서 결정적으로 멀어지고 '근대성'을 향하고 있다고 종종 묘사하지만, 이렇게 읽게 되면 토마스 아퀴나스와 스코투스 사이에 존재하는 진정한 차이를 과장하는 경향이 생겨난다.

칼뱅과 '유명론'의 관계와 관련하여, 오베르만과 다른 이들이 계속해서 유명론의 핵심으로 보고 있는 한 가지 특징은 신의 절대적 능력과 신의 현실적 능력의 '변증법'이다.[41] 칼뱅이 이런 구분을 인정한다고 암시하는 듯한 대목들이 있기는 하지만,[42] 이 형식적인 구분을 칼뱅은 명백히 거부했다.[43] "우리는 절대적 능력이라는 허구를 옹호하지 않는다. 이것은 신성을 더럽히는 것이기에 우리는 그것을 혐오스러운 것으로 여기는 것이 마땅하다. 우리는 자기 자신이 법인 무법한 신을 공상하지 않는다. 오히려 하나님의 뜻이 완전한 최고의 법이고 모든 법 중의 법이다."[44] 칼뱅은 (어떠한 법에도 얽매이지 않는) 하나님의 자유를 강조하면서도, 자기 마음대로 법을 취급하는 "무법한" 하나님을 내세우는 신학들을 비판함으로써 긴장감을 놓지 않는다.[45] 칼뱅은 이러한 주의설/지성론 논쟁에서 중도적 위치에 자리를 잡고 있다.

비슷한 방식으로 칼뱅은 자연법 문제에 관해 일종의 "중간" 입장을 취했는데, 이는 이 책 5장에서 좀 더 깊이 다루는 질문이다. 다른 한편으로 그는 인문주의자로서 공부했던 고전 철학과 로마서를 모두 사용하여 자연법 전통의 여러 측면을 전유한다.[46] 그가 공의회수위설(conciliarism)을 높이 평가한 것은 자연법을 윤리적으로 전유하는 데에도 기여할 수 있게 했다.[47] 하지만 칼뱅은 강력한 죄의 교리와 계시의 필요성 이론을 통해 자연법 전통을 제한하기는 한다.[48] 따라서 하나님의 권능과 윤리의 자연법 개념이라는 관점에서 칼뱅은 유명론의 어떤 특징을 아주 조용한 형태로 전유하는 듯 보인다.

하지만 칼뱅 신학의 다른 특징은 프란체스코 수도회 신학의 흔적을 보다 강력하게 보여 주는데, 그것이 때로는 스코투스주의의 형태로, 때로는 유명론의 형태로 나타난다. 비록 완화된 형태로나마 이성보다 믿음과 계시를 우위에 두는 것은 루터의 입장을 전유한 것이다. 루터는 확실히 브래드워딘과 같은 우파 유명론자의 영향을 많이 받았다. 칼뱅이 루터의 이러한 유명론적 특징의 일부를 채택했다는 것은 놀라운 일이 아니다. 게다가 칼뱅은 은혜의 주입된 '습관'이라는 토마스주의자의 아이디어를 거부하는 루터를 따른다. 유명론자들이 이러한 "습관"에도 의문을 제기하면서, 칼뱅과 루터는 피터 롬바르드의 『명제집』(Sentences)에 상대적으로 가까운 입장을 취하고 있다.[49]

요약하자면 칼뱅은 철학을 임기응변 방식으로 사용하고 있고, 그가 몽테규에서 받았던 가장 초기의 학문 훈련에 대해 확실하게 알려진 바가 거의 없기 때문에, 그의 신학에 형이상학과 철학이 끼친 영향은 하나하나 평가해야 한다. 칼뱅은 아마 철학적 형태의 '스코투스주의'

와 '유명론'을 접했겠지만, 이 두 입장을 조용하면서도 극히 선택적으로 전유했다. 더욱이 역사가들은 급진 정통주의가 그리는 스코투스와 유명론자의 초상에 의문을 제기하고 있다. 스코투스주의와 유명론 사상이 칼뱅에게 끼친 영향이 참여 신학과 형이상학의 탄탄한 기반을 반드시 약화시키지는 않는다. 마지막으로, '변증법'이라는 개념을 사용해서 칼뱅이 신성과 인간을 대립시킨다는 가정의 근거로 삼는 설명은 시대착오적인 것으로 간주해야 한다.

다행스럽게도 역사가들은 칼뱅이 받은 교육의 두 번째 국면인 오를레앙과 파리에서 받은 법학 교육에 대해 말할 때는 좀 더 확고한 기반 위에 쓸 수가 있다. 우리는 칼뱅의 주요 법률 교사 중 몇 명과 이 시기에 칼뱅이 손수 쓰기 시작했던 저작을 알 수 있다는 이점이 있다. 칼뱅이 받은 법률 교육에 인문주의 방향의 뚜렷한 전환이 있었던 것은 분명했다. 그는 기욤 뷔데(Guillaume Budé), 피에르 드 레스투알(Pierre de l'Estoile), 안드레아 알치아티(André Alciat)와 함께 그리스어, 히브리어, 수사학을 공부했다. 이러한 인문주의적 관심사와 스콜라 철학의 관심사 사이의 어느 정도 긴장은 예상할 만한 것이다. 왜냐하면 칼뱅에게 영향을 끼쳤던 에라스무스, 멜란히톤, 그리고 다른 이들이 '스콜라주의자들'에 대해 맹렬한 반론을 펴고 있었기 때문이다. 어떤 이들은 칼뱅의 인문주의가 그의 초창기 유명론과 '스콜라주의적' 경향에 날카롭게 균형을 잡아 준다는 식으로 읽는다.[50] 그러나 멀러가 지적했듯이, 양쪽이 거리를 두고 논쟁을 펼쳤다 해서 인문주의자들이 스콜라주의적 감수성과 공유했던 중대한 공통점을 놓쳐서는 안 된다. 확실히 칼뱅은 지나친 추측을 삼간다는 점에서 틀림없이 인문주의 노선을 따르고 있다는 느낌이 있다. 그는 일부 스콜라주의 담론이 "쓸모없는 문제를 과도하게 조사"하는 일을 수행한다고 생각하기 때문이다.[51] 그러나 '질문'(quaestio)과 '논증'(disputatio) 같은 스콜라주의적 방식과 칼뱅의 후기 인문주의 방법론 사이에는 상당한 연속성도 있다.[52]

칼뱅의 법학 교육에 수사학에 대한 광범위한 학업이 포함되었기에, 최근의 칼뱅 연구는 그가 받은 수사학 교육의 중요성을 활발하게 논의했다. 적어도 이 논의는 월리스가 주장했듯이 칼뱅이 받은 법학 교육이 "하나님을 마치 황제의 독단적 칙령과 같은 법률에 엄격히 따르는 복종을 요구하며 다스리는 분으로 이해할" 무슨 출처라도 되는 양 생각해선 안 된다는 점을 분명히 해 둘 필요가 있다. 오히려 칼뱅이 받았던 (수사학을 강조하는) '인문주의적인 법학 교육'은 "하나님이 연약한 인간에게 그분 자신을 맞추어 주시면서(적응하시면서) 그들의 상실한 자유를 회복하시고 그리스도 안에서 그들을 옹호해 주고 계심을 납득시키시고 그들이 자유로운 자녀로 입양되었다는 것을 알려 주시고 기쁘게 해 주시면서, 예전에는 생각만 하던 것을 이제는 실행할 수 있게(살아 낼 수 있게) 마음을 움직이시는 분이라는 견해를 강화시켰다."[53] 월리스, 존스, 밀레가 모두 지적했듯이, 칼뱅이 받은 수사학 교육이 계시와 적응에 대한 그의 교리에 영향을 미쳤다는 것은 의심의 여지가 없다.[54] 계시에 있어서, 하나님은 알리시고, 감동하시고, 즐겁게 하시고자 "각각 다른 세대에 다양한 방식(형태)으로 적응"하신다.⁵⁵ 이를 수용함에 있어서 사람이 믿음의 주도권을 갖는 것은 아니지만, 하나님이 요구하시는 경건함이 심오하게 실존적인 것은 분명하다. 경건함에는 하나님의 다정한 부성애를 아는 지식이 담겨 신자에게 기쁨을 안겨 주고 그를 감동시켜 행동에 나서게 한다.⁵⁶

하나님이 사람에게 특정한 반응을 불러일으키시려고 그분 자신을 "적응"시키듯이, 마찬가지로 칼뱅이 강연하는 회중에 따라 전달 스타일과 언어를 조정하며 수사학 차원에서 그 자신을 "적응"시켰다는 것은 분명하다.⁵⁷ 칼뱅이 받은 수사학 교육은 논쟁서, 교과서, 기타 저술 등 다양한 저작에서 그가 성취하기 원했던 특정한 목적에 걸맞은 방식으로 글을 쓰는 데 도움이 되었다.⁵⁸ 그러나 수사학적 복잡성을 개념적 일관성의 결여로 오인해서는 곤란하다. 시린 존스(Serene Jones)는 (스콜라주의에 반대하는) 칼뱅의 수사학적 접근 방식을 보면 그의 신학은 체계성이 전혀 없어서 논증의 일관성을 찾아보기 힘들다고 주장한다.⁵⁹ 고전적 수사학과 후기구조주의 이론을 바탕으로 존스는 칼뱅이 특정한 사회적, 정치적 목적을 향해 나아가고자 텍스트의 "수사학적 변주(rhetorical play)"를 제공한 것이라 말한다.⁶⁰ 그에 반해, 밀레의 두꺼운 책 『칼뱅과 언어의 역동성』(*Calvin et la Dynamique de la Parole*)은 칼뱅의 스타일에서 훌쩍 벗어난 것 같은 여러 측면이 그의 일관성을 해치지 않고 16세기 특유의 수사학적 관습과 어떤 관련이 있는지를 보여 준다.⁶¹ 칼뱅이 사용했던 그러한 비유와 관습(적인 방식)의 용례의 복잡성을 후기구조주의에서 주장하듯 본문과 사고 체계의 불안정성인 것처럼 혼동해서는 곤란하다.

칼뱅이 받은 인문주의 법률 교육에 대한 가장 최근의 논의는 그가 고대 및 16세기 수사학을 전유한 것에 중점을 두었지만, 근대적 경건 운동(Devotio Moderna, 유럽 중세 말기에 일어난 신앙 쇄신 운동으로, 신학적 사변보다 겸손, 순종, 단순한 삶과 같은 영적 내면성의 충실을 주장했다. - 역자 주) 이 인문주의 교육을 통해 칼뱅에게 영향을 미쳤던 것으로 보려는 여러 시도도 있어 왔다.[62] 보통 이러한 이론들은 게오르크 마요르에 대한 로이터의 이론을 의심스럽게 보는 것과 동일한 근거에서 의심스러운 것으로 간주해야 한다. 그런 이론들은 칼뱅의 저작에서 나온 직접적 증거에 의존하는 것이 아니라 칼뱅의 사상과 근대적 경건 운동의 일반화된 특징을 개괄적으로 비교하는 것에 의존한다. 이 이론의 최근 옹호자조차도 칼뱅이 토마스 아 켐피스나 공동생활의 형제회(the Brethren of the Common Life)의 글을 읽었다는 그 어떤 직접적인 증거도 없다는 것을 인정하는 실정이다.[63] 따라서, 클라이브 친은 자신의 명제를 재구성하면서 근대적 경건 운동의 요소가 에라스무스와 자크 르페브르 데타플을 거쳐 칼뱅에게 전달된 것이라 주장한다. 그의 연구는 칼뱅이 특정한 방식으로 중세 신비주의의 특정한 가닥과 연속성을 보여 준다는 점을 강조하지만, 근대적 경건 운동이 그 중개자들로 인해 급격히 달라진 판국에 어째서 이 운동이 여전히 유용한 범주인지 따지고 보면 결국 분명하지 않다.[64] 또한 무엇보다도 르네상스 인문주의는 형이상학적으로 특정한 '신플라톤주의적' 입장이 아니라 일련의 실천적인 방법과 직관이라는 사실을 알아보지 못할 위험이 있다.[65] 인문주의는 '스콜라 철학자'의 '메마른' 신학에 반대하는 입장과 같은 특정한 측면에서 근대적 경건 운동의 관심사와 겹치는 부분이 있지만 그렇다고 해서 근대적 경건 운동 자체가 칼뱅의 영성을 열어 줄 숨겨진 열쇠를 쥐고 있는 양 간주할 이유는 없다.

요약하자면, 일찍이 칼뱅이 받았던 철학과 신학 교육에 대한 이론을 평가할 때 독자는 두 가지 유형의 이론에 주의해야 한다. 먼저, 칼뱅이 인용하지 않은 여러 저작의 영향을 깊이 받고 있었다는 주장을 담은 "감추어진 출처" 이론이 있다. 다음으로, 특정한 지배적 학파(예를 들면, '주의론' 혹은 '토마스주의')의 사상이 칼뱅의 생각과 밀접히 연결되어 있다는 "형이상학 학파" 이론이 있다. 칼뱅의 형이상학을 식별하기가 어려운 것은 (어떤 신학적인) 추측을 삼가는 과묵함 때문이기도 하고 절충법을 사용하는 그의 태도 때문이기도 하다. 칼뱅은 '근원으로 돌아가자'는 인문주의자의 외침에 귀를 기울이면서 성경과 교부들에 지속적으로 천착한 신학자였다. 그 결과, 칼뱅의 형이상학은 다양한 신학 학파와 전통으로부터 끌어낸 여러 통찰을 한데 모아 낸다. 철학에 임시방편적으로 접근하면서도 여전히 형이상학적 주장을 한다는 점에서 그의 접근 방식은 참으로 절충주의적이라 하겠다. 오히려 칼뱅은 교리의 자리들(loci)에 대해 성경적 설명을 강화해야겠다고 느낄 때면 교부 전통 및 스콜라주의에서 새로이 전개한 국면을 자유로이 사용한다.

2. 교회 교부와의 연속성에 대한 칼뱅의 주장

몽테규 시절에 관한 로이터 이론을 거부하는 것은 교부 신학에 대한 칼뱅의 지식을 설명하는 방식에 영향을 미친다. 비록 칼뱅이 몽테규에서 받았던 교육을 통해 중세 후기 철학을 접한 것은 맞지만, 그 시점에 칼뱅의 교부 신학 교육이 시작되었다고 생각할 어떤 근거도 찾지 못했다. 그가 받은 법률 교육과 관련해서, 칼뱅이 당시에 읽고 있던 작품을 인용하는 경향이 있었다고 가정하고[66] 그가 『세네카의 관용론 주석』(1532)에 참고한 문헌 내용을 보면 아우구스티누스의 몇몇 저작을 읽은 것 같다.[67] 게다가 칼뱅이 그의 저작 『영혼 수면설 논박』(*Psychopannychia*)에서 인용한 테르툴리아누스와 이레나이우스의 글은 그가 1534년 무렵 교부 저작도 알고 있었음을 보여 준다. 하지만 우리는 그가 받은 공식적인 학교 교육을 놓고 볼 때 칼뱅은 교부 신학에 대한 지식 대부분을 독학으로 익혔다는 결론을 내리게 된다.

교부의 저작을 읽고 사용하는 칼뱅의 전반적인 전략은 1536년 『기독교 강요』 초판의 프랑스 왕에게 드리는 글에서 보인다. 칼뱅은 개혁자들의 가르침이 "새롭고 최근에 태어난 것"이라는 혐의를 단호하게 거부한다. 그것이 로마 가톨릭교회의 반대자들에게는 "새로운" 이유는 그들에게 "그리스도 자신과 그분의 복음이 모두 새로운 것이기" 때문이다.[68] 그러나 개혁자들이 설교하는 복음은 "오래된 것"이고[69] "만약 양측의 대결이 교부들의 권위로 판가름이 난다면, 승리의 흐름은 우리(개혁가들) 편으로 돌아설 것이다."[70] 물론 오류가 없는 유일한 권위는 성경이지만, 칼뱅은 성례전에 대한 (성경적인) 접근 방식에 대해 자신과 의견을 같이하는 일련의 교부들을 인용한다. 성례전에 관련하여 교부들을 이렇게 사용하는 대목이 1536년 『기독교 강요』에서 칼뱅이 교부들을 언급한 백여 군데 출처의 대부분을 차지한다.

성례전 신학에 관하여 이렇게 교부들에게 호소하는 것 이외에도, 칼뱅은 교회 역사에서 특정 사상가들의 상대적 권위의 순위를 그들이 속한 시대에 따라 매긴다. "교부들"은 "교회가 더 나았던 세대"에 속해 있었는데,[71] 그것은 "처음 약 오백 년 동안은 … 종교가 여전히 번영하고 있었고, 더 순수한 교리가 성대했기 때문이다."[72] 따라서 처음 5세기에 속한 교회 교부들이 대체로 더 선호되고 우선권이 부여되며 그 선두에 아우구스티누스가 있다. 칼뱅은 교부들을 '스콜라주의자들' 즉 로마 교회를 잘못 이끄는, 자기 주위에 있는 '소피스트'들과 자주 대립시킨다. 따라서 칼뱅은 종교개혁이란 성경으로 돌아가는 것만 아니라 1세기 초대교회에서 발견되는 더 순수한 형태의 교리로 돌아가는 것이라 주장한다.

1536년 칼뱅은 교부 저작을 비교적 폭넓게 다루기는 하지만, 중세 스콜라 신학에 대한 그의 지식은 그만큼 인상적이지 못하다. 가노치는 1536년 칼뱅이 '스콜라주의자'를 언급할 때 그라티아누스(Gratian, 이탈리아 수사로 교회법학 창시자 - 역주)와 피터 롬바르드 두 인물을 염두에 두고 있음을 보여 주었다.[73] 이 시점에 두 인물 모두에 대한 칼뱅의 지식은 상당히 제한적이었는데, 그가 대부분의 출처를 루터의 『바벨론의 포로가 된 기독교 교회』(Babylonian Captivity of the Church)에서

빌려 온 것이었기에 그럴 수밖에 없었다.[74]

교회 교부에 대한 칼뱅의 지식은 1536년 『기독교 강요』 이후 수십 년 동안 광범위하게 성장했지만, 대개는 로마 가톨릭의 주장에 반대하는 주장을 전략적으로 펼치는 패턴을 따른다. 처음 5세기 기간의 교부들은, 칼뱅에게 반대하는 글을 쓰는 논쟁가들과 **달리**, 로마 가톨릭 교리보다 성경적인 종교개혁 교리에 더 가깝다. 1539년과 1543년 『기독교 강요』에서 칼뱅은 이런 논증을 성례전 신학 너머로 확대하여 은혜, 예정, 교회, 삼위일체, 그리고 기타 주요한 신학적 분야에까지 적용한다. 또한 1539년 칼뱅의 은혜 신학을 지지하는 논거로 교회 교부들을 인용하는 데 반대하는 알베르트 피기우스(Albert Pighius)에 대한 응답으로 칼뱅은 『의지의 속박과 자유』(*On the Bondage and Liberation of the Will*)를 저술한다. 이 작품에서 그는 자신의 방식대로 피기우스와 대결하면서 교부들이 자기편이라고 주장하는데, 240군데에서 인용한 아우구스티누스가 가장 눈에 띄고, 테르툴리아누스와 이레나이우스를 그다음으로 자주 인용하고 있다.[75]

교회 교부에 관한 칼뱅의 전략적 논증이 가장 극적으로 확장되면서도 변형되는 현상은 1559년 『기독교 강요』 최종판에 나온다. 이때까지 그는 클레르보의 베르나르두스가 특히 의지의 자유와 예정과 관련해서 그의 편에 서 있는 중세의 결정적인 출처에 해당한다고 밝힌 터였다.[76] 또한 1559년 무렵 칼뱅은 롬바르드를 다시 읽은 것으로 보이며[77] 롬바르드가 이후의 스콜라주의자들보다 우월하다는 판단을 자주 내린다. 칼뱅은 또한 세르베투스와 이교도들과 벌인 반-니케아 논쟁과 베스트팔(Westphal, 함부르크의 목사였다 - 역자 주)과의 성찬 논쟁과 관련하여 교부 저작을 추가로 언급했다. 1559년 『기독교 강요』는 교부를 직접 인용한 곳만 800여 군데인데 그중 절반가량은 아우구스티누스에 대한 인용이며 그의 반-펠라기우스 저작을 강조하고 있다.[78] 이렇게 많은 양의 인용에 수많은 교부들이 언급되지만 그가 인용하는 교부들 중 일부의 텍스트 전부를 칼뱅이 꼭 잘 아는 것은 아니라는 점에 유의해야 한다. 예를 들면 칼뱅은 니케아 교리를 옹호하면서 아타나시우스를 인용하지만, 그는 다른 출처에서 모은, 예를 들면 적대자의 저작 같은 데서 모은 인용문을 사용하고 있다. 칼뱅은 아타나시우스의 텍스트를 직접 알고 있었다는 징후를 보이지 않는다.[79] 그에 반해서 이레나이우스와 키릴로스에 대한 칼뱅의 지식을 보면 그가 이 교부들이 쓴 저작 모두를 직접 읽어서 잘 알고 있다는 것이 드러난다.[80]

다른 저작들은 칼뱅이 특정 교부 작가들과 맺는 관계와 그들을 전유하는 방식을 정리해 주지만, 이 장에서 나는 참여와 관련된 교부들의 테마와 관련해서 칼뱅의 신학을 주제별로 설명할 것이다. 결과적으로 이레나이우스와 아우구스티누스와 알렉산드리아의 키릴로스에 대한 칼뱅의 활용과 전유가 주로 다뤄질 것이다. 칼뱅의 신학이 (3장에서 설명하는) 다양한 역사적 영향과 주석적 노력의 산물이지만, 칼뱅은 교부들을 읽고 분명한 영향을 받아 자신의 신학을 조정하고 재구성했다. 칼뱅은 교부 자료를 논쟁적 용도로 사용했지만, 반드시 논쟁적 용도로만 사용한 것은 아니었다는 점을 아래에서 보여 줄 것이다.

3. 칼뱅이 참여 신학과 신-인 관계에 전유한 교부와 종교개혁 전통

1) 인간과 신성: 근본적 분리인가? 아니면 서로 교통하는가?

이번 장 서두에서 언급했듯이, 칼뱅 신학의 중심적인 특징이 인간과 신성의 강한 분리라는 주장이 자주 제기된다.[81] 하나님의 위엄과 인간의 죄성, 둘 사이에 놓인 거리를 그렇게도 강조하던 사람이 어떻게 하나님과 인간의 연합을 단언할 수 있었을까? 하지만 이번 장의 나머지 부분에서 나는 칼뱅이 하나님과 인간의 차별화된 연합과 근본적 조화를 긍정한다는 것을 보여 주고자 한다.[82] 확실히 칼뱅은 과도한 추측은 피하면서 형이상학적으로 절충적인 태도를 지닌다. 그러나 칼뱅은 이레나이우스, 아우구스티누스, 키릴로스 같은 교부 저작을 가까이하면서, 원창조에서 인간이 하나님 안에 참여하는 것과 구속에서 인간이 하나님과 동화되지 않으면서도 하나님과 연합하는 것을 고수하는 방식으로 참여, 접목, 입양이라는 성경적 언어를 발전시킨다. 구속에서 인간이 삼위일체 하나님 안에 참여하는 것은 신자가 성부에 의해 입양되고, 성령을 통해 그리스도와 하나 되는 방식으로 이루어진다.

그러나 이 설명을 전개하기에 앞서 신성과 인간의 근본적인 조화를 칼뱅이 긍정할 수 있다는 주장에 대한 주된 반론을 좀 더 충분하게 짚고 넘어갈 필요가 있다. 이미 언급했지만 반론의 핵심은 칼뱅이 인간과 하나님을 체계적으로 철저히 **대립시킨** 나머지 둘 사이의 변화를 가져올 연합은 생각할 수도 없게 되었다는 것이다.[83] 칼뱅의 인간론은 구원과 성화에 있어서 사람이 아무런 기여도 하지 않는 것처럼 보일 정도로 인간 본성의 죄성을 강조한다. 이러한 아우구스티누스 이후의 인간론은 창조의 선한 텔로스(목적)를 향해 나아갈 힘이 없는 사람의 무력함을 강조하는 것처럼 보인다. 칼뱅은 신-인 협력설이나 협력하는 은혜의 신학을 거부할 뿐 아니라 인간이 아무것도 아닌 존재가 되어 구속의 과정에서 말소되는 지점에 이른다고 말하는 것처럼 보인다.[84] 칼뱅이 죄 많은 인간을 전능한 신적 의지와 관련해서 보는 견해는 신-인 관계에서 인간 측면이 사실상 사라졌다는 인상을 줄 수도 있다.

2) 은혜와 죄: 중생에서 사람은 아무것도 아닌 걸까?

칼뱅은 당대에 소위 '부정적인' 인간론을 지니고 있다는 식의 비판에 직면했다. 칼뱅이 1539년에 제시한 은혜와 섭리의 신학에 대한 반응으로 1542년 로마 가톨릭 신학자 알베르트 피기우스는 『인간의 자유 선택과 신적 은혜에 대한 열 권의 책』(*Ten Books on Human Free Choice and Divine Grace*)을 펴냈다. 그의 주된 논지는, 성령의 효과적인 사역과는 별개로 인간의 의지는 죄에 속박되어 있다는 칼뱅의 주장에 교부들이 한목소리로 반대한다는 것이다. 죄에 대한 칼뱅의 강력한 교리는 은혜와 중생에 대한 그의 설명을 왜곡시킨다는 것이다.

사람이 구원에 아무런 기여도 하지 않는다는 생각을 불쾌하게 여겼던 피기우스는 인간 책임을 보존하고자 하나님과 사람 사이에서 구원 사역의 '균형'을 맞추는 것을 목표로 하는 접근 방식을 옹호한다. 칼뱅은 이 책에 1543년 『의지의 속박과 자유』로 응답했는데, 이른바 그의 부정적 '인간론'에 관해 이 책을 참고해야 할 이유는 세 가지가 있다. 첫째, 에라스무스와 루터가 자유 선택을 놓고 벌인 16세기 초 논쟁과 달리, 칼뱅은 피기우스를 자신의 방식으로 만나고 자신의 주장을 성경에서 주로 찾기보다는 교회 교부에게서 찾는다.[85] 둘째, 로마 가톨릭의 반대에 대응하면서 칼뱅은 (부분적으로는 교부들의 관심사를 인정함으로써) 그의 입장에 중요한 구분을 하고 단서를 붙이는데, 이것들은 이후 『기독교 강요』 판본에는 포함되지 않는다.[86] 셋째, 이 저작은 칼뱅의 인간론과 은혜 신학에 관한 2차 문헌에서, 심지어 칼뱅을 긍정적 시각으로 묘사하려는 저작들에서조차 무시되고 있다.[87]

구속에 있어 인간에 관한 칼뱅의 '부정적인' 언어에 반대하는 피기우스에 대응하여, 칼뱅은 이러한 부정적 진술이 타락한 인간의 '오만'에 대해 말하는 것이지 아담 안에 창조되었던 본래 인간이나 그리스도 안에서 성취된 인간에 대해 말하는 것은 아니라고 주장한다. 타락한 인간은 본성적으로 하나님에게서 독립적으로 자신을 인식하는 법이다. 그는 하나님 '안에' 혹은 하나님과 '연합'하여 능력이 있는 것이 아니라, '자신 안에' 능력을 지니고 있다고 주장한다. 따라서 칼뱅이 "우리의 것은 무엇이든" 중생(regeneration)에서 지워진다고 말할 때, 칼뱅은 인간에 대해 '부정적인' 것이 아니라 죄에 대하여 '부정적인' 셈이다. 그의 언어는 신자가 '옛 자아'에 대해 죽고 '육체에 따라' 살지 않고 '성령에 따라 사는' 존재라는 바울의 개념에 힘입고 있다. 칼뱅은 다음과 같이 쓴다. "'우리의 것은 무엇이든'이라는 말로 나는 우리에게 속한 것을 의미합니다. 더욱이 나는 이것을 하나님의 창조에서 떨어져 나와 우리 자신 안에 있는 것으로 정의하는 바입니다."[88] 바울의 용어에서 사람은 중생할 때 '육체'에 대하여 '죽는다'. 그러므로 이는 하나님의 선한 창조의 죽음이 아니라 성령에 의한 죽임과 회복인 것이다.[89]

비슷한 방식으로 칼뱅은 요한복음 15장에 나오는 포도나무와 가지의 이미지를 써서, 포도나무의 자양분과 힘에서 떨어져 나와 아무 쓸모가 없게 되는 가지 '그 자체'와 '포도나무 안에 있는' 가지 사이의 대조를 그린다. 요한복음 구절의 강조점은 인간의 의지가 '그 자체로는' 하나님과 협력하지 않는다는 데 있다. 마치 하나님과 별개로 자기 능력만으로 행동하고 협력할 수 있다는 양 말이다. 하지만 인간이 포도나무이신 하나님에게 접붙여지면 하나님은 그 인간의 능력을 통해 열매를 맺으신다.[90] 가장 충만할 때의 인간은 하나님과 연합된 인간이다. 그러나 요한복음에서 보듯, 이러한 긍정적 원리에는 다음과 같은 부정적 진술이 필연적으로 따라오기 마련이다. "나를 떠나서는 너희가 아무것도 할 수 없음이라"(요 15:5).

칼뱅의 원리는 사실상 심오한 그리스도론적 원리이다. 온전한 인간이란 본질적으로 신성으로부터 독립적이거나 자율적인 존재를 뜻한다고 생각해서는 안 된다. 그 둘은, 곧 하나님과 인간은 상호 침투하는 방식으로 함께 있는 존재로 생각해야 한다. 이러한 견해를 뒷받침하기 위해 칼뱅은 성경과 교부와 공의회 등 다양한 출처를 인용하지만, 그중에서도 펠라기우스를 반대하는 아우구스티누스의 저작이 가장 중요하다.[91] 펠라기우스 논쟁이 일부 사람들에게는 그리스도론적 관심에서 멀리 있는 것처럼 보일 수도 있지만, 아우구스티누스와 (그를 전유하는) 칼뱅 모두에게 성육신은 펠라기우스에 반대하는 은혜 신학의 최고 사례다.[92] 아우구스티누스가 볼 때 은혜는 동정녀 탄생에서 성령의 우선권을 통해 드러난다. 양자론적(養子論, adoptionistic) 그리스도론과는 달리, 아우구스티누스는 그리스도 안에 신성과 인성의 연합에 "앞서" 존재하는 어떤 인간이 있어서 자율적인 공간으로부터 연합을 "의도"(will)할 수 있었던 것은 아니라고 가르친다. 사실 아우구스티누스의 반펠라기우스 저작이 네스토리우스와 알렉산드리아의 키릴로스 사이의 논쟁보다 먼저 있었지만, 마리아의 복중에 계시는 말씀이신 하나님의 현존을 긍정하려는 그의 관심사는 키릴로스가 훗날 테오토코스(theotokos, 하나님을 낳은 이) 교리를 옹호했던 입장과 어느 면에서 비슷하다.[93] 아우구스티누스의 은혜 신학을 받아들이는 측면에서 칼뱅은 성육신이 지니는 중요성을 강조하여,[94] 창조되고 구속된 인간은 근본적으로 하나님과 연합된 존재라는 그의 더 큰 주장을 보완하고 있다.

원창조에서 하나님과 인간의 이러한 연합을 묘사하고자 칼뱅은 『의지의 속박과 자유』에서 아리스토텔레스의 범주를 활용한다.[95] 인간은 원래 하나님과 불화한 것이 아니라 오로지 타락 때문에 하나님을 대적하게 된 것이다. 칼뱅은 하나님이 창조한 인간 본성의 실체는 좋았다고 말한다. 실제로 그가 후에 『기독교 강요』에서 설명한 것처럼 타락 이전에 아담은 하나님과 "연합"되어 있었다.[96] 하지만 타락 이후 인간 본성은 죄라는 질병으로 인해 부패하게 된 것이다. 이러한 부패는 (칼뱅의 경우와 마찬가지로) 인간 본성에 우유적(偶有的, accidental: '비본질적인'이라는 뜻 – 역자 주)인 것이다. 비록 죄짓는 의지의 우유적 특성이 현세를 살아가는 내내 신자에게 남아 있겠지만, 성화에는 본래 인간 본성이 회복되고 온전해짐에 따라 부패라는 이 우유적 특성이 점차 줄어드는 것이 포함된다.

나중에 『기독교 강요』에는 들어가지 않는 우유성이지만, 아리스토텔레스적 용어를 통해, 칼뱅은 그의 다른 저작에서 오해의 소지가 있는 언어를 명료화한다. 칼뱅은 하나님의 새 피조물이 나올 수 있도록 신자들이 "아무것도 아닌" 존재가 된다고 말하곤 한다. 이것은 그리스도의 죽음 안에 참여함의 한 측면이며, 여기서 사람은 '육신'으로 사는 '옛 자아'에 대해서는 죽는데, 그것은 그리스도 안에 살고자 함이다.[97] 죄의 노예가 된 '옛 자아'에 대해 십자가에 못 박힌다는 바울의 언어를 사용하면서 칼뱅은 순종은 죄에 대한 '죽음'을 포함한다고 강조한다. 그러나 피기우스는 칼뱅의 이러한 언어를 오해한 나머지 그리스도의 죽음에 참여하는 것을 아담 안에 있던 선한 창조에 대하여 '죽는 것'으로 간주하고 말았다. 칼뱅이 볼 때 이 '죽음'은 아담 안에 있던 선한 창조를 부패시키는 **죄악 된 욕망**을 죽이는 것이다. 더욱이 그리스도의 죽음에 참여하면 언제나 그리스도의 부활에 참여하게 되며,⁹⁸ 여기에는 인간 본성의 선한 '실체'라고 하는 창조의 본래 목적이 성취되는 것이 포함된다.

따라서 칼뱅은 자신의 입장을 지지하는 이레나이우스를 인용하면서 구속(구원)이 아담의 본래 "선한 의지"와 "선한 본성"을 치유하고 회복시킨다고 확언한다.⁹⁹ 인간 본성은 본래 선한 것이었고, 창조된 본성은 그리스도 안에서 구속을 통해 회복되고 성취된다. 이것은 하나님과는 별개인 자율적 소유물로 생각되는 본성이 아니다. 오히려 아담의 경우처럼, — 그리고 그리스도의 영이 더욱 충만하게 — 사람이 성령에 의해 하나님과 연합될 때만 이 "선한 본성"은 인간 안에 활성화되는 것이다. 따라서 칼뱅은 하나님과 인간이 근본적인 방식으로 **연합된다고** 강력하게 주장한다는 점에서 피기우스와 대립하게 된다. 피기우스는 하나님과 인간 사이에 작용과 공로를 나누어 주는 방식으로 인간의 노력을 기리고자 한다.¹⁰⁰ 칼뱅이 볼 때 하나님은 모든 생명과 선함의 원천이시기에 피기우스의 분할하는 방식의 해법은 받아들일 수 없는 것이다. 성화에서 인간의 모든 기능은 실제로 활용된다. 그러나 만약 인간이 **근본적으로** 하나님과 관련이 있다고 생각하고 **하나님과의 연합 안에서만** 진정으로 번영한다고 여긴다면 하나님의 행동과 분리된 인간의 선한 행동을 말해서는 안 된다.¹⁰¹

칼뱅이 볼 때 신성과 인성의 근본적인 연합은 성령의 선행하시는 활동에서만 아니라 신자들에게 베푸시는 믿음과 성화의 '선물들'에서 명백하다. 믿음을 받아들이는 것은 신자의 자발적인 동의를 포함한다. 하지만 이 동의가 "우리의 것이라 불리는 것이 합당"하지만 그것은 하나님으로부터 떨어져 있는 "우리로부터 나오지는" 않으며 성령의 사역이다.[102] 더욱이 신자들은 사랑으로 행동할 때 "마치 법의 필요에 의해 구속된 것처럼" 하는 것이 아니라 자발적으로 하는 것이다.[103] 어떻게 칼뱅은 '동의'와 '자원하는' 사랑을 인간의 행동이라고 긍정적으로 말할 수 있을까? 칼뱅이 볼 때 성령은 인간의 자유로운 행동을 가능하게 해 주시는데, 인간의 자유로운 행동은 성령의 행동과 경쟁하지 않는다.[104] 성령은 이러한 행동을 할 힘을 주시고 이런 행동들로 인해 찬양을 받으실 자격이 있으시지만, 이러한 행동들이 "우리의 것이라 불리는 것"은 여전히 합당하다. 이러한 설명의 일부로서 칼뱅은 '주입된 습관'이라는 중세의 공통 교리를 거부하고, '자연적인' 미덕과 '초자연적인' 미덕의 구별도 거부한다. 그 대신에 그리스도인의 사랑의 행위는 성령의 내주하시는 활동에서 직접적으로 나오는 것이다.[105] 하지만 칼뱅의 설명에 따르면, 이 과정에서 인간의 기능을 건너뛰는 것이 아니라 성령에 의해 활성화한다. 더욱이 신의 의지는 인간의 인격에 강압적으로 작용하지 않는다. 오히려 하나님은 "인간의 내적 본성 안에 올바른 영을 새롭게 하셔서" 그 의지가 하나님께 자발적으로 순종하고 성령의 역사를 통해 믿기로 동의하게 된다.[106]

이런 설명에 의거하여 칼뱅은 『의지의 속박과 자유』와 『기독교 강요』 모두에서 아우구스티누스와 이레나이우스 같은 교회 교부들과 공통점이 많은 구속 신학을 추구하며 발전시킨다. 아우구스티누스의 반펠라기우스적인 은혜 신학을 칼뱅이 광범위하게 전유하는 것에서 알 수 있듯이, 칼뱅이 아우구스티누스에게 진 빚은 이루 헤아릴 수 없다. 칼뱅은 또한 선한 창조와 그리스도 안에 있는 창조의 회복을 이레나이우스와 한목소리로 지지하는 데 깊은 관심을 보여 준다. 그렇게 하기 위해 칼뱅이 아리스토텔레스의 범주를 사용하긴 하지만, 그는 그 범주를 활용하여 두 번째 아담이신 그리스도 안에 있는 구속이 창조를 성취하고 회복한다는 이레나이우스의 모티프를 명확히 한다. 따라서 그리스도 안에서 인간은 하나님과 연합할 수 있다.[107] 더욱이, 구속되지 않은 인간과 관련해서 칼뱅은 하나님의 형상 신학을 『기독교 강요』에서 확장하여 그것을 "하나님 안에 참여함"이라 부른다.[108]

또한 칼뱅은 그리스도 안에 참여하는 것이 무엇을 의미하는지에 대한 알렉산드리아의 키릴로스의 강력한 언어를 채택한다. 칼뱅이 항상 키릴로스에게 동의하는 것은 아니지만 전반적으로 그는 키릴로스가 삼위일체론과 그리스도론 문제에서 자기편이라는 것을 알고 있었고, 성경 해석에 있어서 키릴로스가 그리스 교부들 중에서 요하네스 크리소스토무스만 빼면 "최고라고 평가할 수 있는 사람"이었다.[109] 칼뱅은 키릴로스를 특정 구절의 주석에서 가끔 언급하고,[110] 그리스도론 교리의 해설자로 때때로 언급하지만,[111] 키릴로스가 그리스도론을 성찬 신학에 적용하는 대목에서 키릴로스를 가장 광범위하게 전유한다.[112] 칼뱅은 키릴로스의 신학에서 그리스도의 육체가 "생명을 주는 것"이고, "충만한 생명으로 가득 차 있고", 그리하여 주의 성찬에서 "우리에게 전달된다"는 개념을 전유한다.[113] 살림(vivification)과 내주에 대한 키릴로스의 언어는 칼뱅과 깊이 공명한다. 칼뱅은 키릴로스에 대한 수많은 요약 중 하나에서 이렇게 말한다. "그리스도의 육신은 성령의 작용에 의해 살아나고, 그 결과 그리스도는 우리 안에 계신다. 하나님의 영이 우리 안에 거하시기 때문이다."[114] 실제로 이러한 살림의 언어는 제네바에 행해지던 칼뱅의 성찬 예전에 포함되어 있다. 성찬을 통해 신자들의 영혼은 "그[예수 그리스도]의 실체와 함께 자양분을 공급받아 활력 있게 된다." 그다음에는 그리스도의 승천에 신자들이 참여하는 일이 뒤따른다. 거기서 그들은 "지상의 모든 대상보다 더 높여지고, 천국만큼 높이 올려져서, 그리스도께서 거하시는 하나님 나라에 들어가게 된다."[115] 칼뱅이 자신의 근대 초기 목적을 위해 키릴로스의 저작을 사용했던 것은 분명하지만,[116] 그럼에도 불구하고 칼뱅은 그리스도의 성찬을 받는 것이 무엇을 의미하는지 설명할 때 살림에 대한 키릴로스의 언어에 많이 의존하고 있다.

칼뱅이 이러한 구원론적 설명을 교부 작가들과 대화하며 발전시키지만 그의 주된 출처는 성경이다. 위에서 언급된 내주와 접목이라는 사도 요한의 언어 외에도, 칼뱅에게 주요한 영향을 끼친 또 다른 성경의 자료는 로마서에 나오는 참여의 언어이다. 칼뱅이 볼 때 로마서는 "성경의 가장 심오한 보화로 인도하는 열린 문"을 제공한다.[117] 따라서 로마서가 『기독교 강요』의 발전에 중요한 역할을 하듯, 로마서에 나오는 참여, 입양, 접목의 주제는 칼뱅의 신학에 중요한 역할을 한다.[118] 로마서 6장 1-11절에 의거해서 칼뱅은 그리스도의 죽음과 부활 안에서 그리스도와의 연합이라는 주제와 그리스도 안에 참여하는 것으로서 세례 받은 자의 삶이라는 주제를 발전시킨다. 로마서 8장

12-17절과 26-27절을 주해하면서 칼뱅은 신자들이 하나님의 자녀로 입양되고, 신자들을 통해 기도하시는 성령을 통해 성부에게 다가갈 수 있게 되었음을 강조한다. 로마서 11장 17-19절에서 칼뱅은 신자들이 믿음으로 접붙임받는다는 그가 매우 사랑하는 이미지를 찾아낸다.[119] 이 책 3장에서 주장하겠지만, 이 세 구절의 내용에 포함된 그리스도와의 연합, 성령으로 그리스도 안에 참여함, 입양, 접목은 상호 조명하는 이미지들의 콜라주를 형성한다.[120] 성경 구절들이 이러한 이미지들 중에서 하나만 사용하는 경우가 많지만, 칼뱅은 그것을 로마서에 나오는 나머지 세 가지 이미지 중 또 다른 하나와 연결할 것이다. 마찬가지로 부분적으로는 로마서의 영향을 통해서 참여의 언어는 『기독교 강요』의 교리 분야(loci)에 지대한 영향을 미친다.[121] 로마서를 성경의 나머지로 들어가는 '문'으로 사용하고 그것을 렌즈 삼아 그 교리 분야(loci)를 다시 읽음으로써 참여, 입양, 접목은 칼뱅 신학에서 두드러진 주제가 된다.

 칼뱅이 연합, 입양, 접목, 참여라는 성경적 주제를 발전시키면서 그의 구속 신학은 강력하게 보편적인 성격을 갖게 된다.[122] 요한과 바울에 대한 해석과 이레나이우스와 아우구스티누스를 전유한 내용에 의거하여 칼뱅은 인간의 최종 목적과 목표를 하나님과 인간의 삼위일체적 연합이라고 가르친다. 삼위일체의 일치와 연합이 확장되어 신자들을 아우르는 데까지 미친다. "그리스도께서 아버지와 하나이시듯, 우리도 그분과 하나가 되자."[123] 그리스도와의 연합에서 신자들은 "그분이 베푸시는 모든 혜택만 아니라 그분 자신에도 참여하는 자들"이다. 실제로 "그분은 나날이 점점 더 우리와 한 몸이 되어 가시다가 마침내 우리와 완전히 하나가 되신다."[124] 더욱이 신자들은 "그리스도께서 우리를 하나님과 함께 연결해 주실 때만 하나님과 완전하고 굳건하게 연결된다."[125] 하지만 이러한 그리스도와의 연합은 신자와 그리스도를 연합시키는 성령 안에 참여하지 않고는 불가능하다.[126] 사실 성령을 통해 우리는 "하나님 안에 참여하는 자가 된다."(in Dei participationem venimus)[127] 그리스도와 성령을 통해 신자들은 모아져서 "성부 안에 참여한다."[128] "인간의 완전한 행복은 하나님과 연합되는 것"이기에, 이 연합은 구속 안에서 일어난다.[129] 칼뱅은 이렇게 쓴다. "우리는 그리스도에 의해 하나님과 연합된다. 하나님이 우리 안에 거하셔야만 우리는 그리스도에게 이어질 수 있다."[130] 이러한 방식으로 "사람들이 믿음으로 그리스도와 활발히 연합된 나머지 그리스도는 그들을 하나님께 연합시키신다."[131] 하지만 하나님과 하나가 된다 해서 신자들이 마치 신성의 제4위 구성원이 된 것 마냥 "하나님과 동일본질"이 되는 것이 아니라, 하나님과의 하나 됨은 오히려 "성령의 은혜와 능력"으로 그리스도 안에서 이루어진다.[132] 칼뱅은 또한 "우리가 하늘 영광에 참여하는 자로서 하나님을 있는 그대로 바라보게 될 때" 얻게 될 신성을 "직접 보는 것", 즉 다가오는 지복 직관에 대해 말하고 있다.[133] 이 현세의 최종적 목적은 사실 "복음의 목적"이며, 이는 "마침내 우리를 하나님께 들어맞게 하는, 말하자면 우리를 신성화시키는 것"이다.[134] 칼뱅은 이러한 최종적이고 종말론적 목적에 대해 자세하게 추측하는 일이 없지만, 인간을 삼위일체적으로 아울러 하나님과 연합하는 것에 관한 그의 언어는 분명하고 단호하다.

3) 신화(神化)의 문제와 오시안더

그렇다면 칼뱅의 구속 신학은 "신화" 교리를 포함하고 있을까? 이것은 용어가 어떤 의미인가에 따라 달라진다. 최근 연구 경향을 보면 그레고리오스 팔라마스(Gregory Palamas) 같은 후기 비잔틴 신학자를 참고하여 신화를 표준적으로 정의하고자 하고, 심지어 팔라마스에 익숙하지 않았던 서구 신학자들을 검토할 때조차도 그렇게 하는 경향이 있다.[135] 이러한 경향이 에큐메니컬 차원의 대화에는 가치가 있을지 모르겠다. 하지만 이런 식으로 접근하면 서구 신학에도 비잔틴과는 달라도 합법적인 신화 개념이 있을 가능성을 과소평가하기 마련이다. 그러나 서구에도 성경과 교회 교부라는 공동 출처에서 비롯된 신화 신학이 있을 수 있다. 만약 후기 비잔틴 신학만 신화 신학을 위한 패러다임으로 삼는다면 서구 신학을 지나치게 후기 비잔틴 신학처럼 보이게 만들 위험뿐 아니라 서구 신학이 후기 비잔틴의 '표준'을 충족하지 못하기라도 하면 일축해 버릴 위험성도 생기게 마련이다.[136]

사실 그리스도교의 신화 가르침을 이해하는 또 다른 방법이 있기는 하다. 그것은 아우구스티누스와 아퀴나스 같은 서방 신학 자료가 제공하는 (동방 교회 개념과는 구별되는) 신화 교리를 바탕으로 삼는 방법이다.[137] 비슷한 방식으로, 만약 '신화'를 인성과 신성의 일치를 확인하는 구원론으로 이해한다면, 그것은 칼뱅이 의도하는, 그리스도를 통한 하나님과의 연합 신학을 위한 용어로 적절할 수 있다. 결과적으로 구속은 신자들이 피조물로 여전히 남아 있으면서도 하나님의 삼위일체적인 삶 속으로 통합되는 변화를 포함하게 된다.

만약 칼뱅의 참여 교리의 특징을 기술하는 데 '신화' 용어를 써야 한다면 몇몇 특유한 '서방교회적' 특징을 명확히 해 두어야 한다. 첫째, 칼뱅에게 신화는 신적 속성이 인간 속성으로 유출되는 것을 포함하는 개념이 아니라는 것이다. 속성의 교류에 관해서(on the communication of idioms), 안디옥 전통에 속한 칼뱅은 교류가 그리스도의 인격에 해당한다고 본다.[138] 그리스도 안에 거하는 신자는 하나님에게만 배타적으로 남아 있는 어떤 신적 속성을 보게 된다. 이에 관해 '공유적' 속성과 '비공유적' 속성을 구분하는 (훗날의) 용어는 칼뱅의 통찰과 기본적으로 연속성이 있다.[139] 둘째, 칼뱅에게 신화 언어는 적절하지만 과장된 것이었다. 이 점에서 그는 신화 언어를 과장된 방식으로 썼던 이레나이우스와 아타나시우스 같은 교부 작가들과 연장선상에 있다. 칼뱅은 베드로후서 1장 4절 주해에서 전통적 신화 언어를 쓰면서도 과장법을 함축한다. 하나님은 "우리를 신성화하실" 것인데, "만약 그런 표현을 쓸 수 있다면 말이다."[140]

또한, 칼뱅에게 신화 신학이 있었다는 주장은 그의 신학이 연합, 참여, 입양의 주제를 포함한다는 것과 같은 말은 아니다. 일반적으로 신화와 관련된 **주제들**을 포함하는 신학이 반드시 신화 **교리**를 낳는 것은 아니다.[141] 결국 이는 거의 모든 그리스도교 신학에서 찾아볼 수 있는 성경 주제들에 해당한다. 신화 교리가 나오려면 이러한 성경적 주제들이 발전하고 그와 관련된 다양한 신학적 대안들을 구별하는 작업이 있어야 한다. 칼뱅에게 이러한 구별 중 일부는 선한 창조, 그리스도 안에서 신성과 인성의 연합, 지복 직관과 같이 신화에 관한 교부 신학의 발전을 그가 전유하면서 생겨났다. 이러한 발전 과정에서 대체로 칼뱅은 구속에 있어서 이 과정을 설명하려고 성경적 언어를 유지하는 것을 선호했다. 하지만 칼뱅도 때때로 긍정, 부정 모두의 의미에서 '하나님을 닮아가는 것'(deificari)과 '하나님과의 일치' 혹은 '신격화'(神格化, apotheosis) 용어를 채택하면서 자기 입장과 다양한 대안을 구분한다.[142] 하지만 칼뱅과 16세기의 여러 다른 대안을 가장 명백히 구분한 것은 '참여'의 언어가 지니는 중요성에 대한 논쟁이었다.

칼뱅의 '참여' 논쟁 중에 신화의 문제와 가장 관련 있는 것은 오시안더(Osiander)와의 논쟁이다.[143] 칼뱅은 그의 신학이 오시안더와 같은 면이 있다고 루터파에게 비난받기 전까지는 오시안더에 반대하는 글을 써 본 적이 없다.[144] 오시안더는 칼뱅과 많은 면에서 공통점이 있었다. 그는 요한의 내주 언어를 전유했다. 그는 믿음을 선물로 받을 때 거룩함이 자라나는 것이 중요하다고 강조했고, 아우구스티누스의 은혜 신학을 되찾고자 했다.[145]

더욱이 칼뱅과 마찬가지로 오시안더는 '참여'라는 언어를 선호했고, 칭의를 그리스도의 의로움에 참여하는 것으로 간주했다. 하지만 오시안더에게 그것은 칭의가 법정적인 것이 될 수 없다는 의미였다. 오시안더가 볼 때 하나님의 의로움이 되시는 그리스도께서 신자 안에 거하실 때 인간은 의롭다고 불린다. 그에 따라 신자는 그리스도의 신적 본성을 소유하게 된다. 이 과정은 베드로후서 1장 4절에 비추어 이해되며, 결과적으로 신자들은 '신적 본성 안에 참여'하게 된다. 인간이 본래 지녔던 선함은 그리스도와의 연합을 통해, 그리스도의 신적 본성에 참여함으로써 회복된다.

 이러한 이해의 일환으로 오시안더는 죄인이 은혜로 법정적 용서를 받는 것이 '칭의'가 의미하는 것은 아니라고 주장했다. 그에게 칭의는 신자 안에 신성이 **주입**되면서 예수 그리스도의 신적 의로움을 소유하는 것을 의미했다. 엄밀히 말해 칭의는 하나님이 그리스도의 십자가를 보시고 죄인을 용서하는 것이 아니라, 말하자면 신자들이 그리스도의 의로움을 긍정적 원자재로 받아들이는 방식의 의로움을 가리킨다. 이러한 이유로 오시안더는 루터교 동료들에게서 비난을 샀다. 그에 따라 칼뱅도 내주와 삼위일체적 통합을 강조하는 면모에 있어 오시안더와 공통점이 많았기에 루터파 일각으로부터 "오시안더주의"라고 정죄받았다.[146]

 하지만 칭의의 결정적인 문제와 관련해서, 칼뱅은 오시안더적이 아니었다. 칼뱅이 볼 때 칭의와 성화는 구별되나 분리할 수 없다. 왜냐하면 "그리스도께서 두 가지 모두를 그분 자신 안에 포함하시기" 때문이다. "그분의 성화에 참여하지 않고서는 그분[그리스도]을 소유할 수 없다. 왜냐하면 그분은 조각으로 나뉠 수 있는 분이 아니시기 때문이다."[147] 칭의는 언제나 그리고 필연적으로 진정한 성화로 이어지나, 칭의는 달리 환원될 수 없는 법정적인 것이고 성화는 성령에 의한 신자의 도덕적 변화를 포함하는 것이다.

칼뱅은 성경에서 그리스도의 십자가와 죄의 용서가 연결되는 지점이라 본 것을 유지하는 데 매우 신경을 썼다.[148] 칼뱅은 칭의의 법정적 성격을 거부하는 오시안더의 입장을 그리스도께서 죄의 용서를 위해 십자가에 행하신 속죄 사역의 필요성을 부인하는 것으로 이해한다. 만일 "그리스도의 희생으로 성부를 달래는 것"과는 아무런 관계도 없이, '칭의'가 그리스도의 긍정적 의로움을 주입하는 것만 의미한다면, 그리스도가 인간으로서 십자가에서 죽으신 사역은 불필요한 것이었다.[149] 결과적으로 칼뱅은 (칭의 안에 있는) 법정적 순간을 옹호하는데, 그것은 신자들이 성령의 내주에 의해 겪는 변화와는 구별되는 것이었다.[150] 오시안더와 대조적으로, 칼뱅이 볼 때 사면의 법정적 개념은 내주와 참여의 주제와 대립되지 않는다. 오히려 칼뱅은 이 둘을 함께 붙잡는다. 왜일까? 칼뱅은 십자가와 죄 용서에 관한 성경적 주장에 덧붙여, 용서와 내주를 구별하면서도 함께 붙드는 주된 이유 둘을 명확히 표명한다.

첫째, 구원이 진정으로 하나님의 선물이 되고 성화가 감사의 삶이 되게 하려면 용서의 법정적 개념이 성화의 삶을 위한 필수 전제 조건이 된다. 신자를 순례자(viator)로 보는 후기 중세 모델에서는 구원의 '확신'이 강조될 수 없었다. 구원이란 신자의 지속적인 성화 행위에 의존하는 것이기 때문이다.[151] 칼뱅은 이러한 구원론이 양심을 두려움과 불안 속에 머물게 하고 사랑의 법을 감사함으로 성취할 수 없게 한다고 비판한다. 자신이 하나님의 율법을 완수했는지 "끝없이 계속되는 두려움"에 빠지는 대신, 전가로 인해 신자는 하나님의 용서를 받고 마음의 감동을 받아 "하나님께 순종하고자 열심히 준비된 상태"가 된다.[152] '법정적' 사면을 받게 될 때 신자의 입양은 실현된다. 신자들은 율법의 "가혹한 요구"에서 해방되어 자녀처럼 행동할 수 있기 때문이다. 신자들은 "하나님의 자애로운 부성적 온화함으로 자기들이 부름받았다는 것을 듣고" "기쁨과 커다란 열심으로 응답하며 그분의 인도하심을 따르게 될 것이다."[153] 칼뱅은 이렇게 감사한 마음으로 하나님의 인도하심에 따르는 것이 사실 성령의 내주로 그리스도를 통해 하나님 안에 "참여"하는 것임을 분명히 한다. 하지만 하나님께서 내주하시는 임재에 대한 신학적 강조만으로는 충분하지 않다. 칼뱅이 볼 때 내주의 임재가 인간의 진정한 감사와 조화되려면 칭의의 법정적 특징을 부인하는 오시안더에 반대해야 한다.

칼뱅과 오시안더의 설명의 두 번째 중요한 차이점은 신자들이 칭의에서 그리스도의 신성을 공유한다는 오시안더의 주장에 담긴 삼위일체적 역동성과 관련이 있다.[154] 칼뱅이 볼 때 그리스도와 우리를 연합하는 유대(bond)와 신적 내주하심은 하나님의 '본성(본질)'을 신자 속에 '주입'하는 방식으로 이루어지지 않는다. 오히려 칼뱅은 오시안더가 "이러한 연합의 유대(bond)를 잘 보지 않는다"고 하면서 그것은 신자들이 "성령의 은밀한 능력에 의해 그리스도와 연합"하는 것이라 말한다.[155] 성령으로 신자들은 그리스도의 신적 본성에 참여할 뿐 아니라 그리스도의 모든 인격에 참여한다.[156] 이렇게 그리스도 안에 참여하는 것을 통해 신자들은 삼위일체 안에 참여한다는 것이다.[157]

칼뱅은 성령이 그리스도 안에서 하나님과 우리의 연합을 위한 유대임을 강조하면서 몇 가지 관심사를 표명한다. 첫째, 그는 니케아 신경이 고백하는 삼위일체 신학을 유지하기 원한다. 칼뱅은 오시안더가 "그리스도 안에 참여함"을 설명하는 방식이 성령의 본질적 역할을 배제하게 될까 우려한다.[158] 하지만 칼뱅은 또한 우리와 그리스도의 연합 안에서 피조물과 창조주의 구별을 유지하는 데 관심을 드러낸다. 오시안더가 칭의에서 그리스도의 인간 본성에 대한 역할을 부인하기 때문에, 그리스도 자신의 인간 본성이 위험할 만큼 경시된다.[159] 이것은 (신성과 인성 사이에 '혼동'이 없는 '연합'을 말하는) 칼케돈 정통 교리와 관련하여 우려를 불러일으킬 뿐 아니라, 신자들이 신적 본성에만 참여하는 것이라면 구속으로 완전해진 **인간성**(humanity)은 사라지는 것처럼 보인다. 칼뱅이 보기에 속성의 교류가 그리스도의 인격에 구체적으로(in concreto) 적용되는 것처럼,[160] 신자들도 신성과 인성의 (혼동이 없는) 연합의 초점이 되시는 그리스도의 인격 안에 참여하는 것이다. 그들은 그리스도 안에 참여할 때 (오시안더의 말대로) 신적 본성을 직접 주입받지 않는다. 그들은 성령의 중재 능력을 통해 그리스도의 인격 안에 참여한다. 한편으로 칼뱅은 신자가 그리스도를 통해 하나님과 연합하여 그리스도와 '완전히 하나'가 되고 하나님 안에 참여하게 된다고 가르친다. 하지만 피조물은 창조주와 같지 않고 이러한 참여는 언제나 성령을 **통해 그리스도 안에** 있는 것이다. 칼뱅은 오시안더와 토론하면서 그가 다른 곳에서 베드로후서 1장 4절에 대해 가르친 내용을 확인한다. 창조주와 피조물이 구속에서 연합할 때 전자는 후자를 "집어삼키지" 않는다는 가르침이다.[161]

칼뱅이 칭의의 법정적 성격을 강조하는 것은 개혁가로서 그가 지닌 관심사로 인해 구별된 면모를 보이지만, 신성과 인성의 '혼동' 없는 연합에 관한 그의 주장은 그가 영향을 받은 공의회와 교부들의 가르침과 많은 공통점이 있다. 칼뱅은 신성과 인성의 연합을 강조하면서 독특함을 추구하지 않고 더욱 광범위한 보편 전통의 관심사를 유지하고자 했다. 한편으로 칼뱅은 로마 가톨릭이 종교개혁을 교회 교부들과 공의회를 뒤에 남기고 떠나 버린 '새로운' 운동이라 비난하는 것을 반박하면서 더 광범위한 보편 용어로 삼위일체론과 그리스도론 이슈에서 '정통'이 되고자 했다. 그래서 신화에 대한 칼뱅의 주장을 그의 신화 교리라 불러도 된다면,[162] 칼뱅의 신화 교리는 그리스도론에서 신성과 인성의 연합을, 그리고 그리스도 안에 있는 신자들의 최종 구속에서 신성과 인성의 연합을 확인하면서 광범위하게 보편적인 특징을 유지한다. 칼뱅은 창조주와 피조물의 구별을 유지하며 그리스도의 두 본성 사이의 '혼동'을 피하는 데 관심이 있었다. 다른 한편, 칼뱅은 종교개혁 관점에서 칭의에 대해 '정통'이 되기를 추구했다. 개혁가로서 그의 독특한 관심사는 그의 신화 교리도 형성한다. 칼뱅은 자기를 반대하는 루터파의 비판에 응답하면서 그리스도에 참여함은 칭의의 법정적 요소를 갖는다고 주장한다. 칼뱅은 십자가와 죄 용서 사이에 성경적 연결을 유지하자고 주장하는데, 이것은 의로움을 신자들 속에 그리스도의 의로움이 주입되는 관점으로만 보는 오시안더의 입장을 반대하는 것이다. 사실상 칼뱅은 성화를 통해 그리스도에 참여하려면 칭의에서 하나님의 값없는 용서를 인정하는 것이 필수적이라 주장한다. 그 결과 그리스도인의 삶은 하나님께 감사하며 자발적으로 순종하는 삶이 될 수 있다.

4) 참여의 유형: '실제적 참여' 대 '단순한 모방'

칼뱅은 '그리스도 안에 참여함'으로 그가 의미하는 바를 명확히 하면서 그리스도를 '단순히 모방'하는 참여가 아니라 실제적 또는 '실체적' 참여를 말한다. 예를 들어 칼뱅은 로마서 6장 4-5절 주석에서 마치 그리스도가 단지 "모든 그리스도인이 따르기 합당한 본보기"인 양 "그리스도를 단순히 모방하도록 사도가 여기서 우리에게 권고하는 것은 아니"라고 말한다. 오히려 신자들은 세례를 통해 "우리 안에 있는 더 나은 본성으로 부활"하는 것과 더불어 "우리 육신의 타락"의 죽음을 실제로 가져오는 효과적 은혜 안에 "참여함"을 받게 된다.[163] 칼뱅은 그리스도 안에 접목되는 존재 관점에서 '참여'를 계속 서술한다. 그 결과 "우리는 그리스도에게서 흘러나오는 생명의 힘과 수액을 얻을 뿐 아니라 또한 **우리 자신의 본성으로부터 그분의 본성으로 옮기게 된다.**"[164] 비슷한 방식으로 칼뱅은 원숙해진 그의 성찬 신학에서 성찬을 종종 그리스도 안에 접목되는 것과 연결한다. 그 결과 우리는 그리스도의 실체를 취하여 그분과 하나가 된다. 그리스도와 우리의 연합에서 그리스도는 우리 안에 거하고자 오심으로 우리는 "그의 육체의 지체들"이 되고 "그분과 통합되어 (말하자면) 하나의 생명과 실체를 이룬다."[165] 그리스도 안에 참여함을 통해 신자들은 그분의 실체 안에 참여하고 그분과 하나의 실체로 연합된다. 더욱이 세례와 주의 만찬에서 그리스도의 실체에 참여함은 지상에 있는 그리스도의 공동체적 몸인 교회 안에 참여하는 것과 분리될 수 없다.

나는 칼뱅의 관점을 '실체적 참여'라고 명명하면서 다른 여러 주석가들이 그의 관점을 설명한 방식과 결별하고 있다. 사실 줄리 캔리스는 칼뱅이 "그리스도의 인격 안에 비-실체적인 참여"를 긍정한다고 명확하게 말한다.[166] 캔리스가 선택한 이 단어는 곤혹스러움을 안겨다 준다. 왜냐하면 칼뱅은 종종 그리스도의 "실체" 안에 참여함을 말하고 있지, 결코 "비-실체적인" 참여라 부르는 일은 없기 때문이다. 하지만 캔리스는 이렇게 '실체'라는 용어를 버나드 맥긴의 저작에 나오는 '신비적 연합'이라는 중세 후기 개념과 유사한 방식으로 사용하는 것 같다. 맥긴은 인간과 신성이 융합되는 방식으로 "하나님과 인간의 구별되지 않은 연합"을 가리킬 때 "실체적 연합"이라는 언어를 자주 사용한다.[167] 캔리스가 그리스도의 신성의 "실체(본질)를 신자에게 주입"한다는 오시안더 방식의 설명을 칼뱅의 관점과 구분하려는 것으로 미루어 보아 그녀 역시 비슷한 우려를 하는 것 같다. 캔리스는 칼뱅과 오시안더를 올바르게 구분한다. 하지만 캔리스는 칼뱅이 교회 교부들의 신화(theosis)를 닮은 유력한 참여 신학을 갖고 있다고 말하면서도, 칼뱅의 "비-실체적 참여"를 "토마스주의적인 참여도, (존재론에 의존하는) 플라톤적 참여도 아닌, 서로 다른 두 존재가 성령으로 서로의 생명을 나누는 것이 가능해진 참여"라고 주장한다. "오시안더가 실체(본성)적 참여를 원했던" 반면, 그 대신에 칼뱅은 "예수 안에 성령으로 참여하는 것을 원했다."[168]

캔리스의 주장에 대한 응답으로, 칼뱅이 오시안더에게서 반대했던 핵심 용어가 '실체'가 아니라 성령을 도외시하는 방식으로 이루어지는 실체의 '유입' 혹은 '주입'이었음을 유념하는 것이 중요하다. 칼뱅이 볼 때 그리스도와의 연합은 언제나 성령으로 가능하고, 그리스도 안에 참여함은 그리스도의 신성에 참여하는 것만 아니라 그의 인성에도 참여하는 것이다. 사실 칼뱅은 그리스도의 '실체' 안에 참여하는 것에 대해 주저 없이 말한다.[169] 더욱이 칼뱅은 그리스도와의 연합에 대해 말하면서 때때로 신자들과 그리스도를 '하나의 실체'로 만든다.[170] 이런 예들을 보면 칼뱅은 존재론적 함의를 갖는 용어를 피하지 않는다. 칼뱅이 존재론적 용어를 사용하는 방식이 항상 분석 가능하고 명확한 편은 아니나 신자와 그리스도가 단지 서로의 생명을 공유하는 각각의 개체에 머물지 않는다는 생각을 전하기에는 충분한 세부 사항을 제공한다. 성부와 성자의 '하나 되심'은 성령으로 서로 하나가 되고 그리스도와 하나가 되는 신자들에게 확대된다. 칼뱅은 요한복음 17장 21절 예수 그리스도의 대제사장 기도에서 "그들도 다 하나가 되어"라는 구절을 주해하며 이렇게 쓴다.

그리스도와 성부가 하나라는 것이 무엇을 의미하는지 제대로 이해하려면 그리스도로부터 중보자로서의 그분의 인격을 빼앗지 않도록 조심하라. 오히려 그분을 교회의 머리가 되시는 분으로 간주하라. 그리고 그분을 그분의 지체들과 연결하라. 그렇게 하면 연결이 최상으로 보존될 것이다. 성자와 성부의 연합이 무익하고 소용없는 것이 되지 않게 하려면, 그 (연합의) 능력이 신자들의 전체 몸에 걸쳐 확산해야 한다. 이로써 또한 우리가 그리스도와 하나라는 것을 주본하는데, 그 것은 그분이 자신의 실체(본질)를 우리 속에 주입하기 때문이 아니라, 그의 성령의 능력으로 그가 자신의 생명과 성부에게서 받은 모든 복을 우리에게 전달하기 때문이다.[171]

성자와 성부의 하나 되심은 "무익하거나 소용없는 것이" 되어서는 안 된다. 오히려 이러한 하나 됨을 통해, 성부의 "생명"과 "복"이 성령에 의해 성자를 거쳐 전달된다. "중보자"로서 그리스도는 성부와 하나이시고 그분의 몸인 교회와 하나이시다. 그것은 맥긴이 "실체적(본성적) 연합"에서 말하는 연합이나 참여도 아니고, 고독한 명상가와 그리스도 사이에 일어나는 하나 됨도 아니다. 오히려 칼뱅은 성부와 성자의 하나 됨이 "신자들의 전체 몸"과 성자가 하나 되는 것으로 확대되는 하나 됨에 대해 말하고 있다.

칼뱅이 요한복음 17장 주해에서 '실체(본성)' 용어를 부정적으로 사용하긴 하지만 그것은 하나님으로부터 신자에게 **주입되는** 실체(본성)라는 생각과 관련이 있다. 하지만 만약 우리가 유명론 이론보다 스토아 이론에 더 가까운 측면에서 '실체'를 이해한다면, 성령에 의해 그리스도의 '실체(본성)'에 참여하고 하나가 된다는 칼뱅의 언어는 상호 침투라는 페리코레시스 모델로 볼 수 있다.[172] 칼뱅은 삼위일체적인 위격들의 일치에 관해 언급하면서 "나를 대단히 기쁘게 하는"이라는 나지안조스의 그레고리우스의 구절을 공유한다. "나는 한 분 하나님을 생각하면 신속히 삼위의 광채에 휩싸이게 되고, 삼위를 구분하면 즉각 다시 한 분 하나님께 되돌아가게 된다."[173] 이러한 하나와 셋의 찬란함은 신자들이 그리스도와 하나 됨에 따라, 그리고 그리스도에 참여함을 통해 신자들이 서로 교회에서 하나 됨에 따라 더욱 커지게 된다. 신자들은 (본성의) 주입이 아니라 성자에게 주신 성부의 축복을 믿음의 공동체에 가져다주는 성령의 능력으로 그리스도의 실체(본성)를 받는다. 칼뱅이 생각하기에 그리스도의 실체(본성) 안에 참여한다는 것은 달리 환원할 수 없는 삼위일체적이고 공동체적인 것이다.

요약하자면, 칼뱅의 "실체적 참여" 언어의 주된 목적은 그리스도와의 연합을 포함하지 않는 그리스도를 "본받음"에 대한 설명들과 자신의 관점을 구분하는 데 있다. 믿음 안에서 신자들은 그리스도의 몸을 형성하는 성령으로 그리스도에게 연합되면서 그리스도와 "하나의 실체"가 된다. 신자들이 삼위일체적인 삶 속으로 통합되면서 그리스도와 하나 되는 것과 그분의 몸의 다른 지체들과 하나가 되는 것은 성자가 성부에게 연합되는 것과 같은 하나 됨이다. 이렇게 신자들은 구속적이고 교회적인 과정에서 그리스도의 실체를 취하면서 성부가 성자에게 베푸신 모든 것을 받게 된다. 이러한 참여는 존재론적이고 객관적인 것이다. 물론 참여 양식(mode)은 언제나 성령의 능력에 의한 것으로, 제한을 받지 않지만 말이다.[174] 그러나 칼뱅은 신자들이 그리스도 안에서 참여적인 생명을 갖는다는 것을 전혀 의심하지 않는다. 신자들의 몸은 그리스도와 **하나 됨**을 받았기에 그들은 멀찍이 떨어진 채 그리스도를 따르는 것이 아니다. 그들은 죽음과 부활과 승천이라는 그리스도의 길을 따라 그리스도에게 참여함으로써, 즉 그리스도 안에(en christo) 있는 삶을 살아감으로써, 그리스도를 따른다.

4. 결론

요약해 보자. 참여에 대한 칼뱅의 형이상학이 어떻게 오늘날 선물 담론의 범주에 해당하지 않는지 분명히 해 두자. 칼뱅은 스코투스주의 경향 때문에 확고한 참여의 신학을 갖지 못하는 것도 아니고, 토마스주의 혹은 팔라마스주의 범주에서 참여 신학을 발전시키는 것도 아니다. 칼뱅은 신학의 원천으로 돌아가는 인문주의자로서 참여에 대한 성경적, 교부적 주제를 자기 나름의 방식대로 전유한다. 그는 죄와 용서라는 바울의 구원론과 더불어 요한의 '내주' 신학을 힘껏 강조한다. 칼뱅은 창조와 구속에서 신성과 인성의 일치를 위한 관심사를 표명하면서 ("내가 없이는 너희들이 아무것도 할 수 없다"는) 그런 통찰에 어떤 부정적 결론이 따라오는지 놓치지 않는다. 그는 성경 바깥에 나온 강한 언어를 써서 신자들이 성령으로 그리스도 안에 있는 참여를 통해 하나님과 공유하는 하나 됨의 실상을 강조한다. 하지만 인간이 신성에 동화된다고는 결코 말하지 않는다. 칼뱅은 구원에서 신자들이 신화되는 방식에 대해 기꺼이 말한다. 하지만 이러한 칼뱅의 과장된 표현이, 구별된 신적 속성이 영화롭게 된 신자 안에 있는 인간적 속성을 압도한다는 의미는 아니다.

이번 장에서는 교회 교부에 대한 칼뱅의 지식이 거의 전적으로 독학으로 습득한 것이고 논증적 방식으로 기능하기는 하지만, 그가 참여 교리와 관련해서는 교부 신학에서 발전된 내용을 상당히 활용하고 있다는 것을 보여 주었다. 칼뱅은 인문주의 학자로서 교부들에 대한 해석에 근거하여 반대자들과 대결하는 것을 두려워하지 않았다. 그는 '근원으로 돌아가라'(ad fontes) 원리를 사용하면서 교회의 핵심 교부들의 본문을 직접 연구하는 모습을 보여 준다. 그렇기에 칼뱅 자신이 전적으로 동의한다고 주장하는 교회 교부는 없지만, 교부들 본문을 다루는 데 있어서 그는 (절충적이기는 해도) 인상적인 발전을 이루고 있다.[175]

이러한 방식으로, 성경 신학자 칼뱅은 참여 주제에 관하여 그의 해석자들이 보통 인식하는 것보다 훨씬 더 공교회적이다. 칼뱅의 공교회적 참여 신학은 성경과 교회 교부들이라는 신학 원천으로 돌아갔고, 그 결과 (그리스도교) 참여 신학들의 광범위하면서도 전통적인 범주들에 깔끔하게 들어맞지 않는 형이상학을 내놓았다. 토마스주의자도 아니고 유명론자도 아니고 팔라마스주의자도 아니었던 칼뱅은 신자들이 삼위일체적으로 통합되는 것을 강조한다. 이 통합은 창조에서 구속까지 이어지는, 구별된 '하나 됨'과 '참여'를 통해 이루어지고, 신자가 성령으로 그리스도 안에서 하나님과 연합함으로 죄로 인한 분열을 극복하게 한다. 그리스도 안에 참여하도록 배경이 되어 주는 것은 교회의 공동체적 삶이다. 신자들은 그리스도와 하나로 만들어짐에 따라 (교회라는) 하나의 몸으로 만들어지기 때문이다.

하지만 종교개혁자 칼뱅은 법정적 행위인 하나님의 용서를 포함하는 참여 신학을 주장함으로써 광범위한 전(全)-그리스도교의 대안들과 구별된 입장을 유지한다. 신자들은 그리스도가 십자가에서 행한 일로 하나님의 용서를 받게 되면서 '우리 밖에 있는'(extra nos) 그리스도의 의로움에 참여하게 된다. 그들은 행위를 통한 의로움이란 속박에서 자유롭게 되어 성령의 능력으로 감사하며 하나님과 이웃을 사랑하게 된다. 칼뱅이 볼 때, 하나님 안에 참여하는 길은 신자들이 성령 안에서 믿음으로 그리스도와 연합하면서 성부의 값없는 용서를 받아들이는 것을 반드시 포함한다.

3장
칼뱅의 "그리스도 안에 참여함" 언어의 발전

칼뱅이 "그리스도 안에 참여함"에 대해 말할 때 그가 의미한 것은 무엇이었을까? 이 질문과 관련된 많은 배경과 형이상학적 이슈를 2장에서 논의했으니, 이제 우리는 참여의 언어 그 자체를 면밀하게 살피는 일로 넘어가고자 한다. 4장과 5장에서는 이 주제가 기도, 성례전, 율법, 사회와 어떻게 연관되는지 탐구할 것이다. 하지만 이러한 주제 분석을 하기 전에 다음과 같은 분석 과제를 수행할 필요가 있다. '참여'에 대한 칼뱅의 언어는 어떤 맥락에서 나타나는 것일까? 언제 이 주제가 나오며 칼뱅이 '참여'에 대해 말할 때는 어떤 성경 자료를 기반으로 삼는 것일까? 이러한 분석 과제를 수행하려면 칼뱅의 참여 언어의 발전을 고려할 필요가 있다.

오늘날 선물 담론에 참여하는 신학자들 대부분은 칼뱅 신학의 최종 진술이 담긴 『기독교 강요』 최종판에 주목하느라 칼뱅 사상의 발전이라는 문제를 간과했다.[1] 이 신학자들은 칼뱅이 본질적으로 책 한 권의 사람이었다는 알리스터 맥그래스의 정서를 따르는 입장이다.[2] 그러나 선물 신학자들은 『기독교 강요』의 발전과 칼뱅이 쓴 다른 장르의 글과 다른 저작들의 중요성을 무시함으로써 칼뱅의 신학을 비판하는 영역에서의 관련 자료를 놓칠 뿐 아니라 『기독교 강요』 자체를 오해할 위험성이 있다. 1559년 『기독교 강요』의 틀을 종착점이 아니라 출발점으로 보는 것은 실수이다.

이번 장에서 나는 칼뱅이 『기독교 강요』와 성서 주석에서 수행한 '프로그램'의 발전에 관심을 기울이면 어떻게 그의 신학에 나타나는 '그리스도 안에 참여함'이라는 주제를 더 잘 밝힐 수 있는지 보여 주고자 한다. 최근 칼뱅 연구가 그의 사상 발전 과정에 관심이 있음에도, 참여와 관련하여 이어진 여러 주제들이 그의 전반적인 신학 발전에서 어떤 자리를 차지할지에 대한 설명이 현재로서는 없다. 나는 칼뱅의 참여 주제가 그의 사역이 진행되는 내내 많이 확장되고 강화된 것을 보여 주고자 한다.

1536년 칼뱅은 『기독교 강요』 초판에서 '참여'를 칭의와 성례전과 연결하기 시작한 후에, 1539년 개정판을 시작하면서 이 주제를 크게 확장했다. 그는 참여의 언어를 상당히 폭넓은 교리적 지점들(loci)에 적용한다. 더욱이 칼뱅은 바울의 해석학 렌즈를 그의 성서 주석에 확장하는 내내, '참여'에 관련된 일군의 이미지들을 가져다가 굉장히 다양한 성서 구절을 해석하는 데 사용했다. 칼뱅의 성서 주석은 참여라는 용어와 그 변형들의 의미를 풍요롭게 만든다. 그는 성육신과 구원에서 사람이 어떻게 하나님과 연합되는지에 대해 말하는 방식으로 참여의 용어를 사용한다. 또한, 그가 요아힘 베스트팔과 틸레만 헤슈시우스와 성례전 논쟁을 거치면서 '참여'와 연관된 그의 핵심 용어와 개념은 명확해지고 심화된다.

이러한 모든 발전을 통해 칼뱅은 '참여'의 개념을 대단히 폭넓은 교리적 자리들(loci)로 확장시킬 뿐 아니라, 인간의 삼위일체적 입양과 교회의 풍성한 교제(fellowship) 모두에 적용되는 풍부한 교제(communion) 혹은 코이노니아를 가리키는 데 이 용어를 사용한다. 칼뱅의 참여 신학의 발전과 범위를 조사함으로써 "그리스도 안에 참여함"이 그의 사상에서 중대하고 광범위한 범주라는 것이 분명해진다.

1. 초기 저작: 『기독교 강요』 초판 및 다른 초기 저작에 나오는 "참여"

1) 1536년 『기독교 강요』 초판의 기원

칼뱅은 『기독교 강요』 초판에서 주의 만찬, 세례, 칭의라는 세 가지 주요한 논제와 관련해서 "그리스도 안에 참여함"이라는 주제를 발전시킨다. 이 이슈에 관한 칼뱅의 원숙한 사상은 4장에서 깊이 고찰하겠지만 『기독교 강요』 초판은 그리스도 안에 참여함에 대한 칼뱅의 전반적인 주제의 기원과 발전을 들여다볼 수 있는 창문을 낸다.

칼뱅이 1536년도 『기독교 강요』 초판을 썼을 때는 26세 무명에 가까운 학자로 프랑스에서 박해를 피해 바젤에 피신해 있던 시절이었다. 1535년 칼뱅은 파리에서 바젤로 달아났다. 벽보 사건에 대한 보복으로 복음주의 사상에 동조하는 이들을 체포하고 사형을 집행했기 때문이다. 벽보는 프랑스 도시 곳곳에 나붙어 로마 가톨릭 미사를 우상숭배라고 맹렬히 공격했던 포스터를 말한다. 박해를 피해 달아난 칼뱅과 여러 복음주의 지지자들은 바젤로 갔는데, 그곳에는 하인리히 불링거, 기욤 파렐, 그리고 여러 개혁가들이 지내고 있었다.[3]

칼뱅은 바젤에서 새로운 동료들과 우정을 맺은 후에 1535-1536년 경에 『기독교 강요』 초판을 완성했다. 1536년도 『기독교 강요』의 장르는 대체로 중세의 교리 교육 스타일을 따르고 있다. 루터, 파렐, 프란시스 랑베르를 포함한 다른 개혁가들도 이러한 교리 교육 스타일을 채택했다.[4]

칼뱅은 개혁 운동과 얼마 전부터 행동을 같이했던 터라, 칭의라는 주제에 이끌려 "그리스도 안에 참여함"을 강력한 언어로 표현하게 된 사실은 새삼스러울 것도 없다. 칼뱅은 『기독교 강요』 초판에서 짧은 항 하나만 칭의에 할당한다. 하지만 이 항은 이후 『기독교 강요』 모든 판본에 보존되고, 칼뱅이 칭의에 관한 사상을 확장함에 따라 핵심 설명으로 기능한다. 칼뱅의 진술에서 성경과 교부의 "놀라운 교환"이라는 주제가 두드러진 역할을 하면서 전가와 중생을 위한 기본 틀이 형성된다.

이렇듯 우리는 그분께 접목되면서 어느 정도 영생에 참여했고 소망을 통해 이미 하나님 나라에 들어갔다. 이것은 너무 작은 일이다. 우리는 그분 안에 확실히 참여함(eius participationem)을 경험하기에, 비록 우리가 자신 속에서 여전히 어리석다 해도 그분은 하나님 앞에서 우리의 지혜로움이 되신다. 우리는 죄인들이나, 그분은 우리의 의로움이 되신다. 우리는 깨끗하지 않으나 그분은 우리의 순결함이 되신다. 우리는 약하고 아무 무기도 없어 사탄의 공격을 받기 쉬우나, 하늘과 땅에서 우리를 위해 사탄을 으스러뜨릴 수 있고 지옥의 문을 산산이 부술 수 있도록 그분에게 주어진 권세가 우리의 것이다. 우리가 여전히 우리와 함께 있는 죽음의 몸을 견디는 동안, 그는 이미 우리의 생명이 되신다. 요약하자면, 모든 것이 우리의 것이고 우리는 그분 안에서 모든 것을 가지고 있기에 우리 안에는 아무것도 없는 셈이다. 이러한 토대 위에 세워져야만 우리는 주님께 거룩한 성전으로 자라날 수 있다.[5]

초기 단계에서조차 칼뱅이 생각하는 전가와 중생은 픽스톡과 밀뱅크 같은 선물 신학자들의 비판에서 묘사된 전가와 중생과는 무척이나 다르다는 것이 분명하다.[6] 전가라는 관점에서 놀라운 교환은 단순히 자기 자신 밖에서 일어나는, 그래서 진정한 변화를 요구하지는 않는 외면화된 거래가 아니다. 칼뱅이 후에 말하듯이 전가와 중생은 이중 은혜(duplex gratia)를 구성하고 서로 분리되지 않는다.[7] 한편으로 칼뱅은 인간 공로를 칭의의 근간으로 만드는 사상가들과 자신의 관점을 대립시키면서 "우리 안에는 아무것도 없다"라고 말할 수 있었다. 하지만 이는 그리스도 안에 참여함을 통해 신자들은 지혜와 순결함과 권세와 생명, 그리고 그리스도가 지니는 모든 것을 갖는다고 말한 후에 나오는 대목이다. 신자들이 그리스도의 것을 받는 순간은 "거룩한 성전으로 자라날 수 있도록" 권능을 부여하는 순간과 분리되지 않는다. 전가에 있어서 놀라운 교환은 변화를 동반하는 그리스도와의 연합으로 신자들을 이끈다. 신자들의 변화가 이러한 연합의 **토대**를 제공하는 것은 아니지만 말이다.

전반적으로 칼뱅이 1536년도 『기독교 강요』에서 놀라운 교환과 칭의를 참여와 연결한 것은 그의 참여 신학에서 중요한 부분을 구성한다. 이는 칼뱅이 성례전에 대한 내용으로 이동할 때도 분명하다. 성례전을 통해 받은 혜택은 더할 나위 없이 칭의에서 받은 혜택이다. 칭의는 그리스도 안에 참여함이고 그분을 통해 우리는 우리의 죄를 용서받고, 하나님의 자녀로 입양되고, 성령으로 권능을 부여받는다. 그리스도는 신자들이 자양분을 찾는 뿌리와 원천이시다. 신자들의 의와 지혜와 힘은 그리스도와의 이 놀라운 참여적 교환을 통해서만 얻을 수 있다.[8]

우리가 『기독교 강요』 초판에서 참여와 성례전의 언어를 살펴보면서 역사적 맥락의 몇몇 요소를 언급하는 것이 적절할 것이다. 『기독교 강요』 초판은 교리 교육 스타일도 있지만, 해명의 성격도 갖추고 있다. 이 작품은 프랑스의 프랑수아 1세에게 드리는 헌사로 시작한다. "박해를 받는 복음주의자들을 위해 호소"하고 종교개혁 운동의 정통성과 고대성(antiquity)을 변호한다. 따라서 칼뱅은 십계명, 사도신경, 믿음, 기도, 성례전을 주해하는 표준 주제를 진술한 후, 복음주의 운동을 향한 정치적 관용의 가능성과 특히 관련이 있는 두 개의 장을 추가한다. 그것은 "잘못된 다섯 가지 성례전"에 대한 비판과 "그리스도인의 자유, 교회 권세, 정치 행정"을 다룬 마지막 장이다. 이것은 문답식으로 가르치는 저작이지만 만약 프랑수아 1세가 칼뱅의 관용 호소에 동의하지 않게 되면 정치와 교회 차원에서 저항하도록 준비되어야 하는 사람들에게 교리를 가르치려는 저작이었다.

이 자기변호의 호소의 한편에서 칼뱅은 당시 프랑스에서 박해를 직면해야 했던 복음주의자들을 지원하면서도 벽보 사건 논쟁 뒤에 있던 핵심 선전가들과 자신을 구별했다. 벽보의 제목은 그들의 목적이 무엇인지 잘 말해 준다. "예수 그리스도의 성만찬에 직접 반대할 용도로 고안된 교황주의자의 미사의 끔찍하고 엄청나고 참을 수 없는 남용에 관한 신뢰할 만한 조항들."[9] 로마 가톨릭 화체설 교리를 칼뱅이 거부한다는 점에서, 그리고 종교개혁이라는 대의를 지닌 다른 이들과 함께 파리를 탈출했다는 점에서, 그는 복음주의 동지들과 동질감을 갖는다. 하지만 주의 만찬에 대한 칼뱅의 긍정적 교리는 1534-1535년 앙투안 마르꾸르(Antione Marcourt), 기욤 파렐 같은 프랑스 복음주의의 핵심 선전가들의 교리와는 사뭇 달랐다.[10]

광범위하게 고려해 볼 때 마르꾸르와 파렐은 모두 주의 만찬 교리에 있어서 츠빙글리파에 속했다. 미사의 화체설 교리를 반대하는 논증을 위해 마르꾸르는 츠빙글리의 주장에서 많은 것을 빌려 왔다. 이 츠빙글리파 논증의 공통 전술은 그리스도의 몸이, 빵과 포도주의 물리적 요소에 들어 있거나 묶여 있지 않고 성부의 우편에 계신다고 주장하는 것이었다. 그리스도는 승천하셨고, "참된 몸은 언제나 한순간에 한 장소에만 있는 법이다."[11] 이에 반해 파렐은 1534년 프랑스 복음주의 운동을 위해 주의 만찬에 대한 긍정적 교리를 제공하는 예식서를 출간했다. 파렐이 볼 때 주의 만찬의 핵심은 그리스도의 현존하는 몸인 교회를 모으시는 예수의 독특한 사랑의 희생을 기억하는 데 있었다. 성찬은 "예수 그리스도의 지체들의 가시적인 교제이다."[12] 이러한 교제는 사제가 평신도에게 분잔을 거부하는 미사와는 대조적이다. "모두 어떤 구별도 없이 같은 성령과 같은 믿음 안에서 살아 있는 것이다."[13] 하지만 파렐이 볼 때 성찬은 단순한 기억의 행위를 넘어 상호적 사랑으로 이끄는 것이었다. 성찬에 포함된 공동체적 교제는 그리스도 안에 접목됨의 언어와 본질상 연결된다.

같은 하나의 빵을 떼고 받는 사람들은 하나의 같은 몸이다. 그것은 예수 그리스도의 몸이다. 그들은 서로 지체가 되어 그분 안에서 접목되고 심긴 것이다. 그들은 끝까지 인내하겠다고, 복음의 신앙에서 떨어지지 않겠다고, 그리고 예수 그리스도를 통해 하나님 안에서 그들 모두가 소유하는 연합에서 떨어지지 않겠다고 그분에게 선언하며 약속한다.[14]

따라서 파렐은 대체로 기념설 전통 안에 자리하고 있지만, 그럼에도 그리스도와의 연합과 접목의 언어를 통해 거기에 구별된 특징을 부여한다.

1534-1535년 복음주의자들의 성찬 논쟁의 맥락을 고려하면 『기독교 강요』 초판에 나오는 칼뱅의 참여 언어가 이 맥락에 얼마나 의지하는지 알 수 있다. 물론 그가 참여의 언어를 새로운 것으로 변모시키고 있지만 말이다. 마르꾸르와 더불어서 칼뱅은 승천하신 그리스도는 하늘에서만 그분의 몸을 지니신다는 주장을 사용한다. 그렇기에 화체설(실체변화론)은 완전히 신성모독적인 것이다. 그리고 파렐과 더불어서 칼뱅은 성찬의 요소 그 자체를 장황하게 토론하길 피하는 듯하다. 그것은 사람이 성찬의 요소들을 숭배하다가 (그 요소들이 가리키는) 기의인 성만찬의 진짜 목적, 즉 그리스도와의 연합을 통해 하나님 및 다른 이들과 누리는 교제가 막히는 일이 없게 하려는 것이다. 그리스도 안에 참여함이라는 칼뱅의 언어는 이러한 연합을 표현하는 방식으로는 (파렐보다) 좀 더 강력했으나 기념설 용어의 측면에서는 파렐보다는 약한 편이었다. 성례전에 관한 장에서 칼뱅은 "그의 반대자들이 싸우는" 다양한 성찬 논쟁을 자세히 살펴보고는 자신이 믿는 바가 그들이 간과하는 문제의 핵심이라고 지적한다.

그렇게 느끼는 사람들은 [그들의 주장에 있어서], 우선 우리를 위해 주어진 그리스도의 몸이 어떻게 우리의 것이 되었고 우리를 위해 흘리신 그분의 피가 어떻게 우리의 것이 되었는지(quomodo sanguinis effusi participes fiamus) 물어야 할 필요성에 주목하지 않는다. 하지만 그것

은 십자가에 달리신 그리스도 전체를 소유하고 그분의 모든 유익에 참여하는 자가 되는 것을 의미한다.[15]

칼뱅은 그리스도를 소유하고 그리스도의 것을 받고 그분의 피를 취하는 것에 대해 말하지만, 그의 초기 성찬 신학은 그의 후기 성찬 신학과 비교해 보면 츠빙글리를 강조하는 마르꾸르와 파렐에 여전히 가까웠음에 주목해야 한다. 용어 수준에서도 차이가 명백하다. 1536년 『기독교 강요』 초판에서 칼뱅은 성찬이 그리스도를 "표시한다"(exhibiting)는 견해를 부정적으로 사용하지만[16] 나중엔 그것을 긍정적으로 사용한다. 또한 그는 그리스도가 "실체적으로" 현존하는 존재라는 생각을 부정적 의미로만 사용했는데, 이 주제는 칼뱅의 원숙해진 성찬 신학의 특징이 되었다.[17] 그래도 칼뱅의 초기 성찬 신학은 그리스도와의 연합과 성찬에서의 상호 사랑이라는 파렐의 테마를 발전시키고 강화하기 위해 참여의 언어를 사용한다. 마침내 칼뱅의 성찬 신학은 기념설 개념에서 벗어나 마르틴 부서와 유사한, 그리스도 안에 "진정으로 참여함"을 강조하는 개념으로 옮겨 간다.[18]

칼뱅이 1536년 『기독교 강요』에서 세례와 관련하여 사용한 참여의 언어는 성찬에 대한 그의 설명과 비교하면 더욱 단호해진 편이다. 세례를 통해 사람은 상징적으로만 아니라 실제로 그리스도의 죽음과 부활에 참여하는 것이다. 이것을 칼뱅은 그리스도를 단순히 '모방'(imitationem eius)하는 것과 대조한다. 그리스도에 대한 우리의 참여는 단지 '우리의 욕망에 대해서는 죽고' '그분의 부활을 본받아 의로움으로 일어나라'는 권고에 그치지 않는다는 듯이 말이다. 오히려 "그분은 훨씬 더 높은 어떤 것을 붙잡으신다. 즉, 그리스도는 세례를 통해 우리가 그분의 죽음에 참여하게 하시고(Christus nos mortis suae fecerit participes) 그분에게 접목되게 하신다. 작은 가지가 접목된 뿌리에서 구성 물질과 자양분을 끌어내듯이, 올바른 믿음을 갖고 세례를 받는 사람들은 육신을 죽이는 가운데 그리스도의 죽음의 효과적 역사를 느끼고 그와 더불어 성령의 살리심 가운데 그리스도의 부활 역사를 진정으로 느낀다."[19] 칼뱅이 볼 때, 세례는 진정 하나님이 효과적으로 일하시는 성례전이다. 세례는 그리스도를 따르라는 단순한 증언이나 권고가 아니다. 오히려 성령을 통하여 사람은 그리스도를 따를 수 있게 되고, 그리스도 안에 참여할 수 있게 된다. 세례는 죽임과 성화라는 측면에서 도덕적 함의를 지닌다. 하지만 이러한 도덕적 목적은 접목된 뿌리로 신자들을 양육하시는 하나님의 능력을 통해 성취된다.

요약하면, 1536년 칼뱅의 새로운 참여 교리의 몇 가지 특징이 분명해진다. 첫째, 참여 개념이 칭의와 결부되고 신자들의 놀라운 교환 참여와 결부된다. 참여를 그렇게 칭의와 연결시키면 '참여'를 성례전에 적용할 때 칼뱅이 생각하는 참여에 포함된 의미를 더 잘 이해할 수 있다. 따라서 신자들은 세례에서 성령을 통해 그리스도의 죽음과 새로운 생명에 참여할 때 놀라운 교환을 경험한다. 세례는 신자들이 죽임과 살림을 겪으면서 하나님이 약속하신 것을 효력 있게 한다.

그러나 칼뱅은 성찬 신학에서는 그다지 명확하게 말하지 않는다.

칼뱅은 파렐을 따라 성찬에서 그리스도와 연합하고 그분에게 접목되는 것을 설명하면서 상호 사랑을 강조하는 프랑스 복음주의에 힘을 보탠다. 하지만 또한 이 시점에 칼뱅은 기념설 전통에 서서 '실체'와 '전시' 같은 핵심적인 성찬 용어를 부정적 의미로 사용하면서 미사에 반대하는 논증을 펼치고 있다.

2) 교리 교육에서 신학 체계로: 1539년에서 1543년까지 『기독교 강요』

『기독교 강요』와 칼뱅의 참여 신학은 1539년과 1543년 사이에 극적인 변화를 겪는다. 이 기간 칼뱅의 새로운 로마서 읽기로 『기독교 강요』는 변모된다. 참여 주제는 크게 확장되고 더 많은 신학적 자리들(loci)로 확장되면서 내용이 강화된다. 특히 칼뱅의 참여 언어의 강도는 그의 성찬 신학 변화와 밀접하게 연관된다. 이 기간 칼뱅은 성령을 통해 하나님과 하나가 되면서 그리스도의 실체에 참여하는 신학을 발전시킨다.

칼뱅은 제네바에서 개혁가로서 파렐과 함께했던 시간(1536-1538년)이 실패로 끝난 후 스트라스부르로 갔다. 그리고 부서(Bucer)의 격려에 힘입어 성경 교사가 되었다.[20] 또한 칼뱅은 자신이 쓴 최초의 주석인 로마서 작업을 해 나가며 1539년 『기독교 강요』 제2판을 쓰기 시작했다. 1538-1541년은 칼뱅의 신학적 발전에 결정적이었다. 그것은 그가 스트라스부르에 체류하며 제네바의 교회적, 정치적 투쟁에서 벗어날 수 있었고 다시금 생각하고 글을 쓸 시간과 공간을 가졌기 때문이다.[21] 이 기간 동안, 『기독교 강요』는 1536년에는 변증을 위한 긴 교리 교육이었지만 1539년에는 칼뱅의 독특한 특징을 담은 신학 체계로 달라진다.[22] 리처드 멀러는 이렇게 쓴다.

> 칼뱅이 1536년 판 『기독교 강요』의 틀에서 벗어난 것은 그로부터 3년도 되지 않아서였다. 그 시점에 그는 제2판 제목에 1539년 판이 마침내 진정한 『기독교 강요』라고 적시했다. 1539년 판 『기독교 강요』의 목차 순서는 1543년과 1550년 두 차례에 대대적 증보를 거치면서도 그가 가장 생산적으로 일했던 향후 20년 동안 그와 함께했던 『기독교 강요』의 순서가 되었다. 그의 동시대 사람들은 그의 신학을 주로 그런 형태로 알고 평가했다. 그리고 바로 그 순서 안에서 칼뱅은 성경에서 끌어내야 한다고 믿었던 신학의 자리들을 가장 명료하고 정확하게 식별하여 '올바른 가르침의 순서'로 모아냈다. 설령 그 순서가 1559년 판에서 다소 바뀌었다 해도 신학적 주제 혹은 자리들에 대한 인식은 거의 달라지지 않았고, 실제로 1539년 판의 바울의 순서 대부분이 1559년 판에 그대로 남아 있었다.[23]

이러한 신학 체계로의 이동에서 칼뱅은 교리 교육에 존재하는 주제들을 확장할 뿐 아니라 교리 교육에 없던 주제들을 로마서에서 도출한 바울의 순서에 따라 추가한다. 칼뱅은 멜란히톤을 따라 자신이 훈련받은 인문주의적 소양을 활용하여 로마서를 수사학적으로 읽어 내어 신학의 주제 혹은 자리들(loci)에 순서를 부여한다.[24] 멜란히톤처럼 칼뱅도 로마서가 성경 전체를 해석하는 열쇠를 제공한다고 느꼈다. "만일 우리가 이 서신을 진정 이해하게 된다면, 성경의 가장 심오한 모든 보화로 인도하는 열린 문을 갖게 된다."[25]

만약 1539년 판 『기독교 강요』가 더는 교리 교육이 아니었다면 바울이 제시한 순서에 따라 신학의 자리들에 접근한 이 책은 정확히 무엇이었을까? 칼뱅은 1539년에 썼던 「독자에게 보내는 편지」에서 답을 제시하고 있으며 그것은 최종판까지 (개정된 형태로) 『기독교 강요』에 포함되었다.

> 더욱이 이러한 수고를 하는 나의 목적은 목회 후보생들이 거룩한 신학 안에서 하나님의 말씀을 읽을 수 있게 준비하고 가르쳐서 그들이 말씀에 쉽게 접근할 수 있고 걸림돌 없이 전진할 수 있게 하려는 것이다. 나는 종교의 총합을 그 모든 부분에서 이 책에 다 담아냈고 적합한 순서로 정리해 놓았기에 누구든지 그것을 올바르게 이해한다면 그가 성경에서 특히 구해야 할 것이 무엇이며 그 내용을 어떤 목적에 연관시켜야 할지 결정하는 것이 어렵지는 않을 것이라고 믿는다. 이러한 길이 닦인 후에 나는 성경 해석을 출간할 것이다. 나는 언제나 성경 해석을 압축하여 제시할 것이다. 왜냐하면 나는 성경 각 권을 해석할 때 교리를 길게 논할 필요도 없고 각 권의 내용에서 벗어나 공통적인 내용을 파고들 필요도 없을 것이기 때문이다.[26]

더 나아가 칼뱅은 "이러한 가르침의 방식은 나의 모든 주석에 분명히 반영된다"라고 말하면서 로마서에 대한 그의 (향후) 주석을 대표적 본보기로 추천한다.27 「독자에게 보내는 편지」에는 몇 가지 주목해야 할 것이 있다. 첫째, 『기독교 강요』는 사람들이 성경을 올바르게 이해하고 적용하도록 준비시키는 방식으로 '종교의 총합'을 제공한다. 그것의 목적은 독립적이고 사변적인 신학 체계를 세우는 것이 아니라 성경 이해를 위한 교리와 관련된 주제의 '총합'을 제시하자는 것이다. 둘째, 칼뱅은 어떤 주석도 아직 마무리하지 않았던 1539년에 향후 주석을 위한 계획과 『기독교 강요』의 향후 판본에 대한 계획을 세운다. 이 두 가지는 서로 연관되어야 했는데, '교리를 길게 토론하는 것'이 주석에서는 피할 일이지만 『기독교 강요』에서는 다루어져야 했기 때문이다. 이러한 관습은 이후 『기독교 강요』 개정판들의 많은 부분을 설명한다. 『기독교 강요』와 성서 주석 사이에 긴밀하지만 엄격히 구별되는 상호 관계가 있었기에 칼뱅 신학의 전체 설명을 참고해서 주석을 봐야 한다는 것은 놀랍지 않다. 『기독교 강요』는 '그 모든 부분에서 종교의 총합'이지만 『기독교 강요』에 우선적으로 포함된 내용은 특정한 논쟁의 대상이 된 주제들뿐 아니라, 이미 확립된 바울의 자리들(loci)에 부합하는 주제들이다.

이런 접근 방식을 취한 『기독교 강요』 속 칼뱅의 신학은 매우 특별한 의미에서 신학의 '체계'이다. 그것은 특정 교리가 '제1 원리'로 작용하여 '예정'이나 심지어 '그리스도와의 연합'과 같은 중심 개념에서 논증을 펼치는 연역적 교리 이론이 아니다.28 한편에서 『기독교 강요』에 있는 칼뱅 신학의 자리들(loci)은 그의 주석 작업에서 도출된다. 다른 한편, 칼뱅은 신학의 자리들 사이의 깊은 일관성, 즉 바울 신학의 구조 틀과의 일관성을 상세히 설명하려 한다. 그러나 이러한 일관성이 확립된다 해서 그의 신학에 (특히 예정론과 같은 요점에) 연역적 논리가 생겨나는 것은 아니다. 그의 신학적 요점들에서 그의 주장은 성경과 전통에 대한 그의 해석에 직접적 기반을 두었고, 그 해석을 완화시키는 역할을 맡은 것은 대략 부정의 방식으로 작용하는 적응 교리뿐이었다. 칼뱅의 신학 자리들을 정하는 방식은 로마서에서 가져온 바울의 순서를 채택하는 관행에서 뚜렷하게 종교개혁적이었지만(개혁파 다웠지만), 멀러가 지적했듯이, 그것은 12세기 롬바르드의 『명제집』에 나오는 주제의 본래 구성과도 연속성이 있다.[29] 그것은 하나의 체계이지만 성경 읽기와 관련된 '공통의 자리들'의 체계이며 성경의 다양한 교리 내용을 뚜렷한 바울의 방식으로 묶어 낸다.

이러한 1539년 판 『기독교 강요』의 새로운 맥락에서 칼뱅의 참여 주제는 어떻게 기능할까? 주의 만찬과 칭의 같은 일부 주제에 대해서는 중대한 확장이 있고 주의 만찬에 관련해서는 참여의 언어가 강화된다.[30] 하지만 다른 주제에 관련해서 새로운 일이 발생한다. 특정한 자리들, 특히 신조 안에서 자리들은 이전에 없던 참여 교리를 발전시킨다. 이것은 칼뱅이 행하던 신학적 재-사유를 나타내며 여기서 『기독교 강요』는 교리 서적에서 신학 체계로 변모된다. 더욱이, 이러한 신학 체계가 로마서의 독특한 표지를 보여 주게 되면서 [로마서 - 역자 주] 6장과 8장에 나오는 참여 신학은 다양한 자리들(loci)을 함축하게 된다.[31]

이러한 변화는 1539년 판 『기독교 강요』 2장 "인간에 대한 지식과 의지의 자유에 관하여"에서 처음으로 분명해진다. 여기서 칼뱅은 인간 영혼의 어느 부분도 죄의 영향을 받지 않은 곳이 없다는 인간학을 제시한다. 하지만 칼뱅은 또한 하나님의 형상에 관한 자료를 추가하는데 그것은 후에 『기독교 강요』 최종판에서 확장된다.[32] 1539년경 칼뱅은 인간이 "하나님의 형상으로 창조됨으로써 '최고의 영예'를 받았다"고 주장한다. "따라서 인간은 그 자신의 선한 행동 때문이 아니라 하나님 안에 참여함으로(Dei participatione fuisse) 축복을 받게 된다는 것을 암시한다."[33]

칼뱅은 1539년 판 4장 "믿음과 사도신경에 관하여"에서 참여 언어의 수많은 사례를 추가하며 그리스도, 성령, 그리고 신자의 (교회 안으로의) 삼위일체적 통합에 적용한다. 신조를 다룬 4장은 1543년 판에서 3개 장으로 확장된다. 칼뱅은 2년 후 (1545년 『교리 교육』에서) 넷으로 나누어진 신조를 발전시키는데, 이는 그가 1559년 『기독교 강요』 최종판에서 사용한 네 권의 책에 대체로 대응한다.[34] 1539년 판 4장에 있는 참여에 관한 새로운 자료는 구원론 주제를 형성한다. 이 주제는 『기독교 강요』 최종판에서는 모든 부분에 걸쳐 상당히 고르게 나타나는데, 1559년 판이 신조를 네 부분으로 나눈 칼뱅의 구분에 따라 자료를 재구성하고 있기 때문이다. 따라서 참여에 대한 1539년 판 4장의 한 대목은 1559년 판 2권의 그리스도론 장들에서 끝나지만, 참여와 삼위일체에 대해 말하는 또 다른 대목이 들어 있는 항목은 1권에서 끝날 것이다.[35] 교회 안에서 성령의 사역에 대해 참여의 언어를 사용하여 말하는 몇 대목은 교회를 다루는 4권 1장에서 마친다.[36] 이런 방식으로, 1539년 판에서 칼뱅이 참여의 주제를 확대하는 모습은 1559년 판에서 그 개념이 얼마나 폭넓은 자리를 차지하게 될지를 이미 예기한다.

(1539년 판 4장) 신조에 나오는 참여의 언어에서 성령에 대한 칼뱅의 언어가 가장 두드러진다. 베버리지와 배틀즈의 번역 모두 칼뱅이 성령을 통해 '하나님 안에 참여자'가 되는 신자들에 대해 말하는 구절의 직접성을 제대로 전달하지 못한다. "그[성령]를 통해 우리는 신적 본성의 참여자가 되고, 우리 안에서 그분의 활력을 느끼는 방식으로 (우리는 하나님 안에 참여하는 자들이 된다[in Dei participationem venimus].) 그분에게서 오는 것은 능력, 성화, 진리, 은혜, 모든 선한 생각이다. 모든 좋은 은사는 오직 성령에게서 나오기 때문이다."[37] 칼뱅이 4장 다른 곳에서 언급했듯이 이는 분명 삼위일체적 참여이다. 그는 "성부 하나님의 자비로 성령의 효력을 통해 그리스도와 함께 참여하게 된(in Christi participationem venerunt) 모든" 택함받은 이들에 대해 말한다.[38] 따라서 칼뱅은 신조를 설명하고 하나님의 사역에 대해 말하면서, 구원은 성령으로 하나님과 그리스도 안에 참여함을 포함한다고 간주한다. 실제로 칼뱅은 4장의 한 지점에서 구원이란 신자가 '영원한 생명의 상속으로만' 부름받는 것이 아니라 (그것은 1536년 판이 끝나는 부분이다) '한 분 하나님과 그리스도 안에 참여함'(sed in unius Dei ac Christi participationem etiam vocati)으로 부름받는 것을 수반하는 것임을 특히 강조하려고 1536년 판 구절에 추가한다.[39] 성령에 의하여 그리스도

안에 참여하는 것은 신자들을 하나님께로 연합시킨다.

칼뱅은 또한 『기독교 강요』 1539년 판 6장에서 칭의의 주제를 추가하면서 이미 강력한 1536년 판 참여의 언어를 보완한다. 특정 구절은 계속해서 놀라운 교환의 언어를 반영한다. "우리의 의로움은 우리 안에 있지 않고 그리스도 안에 있으며 오직 우리가 그리스도 안에 참여하는 자들이기(Christi sumus participes) 때문에 그것을 소유한다는 것을 알 수 있다. 참으로 그와 함께 우리는 그 모든 부를 소유한다."⁴⁰ 그러나 칼뱅은 칭의와 성화의 밀접한 연결을 바탕으로 – 동시에 그 둘을 구분하면서 – 참여가 가져오는 하나 됨을 강조한다. "참된 믿음이 우리를 그리스도와 결속시켜 그분과 하나가 되어 그분의 의로움에 참여하는 것을 즐거워하게 되는 것 말고 어떤 방법으로 참된 믿음은 의롭다 함을 가져다주는가(participatione iustitiae eius fruamur)?"⁴¹ 칼뱅의 주장은 1536년 판과 마찬가지로 전가에 관해 변증하지 않는다. 우리가 우리 자신의 의로움이 아니라 그리스도의 의로움에 '참여'하는 것을 부정하는 사람은 신자들이 그리스도와 진정으로 하나가 되고 연합하는 것 또한 부인하는 것이다.

1539년 판, 주의 만찬에 관한 12장에서 칼뱅은 주의 만찬의 객관성과 유효성에 관한 언어를 강화하면서 참여의 언어를 이러한 전략의 부분으로 사용했다. 1536년 판에 사용되지 않았거나 명백히 긍정적 방식으로 사용되지 않던 몇 가지 용어가 1539년 판에서는 긍정적으로 사용되었다. 그는 주의 만찬으로 "우리는 그분 안에 진실로 참여함으로 되살아나게 된다"(nempe vera sui participatione vivificari)라는 구절을 이후 판들에 확장해서 소개한다.[42] 또한 칼뱅은 상징과 기표에 관해 "주님은 진정으로 그의 몸에 참여하는 것을 나타내시며" 그 결과 "그분은 진정 그분의 몸을 나타내시고 보여 주신다"라고 말한다.[43] 다른 연구에서 알 수 있듯, 이러한 용어들은 칼뱅의 원숙한 성찬 신학을 위해 중요한 용어가 된다.[44] 칼뱅은 아우구스티누스를 독특하게 수용하면서 성찬에서 '그리스도와의 연합'을 구성한다는 점에서 부서의 길을 따르는 것으로 보인다.[45] 그러나 그것들이 참여의 언어를 특별히 강조하는 확장의 일부로 일어나고, 성찬을 통해 그리스도 안에 '진정으로 참여'한다는 것이 무얼 의미하는지 설명하려 한다는 점을 인식함이 중요하다.

사실 1543년 판의 개정 내용은 1539년 판의 주제 배치 순서에 계속 부합하나 칼뱅은 로마서에 나오는 바울 신학을 반영해서 내용을 계속 추가한다.[46] 여기에는 잠재적으로 논쟁의 여지가 있는 새로운 용어인 실체(substantia)를 추가해서 그리스도 안에 참여함의 의미를 확장하는 것이 포함된다. 보통 칼뱅은 비-성서적 용어를 규범적 방식으로 사용하는 것은 피하는 편이지만, 성찬에서 신자들에게 주어지는 그리스도의 몸과 피의 실체를 강조하려고 참여(participes)와 더불어 실체(substantia)라는 용어를 사용하기로 결정한다.[47]

이제 이 모든 것이 믿음과 관련이 있지만, 그리스도를 믿음으로 받아들인다고 말할 때 내가 의미하는 것이 그분을 이해와 상상으로만 받아들이는 것이라는 궤변에 어떠한 여지도 주지 않으려 한다. 그 약속이 제공된 것은 우리가 그분에 대한 외면적이고 피상적인 지식에 그치지 않고 그분에게 진정으로 참여함을 누리게 하려는 것이기 때문이다. 그리고 누구라도 그리스도 자신 안에 진실로 참여함에 의지하는 것 외에는 자신이 그리스도의 십자가에서 구속과 의로움을 가지고 있다는 것을 달리 어떻게 믿을 수 있는지 나로서는 알 수가 없다. 그리스도께서 먼저 그분 자신을 우리의 것으로 만드시지 않는 한, 그러한 유익은 우리에게 오지 않을 것이기 때문이다. 그렇기에 나는 성찬의 신비에서 그리스도는 빵과 포도주가 상징하는 그분의 몸과 피를 통해 진정으로 우리에게 보이셨다고 (그리스도는 진정으로 우리에게 드러내셨다고[Christum vere nobis exhiberi]) 말한다. 그분은 자신의 몸과 피 안에서 우리를 위한 의로움을 얻으려 모든 순종을 완수하셨다. 왜 그렇게 하셨을까? 첫째, 우리가 그분과 더불어 한 몸으로 자라갈 수 있게 하려고, 둘째, 그분의 실체에 참여자가 되어(participes substantiae eius facti), 우리가 그분의 모든 혜택에 참여하는 가운데(in … communicatione) 그분의 능력을 느낄 수 있게 하려고 그렇게 하셨다.[48]

이처럼 1543년에 이르면 칼뱅은 성찬에서 '이해'와 '적절한 지식'으로 그리스도를 받아들일 수 있다는 접근 방식과 신자들이 "그리스도 자신 안에 진실로 참여"하게 된다는 그의 교리를 대조하고 있다. 그런 다음 칼뱅은 이 점을 강조하려고 실체(substantia)의 언어를 사용한다. 신자들은 성찬에서 그리스도와 연합될 때 "그의 실체에 참여하는 자가 된다."

칼뱅은 1545년 프랑스어 판의 또 다른 구절에서 실체와 연합의 언어를 더욱 확장하면서 신자들은 그리스도의 몸의 지체가 되면서 "그분과 하나의 실체로 만들어진다"고 주장한다. 칼뱅은 이 구절에서 "날마다 그분[그리스도]은 하나의 같은 본질로(une mesme substance) 그분 자신을 우리와 갈수록 연합하신다"라고 말한다.[49] 1545년 프랑스어 판 『기독교 강요』에 추가된 '실체' 언어가 나중에 삭제되기는 하지만, 칼뱅은 '하나의 실체'로 연합하는 신자들과 그리스도에 대해 여러 주석에서 계속해서 말하면서 이 표현을 해당 주석들의 최종판까지 유지한다.[50]

1540년대 중반에 이르면 칼뱅의 성찬 신학이 파렐과 마르꾸르뿐 아니라 1536년 판에서 더 신중했던 본인의 말과도 거리가 생겼다는 것이 분명하다. 실제로 칼뱅은 (화체설[실체 변화]과 관련해서) 그리스도의 실체가 성찬에서 받아들여진다는 주장을 반대하는 1536년 판 『기독교 강요』의 구절들을 삭제했다. 칼뱅은 여전히 화체설(실체 변화)을 반대하면서도 이제 그리스도의 실체를 성찬에서 실제로 받는다고 주장한다.[51] 칼뱅의 주의 만찬에 관한 언어가 점진적으로 강화된다는 점은 다른 데서 자료로 실증되었으나[52] 현재의 분석에서 인식해야 할 것은 칼뱅이 덧붙인 새로운 강조와 실재론의 용어들(즉, vere praestet, vere exhibeat, substantia)이 그리스도 안에 참여함을 강조하는 그의 언어와 밀접하게 연결되어 있다는 것이다.

요약하면, 나는 칼뱅의 신학적 '프로그램' 관점으로 1539/1543년 판 『기독교 강요』의 변화를 연대순으로 간략히 기록하려 했을 뿐 아니라 그가 참여 교리를 확대하고 강화하는 것이 이 '프로그램' 실행에 중요한 부분이었음을 주장한다. 참여의 교리는, 교리 교육에서 바울의 논리에 따라 배치되고 인도되는 신학적 자리들(loci)로 이동하면서, 칼뱅의 칭의, 세례, 성찬 교리에 대해서뿐 아니라 그의 하나님 형상, 삼위일체, 그리스도, 성령 교리에 대해서도 규범적 역할을 하기 시작한다. 더욱이 이러한 언어의 발달로 하나님 안에 참여함과 그리스도와 하나 됨은 더욱더 크게 강조되었다.

이러한 추가 자료 중 일부는 칼뱅이 1539년 『기독교 강요』와 같은 시기에 작업을 했던 그의 첫 번째 로마서 주석(1540) 작업의 결과다. 따라서 로마서 6장과 8장에 나오는 참여의 언어와 이미지는 『기독교 강요』의 이러한 수정(개정)을 통해 두드러진 역할을 하게 된다. 내용이 추가된 또 다른 원인은 주의 만찬 교리를 더욱 발전시키려는 칼뱅의 전반적인 노력이었다. 게다가 『기독교 강요』 자체가 겪은 장르의 변화를 설명해야 한다. 교리 교육서였던 『기독교 강요』는 상호 연관된 신학의 자리들을 바울 신학의 순서에 따라 논하는 신학서가 된 것이다. 칼뱅은 이렇게 재검토하고 재작성하는 작업의 과정에서 초기 교회 교부들이 발견했던 것을 발견했다. 그것은 그리스도 안에 참여한다는 구원론 주제가 하나님과 인간, 하나님의 방법과 인간이 따르는 방법, 궁극적으로 하나님과 인간의 심오한 연합이라는 완전한 상태에 대한 통찰을 결합한다는 사실이다.[53]

2. 주석과 논쟁을 통한 칼뱅의 '프로그램' 발전

1539/1540년경 칼뱅은『기독교 강요』아 성경 주서을 위한 '프로그램' 윤곽을 보여 주고 있지만, 그의 야심 찬 주석 작업은 제네바로 되돌아오면서 연기되고 말았다.[54] 칼뱅이 16세기 교회적 정치적 요구로 말미암은 혼란에서 벗어나 누릴 수 있었던 비교적 여유 있는 시간이 끝나 가고 있었다. 그는 돌아오자마자 성경 신학 강좌를 제공하면서 그의 '프로그램'을 계속할 수 있는 신학교를 설립하는 교회법(Ordonnance)을 제정했지만, 제네바의 새로운 요구들로 인해 대가를 치러야 했다. 1540년대 초 칼뱅이 바울 서신과 목회 서신 강의를 했음에도 로마서 이후 다음 주석은 1546년까지 출간되지 않았다.

그래도 칼뱅이 1539/1540년에 확립한 성서 주석에 대한 신학 개요는 광범위한 영향을 미치게 된다. 다음 항에서 참여의 주제가 칼뱅의 '프로그램'의 주해 부분에서 드러나는 가장 중요한 해석학적, 신학적 가정 속으로 어떻게 통합되는지에 초점을 맞추려 한다. 나는 칼뱅의 로마서 주석(1540)에 나오는 해석학적 접근에 대한 설명으로 시작해서 1539년 판『기독교 강요』의 성경에 관한 항에 요약된 그의 해석학을 보완하는 독특한 신학적 신념을 검토한다. 나는 1539/1540년 칼뱅의 '프로그램'의 이러한 측면을 명확히 한 후, 그가 참여의 주제를 더욱 확장하기로 선택한 곳과 그렇지 않은 곳을 보여 주려 한다. 나는 이렇게 설명하면서 로마서 6장과 8장에 나오는 참여와 관련된 일련의 주제들 모음이 어떻게 그의 주석 작업에 나오는 개념과 실행에 중요한 역할을 하는지 보여 주려 한다. 이에 더해서 나는 참여

(participes), 교제(koinonia), 공유(metoxos)의 언어학적 의미가 주석들을 통해 어떻게 확장되는지 보여 줄 것이다.

1) 성서 주석에 나타난 참여와 칼뱅의 '프로그램' 확장

1539년 판 『기독교 강요』의 「독자에게 보내는 편지」에서 "장구한 교리 토론"을 피할 수 있는 주석을 써야 한다고 제안했던 칼뱅은 로마서 주석 서문의 편지에서 자신의 주석 방법을 확장한다.[55] 그는 먼저 이전의 성경 주석가들의 작업에 커다란 찬사를 보낸다. 여기에는 멜란히톤, 불링거, 부서뿐 아니라 '아주 오래된 주석가들'도 포함된다. 이 모든 주석이 칼뱅에게 가치가 있지만, 그는 자신의 주석 작업이 '명료한 간결성'을 가진 독특한 것이 되길 원한다. "그가 설명하려고 착수한 저자의 마음을 드러내는 것이 그의 유일한 과제이기 때문에, 독자를 저자의 의미에서 멀어지게 하는 만큼 그는 자신의 목표물을 놓치거나 적어도 한계를 벗어난 것이다."[56] 따라서 부서는 "믿기 어려울 정도로 활기차고 비옥한 마음"을 가지고 있지만, "글쓰기를 멈추는 방법을 몰라서" 많은 독자가 읽기에는 "너무 장황"하다.[57] 멜란히톤의 문제는 "그가 관심을 가질 필요가 있는 많은 요점을 무시했다"라는 점이다. 왜냐하면 그는 구절별로 주석을 하지 않고 주목할 만하다고 여겨지는 요점들만 논의하는 경향이 있기 때문이다.[58] 대조적으로, 칼뱅은 (부서와는 달리) 간결성을 발휘하는 것이 필요하지만 (멜란히톤과 달리) 성경 본문의 모든 구절을 주석해야 한다고 말한다. 칼뱅은 이렇게 저자의 정신을 드러내는 것과 관련된 방법론을 위한 해석학적 근거를 제시하면서 자신의 주석 작업에 대한 구체적인 신학적 근거도 제시한다. "우리는 하나님의 말씀에 존경심을 가져야 한다. 그래서 우리가 하는 어떤 해석의 차이도 가능한 한 그 말씀을 거의 변경시키지 않도록 해야 한다. 특히 우리가 엄청난 신중함과 절제력을 가지고 말씀을 해석하지 않으면 그 말씀의 위엄은 어떻게든 줄어들게 마련이다."[59] 칼뱅은 간결함과 자제심을 실천하는 것이 그리스도인들 간에 특정 구절을 놓고 불필요한 분열이 생기는 것을 피하게 해 줄 뿐 아니라 '신중함과 절제력'으로 말씀을 해석하면서 하나님의 위엄을 존중하는 역할을 하게 된다고 믿었다.

이렇게 간결함과 절제를 선호하는 태도는 『기독교 강요』와 관련해서 주석이라는 장르를 정의하는 데 도움이 될 뿐 아니라 오리게네스 및 많은 기독교 주석가들이 오용하던 '풍유'를 반대하던 그의 주장과도 일치한다.[60] 칼뱅은 모방할 만한 가치가 있는 '고대' 주석가로 오리게네스보다는 요하네스 크리소스토무스를 옹호한다. 실제로 칼뱅은 로마서 주석을 마친 직후 적절한 성경 해석에 대한 성찰을 추가하면서 『크리소스토무스 설교 서문』 작업을 시작했다. 크리소스토무스의 설교를 자국어인 프랑스어로 번역하려던 칼뱅의 계획이 끝내 완수되지 않았지만, 그래도 그의 『서문』은 교훈을 준다. 주제에서 벗어나 옆길로 빠지곤 하던 풍유가들과는 대조적으로 칼뱅은 크리소스토무스를 칭송하면서 성경의 '평범한 의미'(scripturae sinceritatem)와 그것의 단순한 의미(simplici verborum sensu)를 옹호한다.[61] 하지만 칼뱅은 또한 크리소스토무스의 성경 해석의 많은 부분에 동의하지 않는다고 솔직히 밝힌다. 칼뱅이 크리소스토무스에게 탄복한 이유는 주로 그의 해석학 방법과 그가 풍유법을 절제한 데 있다. 이는 칼뱅 자신이 ('풍유'와 대립하는) '비유, 유형, 은유'를 선호하는 것과 일치하지만, 둘 사이의 경계는 모호할 수 있다.[62] 칼뱅이 풍유적 해석을 자제한 것은 원어 본문을 통해 저자의 정신을 유지하려는 그의 인문주의적 감수성과 결합하여 그의 간결성에 독특한 특징을 부여한다.

앞에서 설명한 1539/1540년도 개요대로 칼뱅이 이후 20년 동안 수행한 해석학 방식은 어떻게 그의 독특한 신학적 특징을 유지하고 있을까? 이것은 칼뱅의 참여 주제를 살펴보는 데 중요한 질문이다. 왜냐하면 칼뱅이 신약과 구약을 아울러 생각하는 방식에 대해 핵심 언어를 제공하게 된 것은 다름 아닌 바울의 영향을 받은 이 주제의 형식이기 때문이다. 칼뱅이 구약과 신약의 '유사성'과 '차이점'에 관해 쓴 두 개의 장은 1539년 판 『기독교 강요』에 처음 등장했고 그의 주석 프로그램이 시작될 무렵 등장한 그 대목은 1559년 최종판까지 거의 바뀌지 않았다. 구약성경은 교회에서 실현되는 것의 '모형'으로만 해석해서는 안 된다. 칼뱅은 오히려 색다른 접근 방식을 설명하고자 '참여'와 함께 '접목'이라는 언어를 사용한다. "모든 족장과 맺은 언약은 실체와 실재에 있어서 우리의 언약과 무척 닮았으며 그 둘은 실제로 하나이고 같다. 그러나 섭리의 방식은 다르다."[63] 구약의 하나님 백성은 '같은 교회'의 일부이다. 나중에 그리스도를 통해 신자들이 하나님에 참여하는 자들이 되는 것처럼 [구약의] 그들도 은혜를 통해 하나님에 의해 입양되는 것이다.[64] 이것이 '하나님의 말씀' 안에 참여함이다. 그것은 참여하는 모든 사람을 위한 '생명 에너지'이다. 칼뱅은 실제로 이 점을 강조하고 있다.

> 내가 의미하는 바는 경건한 사람들의 영혼에 비추어 하나님에 대한 지식으로 인도하고 어떤 의미에서 그들을 그분과 결합하는 특별한 양식(mode)이다. 아담, 아벨, 노아, 아브라함, 그리고 다른 족장들은 그러한 말씀의 조명으로 하나님을 붙들었다. 그러므로 나는 그들이 하나님의 (불멸의) 왕국에 들어갔다고 의심할 여지 없이 말한다. 그들이 누린 것은 영원한 생명의 축복 없이는 있을 수 없는 하나님에 대한 진정한 참여(erat enim solida Dei participatio)였기 때문이다.[65]

하나님 안에 진정한 참여를 한다는 것의 의미를 잘 알고 있던 칼뱅은 이스라엘 족장들을 (중세적 주석의 일반 관행대로) 본받아야 할 도덕적 본보기로 삼고자 칭송하거나 하지 않았다. 반대로 칼뱅은 동시대 대다수 주석가들과 달리 자신의 주석에서 성경 본문이 아무 말도 하지 않는 족장들의 명백한 부도덕과 관련해서 족장들의 결점을 기꺼이 비난한다.[66] 오히려 그리스도인이 여전히 로마서 3장과 7장에 나오는 죄인이면서도 로마서 6장과 8장에 나오는 진정한 참여를 하고 있듯이, 구약의 족장들도 죄 없는 사람의 본보기는 아니지만 하나님 안에 진정한 참여를 하고 있다. 구약과 신약이 궁극적으로 가리키는 것은 도덕적 본보기도 교회도 아니고 [하나님의 백성을] 삼위일체적 성품에 참여하게 하심으로 그분 자신과 연합하시는 하나님의 일인 것이다.

그것은 성령으로 그리스도 안에 참여함이고, 그들을 자녀로 입양하시는 성부 하나님을 계시한다.

칼뱅의 참여와 입양 언어는 성경[구약과 신약] 간에 연속성을 강력히 강조하는 데 도움을 준다. 구약의 하나님 백성이 참여하는 하나의 말씀이 있듯, 그들 모두가 참여하는 하나의 언약이 있다. '자연 발생적으로' 된 하나님 백성은 없다. 모두가 택함과 입양으로 하나님 백성이 된 것이다. 또한 칼뱅은 "사도는 언약의 은혜 안에서만 아니라 성례전의 의미로도 이스라엘 백성을 우리와 동등하게 만든다"라고 주장한다.[67] 그들은 단순히 '육신적' 성례를 받은 것이 아니다. "주님은 지금 우리에게 베풀고자 정하신 것과 동일한 영생과 하늘 생명의 약속을 유대 백성에게 전달하셨을 뿐 아니라 진정한 영적 성례로 그들을 인 치셨다."[68] 따라서 하나님의 백성은 모두 성령에 의해 성례전으로 인 치심을 받았기 때문에 믿음으로 그리스도를 통해 하나님의 의로움에 참여하게 되었고, 하나님 백성의 발전에 있어 상이한 '단계들' 사이에는 의미 있는 연속성이 있다. 칼뱅은 언약 간의 차이점을 언급하는데, 그 차이는 칼뱅이 이스라엘 백성들을 교회의 '어린 시절'의 일부라고 규정하는 데 주로 근거한다. 신약과는 다른 신적 조정(divine accommodation)이 있기에 그들에게는 언약이 다르게 집행되고 분여되어야 하는 것이다. 그러나 칼뱅은 참여, 입양, 성례전적 임재의 신학을 활용하면서 구약과 신약의 연속성에 가장 중요한 역점을 둔다.

칼뱅의 구약과 신약의 관계 설명은 그의 주석과 설교를 통해 그 후 20년 동안 발전하는 참여의 주제에 이중적 영향을 미친다. 한편으로

1540년대 칼뱅은 신약 서신서 강의와 설교를 하고 주석을 집필하면서 위에서 논의한 것과 거의 비슷한 언어로 바울의 주제를 계속 발전시킨다. 이의 일환으로 칼뱅은 예를 들면 고린도전서를 따라서 광야의 만나를 말할 때 성례전적 언어를 사용한다. 칼뱅은 구약의 성례전을 단지 '모형적인'(figure) 은혜로 주장하던 '스콜라 학자들'을 반대한다. 그는 "성례전의 실재는 우리만큼이나 구약의 사람들에게도 전달되었다"라고 주장한다.[69] 칼뱅이 볼 때 이렇게 영적으로 먹이는 것은 고린도전서 10장과 요한복음 6장 모두에서 참여의 언어와 연결되어 있다. 하지만 1550년부터 1564년 사망할 때까지 칼뱅의 구약 성경 강의와 주석을 보면 그는 대체로 참여의 언어를 구약 성경 구절에 적용하는 주석을 상당히 절제하는 편이다.

존 톰프슨이 칼뱅의 출애굽기 주석에 대해 지적한 것처럼 '사도들'의 유형론 주석이 언급되긴 하지만 의심할 나위 없이 배경으로 머문다. 그 대신 칼뱅은 "역사적 맥락과 모세의 의도를 긴밀하게 고수한다."[70] 이것은 칼뱅이 저자의 정신에 대해 인문주의적 관심을 유지하면서 절제되지 않은 풍유적 해석을 혐오한 데 더해 신구약 성경의 연속성을 강조하면서 나타난 역설적인 결과이다. 구약 백성들이 믿음, 입양이라는 같은 '실재'에 참여하므로, 칼뱅은 구약의 경륜을 자체적으로 다루려고 시도하면서 구약 주석에서 신약의 주제를 특정하게 확장해서 발전시키는 것을 삼간다. 그렇기에 칼뱅의 구약 주석은 특별히 바울의 참여 주제 중 일부에 대해 기대함직한 정도로 논의를 확장하지 않는 경향이 있다.

칼뱅의 구약 주석에서 참여의 언어가 가장 빈번하게 등장하는 곳은 칼뱅의 기도문이다. 아마도 이것은 놀랄 만한 일은 아닐 것이다. 위에서 언급했듯이 칼뱅은 1539년 판 『기독교 강요』에서 구약과 신약의 관계에 대해 말하면서, 그리고 그리스도인이 구약에 어떻게 접근해야 할지 설명하면서, 참여의 언어에 중요한 위치를 제공했다. 칼뱅은 자신의 기도문에서 구약의 가르침을 그리스도 안에 있는 독자의 삶에 '적용'한다. 이는 그 가르침이 그리스도의 영광에 참여하면서 성취에 도달하는 대목에서 특히 그러하다.[71] 이렇게 기도에 있어서 참여를 강조하는 것은 참여의 언어가 주석의 중심이 아닐 때도 구약 메시지를 전유하는 방식의 일부로 어떻게 남아 있는지 알려 준다.

칼뱅 주석에서 중요한 부분은 그가 그리스어와 히브리어 성경 본문을 라틴어로 번역했다는 것이다.[72] 실제로 그의 설교나 『기독교 강요』에는 나오지 않는, 성경 주석의 주요 특징 중 하나는 여기서 칼뱅이 제공하는 철학적이고 본문 비평적인 주장이다. 칼뱅은 신약 성경 주석을 위해 다수의 그리스어 본문과 여러 라틴어 본문을 참고하면서 새롭게 라틴어 번역을 제공했다. 칼뱅은 그리스어 본문으로 작업한 후 불가타 라틴어 번역과 에라스무스의 두 개의 라틴어 번역을 참고하면서 본인의 라틴어 번역을 제공한다. 칼뱅은 종종 본문 비평적인 본인의 단어 선택과 번역을 주석의 전반적 주장의 일부로 만든다.[73]

칼뱅의 라틴어 번역을 보면 그가 참여(pariticipes)와 그 변형들로 번역한 대다수의 경우에 해당하는 두 개의 그리스어 단어 코이노니아

(koinonia)와 메토코스(metoxos)가 있다. 그가 두 용어를 어떻게 썼는지 주목할 만한 가치가 있다. 그가 참여라는 단어를 쓴 스물한 번 중 일곱 번은 koinonia를 번역한 것으로 보인다.[74] 칼뱅은 코이노니아(koinonia)라는 단어가, 되찾아야 할 만한 가치가 있는 친밀함이 있는 교제, 공유, 참여를 포함한다고 생각한다. 예를 들어 칼뱅은 고린도전서 주석에서 신자들이 그리스도 안에 참여하고 교제하는 것을 분명히 설명할 때 koinonia라는 용어에 되풀이해서 주목한다.

바울은 이러한 방식으로 축사를 받은 잔이 코이노니아, 그리스도의 피 안에 있는 친교라고 말한다. "그것이 정확히 무슨 뜻인가?" 누군가 묻는다. … 그리스도의 피로 신자들이 서로 묶여 하나의 몸이 되는 것은 사실이다. 그러한 종류의 일치가 코이노니아 혹은 친교로 적절히 불리는 것도 사실이다. 나는 빵에 대해서도 같은 말을 할 것이다. 더구나 나는 바울이 우리가 "같은 빵을 함께 나누기에 한 몸이 된다"라고 설명한 바로 그 뒤에 덧붙인 내용에 주목한다. 그러나 나는 묻고 싶다. 우리 사이에 존재하는 코이노니아 또는 교제의 원천은 무엇인가? 그 원천은 바로 우리가 그리스도와 연합되어 "우리가 그분의 살의 살이고 그분의 뼈의 뼈"라는 사실이 아닌가? 우리는 서로 연합하기 위해 그리스도 안으로 통합될 필요가 있다. 게다가 바울은 여기서 단순한 인간의 교제가 아니라(non tantum de mutua inter communicatione) 그리스도와 신자들 사이의 영적 연합(sed de spirituali Christi et fidelium unione)을 논하고 있다. 이는 신자들이 우상과의 교제로 오염되는 것이 참을 수 없는 신성모독이라는 것을 분명히 하기 위해서다. 따라서 이 구절의 문맥에서 우리는 코이노니아 혹은 피의 교제가 그리스도께서 우리 모두를 그분의 몸에 접붙이실 때 우리가 소유하게 되는 연합이라고, 그래서 그리스도는 우리 안에 사시고 우리는 그분 안에 사는 것이라고 결론 내릴 수 있다.[75]

칼뱅은 친교와 교제에 대한 그의 개념을 강화하려고 반복해서 코이노니아 용어로 되돌아간다. 그의 분석에 따르면 코이노니아는 단지 '단순한 인간의 교제'(mutua inter communicatio)를 포함하는 정도가 아니라 그리스도와의 진정한 연합, 그리스도와 신자의 상호 침투를 포함하는 진정한 결합이다. 신자들은 "그분의 몸" 즉 교회에 합쳐지고 접목되어 "그 결과 그분은 우리 안에 사시고 우리는 그분 안에 살게 된다." 따라서 칼뱅은 고린도전서에서 이와 같은 구절에 participes(참여)라는 라틴어 단어의 변형을 사용할 때도 그리스도의 몸의 코이노니아에 포함된 '연합'과 상호 침투의 의미를 유지하길 원한다.

칼뱅이 종종 '참여'로 번역하는 두 번째 용어 metoxos는 아홉 차례 정도 participes로 번역된다.[76] 이 중 다섯 번의 출처가 히브리서다. 한편으로 히브리서 주석에서 칼뱅의 participes 언어 사용은 칼케돈 방식으로 그리스도론을 주해하고 설명하면서 성육신에 몰두하는 내용과 조화된다.[77] 다른 한편으로 칼뱅은 계속해서 participes 언어를 사용하면서 그리스도 안에 참여하는 것을 이야기한다.[78] 히브리서는 그리스도 안에 참여하고(3:14) 성령 안에 참여하는 것(6:4)과 관련해서 metoxos를 사용한다. 칼뱅은 이것을 성육신에 대한 히브리서 2장 14절의 코이노니아 언어와 결합하면서 모두 라틴어 participes 로 번역한다. 이러한 차원(수준)의 공유, 상호 침투, 참여 사이의 접점(접속, interface)은 실제로 metoxos라는 더 넓은 개념에 적합하다. 히브리서 저자가 그것을 알고 있었든 아니었든 metoxos 개념은 플라톤과 다양한 형태의 플라톤주의에서 중요한 역할을 했으며 로완 윌리엄스가 보여 주듯 아리우스와 아타나시우스 사이의 훗날 논쟁에서 중요한 역할을 한다. 아타나시우스의 주장에서 중요한 부분은 아리우스에게는 삼위일체의 위격들이, 참여도 없고 상호 침투도 없는 ametochoi 라는 고발이다.[79] 히브리서에 대한 칼뱅의 관심은 특별히 삼위일체적이라기보다는 그리스도론적이지만 그의 묘사는 성육신 안에 있는 말씀과 인성 간의 상호 침투 중 하나와, 그에 상응하여 구원에서 그리스도께서 신자들 안에 상호 침투하시며 내주하심을 뒷받침한다. 칼뱅이 히브리서에서 metoxos와 koinonia를 participes 언어로 번역하여 사용한 것은 1539년 판 『기독교 강요』와 로마서 주석에서 성육신 개념에 이르는 더욱 확장된 참여의 언어를 구사한 것이다. 여기에는 그리스도 안에서 신성과 인간이 상호 침투하는 연합과 입양으로, 그리스도께서 신자들 안에 내주하심이 포함된다.

참여와 관련된 칼뱅의 성경 주석에서 크게 두드러진 경향 중 하나는 직접적인 성경 문맥에서 적절하지 않더라도 상호 관련된 이미지와 은유를 모으면서 참여의 주제를 다루기 시작하는 방식에 있다. 칼뱅은 성서 본문들이 상호 간에 조명해 줄 수 있다고 생각되면 겉으로 보기에 서로 다른 성서 구절을 종종 결합하곤 한다. 그러나 참여와 관련한 한 묶음의 이미지들은 아주 다양한 주석과 문맥에서 함께 등장하는데, 종종 다른 성경 구절을 언급하지도 않고 당장의 문맥에서도 그렇게 묶어 낼 근거도 없이 그렇게 한다.[80] 특히 입양, 접목, 참여의 언어는 모두 성경 주석에서 함께 등장하는 것 같다.[81] 이렇게 여러 용어를 묶어서 제시하는 관행은 1540년 로마서 주석에서 시작해서 칼뱅이 여러 주석에서 참여의 주제를 사용하면서 확장된다. 칼뱅은 로마서 주석에서 참여, 입양, 접목의 언어를 함께 엮는다. 이러한 이미지들은 로마서 주석의 여러 부분에서 발전되지만 셋 모두 로마서 6장에서 함께 묶인다.[82] 그 결과는 종종 두드러진다. 예를 들어 칼뱅은 참여와 입양을 말한 후에 접목의 이미지를 사용해서 베드로후서 1장 4절을 연상시키는 언어로 그리스도와의 연합을 이야기한다.

> 나무가 접목될 때 접목된 나뭇가지는 뿌리에서 영양분을 가져오지만, 자체의 자연적 특성을 먹는 열매 안에 유지한다. 그러나 영적 접목에서 우리는 그리스도에게서 흘러나오는 생명의 힘과 수액을 끌어낼 뿐 아니라 우리도 우리 자신의 본성으로부터 그분의 본성으로 들어간다(sed in eius naturam ex nostra demigramus).[83]

이처럼 칼뱅은 신자와 그리스도의 연합의 친밀성뿐 아니라 이렇게 참여적으로 결합하는 접목 행위에서 발생하는 실제적 변화를 주장하려고 접목의 언어를 사용한다. 이런 방식으로 칼뱅의 주석들은 저자의 정신에 가까이 다가가려는 시도로 전체적 간결성은 유지한다. 참여와 관련된 이미지와 주제를 계속 모으고 발전시키며 그 와중에도 이런 한 묶음의 이미지들이 두드러진 것은 그의 주석 해설에 영향을 끼친 1539/1543년 판 『기독교 강요』에 확립된, 바울이 엮어 낸 주제들이 갖는 광범위한 영향을 증언한다.

참여의 주제와 관련된 다른 참고 문헌들이 칼뱅의 주석들에 포함되어 있지만 그 문헌들은 주제별로 관련된 다른 장에서 다룰 것이다.[84] 이 시점에서는 현재 설명의 다양한 가닥을 모으는 것으로 충분하다. 칼뱅이 1539년 이래로 자신의 주석들에 대해 설정한 과제는 성경 신학과 연결되어 있다. 둘의 연결고리는 주로 로마서에서 가져오는 참여의 언어로 설명된 연속성이다. 그 결과 참여의 언어는 그의 구약 강의와 관련된 기도에서 빈번하게 사용된다. 더욱이 로마서에 나오는 참여 관련 이미지들은 종종 하나의 묶음으로 같이 사용된다. 직접적 문맥에서 볼 때 그렇게 할 수 있는 강력한 근거가 없더라도 말이다. 게다가, 칼뱅은 히브리서 주석과 같은 책에서 참여의 주제를 새로운 신학의 자리들(loci)로 확장하여 성육신에 적용한다. 그 결과 말씀이 인간에 참여하듯이 신자들도 그리스도 안에 참여한다. 그렇게 해서 '참여'라는 개념은 결합과 상호 침투의 유형을 모두 포함하는 유형의 교제를 이야기하는 풍부한 방식이 된다.

2) 참여와 1550년대 논쟁들

1550년대 칼뱅은 두 가지 주요 논쟁에 관여했다. 하나는 세르베투스와 이후 이교도들과 이탈리아의 반-니케아 옹호자들과의 논쟁이다. 다른 하나는 요아힘 베스트팔과 그 이후 틸레만 헤슈시우스를 포함한 루터파 그룹과의 확장된 논쟁으로, 이 논쟁으로 인해 칼뱅은 안드레아스 오시안더의 입장을 공격하게 된다.[85] 칼뱅은 이전에 일련의 논쟁으로 인해 본인의 삼위일체 신학과 그리스도론이 고대 공의회와 일치하는 것이라고 더 길게 설명을 하게 되었으나 참여의 언어 그 자체는 문제가 아니었다.[86] 칼뱅이 실제로 세르베투스 및 이교도와 벌인 논쟁은, 그것이 광범위하게 보편적인 그리스도론적, 삼위일체론적 주장이라는 사실 말고는, 칼뱅이 옹호했던 특정 신학과는 거의 관련이 없었다.[87] 실제로 세르베투스는 제네바에서 체포되기 전 프랑스 남부의 로마 가톨릭 당국으로부터 이미 조사를 받아 사형 선고를 받았다. 마찬가지로 이교도들도 제네바에서만 당국의 비난을 받은 것이 아니라 베른에서 정죄를 받고 처형되었다.[88] 그들의 이러한 분쟁 상대는 칼뱅이 아니었고 유럽 전역의 로마 가톨릭, 개혁파, 루터교 당국 전부였다.

그에 반해 칼뱅이 베스트팔과 헤슈시우스와 벌인 논쟁은 칼뱅의 참여 언어에 초점을 맞추고 있다. 그 논쟁은 1551년 『성례전에 관한 상호 협의』(*Mutual Consent in regard to the Sacraments*)를 출간한 직후 시작되었다. 『상호 협의』(*Mutual Consent*)는 제네바와 취리히에 있는 개혁 교회들 사이에 성례전적 일치를 고백하려는 시도로, 대체로 불링거와 그의 전임자 츠빙글리의 입장과 관련해서 칼뱅의 성례전 신학을 절충하여 제시한 것으로 인정되는 문서이다.[89] 칼뱅이 자신의 '고등'(higher) 성찬 신학과 조화될 수 있는 방식으로 합의를 구성할 수 있었다 하더라도[90] 그는 성찬을 설명하려고 1539년과 1545년 어간에 발전시킨 핵심 용어 중 일부를 희생한 것이 분명했다. 칼뱅이 사용하던 그리스도의 실체(substantia) 안에 있는 참여(participes)라는 언어도 없고, 그리스도 안에 있는 진정한 참여(vera participes)라는 언어도 그 어디서도 찾을 수 없다. 그 대신에 실체(substantia)는 미사에 반대하는 부정적 논쟁에서만 나타난다.[91] 『상호 협의』는 그리스도와의 접목과 하나 됨이라는 표현뿐 아니라 성례전에 나타나는(exhibere) 그리스도라는 표현을 유지하고 있다.[92] 그래도 문서는 전체적으로 그 강조점에 있어서 대체로 츠빙글리의 입장이던 1536년 판 『기독교 강요』에 훨씬 더 가까워 보인다.

1552년 함부르크의 베스트팔이 『혼합 사료』(*Farrago of Confused and Divergent Opinions on the Lord's Supper Taken from the Books of the Sacramentarians*)를 쓴 것은 칼뱅이 『상호 협의』에서 예시하는 '일치를 위한 절충'의 맥락에서였다. 베스트팔에 따르면 일치에 대한 스위스 개혁 교회의 주장은 가짜였다. 베스트팔은 『혼합 사료』에서 칼뱅, 불링거, 츠빙글리, 피터 마터, 칼슈타트, 부서, 그리고 다른 '모든 상징적 성례주의자들'의 글을 참고하여 '이것은 내 몸이다'라는 말에 대한 스물여덟 가지 다른 해석을 제시하는 도표를 작성한다. 베스트팔은 개혁주의 사상가들 사이에 이런 불일치가 있다고 간주하는 반면, 루터파의 입장을 변호한다. 베스트팔의 적극적 주장은 1553년 출간된 『주의 만찬에 관한 올바른 믿음』에서 확장되었다.

베스트팔에 대한 칼뱅의 첫 대응은 스위스 개혁 교회의 '통합 전선' 대응을 위한 노력의 일부였지만 오래지 않아 공격과 반격은 더 큰 운동으로 더 이상 일반화되지 않았고 칼뱅의 신학에 집중되었다.[93] 따라서 1556년 칼뱅의 『요아킴 베스트팔의 중상모략에 반대하여 성례에 관한 경건하고 정통적인 신앙의 두 번째 변호』(Second Defense of the Pious and Orthodox Faith concerning the Sacraments in Answer to the Calumnies of Joachim Westphal)가 등장했을 때 베스트팔과 칼뱅 사이에 격렬한 논쟁이 벌어졌다. 베자(Beza)와 다른 사람들이 그 분쟁이 칼뱅과 베스트팔의 설전으로 확대되는 것을 막으려 노력했지만, 두 사람의 논쟁은 칼뱅이 1557년 베스트팔에게 보낸 『마지막 권고』를 통해 계속된다.

『기독교 강요』와 『소논문』(Short Treaties)에 나오는 칼뱅의 초기 주제였던 그리스도 안에 참여함이라는 견지에서 베스트팔의 주장을 보면, 불링거 및 츠빙글리적 경향이 더 강한 다른 이들보다 베스트팔이 훨씬 더 심각한 위협이 된다고 칼뱅이 여기는 이유의 단서가 나온다. 베스트팔에 따르면 개혁주의자들은 그리스도께서 실체적으로 성찬의 요소 **안에** 계시다고 단언하고 있지 않기에 우리에게는 상호 사랑을 기념하는 식사를 가리키는 '가장 기본적인 상징' 외에 다른 어떤 것도 남아 있지 않게 된다. 칼뱅은 (임재를 위한 공간 언어를 사용하는 루터파의 전제와 더불어) 그 요소 안에 **공간적** 임재를 말하는 베스트팔의 언어는 분명히 반대하면서도 만찬에서 경험하는 그리스도의 진정한 실질적 임재('실체')는 분명히 인정한다. 만찬의 **실체**는 예수 그리스도이다.[94] 실제로 칼뱅은 그의 『소논문』에서 "우리의 영혼은 진정으로 그리스도의 육체의 실체(본질)에 의해 양식을 공급받고, 성령의 은밀한 덕성에 의해 생명이 그분의 육체의 실체(본질)로부터 우리 안으로 주입된다"라고 말한다.[95] 칼뱅은 이 점에서 불링거와도, 『상호 협의』의 언어와도 상당히 다르다. 주의 만찬은 단지 기억에 관한 것이 아니라 그리스도의 실체(본질)가 성찬 안에서 받아들여지고 그리스도의 생명이 신자들에게 주입되는 것이다. 베스트팔의 『혼합 사료』가 개혁파들 간의 불일치와 다양성을 과장하는 측면이 분명 있기는 하지만, 칼뱅과 불링거의 차이점에 대한 그의 주장에는 어느 정도 진실이 있는 것 같기는 하다. 하지만 베스트팔 자신은 아이러니하게도 칼뱅의 성찬에 대한 몇몇 다른 저작에 익숙하면서도 츠빙글리의 기념설 입장을 칼뱅의 탓으로 돌리는 걸 보면 실제적 차이를 인식하지 못하는 것 같기도 하다. 칼뱅은 이에 대해 격앙된 반응을 보였다. 베스트팔이 그리스도의 몸의 코이노니아에 대한 설명도 없이 개혁파 진영을 공격하는 것을 보면서 칼뱅은 격노하며 이렇게 썼다. "뭐라고? 달리 말하는 사람들은 예외라고 밝히는 정도는 했어야 하지 않을까? 그 사람에게 내 주석들 좀 펼쳐 보라고 해야겠다. … 확실히 그는 나를 거명할 때 그 구절에 대해 내가 쓴 것을 잊어서는 안 되는 것이었다."[96] 칼뱅은 고린도전서 10장 16-17절 주석에서 계속해서 코이노니아를 설명하면서 (더 쉽게 이해시키려고) 다른 말로 바꾸어 표현한다. 앞에 인용한 코이노니아와 관련된 주석 구절은 칼뱅의 글에서 발견되는 그리스도와의 연합에 대한 가장 강력한 언어 중 일부를 사용하고 있다. 그것은 "우리는 그분의 살 중의 살이고 그분의 뼈 중의 뼈이다" 같이 수직적이면서 동시에 수평적인 교류(communication)와 그리스도와의 하나 됨에 뿌리를 둔 참여에 대해 말한다.[97] 하지만 베스트팔은 반복해서 이 강력한 성례전적 언어를 츠빙글리의 형식 안으로 욱여넣고 싶어 한다. 또 다른 성난 기록에서, 그리스도의 몸과 피를 받는 것이 칼뱅에게는 "그리스도를 믿는 것 외에 다른 아무것도 아닌 것"으로 축소된다고 베스트팔이 주장한 것을 칼뱅은 기억해 낸다. "그러나 내 글은 모든 곳에서, 먹는 것은 믿음의 결과이기 때문에 먹는 것과 믿음은 다르다고 선포한다. 나는 우리가 믿음으로 그리스도를 먹는다는 말을 불과 사흘 전에 시작한 것이 아니다. 진정으로 그분에게 참여하는 자가 되기 때문에, 우리는 한 몸으로 자라나고 그분과 공동생활을 하게 된다."[98] 칼뱅은 반-베스트팔 논문과 반-헤슈시우스 논문에서 반복적으로 『상호 협의』의 언어에서 벗어나 그리스도 안에 '진정으로 참여함'의 언어로 이동한다. 그는 1539/1543년 판 『기독교 강요』, 『소논문』 및 관련 주석에서 더욱 원숙해진 성찬 신학에 등장하는 다른 주제들과 함께 그리스도의 실체에 집중한다.[99] 참여 언어의 중심적 역할은 해당 주제에 대한 칼뱅의 최종 논문인 1561년 『그리스도의 살과 피 안에 진정으로 참여함』의 제목에서 분명히 볼 수 있다.

칼뱅이 『상호 협의』에서 절충을 했던 결과로 역설적이게도 그의 성례전 신학에 있어서 참여 언어의 중심적 역할이 강화되었다. 칼뱅은 『상호 협의』에서 그리스도 안에 참여함의 개념과 연관된 자신의 강력한 언어를 거의 사용하지 않았지만, 그는 바로 그 언어를 써서 베스트팔과 헤슈시우스가 그의 신학을 츠빙글리의 기념설로 잘못 제시하는 것에 대응한다.[100] 따라서 베스트팔의 입장에 반대하는 논쟁이 1559년도『기독교 강요』에 추가되고 성례전에 관한 참여의 언어가 중대하게 추가된 것이 놀라운 일은 아니다. 나는 이제『기독교 강요』를 확장하고 재구성한 최종판으로 논의의 방향을 돌리려고 한다.

3. 참여와 『기독교 강요』 최종판

1557년경 칼뱅은 건강이 악화하는 징후를 보이자 1539년에 윤곽을 잡았던 그의 '프로그램'의 진척을 보여 줄 수 있는 『기독교 강요』 최종판을 내놓는 것을 우선순위로 삼았다. 그 프로그램에 따르면 긴 교리적 논의는 주석에서 다루지 않고 『기독교 강요』에서 다루기로 되어 있었다. 결과적으로 칼뱅이 최종적으로 추가한 사항 중 많은 부분이 그의 주석이나 설교에서 논의한 자료를 전용하면서 발전시킨 것이었다. 그뿐만 아니라 1550년대 세르베투스, 베스트팔 등과의 논쟁에서 나온 많은 자료가 『기독교 강요』에 추가된다. 하지만 칼뱅이 개정한 「독자에게 보내는 편지」에서 "지금 제시된 순서로 작품이 정리될 때까지 나는 절대 만족스럽지 않았다"라고 말한 것으로 보아 최종판은 누적된 추가 모음집 이상인 것이 확실하다.

『기독교 강요』최종판은 칼뱅이 (멜란히톤의) 『신학 강요』(loci communes)를 자신의 신앙고백에 따라 재구성하고 재검토하는 작업을 최고 수준에서 진행한 결과물이다. 네 부분으로 되어 있는 그의 책 구분은 1545년 『교리 교육』에 나온 사도신조에 대한 그의 4중 읽기를 출발점으로 한다. 그것은 교리적, 삼위일체적인 논리를 교리의 자리들(loci)에 개략적으로 부여한 것이다: 1권 성부와 창조, 2권 그리스도론과 구속, 3권 성령의 역사, 4권 교회. 분명히 모든 장이 네 부분으로 된 신조/책 구분에 말끔하게 들어맞는 것은 아니다.[101] 하지만 책을 네 부분으로 구분한 것은 확실히 1559년 판 『기독교 강요』의 가장 중대한 혁신에 해당한다.

그러나 이렇게 책을 네 권으로 구분한 것이 1539년에 전개했던 바울식의 (교리의) 자리들을 통하는 사상의 더 큰 프로젝트를 포기한 것은 아니라는 점에 유념해야 한다. 그것은 오히려 이 프로젝트의 완성이다. 칼뱅에게 로마서가 "성경의 가장 심오한 보화로 인도하는 열린 문"인 것처럼 『기독교 강요』최종판은 대략 사도 신조 형태로 된 (교리의) 자리들에 대한 바울식의 읽기이다. 따라서 '참여'에 관한 로마서 6장과 8장의 언어가 1559년 판 『기독교 강요』에서 신학을 통해 질서를 부여하고 사고하는 심오한 바울 (신학) 프로젝트의 일환으로 계속 확장하는 것은 놀랍지 않다. 칼뱅의 사상이 발전하는 것을 무시한다거나 네 부분으로 된 구분을 종착점이 아니라 출발점으로 삼는 접근 방식은 오해의 소지가 있다. 1559년 판 『기독교 강요』에서 끝난다기보다는 여기에서 시작하는 연구들은 바울 신학의 핵심 주제들이 『기독교 강요』의 다양한 부분에 반복해서 등장하면서도 그 주제들의 상호 연결을 전제하는 규범적인 방식으로 기능한다는 점을 놓치는 경향이 있다.[102]

칼뱅의 참여 교리는 1559년 판 『기독교 강요』까지 인상적인 범위로 확장되었다. 그는 그리스도 안에 참여(participes)하는 신자들에 대해 라틴어로 32회 이상 언급하면서 덜 직접적인 언어로 더 많이 언급했다.[103] 참여의 언어는 칭의, 세례, 주의 만찬, 부활, 성육신, 속죄, 하나님의 형상, '하나님 안에 참여함'과 관련하여 사용된다.[104] 게다가 칼뱅은 그리스도와의 연합, 하나님과의 연합, 그리스도 안에 접목됨, 입양이라는 동반하는 주제들을 확장했다. 칼뱅이 사용하는 구원론적인 바울의 언어는 매우 다양한 신조의 자리들을 읽고 다시 읽는 데 사용되면서 참여의 주제는 더욱 확장되고 강화되었다.

또한, 칼뱅은 참여 주제의 중요성을 강조하는 구조적 변화도 만들어 냈는데, 이를테면 성령을 통해 그리스도의 은혜를 받는 것을 다룬 『기독교 강요』 3권을 쓴 것이다. 칼뱅은 성령에 관해 주목할 만한 첫 번째 장에서 1536년 판과 1539년 판의 성령과 참여에 관한 이전 자료에다 내용을 추가하고 3권의 제재를 소개할 광범위한 주제들을 한데 모은다. 3권의 제재는 신자들이 성령을 통해 그리스도에게서 '아버지에게서 받으신 것'을 그리스도와 함께 '공유'할 수 있기에 그리스도는 '우리의 것이 되고' '우리 안에 거할 수' 있게 된다는 것이다.[105] 따라서 신자들은 하나님에 의해 입양되고 그리스도 안에 접목되어 그분은 우리 안에 거하시게 된다. 맥닐과 배틀즈는 새로운 3권의 구분을 소개하는 이 짧은 장에서[106], 참여, 내주, 머무름의 주제가 이 장에서 중심적인 자리를 차지하는 바울과 요한의 저작을 언급하는 46회 이상의 출전을 밝혀 놓았다. 『기독교 강요』 3권에서 이 자료 구분은 새로운 것이고 칼뱅은 성령에 대한 1539년 판의 설명에 자료를 추가했지만 3권을 소개하는 장도 다른 구분들과의 연속성을 보여 준다. 칼뱅은 여전히 로마서의 이미지들에 있는 성령에 대해 말하고 있으며, (로마서를 제외한) 성경의 다른 책들에 있는 관련 자료가 더해지는 바로 그 순간에도, 접목, 입양, 참여의 이미지가 그의 설명에서 중대한 역할을 한다.

4. 결론

참여의 주제를 다음 장에서도 계속 검토하겠지만, 이번 장에서는 칼뱅의 참여 언어의 발전과 범위에 관해 설명했다. 『기독교 강요』의 경우 칭의와 성례전과 관련되는 참여에 대한 칼뱅의 언어와 함께 1536년부터 발전이 상당하다. 1539년 판 『기독교 강요』는 칼뱅의 저작 '프로그램'의 시작을 표시한다. 이 저작은 대단히 바울 신학적인 질서와 구조를 반영하는 가운데 로마서 6장과 8장의 참여 언어가 교리의 다양한 자리들로 확장된다. 이렇게 바울적인 것을 『기독교 강요』에 더하는 작업은 이후 판에서 계속되고 마침내 네 부분으로 된 사도 신조의 광범위한 삼위일체 구조에 『기독교 강요』를 맞추려는 노력과 결합한다. 칼뱅의 참여 언어는 이러한 변화 과정에서 강화되고 다양한 교리의 자리들에 적용된다.

칼뱅의 '프로그램'의 두 번째 부분인 성경 주석도 1539/1540년에 로마서로 시작되었다. 칼뱅이 볼 때 로마서는 나머지 성경에 '열린 문'을 제공하기 때문에, 그는 주석을 위한 자신의 신학적 전제를 확립하는 데에 로마서의 참여 신학을 사용한다. 그는 특히 1539년 판 『기독교 강요』에 쓴 몇 장에서 성경 간의 유사성과 차이점을 다루면서 주석을 위한 신학적 전제를 구체적으로 밝혔다. 따라서 참여의 주제가 구약을 전용하는 그의 기도에서 나타나는 것, 그리고 참여와 관련된 주제의 결합이 직접적 문맥에서 제안되었든 아니든 다양한 주석에서 묶음으로 등장하는 것은 놀랍지 않다. 칼뱅은 저자의 정신과 매우 바짝 붙어 있으려 하고 광범위한 풍유적 해석을 피하지만, 그래도 성경의 다양한 문맥에서 (로마서에서 발견되는) 참여, 접목, 입양의 언어를 해석학적 렌즈로 사용한다.

게다가 칼뱅은 히브리서와 고린도전서와 같은 주석에서 그의 참여(participes) 용어의 의미를 심화시킨다. 칼뱅이 히브리서에서 '참여'를 사용하여 성육신의 하강과 구속의 상승 모두를 설명하는 것은 이 용어의 그리스도론적 연결을 풍성하게 한다. 칼뱅은 고린도전서에서 참여(participes)를 코이노니아와 연결해서 상호 침투와 내주의 친교를 아우른다. 신자들은 주의 만찬에서 그리스도의 몸과 피와 더불어, 그리고 신자들 서로와 더불어 코이노니아를 누리고 있으므로 그리스도 안으로 통합되고 접목되어 그리스도의 몸이 된다.

칼뱅의 신중한 '프로그램'을 넘어, 칼뱅과 베스트팔, 그리고 칼뱅과 헤슈시우스의 분쟁은 주의 만찬과 관련된 칼뱅의 참여 언어를 강화하고 명확히 하는 기능을 한다. 칼뱅은 『상호 협의』에서 불링거와 절충하면서 주의 만찬과 관련된 많은 용어를 포기했지만 자신의 성례전 신학을 옹호하려고 다시 그 언어로 돌아간다. 참여(participes)의 언어 및 그와 연관된 실체(substantia)의 언어는 칼뱅이 속해 있다고 비난받던 츠빙글리주의와 칼뱅을 구별한다.

칼뱅의 참여 교리 발전의 중요성은 현대 선물 토론에 있어 지대하다. 칼뱅 신학의 발전에 관한 관심 부족이 그의 성찬 신학과 이중 인식(duplex cognito)에 대한 설명을 왜곡하듯이,[107] 칼뱅과 참여에 관한 연구 중 너무 다양한 측면이 적절치가 않다. 올리버 워드의 설명 같은 것은 참여와 실체 사이의 관련성이 칼뱅의 성찬 신학에서 갖는 중요성을 보지 못한다. 칼뱅의 성찬 신학을 강화하려고 추가한 그 용어들이 츠빙글리적인 대안과 구별된다는 사실을 그들이 놓치고 있는 것이 그 부분적 이유다.[108] 다른 논의들은 칼뱅이 어째서 참여의 언어를 활용하기로 선택했는지를 그가 질문하는 방식으로 묻지 않는다. 그러한 식의 논의는 참여가 명확하게 바울의 방식으로 교리의 자리들과 신조를 통해 사고하던 칼뱅의 광범위한 프로젝트의 일부라는 통찰을 놓치게 된다.[109] 더욱이 선물 토론에 이바지하는 학자들은 칼뱅의 참여 신학을 너무 신속하게 근대이든 중세이든 바깥 범주에 동화시키는 경향이 있다.[110] 칼뱅이 참여의 언어를 확장하고 강화했던 시기와 그 이유에 주목하면 칼뱅 자신의 언어 사용과 현대 조직신학자들의 언어 사용 간의 관계를 명확히 알게 된다.

　이번 장은 칼뱅의 참여 언어의 발전을 통시적으로 설명하는 데 초점을 두었으나 이 주제가 다양한 교리의 자리들과 어떻게 관련되고 상호 연결되는지를 심층적으로 분석하기 위한 공간은 거의 없었다. 또한, 이번 장의 역사적 접근 방식은 선물 토론에서 나오는 질문을 개념적으로 분석하는 것을 허용하지 않았다. 다시 말해 그리스도와 연합한 신자들의 활동은 어떤 역할을 할까? 이러한 주제와 개념을 이제 4장과 5장에서 분석하려 한다.

4장

그리스도 안에 참여함

: 신자들이 기도와 성례전 안에서 하는 활동

칼뱅의 참여 신학의 근원, 발전, 형이상학을 다루었으므로, 이제는 선물 토론에서 나오는 가장 중요한 조직신학적 질문으로 돌아갈 수 있다. 칼뱅의 그리스도 참여 신학에서 신자들이 인간으로서 갖는 자리는 어디일까? 이 질문에 답하려면 칼뱅의 참여 신학 자체를 설명하는 데서 벗어나야 한다. 그 대신에 칼뱅의 참여 신학이 구원에 대한 그의 설명에서 인간의 위치를 어떻게 밝혀 주는지 4장과 5장에서 살펴보겠다. 은혜를 받은 구속된 죄인으로서 인간의 역할은 무엇일까? 선물 신학자들이 칼뱅에 관해 주장하듯이, 구원을 '외적 과정(transaction)'으로 경험하면서 신자들은 단순히 '수동적'일까? 아니면 어떻게든 더욱 '능동적'일까?

이러한 질문에 답하려면 많은 칼뱅 학자들이 나눠 놓은 것을 한데 모아야 한다. 1장에서 언급했듯이, 칼뱅 연구에서 '반-법률학파'는 칼뱅이 스콜라 학파와 다르고 이미지와 은유를 유창하게 구사하고 풍성한 삼위일체 신학을 갖추었다는 점을 강조하는 경향이 있다. 그들은 법정적 과정에 관한 언어는 대체로 의심하고 더 유기적인 변화의 이미지를 선호한다. 이 학파에 반발하는 다른 이들은 칼뱅 사상의 '법적' 측면, 특히 칭의와 전가 교리에 대한 그의 특유한 개혁주의적 관심사를 강조하는 경향이 있다. 둘 중 한 학파의 설명은 다른 쪽을 무시하거나 부정하는 경향이 있다.[1]

나는 이번 장에서 이중 은혜에 대한 삼위일체적 설명을 참여를 위한 틀로 간주하는 것이 칼뱅의 참여 신학 안에서 인간의 위치를 분명히 보여 준다고 주장할 것이다. 칼뱅에게, 그리스도 안에 참여함은 칭의와 성화의 '이중 은혜' 안에 있는 법적 언어와 변모적 언어 **모두를 강조해야** 한다. 기도에서, 신자들은 올바르게 기도하기 위해 금욕적인 노력을 수행하지만 그들의 능동적 노력을 위한 토대는 하나님의 값없는 사면을 인정하는 데 있다. 마찬가지로, 세례와 성찬의 성례전에서 신자들은 의롭게 하시는 하나님의 행위에 응답하되 세례와 성찬이 삼위일체적 구원론에 통합되는 방식으로 행동한다. 성부는 그리스도와 연합한 신자들을 값없이 용서하심을 통해 은혜롭고 관대하신 분으로 나타난다. 이 연합 안에서 또한 성령은 신자들을 활성화시켜 그들이 엄격하게 절제하는 노력과 활동을 요구하는 경건함과 사랑의 삶으로 나아가게 한다. 신자들은 교회적, 사회적 공동체 안에서 활성화된다. 이중 은혜를 참여적 삼위일체적으로 설명하는 것은 칼뱅이 성례전을 신학적으로 설명하는 데 중요한 역할을 한다. 세례 안에 '참여하는 것'은 너무나 실제적이라 생물학적이라 할 정도다. 주의 만찬에 참여하는 것은 생명을 주시는 그분의 살과 피를 먹기 위해 그리스도의 승천에 참여하는 것을 포함한다. 칼뱅의 기도와 성례전 신학은 신(神)중심적이면서도 참여적인 신학이어서, 신자들이 하나님을 사랑하고 그리스도의 몸인 이웃을 사랑하도록 활성화시킨다.

1. 선물과 감사: 이중 은혜, 그리고 입양에 참여하는 기도

1) 이중 은혜와 성화

칼뱅 신학에서 '이중 은혜'는 겉으로 보기에는 조화되지 않는 것 같지만 몇 가지 중요한 주제를 결합하기 위한 중추적 개념이다. 첫 번째 은총은 칭의이다. 이는 신자들이 전가에 의해 그리스도의 의로움에 참여하게 되는 하나님의 행위이다. 이 행위에서 하나님이 거저 주시는 선물이 아주 분명하게 나타난다. 하나님은 거리낌 없이(freely) 죄인들을 의롭다고 선포하시고 신자들을 성령 안에서 그리스도를 통하여 하나님과 연합하게 하신다. 신자들이 소유하게 되는 의로움은 공식적으로는 그들 외적인 것이지만, 칼뱅이 이 '놀라운 교환'을 설명하기 위해 연합, 입양, 접목, 참여의 이미지를 사용하게 되면서 전가는 '먼 곳'에서가 아니라 그리스도와의 연합에서 오게 된다. 칼뱅은 다음과 같이 썼다. "그리스도는 우리의 것으로 지음을 받으셨기에 그분이 부여받은 선물을 우리가 그분과 함께 나누도록 하셨다. 그렇기에 그분의 의가 우리에게 전가되기 위해서 우리는 우리 밖에 멀리 계시는 그분을 묵상하지 않는데, 그것은 우리가 그리스도를 입고 그분의 몸에 접목된 까닭이다. 간단히 말해서 그분은 우리를 자신과 하나가 되도록 정해 놓으신 분이기 때문이다."[2] 전가라는 첫 번째 은혜는 신자들과 그리스도의 거리를 통해서 일어나는 것이 아니라 그들이 믿음으로 그리스도와 하나 되는 것을 통해서 일어난다. 전가는 그리스도라는 포도나무에 접목되고 은혜로우신 아버지의 자녀로 입양되는 것과 함께 이루어진다.

이러한 이중 은혜의 두 번째 부분도 신자들의 접목과 입양에 따라오는 그리스도와의 하나 됨과 관계가 있다. 두 번째 은혜는 중생과 성화이다. "믿음으로 그리스도에게 접목된" 사람은 "하나님의 아들, 하늘의 상속자, 의로움에 참여하는 자"가 된다.[3] 하지만 이렇게 그리스도 안에 접목되고 함께 하는 것은 "행함을 **통한** 것은 아니지만", "행함 **없이**" 되는 것은 아니다. "왜냐하면 우리를 의롭게 하시는 그리스도 안에 우리가 함께 하는 것에는 성화가 의로움만큼 많이 포함되어 있기 때문이다."[4] 신자들은 그리스도 안에서 성령을 통해 도덕적 변화의 느린 과정을 시작한다. 하지만 값없는 용서라는 첫 번째 은혜는 두 번째 은혜를 위해 없어서는 안 될 맥락을 제공한다.

이러한 두 은혜 사이의 공식적 관계가 칼뱅에게는 중대하다. 둘은 구분되지만 분리될 수는 없다. 두 은혜 사이에는 시간 간격이 없다.

하나 없이 다른 하나를 받는 것은 불가능하다. 사실 둘 다 그리스도 안에 포함된 것이라서, "우리가 그분 안에서 함께 공동으로 인식하는 이 두 가지는 분리할 수 없는 의로움과 성화이다."[5] 우리가 그리스도의 인격 안에 있는 두 본성을 나눌 수 없듯이, 칭의와 성화의 은혜도 구별될 수는 있지만 나눌 수는 없다.[6] 실제로 이중 은혜는 궁극적으로 칼뱅의 그리스도와의 연합 신학의 일부이기 때문에, 입양, 접목, 참여 이미지는 겉으로 보기에는 서로 다른 두 가지 은혜 개념을 결합하는 데 사용된다. 신자들은 성령에 의해 그리스도의 의로움에 참여하여 죄인의 '일가'에서 입양되어 하나님의 자녀가 된다.[7] 신자들은 성령에 의해 그리스도에게 접목되어 그리스도를 점진적 변화와 성장을 위한 자양분으로 받아들인다.[8] 더욱이 이미지는 역으로 될 수 있다. 신자들은 입양된 자녀로서 그리스도 안에 참여하면서 성령에 의해 점차 성장한다.[9] 또한 신자들은 (그 자체로는 쓸모없는 가지이지만) 포도나무에 접목된 가지로서 죽음에서 생명으로 나아가 성령을 통해 그리스도의 축복을 받게 된다.[10] 칼뱅은 칭의와 성화 사이의 공식적인 관계를 확립하는 데는 엄격하지만, 연합, 참여, 입양, 접목 이미지는 이 두 의미를 결합하는 데 매우 유연하게 움직일 수 있다.[11]

칼뱅은 구별된 일치라고 하는 이중 은혜의 맥락에서 그의 성화 신학을 발전시킨다. 칼뱅은 종종 이 이중 은혜의 역동성을 위해 일종의 '속기'(shorthand)를 사용한다. 예를 들어 칼뱅이 믿음에 대해 말할 때 그 믿음은 두 가지 특성을 가진다. 믿음은 성령의 행위로서, 자유로이 선택하시는 하나님의 호의를 통하여 받게 되는 '선물'이다. 하지만 믿음은 또한 인간의 행위로서, 동의와 지식과 마음의 감정(affection)을 요구한다. 믿음은 말씀과 성령으로 양육됨으로써 점진적 방식으로 성장할 필요가 있다. 이중적 방식으로, 믿음은 '선물'로 받는 것이기도 하지만, 성령을 통해 감사할 줄 아는 지식에서 나오는 인간의 반응과 분리될 수는 없다. 이 둘은 그리스도의 두 본성처럼 구별될 수는 있지만 분리되지 않는다.

2) 이중 은혜, 삼위일체적 기도, 입양의 경험

이중 은혜의 논리는 칼뱅의 기도 신학을 위하여 중대한 신학적 맥락을 제공한다. 기도는 다양하게 개정된 『기독교 강요』의 모든 판에서 동일하게 유지되었던 유일한 장 주제이다. 최종판에서는 『기독교 강요』에서 가장 긴 장이기도 하다.[12] 주기도문 해설 같은 이 장의 어떤 특징들에는 1536년 판 『기독교 강요』의 교리 문답 형태의 흔적이 여전히 남아 있다. 이 장의 다른 부분은 성인들을 통한 기도와 같이 논란이 되는 관행을 다루고 있다. 『기독교 강요』 3권에서 기도에 대한 장이 차지하는 구체적 순서에 너무 많은 의미를 부여해선 안 되겠지만,[13] 그 순서가 성령에 의한 이중 은혜의 두 번째 부분인 성화라는 『기독교 강요』 3권의 전반적 주제와 일치하는 것은 분명하다.[14] 이후 판들에서 상당한 발전과 명료화를 거치긴 하지만, 1536년 판 『기독교 강요』의 첫 장 이래로 칭의와 성화에 대한 칼뱅의 서술은 그의 기도 신학 형태에 많은 것을 제공해 주었다.[15]

칼뱅은 기도의 중요성을 삼위일체적으로 묘사하면서 기도에 대한 장을 시작한다. 사람은 자기가 얼마나 '가난하고 온갖 좋은 것이 없는지' 알게 되면 자신의 필요를 채우기 위해 '자기 밖으로 나가야 한다.' 이러한 상황 한가운데서 사람이 그리스도의 계시를 믿음으로 받게 되면 놀라운 교환이 일어난다.

하나님은 그리스도 안에서 자기 자신을 기꺼이 자유로이 드러내신다. 그분은 그리스도 안에서 우리의 비참함 대신에 모든 행복을, 우리의 궁핍함 대신에 모든 부요함을 제공하신다. 그리스도 안에서 하나님은 우리에게 하늘의 보화들을 열어 주신다. 그 보화들은 우리의 온 믿음이 그의 사랑하시는 아들을 바라보게 하는 것이고, 우리가 그분만 기대하는 것이며, 우리의 모든 소망이 그분에게 붙어 있고 그분 안에 있게 하는 것이다. 실로 이것은 삼단논법으로 곡해할 수 없게 은밀히 숨겨진 철학이다. 그러나 하나님께서 눈을 열어 주신 사람들은 그것을 마음으로 배우게 되고 그분의 빛 속에서 빛을 볼 수 있게 된다.[16]

기도는 사람들이 행복과 부와 교제는 자신의 바깥에서 찾아야 한다는 역동적 현실을 '마음으로 배우는' 자리다. 이것은 아버지를 나타내시는 '그리스도 안에서' 일어난다.

우리가 필요로 하는 것이 무엇이든지 우리가 부족한 것이 무엇이든지 그것은 하나님과 우리 주 예수 그리스도 안에 있고, 아버지는 기꺼이 그분의 모든 풍요가 그리스도 안에 거하도록 하셨기에, 모든 것을 넘쳐흐르는 샘과 같은 그분에게서 퍼올 수 있음을 인식하도록 우리가 믿음으로 가르침을 받은 후에야, 우리는 그분 안에 있는 것이라 배웠던 것을 여전히 그분 안에서 구하면서 그분에게 기도하며 요청하게 된다.[17]

칼뱅은 이렇게 "넘쳐흐르는 샘"을 우리가 어떻게 끌어오는지 설명하면서 성령에 대해, 그리고 성령을 통해 가능해진 입양에 대해 말한다. "양자의 영이신 성령은 우리 마음에 복음의 증거를 인 치시면서 우리의 영을 일으켜 그들의 갈망을 하나님께 감히 드러내게 하시고, 말할 수 없는 탄식을 일으키고, '아바! 아버지!'라고 담대하게 외치게 하신다."[18] 그리스도와의 연합은 신자들이 성부의 부요함을 이용할 수 있게 하는 반면에 성령은 신자들이 기도할 수 있게 하신다. 더욱이 성령은 신자들이 하나님을 아바, 아버지로 체험할 수 있게 하신다.

기도라는 이 삼위일체적으로 구조화된 경험에 대한 칼뱅의 설명에서, 『기독교 강요』의 기도를 다룬 장(chapter)의 많은 주요한 주제들이 분명해진다. 신자들은 성령으로 아버지를 부름으로써 "놀라운 평안을 얻고 양심에 안식"을 얻는다.[19] 우리가 하나님을 아버지로 체험할 때 우리는 하나님께서 관대하고 친절하게 우리를 대하시며, "우리의 염려를 덜어 주시고 그분 품에 안아 주시고자" 우리를 부드럽게 부르시는 것을 인식한다.[20] 이러한 입양을 그리스도 안에서 기도함으로 성령을 통해 경험하면서, 우리는 모든 좋은 선물이 아버지에게서 오는 것이기에 "진정 고마워하는 마음과 감사하는 자세를" 가질 필요가 있다.[21] 사실상 기도의 목적 중 하나는 "우리가 기도로 얻었다고 인정하는 것을 더욱 큰 기쁨으로 받아들이는 것"이다.[22] 이생의 모든 좋은 것과 풍성한 것은 사실 아버지에게서 온 것이기 때문에 기도는 모든 좋은 것이 하나님에게서 받은 무상의 선물이라는 실재를 신자들이 살아 내도록 도와주는 영적 훈련이다.

하지만 이 같은 주제에는 '부정적' 측면이 있다. 기도에 대한 잘못된 접근 방식으로 저지를 수 있는 두 가지 중대한 '죄'는 칼뱅이 삼위일체적으로 그려 내는 입양의 모습과 어긋나는 것과 관련이 있다. 첫째, 우리는 언제나 하나님께 감사해야 할 의무가 있기에 기도 중에 '감사하지 않는' 죄는 칼뱅에게는 중요한 관심사이다.[23] 물론 진정한 감사는 성령을 통해서만 이루어질 수 있다. 그것은 신자가 하나님과 분리되어 행하는 방식으로 하나님께 반응하는 행동이 아니다. 그럼에도 불구하고 감사는 기도를 위해 필요한 자세이며 칼뱅은 신자들에게 언제나 베푸시는 아버지께 감사해야 할 필요성에 대해 자주 권고한다.

기도할 때 두 번째로 빈번한 '죄'는 첫 번째와 비슷하지만, 이중 은혜의 구조를 더욱 분명하게 드러낸 것, 즉 불안한 양심이다. 기도의 경험이 양심에 '놀라운 평화와 안식'을 안겨 주는 것은 첫 번째 은혜 때문이다. 그리스도의 의로움이 신자들에게 전가되어 그들의 구원이 보장되는 것이다. 그와 달리, 다른 이들은 양심이 이러한 첫 번째 은혜를 경험하지 못했기 때문에 성인들의 기도에 의존한다. 칼뱅은 사람들이 어째서 성인들의 중재에 의존하는지 질문한 후에 이렇게 쓴다. "성인들의 중재를 기뻐하는 모든 사람의 양심을 살펴보고 이러한 불안을 발견하게 될 것이다. 마치 그리스도가 불충분하거나 너무 가혹한 분인 것처럼 말이다."[24] 이것은 그리스도를 불명예스럽게 할 뿐만 아니라 "동시에 그들은 아버지로서 그들에게 자기를 나타내시는 하나님의 자애로움을 몰아내는 것이다. 왜냐하면 그들이 그리스도를 그들의 형제로 인정하지 않는 한 하나님은 그들에게 아버지가 아니시기 때문이다."[25] 양자(입양)의 영이신 성령은 그리스도와의 연합에서 받은 전가가 인정되지 않으면 성부의 자애로움을 나타내지 않으신다. 양심은 그리스도의 온전한 의로움을 죄인에게 전가하면서 그를 기꺼이 용서하시는 아버지의 자애로움을 인정하는 오직 한 가지 방법으로만 평온하게 될 수 있다. 칼뱅은 성인들의 기도에 의존하는 사람들이 그리스도를 드러내 놓고 불명예스럽게 하려고 하는 것은 아니라고 설명한다. 하지만 전가라는 첫 번째 은혜를 받아들이지 않으면서 그들은 그리스도의 의로움이 충분하지 않다고 암시함으로써 필연적으로 그리스도를 모욕한 것이다.

따라서 칼뱅이 배은망덕한 죄 많은 자세와 대조되는, 기도에서 감사의 중요성에 관해 이야기할 때는, 입양의 작용에 대한 그의 삼위일체적 묘사와 이중 은혜에서 감사의 동력을 찾는다. 감사는 그의 창조 교리에서도 중요한 역할을 하지만,[26] 기도에 관한 장에서 칼뱅이 거듭 관심을 가진 것은, 신자들이 평온해진 양심으로 하나님께 감사를 표현한다는 점이다. 신자들이 하나님 앞에서 두려움에서 해방되는 것은 "우리의 기도가 우리의 공로에 의존하지 않고 기도의 모든 가치와 기도가 이루어질 거라는 소망이 하나님의 약속에 토대를 두고 거기에 의지하기 때문이다."[27] 하나님 앞에서 '자기 자신 안에' 어떠한 가치도 없음을 받아들이는 것은 놀라운 교환으로 들어가는 원동력의 일부다. 성령을 통해 아버지와의 회복된 관계를 통해 그리스도의 의를 받아들이는 경험을 하는 것이다. 신자들의 기도가 늘상 "믿음과 오류의 혼합"이라 해도 "무효화되지 않는다." 그것은 성부께서 그들의 결함 있는 기도를 관대하게 용서하시기 때문이다.[28] 따라서 신자들은 자기들이 받은 양자 됨을 완벽하게 표현할 길은 없지만 관대하신 아버지 앞에 그들의 모든 짐과 고마움을 모두 가져가 드리면서 성령을 통해 양자 됨에 들어가도록 거듭 격려받을 수 있다.

이렇게 기도에서 양자가 되는 경험이 단지 개인과 하나님 사이에서 발생한다고 생각하지 않게 하려고 칼뱅은 이러한 이미지 자체가 공동의 기도 감각을 암시한다고 주장한다. 칼뱅은 로마서 8장에 나오는 양자의 영에 대한 그의 성찰과 주기도문의 도입부 "우리 아버지"를 결합한다. 칼뱅은 신자들이 아버지이신 하나님께 지녀야 하는 애정을 설명한 후에 이렇게 말한다. "그리스도께서 우리의 양자 됨의 담보이자 보증이시다"라고 말하고 성령께서 "동일한 양자 됨의 증인이시며 그분을 통해 자유롭고 충만한 목소리로 '아바, 아버지'라고 외칠 수 있다. 그러므로 주저함이 우리를 방해할 때마다 우리의 두려움을 바로잡아 달라고 그에게 구하는 것을 잊지 말고 우리가 담대하게 기도할 수 있게 성령께서 인도해 주시도록 그분 앞에 나아가라."[29] 칼뱅은 "우리 아버지"를 이해하는 데 삼위일체적인 양자론이 갖는 맥락을 제시한 후에 계속해서 이렇게 말한다.

> 그러나 우리는 우리 각자가 개인적으로 그분을 아버지로 불러야 한다는 가르침을 받은 것이 아니라, 모두 공동으로 그분을 우리들의 아버지로 불러야 한다고 가르침을 받은 것이다. 이러한 사실에서 우리는 형제를 사랑하는 감정이 우리 사이에 얼마나 크게 있어야 하는지 경고를 받는다. 그것은 동일한 자비와 아낌없는 관용에 힘입어 우리가 그런 아버지의 동등한 자녀인 까닭이다. 한 분 아버지가 우리 모두에게 공통적이며, 우리의 몫이 될 수 있는 모든 좋은 것이 그분에게서 나온다면, 기회가 될 때 서로 기꺼이 진심으로 나눌 준비가 안 되어 우리를 갈라놓는 것이 우리 사이에는 하나도 없어야 한다.[30]

이렇게 관대하신 아버지의 "동등한 자녀"의 지위를 가진 사람들은 아버지에게 받은 재화를 나눌 의무가 있다. 칼뱅은 이런 나눔이 어떻게 "기꺼이 진심으로" 이루어질 수 있는지 계속해서 설명한다.

> 한 가정의 아버지를 진정으로 깊이 사랑하는 사람은 당연히 그의 가족 전체를 사랑과 선한 뜻으로 품는 것처럼, 그렇게 하늘에 계신 아버지를 향하여 드리는 것과 동일한 열정과 사랑을 하나님의 백성과 가족, 그리고 마지막으로 기업(유산)에 베풀어야 마땅하다. 하나님께

서 그분의 독생자의 충만함이라 부르실 정도로 그들을 존귀하게 여기시기 때문이다(엡 1:23). 그러므로 그리스도인은 이런 규칙에 따라 기도하도록 하자. 자신의 기도가 그분의 기도와 같아져서 그리스도 안에 있는 형제 모두를 품고 기도하되, 현재 자신이 그리스도인으로 보고 인정하는 사람들뿐만 아니라 이 땅에 거하는 모든 사람을 품고 기도할 수 있도록 하자.[31]

기도에서 양자 됨의 경험을 삼위일체적으로 묘사하는 칼뱅의 설명에는 공동체적이고 밖으로 향하는 강조점을 갖고 있다. 하나님만이 영예와 영광을 누리실 자격이 있으시지만, 칼뱅은 사람이 성부를 진정으로 존경하고 사랑할 때 성부를 대하는 "동일한 열정과 사랑"으로 "그의 가족 전체를 사랑과 선한 뜻으로 품는"다고 주장한다. 신자들은 자신들 안에 합당한 자격이 없지만, 그리스도 안에 있는 공동체가 성자의 충만함을 받아 그리스도를 형제라고 부를 수 있음을 깨달아야 한다. 더욱이 양자 됨의 영인 성령을 받은 신자들만이 아버지의 '가정'에 속하게 되지만, 성령의 역사는 '비밀'이기 때문에 신자들은 "이 땅에 거하는 모든 사람"에게 이러한 사랑을 드러내야 한다.[32] 그리스도 안에 있는 값없는 용서로 인해 성령은 성부를 신뢰하고 사랑하는 관계로 신자들을 이끌 뿐만 아니라 성령에 의해 활성화된 똑같은 사랑, 감사, 신뢰가 교회와 모든 사람에게 향하게 된다.

우리는 삼위일체적인 기도 경험에 대한 이와 같은 설명을 고려할 때, 성화의 과정에서 인간은 '수동적'으로 남게 된다는 선물 신학자들의 칼뱅 비판을 어떻게 봐야 할까? 이 선물 신학자들은 이중 은혜에 포함된 구별과 일치의 역동성을 과소평가한다고 공식 차원에서 대답할 수 있다. 믿음의 '선물'을 받고 성화에서 사랑의 행위를 받는 데는 수동성의 차원이 있다. 인간은 '자신 속에서' 열매를 맺을 수가 없다. 더욱이 그리스도의 의의 전가는 기도 안에서 단순히 받아들이고 인정해야 하는 것이지 성취하는 것이 아니다.

하지만 첫 번째 은혜를 받았다고 해도 인간은 용어의 단순한 의미에서 그냥 '수동적'인 것은 아니다. 사람은 믿음의 선물을 통해 첫 번째 은혜인 칭의 안에서 그리스도를 '소유한다.' 신자들은 믿음으로 그리스도를 붙잡으면서 놀라운 교환을 통해 새로운 정체성을 부여받는다. 그러므로 신자들은 칭의 안에서 성령에 의해 새로운 피조물로, 성부에게 입양된 자녀들이 된다. 칼뱅은 이러한 첫 번째 은혜에서 단순히 법적 결정(판결)에 대해 말하는 것이 아니라, 그리스도와의 연합을 통해 존재하고 행동하는 새로운 방식으로 들어감에 대해 말하고 있다.[33]

더욱이, [첫 번째 은혜와] 분리할 수 없는 두 번째 은혜는 — 첫 번째 은혜가 입양의 삼위일체적 맥락에서 함의하는 것을 실행하는 것으로서 — 매우 능동적이다. 신자들은 성령의 인격을 통해 나타나는 선한 '은사들'을 위하여 성령에게 의존하고 있지만, 이것은 그들이 성령이 활동하시기를 단순히 기다린다는 의미는 아니다. 칼뱅은 기도에 대해 말하면서 나태를 조장할 수 있는 방식으로 성령을 수동적으로 "기다리지" 말라고 신자들에게 반복해서 권고한다. "올바르게 기도하는 것은" 오직 성령만이 주실 수 있는 "희귀한 선물"이지만 "이런 것들에 대해 말한 이유는 우리가 자신의 게으름에 안주하면서 기도의 기능을 하나님의 성령에게 넘기라는 취지도 아니고 우리 모두가 너무나 쉽게 끌려가는 부주의함에 빠져 하는 일도 없이 무기력하게 지내라는 것도 아니다."[34] 수동성으로 이끄시는 성령의 행위를 강조할 것이 아니라, 성령의 도우심과 힘 주심을 얻기 위해 적극적으로 기도하는 결과로 이어져야 한다. "우리의 의도는 우리의 타성과 둔감을 혐오하고 성령의 그런 도우심을 간절히 구해야 한다는 것이다. 그리고 실제로 바울은 우리에게 성령 안에서 기도하라고 명할 때 우리에게 깨어 있으라는 촉구를 멈추지 않는다. 그것은 성령의 고무(격려)가 우리 자신의 노력을 저해하거나 억제하지 않는 방식으로 우리가 기도를 구성하도록 힘을 준다는 말이다. 이 문제에서 하나님의 뜻은 믿음이 우리 마음 안에서 얼마나 효과적으로 움직이고 있는지 시험하는 것이기 때문이다."[35] 칼뱅은 이러한 권고를 반복하면서 기도란 수행하는 분투를 포함하는 수고로운 인간의 노동임을 분명히 한다. 믿음의 기도와 같은 어떤 선한 일이 일어날 때 공로(credit)는 인간의 노력이 아니라 성령에게 돌려야 한다. 그러한 인간 행위는 '선물'이고, 그에 대한 합당한 반응은 교만이 아니라 감사이다. 하지만 이렇게 "찬사를 희생하는" 감사의 수고는 인간의 관점에서 볼 때 결코 수동적이지 않다.[36]

칼뱅은 수동성을 주장하지 않고 역동적인 움직임을 내세운다. 사람이 하나님과 떨어져 자기를 신뢰하던 '옛 자아'에서 벗어나면서, 그리스도와 연합되어 아버지의 자녀로서 하나님이 주시는 정체성으로 들어가게 된다는 것이다. 사람은 자신에 대한 희망을 포기하고 모든 소망을 "넘쳐흐르는 샘"이신 그리스도 안에 두면서 성령에 의해 그리스도의 형상으로 형성되어 참된 부와 행복을 받게 된다. 그러나 칼뱅은 그리스도인이 이 세상에서 살면서 죄가 없을 수는 없다고 생각한다. 실제로 그는 로마서 7장이 분투하는 그리스도인을 묘사한다고 읽어내고, 현재의 삶은 필연적으로 죄 많은 '육신'의 본성과 그리스도 안에 있는 새로운 피조물 사이의 분투를 포함한다고 생각한다. 이러한 분투가 있기에 기도는 그리스도인에게 없어서는 안 되는 것이다. 신자들은 기도할 때 교회라는 가정 안에서 그들의 '형제'인 그리스도와 함께 성령으로 하늘 아버지께 부르짖는다. 기도 가운데 신자들은 성령에 의해 그리스도 안에서 새로운 피조물로 재형성된다. 기도와 연결된 공동체적 사랑과 함께 기도는 놀라운 교환을 경험하는 길이 된다. 기도에서 이중 은혜는 신자들을 변화시키는 삼위일체적 방식이다.

2. 그리스도 안에 '진정으로 참여함'
: 참여로서의 세례와 주의 만찬

1) 참여와 성례전의 형이상학

신자들은 '그리스도 안에' 있기에, 공동체적으로 기도하든 개인적으로 기도하든, 기도한다는 것은 신자들이 성령을 통해 은혜로우신 아버지에 의한 입양에 참여한다는 뜻이다. 비슷한 특징이 성례전에서도 분명히 드러난다. 이중 은혜가 칼뱅이 삼위일체적으로 기도를 설명하는 데 맥락을 제공하듯이, 이중 은혜의 삼위일체적 논리 또한 칼뱅이 성례전을 목회적, 형이상학적으로 설명하는 데 중요하다.[37]

이러한 이중 은혜는 칼뱅의 성례전 정의에서도 분명하다. 그는 루터와 다른 개혁가들과 마찬가지로 성찬을 '거룩한 것의 가시적 표징' 또는 '보이지 않는 은혜의 가시적 형태'로 정의하는 면에서 아우구스티누스를 따른다.[38] 하지만 칼뱅 자신의 말로 성례전을 정의한 것이 중요하다.

> 그것[성례전]은 주님이 우리의 약한 믿음을 붙들어 주시기 위해 우리에 대한 그분의 선의를 담은 약속을 인 치시는 외적 표지이다. 그리고 우리 쪽에서는 주님과 그분의 천사들과 사람들 앞에서 그분을 향한 우리의 경건함을 증언한다.[39]

칼뱅의 정의에서 가장 많은 것을 말해 주는 단어는 아마도 '양심', '선의', '경건함'일 것이다. 이 단어들은 기도에 대해 위에서 논의한 이중 은혜와 똑같은 경험을 떠올리게 해 준다. 성례전에 의하여 신자들의 양심은 첫 번째 은혜의 실재 때문에 평안을 얻게 된다. "주님"은 그들의 죄 때문에 그들을 나쁘게 보지 않으시고 그분의 "선의"를 드러내신다. 이러한 값없는 용서는 믿음의 기초인 말씀으로만 알 수 있다. "그래서 믿음은 하나님의 말씀이라는 기초 위에 놓인다. 그러나 성례전이 더해질 때 믿음은 기둥 위에 놓인 듯 더욱 확고하게 머물게 된다." "그것[성례전-역자 주]에 의해 그분은 그분 자신을 우리에게 드러내시고 … 우리를 향하신 그분의 선의와 사랑을 말씀보다 더 분명하게 증언하시기" 때문이다.[40] 그렇기에 칼뱅이 볼 때 성례전은 단순한 신적 임재를 나타내지 않는다. 성례전은 특정한 유형의 현존을 가져온다. 다시 말해 성례전은 신자들에게 하나님의 선의와 값없는 용서를 확신하게 하여 믿음의 선물을 확립하는 은혜로운 현존이다.

이 첫 번째 은혜로부터, "우리 쪽에서 그분에 대한 우리의 경건함을 증언하는" 두 번째 은혜가 뒤따른다. 칼뱅의 '경건'(pietas)이라는 단어는 의미심장하다. 칼뱅의 어휘에서 그것은 매우 특정한 의미를 지니기 때문이다. 칼뱅은 『기독교 강요』 서두에서 아담은 타락 이전에 하나님 앞에서 경건함을 가지고 있었다고 주장한다. 그러나 "인류가 이렇게 파멸하게 되면서 이제는 그 누구도 하나님을 아버지로 혹은 구원의 창시자(author)로 혹은 어떤 방식으로든 호의적인 분으로 경험하지 못한다. 중보자 그리스도가 나서서 하나님을 우리와 화해시키시기 전까지는 그렇다."[41] 칼뱅은 계속해서 경건이라는 용어를 다음과 같이 정의한다.

나는 하나님이 베푸시는 온갖 유익을 아는 데서 생기는 하나님에 대한 사랑과 그분을 향한 경외심이 결합된 상태를 '경건'이라 부른다. 사람들은 그들의 모든 것이 하나님 덕분이라는 것을, 그들이 그분의 아버지 같은 돌보심으로 양육을 받고 있다는 것을, 그분이 자기들의 모든 선함의 주인이 되신다는 것을, 따라서 그분 외에 다른 어떤 것도 구해서는 안 된다는 것을 깨달아야 한다. 그런 인식 없이 그들은 결코 그분을 기꺼이 섬기려고 하지 않을 것이다[nunquam ei se voluntaria observantia subiicient]. 아니, 그들이 그분 안에서 자기들의 완전한 행복을 확립하지 않는 한, 그들은 결코 자신을 그분에게 진실로, 그리고 진정으로 드리지 않을 것이다.[42]

따라서 이를 성례전 신학에 적용해 보면, 칼뱅은 성례전이 그리스도의 현시를 받는 것일 뿐만 아니라 신자들이 '기꺼이 섬김' 가운데 자발적으로 감사의 응답을 드릴 수 있는 방식으로 그리스도의 현시를 받는 것에 관한 것이라고 말하고 있다. 타락 이후에 이렇게 감사하며 자발적으로 응답하는 것은 하나님의 도움이 없이는 불가능하다. 왜냐하면 "그 누구도" 그리스도의 의로움이 전가되어 아버지께 입양되는 결과를 체험할 때까지는 "하나님을 아버지로 경험하지 않기" 때문이다.[43] 아버지의 '선의'를 인식하면서 타락 이전에 아담이 지녔던 경건함이 회복된다. 이는 하나님과 다른 사람을 향한 감사의 행동으로 이어진다. "우리는 주님과 그분의 천사와 사람들 앞에서 그분을 향한 우리의 경건함을 차례차례 증명한다."[44] 이러한 감사는 값없이 주어졌기에 어떤 의미에서는 '우리 자신의 것'이다. 하지만 감사는 우리의 경건함을 표현하는 것으로서 바로 "그분이 모든 선함의 주인"이심을 인식하는 것이다.

따라서 다시 한번, 칼뱅의 성례전에 대한 설명의 근저에 이중 은혜가 자리를 잡고서 그리스도의 의를 신자들에게 전가하시는 (양심에 확신을 주는) 아버지의 값없는 용서와 아버지의 실재하는 '선의'에 대한 감사의 응답을 긍정한다. 더욱이 이것은 분명 삼위일체적 경험이다. 성례전과 함께 선포된 말씀을 받으면서 신자들은 아버지의 은혜로운 약속에 의거하여 성령을 통해 그리스도를 취한다. 성례전은 믿음에 의해 효력이 있고, 믿음을 통해 신자들이 성령으로 그리스도와 연합하여 아버지의 선물들을 받는다.

이러한 논의는 칼뱅의 성례전적 형이상학과 어떤 관련이 있을까? 칼뱅은 기본적으로 성례전의 표지(signum)와 실체(substantia)라는 아우구스티누스의 패러다임을 사용하지만, 칼뱅이 이 용어를 사용하는 방식은 이중 은혜에 대한 이러한 삼위일체적 설명에 깊은 영향을 받는다.[45] 칼뱅이 볼 때, 그리스도는 "모든 성례전의 실체(실재, substance)이다. 왜냐하면 그분 안에서 그것은[성례전은-역자 주] 모든 견고함을 갖게 되고, 그것은 그분을 떠나서는 어떤 약속도 하지 않기 때문"이다.[46] 성례전적 표지(sign)는 성례전의 실체(그리스도)와 '연합'하고 그 결과 실체는 "언제나 표지와 구별되어야 하며 우리는 하나에 속한 것을 다른 하나로 옮기지 않도록 해야 한다."[47] 성례전적 표지가 실체와 연합된다면 어째서 그리스도(실체)와 '구별'되어야 할까? 왜냐하면 '연합'이라는 개념을 구별 없이 쓰다가는 성령에 의한 하나님의 도구인 성례전 안에 포함된 피조된(created) 요소를 숭배하는 결과로 이어질 수 있기 때문이다.

하나님이 관대하심과 너그러우심으로 우리가 사용하도록 정해 주신 다른 피조물을 신뢰하지 않는 것이 우리의 의무이다. 하나님은 그분의 사역을 통해 은혜로운 선물을 우리에게 아낌없이 베푸시나, 그런 선물이 우리 선(good)의 원인인 것처럼 흠모하거나 선포하지 않는 것도 우리의 의무이다. 같은 방식으로, 성례전 자체를 신뢰해서도 안 되고 하나님의 영광이 성례전으로 전이되었다고 여겨서도 안 된다. 오히려 모든 것을 제쳐 두고 우리의 믿음과 우리의 고백은 모두 성례전과 만물의 주인(author)이신 그분께로 올라가야 한다.[48]

표지(sign)인 성례전은 "우리 선의 원인"이 아니다. 성례전은 다만 모든 선한 것의 '주인'(author)을 가리킨다. 칼뱅의 논리는 다시 한번 그의 경건 신학을 연상시킨다. 타락 후에 인간은 성령으로 중생하지 않고서는 하나님을 관대하고 선의를 품으신 아버지로 인식하지 못한다. 성령께서 사람들로 하여금 "아바, 아버지!"에게 기도하게 하실 때 그들은 자신들에 대한 하나님의 선의를 인식할 수 있고 모든 좋은 선물이 하나님에게서 온다는 것을 알 수 있다. 따라서 감사가 어떤 의미에서 '우리의 감사'이고 믿음도 '우리의 믿음'이듯 둘 다 '선물'이다. 그 원인과 출처가 우리 밖에(extra nos) 있다. 마찬가지로 사람들은 성례전 '자체를' 신뢰해서는 안 된다. 그 능력의 원인이 우리 밖에 있기 때문이다. 성례전을 순전히 물리적 제도로 신뢰하는 것은 "우리의 마음을 가시적 표지 너머로 들어 올리지 않고, 그리스도께서 홀로 우리에게 부여하신 혜택에 대한 공로를 표지에 부여하는" "악습"이다.[49]

하나님의 현시를 성례전적 요소에 '전이'하여 하나님께만 기인하는 '영광'을 성례전이 받게 해서는 안 된다. 여기에서 감사의 논리가 핵심이다. 경건은 '모든 좋은 것'이 하나님에게서 나온다는 신뢰를 포함한다. 그것은 타락 이전에 아담이 '하나님과 연합'되어 있던 시간에 아담 속에 있던 하나님에 대한 지식을 회복한 것이다. 그리고 그의 의로움은 '하나님 안에의 참여'를 통한 것이었다.[50] 그리스도 안에서 이러한 경건함을 회복하고 성취하는 것은 모든 선한 것이 하나님에게서 온다는 것에 대한 인정을 의미한다. 그러한 방식으로 성례전의 빵과 포도주는 하나님에 의해 선택되는 것으로만 가치가 있다. 그 자체로, 즉 하나님을 제외하면 빵과 포도주는 아무런 가치가 없다.

그럼에도 불구하고 하나님은 성례전에서 "그분이 약속하고 표징으로 나타내신 것은 무엇이든 진정으로 행하신다."[51] 신자들은 믿음으로 받아들일 때 성례전의 실체인 그리스도를 진정으로 받게 된다. 성례전은 "그리스도를 전달하는(communicate) 것"을 포함하기 때문이다.[52] 하지만 신자들은 그들의 큰 믿음을 자랑하지 말아야 한다. 왜냐하면 큰 믿음은 '선물'이기 때문이다. 마찬가지로 신자들은 성례전의 빵과 포도주를 자랑해서는 안 된다. 그것들도 단순히 하나님이 택하신 도구일 뿐이다. 그리스도의 의의 전가가 '자랑'의 원인을 제거하는 것처럼, 하나님의 능력이 전적으로 성례전을 유효하게 만드는 것이라는 사실은 '자랑'의 원인을 제거한다.[53] 성찬에서 받는 빵과 포도주도 하나님의 선물이고 그것들을 받는 방식으로서의 믿음도 선물이기 때문에 자랑할 이유가 남아 있지 않다.[54] 이것이 성례전을 통해 그리스도 안에 '진정으로 참여함'이다. 이러한 참여는 누구나 예외 없이 모든 좋은 선물에 대해 자발적으로 하나님께 감사함으로써 죄의 '옛 자아'에서 그리스도 안에 있는 '새 피조물'로 나아가도록 요구한다.

이러한 역동적인 나아감에서 '성찬의 떡과 포도주'는 어떤 의미에서 관대하신 하나님의 '선물'로 변형되면서 그리스도의 약속을 실행한다. 그러나 그것들이 선물로서 하나님께 너무나 깊이 속해 있다고 해서 그리스도와 별개로 '그것들 자체에' 권능이 있는 것처럼 여겨서는 안 된다. 그것들의 실체이신 그리스도께서 성령에 의해 자신을 전달하시는 도구로 그것들을 사용하실 뿐이다. 피조물로서의 빵과 포도주는 폄하되지 않고, 창조의 주인이신 그리스도 안에서 하나님을 정확하게 가리킴으로써 영예롭게 된다. 빵과 포도주는 양심을 평온하게 하고 경건함을 함양하게 하시려는 하나님의 계획 일부가 되어 신자들이 성령을 통해 그리스도에 참여함에 따라 아버지의 선의를 보여준다.

2) 성령으로 된 아브라함의 자녀: 참여와 세례

칼뱅의 성찬 신학이 참여의 주제와 관련해서 상당한 발전과 강화를 겪기는 하지만, 칼뱅은 이미 『기독교 강요』 초판에서 참여로서의 세례에 대한 강력한 언어를 사용하고 있다. 칼뱅은 세례를 받아 그리스도의 죽음과 새로운 생명으로 들어가는 것에 대해 로마서 6장 3-4절을 인용한 후 다음과 같이 말한다.

이러한 말로 그[바울]는 우리에게 그리스도를 따르라고 권고한다. 마치 세례를 통해 우리가 그리스도의 죽음의 본을 따라 우리의 욕망에 대해 죽고, 그분의 부활의 본을 따라 의로움으로 다시 살아나라는 권고를 받는 것 같다. 하지만 그뿐이 아니다. 그는 훨씬 더 높은 무언가를 또한 붙잡는다. 즉, 세례를 통해 그리스도께서 우리를 그분의 죽음에 참여하게 하시고 우리가 그 안에 접목되게 하신다는 것이다. 그리고 나뭇가지가 접목된 뿌리에서 실체와 자양분을 끌어오듯이, 올바른 믿음으로 세례를 받는 사람들은 그들의 육체를 죽이는(mortification) 가운데 그리스도의 죽음의 효력 있는 역사(working)를 참으로 느끼는 동시에, 되살아나게 하시는 성령으로 그의 부활의 역사를 느낀다.[55]

마지막 장에서 언급하듯, 칼뱅의 대조는 사람이 따라야 할 단순한 모범으로 그리스도를 보는 것과 성령을 통하여 그리스도의 죽음과 부활에 실체적으로 참여하며 함께 하는 것 사이에 있다. 여기서 칼뱅의 실체적 참여 이미지는 신자들이 세례에서 그리스도에게 접목된다는 것이다. 신자들의 접목은 하나님의 백성에게 접목되는 교회와 공동체 차원에 적용될 뿐만 아니라, 성령에 의해 그리스도 안으로 신자들이 실제 결합되어 '육체'에 대하여 죽고 성령으로 살아나는(vivification) 것을 가능하게 한다. 접목은 그리스도와 교회 모두에서 일어난다. 가장 중요한 것은 접목과 참여의 언어가 육체에 죽고 성령으로 살라는 단순한 권고가 아님을 나타낸다는 점이다. 그것은 하나

님께서 그렇게 하시겠다는 약속을 제정하는 수단이다.[56]

칼뱅은 세례에 대한 자신의 정의를 발전시키면서 접목과 입양이라는 친숙한 주제를 한데 모은다. "세례는 우리가 그리스도 안에 접목되어 하나님의 자녀로 인정받을 수 있도록 교회라는 모임으로 받아들여진다는 입문의 표지다."[57] 이 설명은 당연히 이중 은혜를 삼위일체적으로 설명하는 것과 연결된다. 세례는 먼저 "죄의 값없는 용서와 의의 전가를 약속하고 그다음으로 우리를 새로운 생명으로 재형성하신다는 성령의 은혜를 약속한다."[58] 한편으로 "세례에서 제공되는 하나님의 선물들은 모두 그리스도 안에서만 발견된다."[59] 하지만 "그리스도 안에서 세례를 받는 사람이 아버지와 성령의 이름도 부르지 않으면 이러한 일은 일어날 수 없다. 이는 자비로운 아버지 때문에 그분의 피로 우리가 깨끗해졌기 때문이다. 아버지는 그분의 비교할 수 없는 자애로움에 따라 우리를 은혜 안으로 받아들이길 원하시고 그분의 눈에 우리가 호의를 얻도록 하기 위해 우리 가운데 이러한 중재자를 두시도록 하셨다. 하지만 우리는 성령으로 성화되고 새로운 영적 본성으로 가득 채울 때만 그리스도의 죽음과 부활로 거듭남을 얻게 된다."[60] 칼뱅은 그의 성례전에 대한 일반적인 설명에서처럼 우리가 그리스도 안에 참여함으로 전가라는 첫 번째 은혜를 받을 때만 아버지께서 '자비롭고' '친절하신' 분으로 드러난다는 점을 강조한다. 하지만 이러한 첫 번째 은혜는 그리스도 안에 참여하는 성도에게 '새로운 영적 본성'을 주시는 성령에 의해 성화되는 것과 분리되지 않는다.

칼뱅은 성례전에서 신적 행위를 강력하게 설명하기는 하지만 두 번째 은혜가 절제하며 수행하는 분투를 배제하지 않는다는 점은 분명히 한다. 죄를 죽이고 새로운 피조물로 삶이 성장하는 과정은 현세의 삶에서는 결코 완성되지 않을 것이기 때문에 언제나 진전을 위해 분투할 이유가 있다. 사실 "자신의 육신에 의해 불안하고 찔리는 그리스도인들도 소심해지거나 낙담해선 안 된다." 오히려 그들은 "여전히 나아가는 중에 있다고 생각해야 하며 날마다 자기들의 정욕이 조금씩이라도 제거되는 것을 느낄 때 자기들이 제대로 전진했다고 믿어야 한다. 그 전진은 그들이 최종 목적지에 다다를 때까지, 즉 그들의 육체가 마지막으로 죽을 때까지 계속되다가 이 필멸의 삶이 끝날 때 성취될 것을 믿어야 한다. 그동안에 앞으로 나아갈 용기를 가지고 완전한 승리를 위해 박차를 가하기 위해 '적극적인 분투'를 멈추지 않도록 하자."[61] 세례는 죽임(mortification) 과정의 시작이다. 그 과정에서 '선한 전진'은 실제로 가능하다. 작은 한 걸음일지라도 말이다. 이 과정은 세례 자체와 마찬가지로 성령의 역사다. 하지만 그것은 분명 많은 노력을 요구한다. 그것은 '용기'를 요구하는 적극적인 분투이다. 로마서 7장을 그리스도인의 육체와 영 사이의 내적 갈등으로 해석하는 칼뱅 입장의 영향을 여기서도 다시 한번 볼 수 있다. 역설적으로 로마서 7장을 이러한 방식으로 칼뱅이 해석한 것은 나중에 알미니우스가 칼뱅과 동의하지 않았던 결정적 지점이었다. 비록 칼뱅이 그 구절을 인간의 행위와 엄격하게 절제하는 분투를 말하는 어휘를 확장하는 데 사용하지만 말이다.[62]

세례의 이행이 인간 행위와 분투를 포함하긴 하지만 칼뱅의 가장 중요한 관심사는 세례라는 '표지'(sign)에서 하나님의 행동의 실재를 확인하는 데 있다. 세례는 텅 빈 표지가 되기보다는 "우리는 다음의 사실들이 확실하고 증명된 것이라고 여겨야 한다. 세례의 표지를 통해 우리에게 말씀하시는 분이 [주님]이시고, 죄를 정결하게 하고 씻어 주고 그들의 기억을 지워 주는 이도 바로 그분이시며, 사탄으로부터 지배를 박탈하시는 [그리스도의] 죽음에 우리를 동참하게 만드시고 우리 정욕의 힘을 약하게 만드시고 참으로 우리와 하나가 되시어 그 결과 그리스도로 옷 입게 하시며 우리가 하나님의 자녀로 인정받을 수 있게 하시는 이도 바로 그분이시라는 사실을 말이다."[63] 물세례는 이 모든 일을 하는 데 효과적이다. 하지만 우리는 (은혜를 모르고) "모든 것을 물의 힘으로 돌리지" 말아야 한다. 물은 "우리의 마음을 그리스도에게만 고정하는 데" 도움이 되어야 한다.[64] 하지만 그렇다고 해서 물이 불필요하거나 대수롭지 않게 되는 것은 아니다. 하나님은 "단순히 겉모습만으로 우리의 눈을 채우시지 않고 우리를 현재의 실재로 이끄시고 그것이(세례가 - 역자 주) 상징하는 것을 효과적으로 수행하신다."[65] 표지는 '텅 빈 표지' 혹은 단순히 인간의 증언이 아니다. 하나님은 세례에서 정화와 중생, 그리스도로 '옷 입기', 하나님의 자녀로 입양하심의 행동을 수행하신다.

하나님이 세례의 표지로 약속하신 것은 정말로 행하신다는 칼뱅의 주제는 유아 세례를 옹호하면서 재세례파를 반대하는 데 매우 중요하다. 실제로 칼뱅이 재세례파를 반대하는 주장을 너무나 강력하게 진술한 나머지, 실체적 참여가 믿음보다 더욱 주요한 것으로 보일 수 있다. 물론 칼뱅은 참여와 믿음을 함께 유지하기 원하며, 그가 유아 세례를 논의할 때만 그 둘은 긴장 관계로 보일 수 있다. 1536년 칼뱅은 "유아의 믿음"에 대해 기꺼이 말하지만, 나중에 입장을 바꾸어 "성령의 숨겨진 역사로 심기어진" 믿음의 "씨앗"을 유아가 가질 수도 있음이 가능하다고 주장한다.[66]

이렇게 유아는 '믿음'이라고 적절하게 부를 수 있는 것보다는 믿음의 '씨앗'을 가질 수 있다고 인정하기 때문에, 칼뱅의 유아 세례 주장은 거의 생물학적 성격을 지닌 참여 신학을 기반으로 한다. "그러므로 우리는 하나님께서 그의 백성에게 너무나 선하시고 관대하셔서 그들을 위하여 그들이 낳은 자녀들까지도 자기 백성으로 인정하기를 기뻐하신다는 사실을 논쟁의 여지가 없는 것으로 받아들이자."[67] 믿음은 여전히 중요하다. 이것은 때가 되면 하나님의 일이 될 것이다. 하지만 믿음이 비가시적이라거나 충만하지 않다고 해서 유아들이 그리스도 안에 진정으로 참여하지 못하는 것은 아니다. 실제로 유아는 이중 은혜를 받을 수 있다. 자녀들은 날 때부터 죄인이고, '선한 양심'이 필요하다. 그래야 그들은 쉼을 얻을 수 있고 그래서 감사하는 행동이 그 결과로 나올 수 있다.[68] "유아들은 죄 용서를 받[을 수 있]기에, 그들이 세례의 표지를 빼앗기지 않도록 해야 한다." 더욱이 아이들은 '천국의 상속자들'(마 19:14)이기 때문에, 그들은 "세례를 통해 그리스도의 몸에 접목된" 사람들로 인정되어야 한다.[69] 성령은 이러한 접목과 입양 안에서 일하시고 하나님의 때가 되면 중생의 열매를 맺으신다. 왜냐하면 "우리가 가르침을 받을 만큼 충분히 자라지 않았을 때 하나님은 그분 자신의 중생 시간표를 지키시기 때문이다."[70]

비록 유아 세례를 옹호하는 칼뱅의 주석이 비판의 대상이 되기는 했지만[71] 칼뱅이 성경으로 세례를 설명하면서 강력한 참여의 신학을 발전시켰다는 사실은 인정해야 한다. 칼뱅의 핵심 논거는 은혜의 공동 언약에 토대를 두는 할례와 세례 사이의 유사성이다. 3장에서 언급했듯이 칼뱅은 신구약 성경과 관련하여 참여의 언어를 사용함으로써 구약의 '성례전'이 단순히 '그림자'가 아니라 언약의 새로운 경륜의 시대의 성례전과 동등한 효력을 발휘한다고 본다. 할례는 '하나님의 백성과 가족으로 입양'하는 표지였고, 그것은 ('마음의 할례'를 통해) 삶으로 구현된 '죽임'과 '중생'을 모두 포함했다. 유대인 자녀들은 아브라함 언약에 참여하면서 아브라함의 입양에 참여하여 '하나님의 아버지 같으신 호의, 죄 사함, 영생'을 받았다.[72] 그렇기에 성례전의 "내적 신비에는 아무런 차이가 없다."[73] 그리고 유대인 유아들은 할례의 성례전에서 표지(sign)와 기의(signified)를 모두 받았는데, 어째서 그리스도인의 유아들은 표지를 받을 수 없다는 것인가?

칼뱅은 할례와 세례 사이의 유사성을 확장하면서 종종 혈통의 언어를 사용한다. 원죄가 (타락한) 아담 안에 실제로 참여함을 의미하는 개념임을 칼뱅이 진지하게 받아들인 것처럼, 아브라함과 그의 '씨'에 대한 약속 또한 그리스도 안에의 진정한 참여를 포함한다. 칼뱅이 볼 때, 아담과 타락한 인류의 '하나 됨'에 대한 강력한 감각은 그리스도와의 '하나 됨'이라고 하는 강력한 신학과 필수적인 상관관계가 있다. 사람은 둘 중 하나에 속하며, 아담의 자녀가 되는 것이 '단순한 모방'

의 문제가 아니듯이, 그리스도 안에(en Christo) 사는 것도 '단순한 모방'이 아니다. 그것은 혈통을 통한 조상과의 진정한 참여이자 하나 됨이다.[74] 칼뱅은 재세례파 반대자들에 반박하면서 그들이 유아 세례를 부인하는 것은 유아들이 '아담의 자녀'라는 현실을 무시하는 것이라고 주장한다. "만약 그들이 아담의 자녀 가운데 하나라는 것이 인정된다면 그들은 죽음에 남겨진다. 아담 안에서 우리는 죽을 수밖에 없기 때문이다. 반대로 그리스도는 유아들을 그분에게 데려오라고 명하신다. 왜 이런 것일까? 그분이 생명이기 때문이다. 그렇기에 그들을 살리기 위해 그분은 그들을 그분 안에 참여하는 자로 삼으신다."[75] 칼뱅은 세례를 받지 않고 죽은 아이들은 저주를 받는다는 아우구스티누스의 교리를 부인하긴 하지만 그럼에도 칼뱅은 아이들에 대해 극명히 대조되는 양자택일(아담 안에의 참여자 혹은 그리스도 안에의 참여자)을 서술한다. 칼뱅은 또한 사람들을 '아브라함의 자녀'로 만드는 할례와 세례를 자주 언급한다. 언약의 약속은 아브라함의 '씨'에 두 가지 의미로 적용되기 때문이다. 그것은 아브라함의 후손이라는 의미에서의 '씨'이자, '불법의 자녀'가 아닌 '유대인의 자녀'를 포함했던 '거룩한 씨'라는 의미에서의 '씨'이다.[76] 따라서 그들이 언약의 약속을 받아들이며 감사와 믿음으로 응답했을 때에만 입양이 **실현되었긴** 하지만, 언약의 첫 경륜을 전달하는 방식은 그야말로 생물학적인 것이었다. 칼뱅은 "하나님의 영적 축복이 아브라함의 육체적 후손에게 약속된 것은 결코 아니었다"라고 주장하는 주석가들 의견과 분명히 생각을 달리한다.[77] 그리스도께서 오시기 전에 아브라함의 자녀가 된다는 것은 생물학적 수준의 참여를 포함했고, 할례가 그 표지였다. 언약의 새로운 경륜의 시대는 이방인들이 믿음을 통해 접목되고 입양될 수 있는 문을 열어 준다. 그런데 이 '믿음'에도 혈통의 논리가 있다. 아브라함의 자녀가 되기 위해서는 '믿음'이 필요하다. 그러나 아브라함에게 주신 이 약속은 이제 믿는 이방인에게도 동등하게 적용되기 때문에, 믿는 이방인인 그들은 자녀들에게 언약의 표지를 부여할 수 있다. 칼뱅에 따르면, '아담의 자녀' 또는 '아브라함의 자녀'라는 생물학적 특성은 새 언약에서 약화되지 않고 오히려 확장되어 믿음을 가진 이방인과 그들의 '씨'를 포함하기에 이른다.

  칼뱅이 '아담의 자녀'가 되는 것과 '아브라함의 자녀'가 되는 것 사이의 결정적 차이를 주장하면서 생물학적 참여의 의미를 제한적으로 사용하기는 하지만, 그렇다고 해서 칼뱅이 생물학적으로 결정된 '택함받은 민족'에 대해 '정적인' 견해를 가지고 있다는 결론을 내려서는 안 된다. 하나님의 가족에 입양되는 것은 유아의 마음이나 부모의 믿음에 기인하는 것이 아니라 성령에 기인하는 것이다. '아브라함의 자녀'의 육체적 후손은 언약의 '약속의 자녀'이기도 하지만, 이 두 번째 후손도 언약에 배은망덕하게 반응하여 언약을 믿음 안에서 실현하지 못할 수도 있다. 이것은 언약의 두 경륜의 시대 모두에 동일하게 해당한다.[78] 참으로 하나님의 능력은 세례 안에서 주어지긴 하지만 믿음이 성장할 때에만 그 능력을 받게 된다.[79] 칼뱅이 예정론에 대한 가르침에서 분명히 밝혔듯이, 우리는 누군가가 자유로우신 하나님에 의해 '선택'받았는지 여부를 식별하기 위해 생물학적 기준을 궁극적으로 사용할 수는 없다. 하나님이 택하신 백성은 실제로 믿음과 감사로 하나님께 응답하면서 성령의 은사를 보여 주는 사람들이다. 이는 생물학적으로 결정되진 않는다. 그것은 성령의 '은밀한 입양'이다. 왜냐하면 하나님은 믿음과 중생을 시작하시는 일을 자유롭게 선택하시기 때문이다.[80]

그런데도 칼뱅이 견지하는 하나님의 자유로운 선택 개념은 그의 유아 세례 옹호론의 여러 측면과 긴장 관계에 있다. 세례는 오로지 성령의 주도권에서 나오는, 그리스도 안에 실제로 참여함을 포함한다. 하지만 이것은 흔히 신앙 공동체에서 믿는 부모의 육체적 '씨앗'을 통해 일어난다. 칼뱅은 약속의 자녀들이 언약에 참여한다는 표지에 대한 '유전적 권리'를 가지고 있다고 믿는다.[81] 칼뱅은 시편 103편 17절에서 "하나님의 선하심은 영원에서 영원까지 그들에게 있고 그분의 의로움은 그들의 자녀들에게 있다"라고 언급할 때 비슷한 표현을 사용한다. 칼뱅은 다음과 같이 썼다. "이것은 그분이 우리 각자를 개인적으로 자신의 호의 속으로 받아들이실 뿐만 아니라, 또한 여기에 우리 후손을 말하자면, 유전적 권리에 의해 우리와 연합시키셔서 그들도 같은 입양에 참여하는 자가 될 수 있다는 결정적인 증거이다."[82] 하지만 칼뱅은 세례를 유효하게 만드는 것이 유전적 권리 그 자체가 아니라 성령의 자유롭고 주도적인 활동임을 분명히 한다.[83] 성령은 그리스도 안에서 실질적, 실체적인 참여를 주도하신다. 그 결과 아담의 자녀는 이제 하나님의 자녀이다. 그것은 유아 세례를 통하여 자주 발생한다. 유아 세례에 의해 유아들은 부모가 받은 입양의 '유전적 권리'에 참여한다. 그러나 궁극적으로 이러한 혈통에 참여하는 것은 오직 성령의 능력과 행위를 통해서만 가능하다. 성령은 아브라함의 혈통에 입양을 가져다주시는데, 그들은 그리스도와 연합된 사람들로 아버지께서 입양하신 이들이다.

  요약하면, 칼뱅이 볼 때, 이중 은혜는 성령에 의한 삼위일체적 입양을 통해 세례 안에서 경험된다. 세례에 포함된 약속은 아담 안에 실제로 참여한 상태에서 그리스도 안에 실제로 참여한 상태로 옮겨 감을 포함한다. 세례의 표지가 믿음을 통해 실현되는 것처럼, 신자들은 아버지의 값없는 용서를 받으면서 성령에 의해 그리스도 안에 진정으로 참여하는 삶을 살아갈 능력을 부여받는다.[84] 자녀들은 아담의 혈통이나 아브라함의 혈통 중 하나에 속해야 하므로 생물학적 가족은 하나님 약속의 표지(sign)를 그들의 자녀에게 수여할 '유전적 권리'를 갖는다. 하지만 하나님 약속 안에 참여하는 것은 오로지 믿음을 통한 성령의 역사에 의해서만 나타난다. 이러한 참된 참여에서 자양분과 회복(rejuvenation)을 위해 가장 중요한 장소는 주의 만찬이다.

3) 그리스도의 몸과 피에 대한 '진정한 참여': 주의 만찬

  선물 신학자들은 칼뱅의 성찬 신학에 나오는 '칼뱅의 그리스도 안에의 참여' 언어에 자주 어리둥절해하기는 하지만,[85] 칼뱅 성찬 신학의 주된 특징은 기도, 성례전 일반, 그리고 세례에 관해 앞에서 표현된 것과 같은 관심사에서 나온다. 그것은 이중 은혜에 기반한 삼위일체적 입양 해설이다.[86] 칼뱅이 '그리스도 안에 참여함'으로 의미하는 바를 설명하려면 삼위일체적 입양 해설에서 시작해서 그의 성례전적 형이상학으로 넘어가는 것이 필요하다. 왜냐하면 칼뱅의 성찬 형이상학에서 가장 중요한 특징은 이중 은혜에 의해 조건화된 그리스도 안에의 참여함을 통한 삼위일체적 입양 해설을 보존하고 강조하기 위해 고안되었기 때문이다.

1559년 판 『기독교 강요』 주의 만찬에 관한 첫 문장에서는 입양이 중심이다. "하나님은 우리를 종으로만 아니라 아들로 삼으시기 위해 그분의 가족으로 완전히 받아들이셨다."[87] 이것은 우리를 '종'으로만이 아니라 아들로도 받아들인 입양일 뿐 아니라 아버지의 풍성한 관대함을 알리는 계시의 사건이다. "자식을 아끼시는 가장 탁월한 아버지의 의무를 완수하기 위해 그분은 우리를 평생 양육하시는 일에도 착수하신다. 그리고 그것에 만족하지 않으시고 이 지속적인 관대함을 우리에게 보장하시겠다고 맹세로 기꺼이 보증하셨다."[88] 하나님은 신자들에게 아버지의 사랑과 관대하심을 확신시키기 위해 '영적인 만찬'을 베푸신다. "거기에서 그리스도는 그분 자신이 생명을 주시는 빵이심을 증명하신다. 우리의 영혼은 그 빵을 먹고 진정 축복받는 불멸을 얻게" 되는데, 왜냐하면 "그리스도는 우리 영혼의 유일한 양식이기 때문이다. 우리의 하늘 아버지는 우리를 그리스도에게로 초대하신다."[89] 계시가 없으면 하나님은 가혹한 폭군으로 보인다. 그러나 주의 만찬의 성례전에서 전달되는 계시에서 아버지는 은혜로우신 분으로 보이고 그리스도는 "우리 영혼의 유일한 양식"으로 선포된다. 더욱이 칼뱅이 반복해서 강조하듯이 이렇게 그리스도를 먹고 그리스도 안에 참여함은 성령을 통해서만 일어날 수 있다. "성령만이 우리로 하여금 그리스도를 온전히 소유하고 그분이 우리 안에 거하시게 하신다."[90]

놀라운 교환(mirifica commutatio)은 이렇게 삼위일체적으로 입양에 참여함을 통해 일어난다. 신자들은 이 성례전에서 '커다란 확신과 기쁨'을 얻는다. 왜냐하면 신자들은 그들의 죄에도 불구하고 전가라는 첫 번째 은혜 때문에 "우리가 우리 죄로 인해 정죄를 받을 수 없게 되었음"을 확신할 수 있기 때문이다.[91] 신자들은 두 번째 은혜로 성령에 의해 그리스도 안에 있는 삶을 살아갈 능력을 받았음을 확신한다. 칼뱅은 강력한 부성적인 울림을 가진 구절에서 어떻게 성육신과 십자가가 이 '놀라운 교환'을 위한 신학적 근거를 제공하는지 설명한다.

> 이는 그분의 측량할 수 없는 관대하심으로 우리와 함께 하시는 놀라운 교환(mirifica commutatio)이다. 그분은 우리와 더불어 사람의 아들이 되심으로 우리를 하나님의 아들로 만드셨다. 그분은 땅에 내려오심으로 우리를 위해 하늘로 올라가는 길을 준비하셨다. 그분은 우리의 필멸성을 취하심으로 우리에게 불멸을 주셨다. 우리의 연약함을 받으심으로 그분의 권능으로 우리를 강하게 하셨다. 우리의 가난을 그분 자신이 받게 하심으로 그분의 부를 우리에게 옮기셨다. (우리를 억압했던) 우리 죄악의 무게를 친히 짊어지심으로 그분의 의로움을 우리에게 입혀 주셨다.[92]

따라서 삼위일체적으로 신자들을 입양한 것에는 죽음에서 생명으로 가는 움직임이 있다. 그 결과 그들은 불멸하고 강해지고 부요하고 의로운 하나님의 자녀가 된다. 교환에 나오는 이 모든 진술은 그 모든 것이 모든 선의 원천이신 하나님의 은혜로운 행동에서 흘러나온다는 의미에서 유사한 것들이다. 하지만 이렇게 삼위일체적으로 신자들을 포용함에 있어서 '의로움'과 같은 일부 특징은 전가라는 첫 번째 은혜에 의존하는 반면, '강화'와 같은 특징들은 중생이라는 두 번째 은혜에 의존한다. 두 가지 은혜 모두 성부의 은혜로운 자비로움을 받아들이면서 성령에 의한 그리스도 안에의 참여를 통하여 수용된다.

아마도 이러한 두 가지 은혜를 구별하는 칼뱅의 성찬 논의에서 가장 분명한 부분은 '희생'으로서의 주의 만찬에 대한 담론일 것이다. 『기독교 강요』 초판부터 최종판까지 로마 가톨릭 미사에 반대하는 칼뱅의 핵심 주장 중 하나는 그것이 진정한 희생 개념을 왜곡한다는 것이다.[93] 칼뱅에 따르면 미사의 각 내용(순서)은 "죄 용서를 얻기 위한 희생과 제물"이라고 주장한다.[94] 사제들은 구약 성경에서 볼 수 있는, 죄를 위한 희생과 연속성을 갖고 죄를 위한 새로운 희생 제사를 거듭 바친다고 주장하지만, 칼뱅은 이것이 '영원한 제사장'이신 그리스도의 역할을 앗아 가고 "그리스도의 참되고 유일무이한 죽음을 지우고 사람의 기억에서 몰아낸다"라고 생각한다.[95] 그리스도의 십자가를 통해 인간의 죄를 용서하시는 "단 한 번의 희생"이 있고, 그 결과 "그 후에 희생 제물을 위한 다른 어떤 자리도 남아 있지 않게 되었다."[96] 그렇기에 주의 만찬을 위한 식탁은 "희생물을 바치는 제단"이 아니라

"연회를 여는 식탁"이다.[97]

칼뱅은 미사가 희생 개념을 어떻게 오용했는지 그 정확한 의미를 명확히 하면서 희생이 두 가지 다른 유형으로 나온다고 주장한다. 하나는 죄인을 정결하게 하는 '속죄'의 희생이다. 그 결과 "그들의 더러움이 정화되고 의의 순결로 회복되어, [그들은] 하나님의 호의로 돌아갈 수 있다."[98] 이러한 유형의 희생은 '첫 번째 은혜'에 부합하는데 그 점에서 사람은 값없는 전가로 하나님의 용서를 받고 성부는 입양된 자녀를 사랑하시는 은혜로우신 분으로 드러나신다. 이는 "그리스도에 의해서만 실제로 성취되는" 것이었다. 왜냐하면 "아버지의 호의를 회복하고 죄 용서와 의와 구원을 얻는 데 필요한 것은 무엇이든 – 이 모든 것은 그분의 고유한 희생으로 수행되고 완료되었기 때문이다."[99] 신자들의 삼위일체적 통합에서 중요한 첫 번째 단계는 죄인들이 결코 성취할 수 없었던 것을 그리스도께서 성취하신 방법을 깨닫는 것이다. 그리스도는 영원한 제사장이시고 온전한 희생 제물이시다. 그 결과 더는 희생이 필요하지 않다. 그리스도교 성직자는 이런 의미에서 '제사장'이 아니며 주의 만찬은 '희생'이 아니다.

하지만 두 번째 유형의 희생 정의에 의하면 주의 만찬은 '희생'이다. 희생의 두 번째 유형인 '찬양과 경외의 희생'에 의해 신자들은 '그들 자신의 전부와 그들의 모든 행동으로'[100] 하나님께 감사하는 마음으로 행동한다. '감사'라고 부를 수 있는 이 희생은 "사랑의 모든 의무를 포함한다. 우리가 사랑의 의무를 다하면 형제들을 포용할 때 그분의 지체들 가운데 계시는 주님 자신을 영예롭게 한다. 우리의 모든 기도, 찬양, 감사, 그리고 우리가 하나님을 경배하며 하는 모든 일도 여기에 포함된다. 마침내 이 모든 것들은 더 큰 희생에 의존한다. 우리는 그 희생으로 영혼과 몸이 주님께 드려지는 거룩한 성전으로 봉헌된다. … 그 결과 우리 안에 있는 모든 것은 그분의 영광을 섬기고 그 영광을 높이고자 열렬히 염원할 수 있게 된다."[101]

이중 은혜의 관계와 아주 비슷하게 두 번째 희생은 첫 번째 희생에 '의존'한다. 두 번째 희생의 본질은 고마움, 찬양, 감사이며, 첫 번째 은혜가 무상의 선물, 값없는 용서이기에 가능하다. 따라서 성화는 도덕적 계산법이라는 고단한 작업에서 해방된다. 양심은 지속적인 불안에서 벗어난다. 신자들은 하나님을 경배하고 사랑의 의무를 행하는 데 온전히 헌신할 수 있게 된다. "이러한 종류의 희생은 하나님의 진노를 달래거나 죄 용서를 획득하거나 의로움을 공로로 얻거나 하는 것과는 아무런 관련이 없다. 반대로 그것은 오직 하나님께서 하시는 일을 확대하여 보여 주면서 그분을 높이는 데에만 관심이 있다."[102] 이 희생은 거룩함이 점차 '증가'하는 가운데 이루어지는, 기꺼이 감사하며 자기를 내주는 것이다. 모든 그리스도인은 이 두 번째 의미의 '희생'에서 제사장이다. 사실 "이러한 종류의 희생이 없이는 주의 만찬이란 있을 수 없다."[103]

따라서 칼뱅이 명시적으로 연결하진 않았지만, 두 유형의 '희생'은 상호의존적인 삼위일체 방식으로 함께 작동하는 두 종류의 '은혜'와 일치한다. 그 방식이란 그리스도께서 죄인들이 스스로 할 수 없는 일을 행하시고, 아담이 타락 이전에 누렸고 아버지의 아들이 되시는 그리스도가 더욱 온전하게 누리시는 아버지의 풍성한 호의를 그들에게 되돌려 주시는 것을 포함한다. 그것은 또한 신자들이 사랑으로 하나님과 다른 사람에게 자신을 바치는, 성령의 능력에 의한 변화를 포함한다. 이러한 거룩함의 성장에 대한 모든 공로는 성령에게 돌아가며, 따라서 첫 번째 은혜에서 보이는 은혜로운 호의의 몫으로 돌아간다. 이중 은혜의 이러한 특징은, 비록 칼뱅이 주의 만찬에서 입양과 참여를 설명하는 대목에서 명확하게 드러나지 않는다 해도, 신자들의 삼위일체적 통합을 위하여 중대하다.[104]

이중 은혜를 기반으로 하는 이러한 삼위일체적 입양 설명의 맥락에서 칼뱅의 이른바 '혼란을 초래하는' 성찬 형이상학은 새로운 관점에서 볼 수 있다. 신자들이 그리스도와 하나 됨을 통해 양자 됨을 받을 때 주의 만찬의 선물은 관대하신 아버지의 값없는 사면을 표현한다. 이러한 선물을 받는다는 것은 성령을 통해 하나님께 온전히 감사하는 것도 의미해야 하며, 그 결과 사람의 생명과 사랑은 하나님의 영광에 봉헌된다. 이러한 은혜들은 삼위일체적 통합과 입양에서는 함께 있지만 그 은혜들은 구분된다. 우리는 이러한 이중 은혜의 일치 및 구분에서 성례전의 실체와 표지의 일치 및 구분을 위한 근거를 보게 되고, 칼뱅이 성찬 안에서 그리스도에게 진정으로 참여함을 설명하는 근거도 발견한다.

칼뱅의 성례전 형이상학을 주의 만찬에 적용할 때 표지와 실체의 결합은 그리스도의 살과 피의 '실재'가 표지를 통해 '제시되는'(re ipsa … exhibentur) 것을 의미한다.[105] 주의 만찬 안에서 신자들은 "아버지의 생명을 베푸시는 말씀, 샘물, 생명의 원천"이신 그리스도를 영접한다. 왜냐하면 "그리스도의 육신은 신성(Godhead)에서 흘러나와 신성으로 흘러드는 생명을 우리 안에 부어 주는 풍요롭고 무궁무진한 샘과 같기 때문이다."[106] 그리스도의 육신이 생명을 베푸신다는 사실은 성육신의 결과다. 왜냐하면 영원한 말씀이 "하늘에서 우리를 위해 내려오셨을 때" 말씀은 그분이 취하신 육신에 그 능력을 부어 주셨는데, "그것(육신 - 역자 주)으로부터 생명 안에 참여함이 우리에게 흘러갈 수 있게 하려는 것이었다."[107] 하지만 칼뱅은 몸과 피의 실제적 제시에 대한 설명, 그리고 성령을 통한 그리스도 안에 참여함의 진정한 효과에 대한 설명과 함께, 피조된 빵과 포도주 (그 자체)의 역할에 대한 유용한 설명을 제공한다. "이것은 내 몸이다"라는 환유 안에서 표지는 그것이 가리키는 대상의 이름을 취하고 "그것을 진정으로 제시"하지만 "본질적으로는 의미되는 대상과 다르다".[108] 성찬은 생명을 베푸시는 그리스도의 능력을 전달하지만, 성찬이라는 창조된 표지에 감사해서는 안 되며 선물을 베푸신 분께 감사해야 한다. 신자들은 '그들 마음을 들어 올려' 그리스도만을 공경해야 한다. 왜냐하면 그리스도만이 양심을 평온하게 할 수 있고, 성례전의 실체(그리스도)만이 영혼을 먹일 수 있는 까닭이다.[109] 선물을 주신 분 대신에 선물을 숭배하는 것, 이것이 우상 숭배가 아니라면 무엇이 우상 숭배란 말인가?[110] 표지는 그리스도의 살과 피를 제시한다. 그러나 만일 하나님께만 모든 감사를 돌려야 한다면 빵과 포도주라는 그 표지는, 하나님이 거저 주시는 은혜의 수단이기에, 그것들에 대해 하나님이 의도하신 목적을 넘어서는 존경을 돌려선 안 될 것이다.

실체와 표지의 관계는 세례와 대조를 이루는 주의 만찬 특유의 그리스도론적 관심사로 인해 더욱 복잡해진다. 특히 칼뱅 특유의 칼케돈주의적인 입장이 여기서 관련성을 갖는다. 칼뱅의 성령론과 마찬가지로 그리스도론에서 신적인 본성은 공간적 제한이나 한계선에 지배받지 않는다.[111] 그렇기에 빵과 포도주에 대해 말할 때 만일 그리스도 안에 참여하는 것이 항상 성령의 중재를 받아야 한다면 공간적 은유는 거부해야 한다. 이것 때문에 칼뱅은 로마 가톨릭 못지않게 루터교를 단호히 반대하는 것이다. 루터교는 '안에', '함께', '아래'와 같이 성찬 안에 있는 그리스도의 몸과 피를 위한 지역적 임재 용어를 사용한다. 1215년 제4차 라테라노 공의회 이래로 로마 가톨릭교회는 그리스도의 몸과 피가 성찬의 빵과 포도주 안에 '들어 있다'고 가르쳤다.[112] 칼뱅이 볼 때, 신적 임재를 이렇게 지역화하고 제한하는 용어는 받아들일 수 없다. 그리스도의 신적 본성과 마찬가지로 성령의 능력은 어떤 식으로든 묶여 있지 않기 때문에, 그 결과 "그리스도께서 하늘과 땅 어디든 그분이 원하시는 모든 곳에서 능력을 행사하시는 것을 누구도 막을 수 없다."[113]

반면 그리스도의 몸이 참된 몸이 되기 위해서는 한정될 수 **있어야 한다**. 인간은 한계의 지배를 받는 몸을 가지고 있고 유한한 몸이 치유되기 위해서는 말씀으로 취해져야 하기에 그리스도는 유한한 몸을 가져야 한다. 칼뱅이 볼 때, 그리스도 몸의 편재성을 말하는 루터교 교리는 "그리스도의 육체를 영으로" 만들고 명백하게 에우티케스주의적[그리스도 안에서 인성은 신성에 흡수된다는 단성설 - 역자 주]이다. 그리스도의 "몸이 그의 신성에 의해 삼켜졌고" 그 결과 "몸의 실체는 지워지고 만다고 할 정도로 그렇다."[114] 편재하는 몸 대신에, 칼뱅은 그리스도께서 미사 안에 '육신으로' 존재하는 것이 아니라 아버지의 우편에 앉아 계신다는 반-로마 가톨릭적 주장을 유지한다. 그러면 우리는 어떻게 성찬에서 그리스도의 몸을 받는 것일까? 자주 의문시된 칼뱅의 해결책은 신자들이 주의 만찬에서 하늘로 '들어 올려져서'(lifted up) 그리스도의 살과 피를 먹는다는 것이다.[115]

'들어 올려져서' 그리스도의 몸을 받는다는 개념이 일부 독자들의 직관에 아무리 어긋나는 것이라 해도, 이 주제는 칼뱅의 입양과 이중 은혜에 관한 삼위일체적 진술과 깊은 일관성을 가진다. 칼뱅은 신자들이 그리스도의 죽음뿐만 아니라 그리스도의 부활과 승천에도 참여함을 거듭 강조한다. 사람은 그리스도의 죽음을 선물로 받으면서, 아버지의 은혜로운 자비를 드러내는 사죄를 가져오는 영원한 제사장의 화목제물을 받는 것이다. 이것이 주의 만찬의 첫 번째 은혜이다. 하지만 다음으로 신자들은 성령으로 새로운 생명을 받아 그리스도의 부활과 승천에 참여하고, 그것은 '사랑의 의무'와 하나님께 봉헌된 삶으로 나타난다. 이것이 주의 만찬의 두 번째 은혜다.

칼뱅이 볼 때 루터교와 로마 가톨릭의 성찬 견해의 핵심 문제는, 그들은 그리스도인이 그리스도와 연합하는 가운데 하늘의 장소로 올라감을 인식하지 못하는 것과 같은 방식으로 "그분[그리스도]을 하늘에서 억지로 끌어 내린다"는 것이다.[116] 어떤 이들에게 이것은 이 땅의 문제와 '이 세상'의 일들을 떠나고 싶어 하는 '내세 지향적'인 말처럼 들린다.[117] 하지만 칼뱅의 관점으로 보면 그것은 실상과 완전히 동떨어진 느낌이다. 칼뱅은 한계의 지배를 받는 공통적 몸의 가치를 옹호하면서 어떻게 성육신이 인간성을 그 온갖 물리적 한계 안에서 만나는지 강조한다. 성육신은 우리의 자연적인 몸을 구속해야 한다. 따라서 ― "십자가에 달리신" 동일한 몸이신 ― 그리스도의 "참되고 자연적인 몸"은 성찬 안에서 우리에게 전달돼야 한다.[118] 마찬가지로 칼뱅은 물리적 표지의 '가리키는' 특성을 강조하면서 빵과 포도주 같은 성찬 요소에 그리스도의 살과 피를 '제시하는'(exhibiting) 높은 지위를 부여한다. 그러나 어쩌면 가장 중요한 것으로, 칼뱅은 주의 만찬과 이어진 사랑과 자선이 성령을 통해 하늘의 장소에 계시는 그리스도 안에 참여하는 데 없어서는 안 되는 것이라고 가르친다.[119] 이것이 주의 만찬의 두 번째 은혜인 사랑, 감사, 하나님께 자원하는 순종, 그리고 자선이다. 이 성례전은 신자들을 우물로 이끌어 "하나님의 아들로부터 생명을 끌어오게 한다." 그것은 그리스도 안에 접목되는 것, "그분이 하늘의 삶에서 우리를 그분과 함께 완벽하게 결합하실 때까지 그분과 함께 점점 더 성장하는 것"을 포함한다.[120] 이 접목이 종말론적 미래에서 절정을 찾는 동안, 신자들은 지금 그리스도의 몸인 교회에 접목되어 있으며 교회의 활동은 이 몸에 참여하는 것이다. 3장에서 언급했듯이 주의 만찬에서 그리스도 안에의 참여는 사랑, 평등, 정의와 분리될 수 없는 관계다. 그것은 천상의 연합을 맛보는 것이면서 동시에 지상에서 사랑으로 수고로운 일에 참여하는 것이다.

이렇게 하늘과 땅을 상호 결합하는 것에 비추어, 그리스도의 몸이 문자 그대로 공간에서 신자들과 분리되어 있다는 식으로 칼뱅의 성찬 교리를 오해하는 선물 담론에 대응하는 것이 가능해진다.[121] 이 오해는 성찬에 대한 칼뱅의 두 가지 주장에 근거한다. 즉 그리스도의 몸은 성부의 우편에서 '하늘에' 있다는 것, 그리고 성령은 공간으로 분리된 것을 연합시킬 수 있다는 것이다. 따라서 이 해석이 가정하는 것은 승천으로 야기되는 공간적 장벽이 신자들을 그리스도의 몸에서 분리한다는 것과 이 장벽은 성령을 통한 몸의 '영적인' 참여를 통해서만 극복될 수 있다는 것이다.

하지만 이 해석은 공간적 용어가 하나님에게 제한을 가한다는 점에서 성령에 대해 말하는 데 적합하지 않다는 칼뱅의 요점을 무시하고 있다. 칼뱅은 그리스도의 몸이 빵에 싸여 있지 않고 아버지의 오른편에 올라갔다고 말할 때, 딱 잘라서 '공간적' 용어로 설명하기를 거부한다. 칼뱅은 그리스도께서 성찬의 빵과 포도주 안에 지역적 방식으로 실체적 임재를 하신다는 베스트팔의 주장에 두 차원에서 대응한다. 그리스도는 장소적으로 임재하지 않고도 실체적으로 유효할(available) 수 있다는 것과 장소적 임재는 단지 성찬에서 그리스도의 임재를 생각하는 잘못된 방식일 따름이라는 것이다. 성령은 성부의 오른편과 빵과 포도주의 실제적인 공간적 거리를 '연합'하지 않는다. 공간적 거리는 그냥 잘못된 범주다. 그리스도의 몸과 피는 "장소의 어떤 변화 없이" 성령에 의해 전달되어 그 결과 "우리 영혼은 그분의 실체로부터 영적인 생명을 얻는다."[122] 마찬가지로 성부의 오른편이

'어디'인지를 고려할 때 칼뱅은 그 구절이 "어떤 특정 장소를 의미하는 것이 아니라 성부께서 그리스도에게 부여하신 능력을 의미한다고, 그래서 그분은 그분의 이름으로 하늘과 땅의 통치를 집행하실 수 있다"라고 생각한다.[123] "그러므로 그리스도께서 하나님 우편에 앉아 계시므로 그분이 하늘에 홀로 거하신다는 것을 증명하려는 것은 헛된 일이다."[124] 확실히 칼뱅의 입장은 그리스도의 영화로운 몸이 계속해서 제한의 대상이 되는 몸이라는 사실을 수반한다는 의미가 있다.[125] 그러나 그렇다고 해서 그가 하늘의 공간적 특성에 관한 억측을 할 만한 근거를 갖게 되는 것은 아니다.[126] 실제로 성만찬에서 신자들의 상승에 대한 칼뱅의 신학이 암시하듯이 '하늘(천국)'은 공간적으로 멀리 떨어진 장소가 아니다. '하늘(천국)'은 시공간의 어떤 '장소'와 같은 것이 아니다. 오히려 성찬에서 신자들의 상승에 대한 칼뱅의 신학은 어떻게 '하늘'의 몸이 지상에서 유효하게 되는지 나타낸다. 주의 만찬에서 신자는 천국을 맛본다.

궁극적으로 하늘이 '멀리 있다'라는 느낌이 있지만, 이 '거리'는 그야말로 공간적 거리가 아니라 초월적 거리이다.[127] 이 거리는 성령의 역사에 의해서만 극복된다. 성령의 **덕**('능력')은 생명을 주는 그리스도의 살과 피를 신자들에게 가져다줄 수 있다. 그리스도의 몸은 지상의 기관에 '에워싸이거나' '담겨질' 수 없다. 신자들은 성령을 통해 지상에서 생명을 주시는 하늘의 능력을 맛보게 된다. 하지만 이렇게 맛보고 먹는다고 해서 그리스도의 몸이 '에워싸이거나' '담기게' 되는 것은 아니다. 오히려 그리스도의 몸이 신자들의 양육을 위해 주어진 것이다.

하늘에 있는 그리스도의 몸의 '거리'는 빵과 포도주 안에 편재하시는 몸에 의해 지워지지 않는다. 오히려 표지인 빵과 포도주는 신자들이 하늘의 그리스도를 영접하게 하는 **신적 적응**(조정)이다. 칼뱅은 『베스트팔에게 보내는 마지막 권고』에서 구약에서 유월절과 할례가 그리스도를 제시하는 표지 혹은 '모형'이었음을 설명한다. 이러한 구약 성례전에서 "양은 유월절이었고 할례는 언약이었으며, 동일한 방식에서 빵은 이제 우리에게 몸이다." 이런 표지들의 '가리키는' 성격을 거부하는 것은 하나님이 자신을 우리에게 적응시켜 은혜롭게 베푸시는 도움을 거만하게 부인하는 것이다. 칼뱅은 루터교 대적자들에게 대응하며 이렇게 쓴다.

그리스도께서 세상에 드러나신 후로 줄곧 더는 모형을 위한 여지가 없다는 그들의 주장은 수치스러운 무지에서 비롯되었을 뿐만 아니라, 교만한 경멸에서 그들이 그리스도의 은총을 일축하고 마는 것을 보여 주고 있다. 그들은 믿음이 너무나 완전한 나머지 모형(types)의 도움을 거부하면서 현존하시는 그리스도를 영접할 수 있을까? **그리고 그저 우리의 연약함에 적응하시면서 모형을 수단으로 삼아 우리를 그분 자신에게 들어 올리시고자 하는 목적이 아니라면 그리스도는 어떤 목적으로 성찬과 세례를 제정하셨던 것일까?** 사실 나는 바울이 분명히 가르치는 것처럼, 율법이 그림자처럼 비추었던 것의 본체와 실체가 이제 그리스도 안에 있음을 고백한다. 이 말은 실체를 가리키는 다양한 방식들에 적용하기로 하고, 표지 사용을 완전히 그만두는 일은 없도록 하자. 표지들이 옛적 조상들만큼이나 우리에게도 필요하다는 것은 경험이 보여 주는 사실이다.[128]

칼뱅은 그의 적응 개념에 근거하여, 그가 성찬을 받음에 있어서 보존하기를 원하는 '거리'는 공간적 거리가 아님을 분명히 한다. 하늘의 생명을 베푸시는 그리스도의 몸은 적응과 모형을 통해서만 신자들에게 유효한 것이 될 수 있다.

물론 이러한 설명이 칼뱅의 설명에 대한 모든 형이상학적 질문에 답하지는 않는다. 칼뱅은 자신이 '불합리함'을 피하려고는 하지만 성찬을 설명하면서 '이성'을 지침으로 따르거나 '하나님의 능력을 다소라도 줄이려고' 하지는 않는다고 주장한다.[129] 실제 칼뱅은 어느 시점에서 이렇게 재치 있게 말한다. "나는 그것을 이해하기보다는 차라리 [주의 만찬의 신비]를 경험하고 싶다."[130] 하지만 칼뱅이 입양과 이중 은혜를 삼위일체적으로 설명하는 것은 그의 설명의 두드러진 특징 중 일부를 조명한다. 한편으로 칼뱅은 그리스도를 통해서만 사면을 받을 수 있고 그분으로 인해 양심의 평온을 얻고 자비로운 성부와의 관계가 열린다는 것을 보여 주는 범위 안에서만 성찬이 '선물'이라고 강조한다.[131] 이러한 첫 번째 은혜의 '선물'적 특징은 다른 어떤 물리적 요소(빵과 포도주)도 이미 성취된 이 거저 주시는 행위에 돌아가야 할 영예를 받을 수 없고 받아서도 안 된다는 것을 의미한다. 게다가 그리스도의 몸과 피는 성령의 사역을 제한하는 방식으로 빵과 포도주 안에 '에워싸이거나' '담긴다기' 보다는 주어지는 것이다. 칼뱅은 다른 한편으로 알렉산드리아의 키릴로스에게 많이 의지하면서 주의 만찬은 성령에 의해 생명을 주고 변화시키는, 하늘에 있는 그리스도의 살과 피에 진정으로 참여함을 포함한다고 강조한다.[132] 이렇게 천상에 참여함은 활동적이고 권능을 부여하는 것이며 빵과 포도주라는 지상의 요소들을 가지고 지상의 교회에서 일어나는 일이다. 지상 교회의 이러한 '천상의 장소'에서 그리스도인들은 성만찬에서 '그리스도를 온전히 소유한다'라고 주장할 수 있다. 왜냐하면 진정한 의미에서 '그리스도가 온전히 어디에나 계시기' 때문이다.[133] 하지만 롬바르드의 구분에 따르면 "그분 안에 있는 모든 것이 어디에나 있는 것은 아니다."[134] 신자들의 마음은 정확히 상호 사랑의 의무를 포함하는 식사라는 주의 성찬의 맥락에서 성령에 의해 이 '장소'로 옮겨진다.[135] 주의 만찬의 두 번째 은혜는 하나님과 이웃에 대한 감사와 사랑의 형태를 취한다. 이것은 그리스도 안에 참여함으로서의 성화라는 천상적이면서도 지상적인 활동(movement)이다.

3. 결론

은혜를 받는 신자들의 활동에 대한 선물 담론에서 떠오르는 우리의 초점을 놓고 볼 때, 칼뱅은 기도와 성례전을 설명하면서 어떤 특징을 공통으로 가지고 있는가? 나는 핵심적 신학 구조가 이중 은혜에 기반한 삼위일체적 방식으로 전개되는 입양과 통합의 구조임을 주장했다. 성례의 형이상학과 같은 복잡한 이슈에 관하여 칼뱅은 그리스도론, 성령론 등과 관련되는 성패가 달린 교리적 이슈를 많이 가지고 있다. 그러나 그의 추론의 핵심은 본질적으로 목회적 관심사이다. 양심이 불안에서 벗어나 안식할 수 있고 그리스도 안에 있는 신자들의 삶이 감사와 자유의 바탕에서 흘러나올 수 있게 하려면 이중 은혜가 지켜져야 한다. 이것은 명백히 삼위일체적 맥락에서 일어난다. 신자들이 그리스도와 연합되고 성령에 의해 능력을 부여받고 하나의 몸인 교회에 연합되면서 성부의 관대한 용서가 드러나는 것이다. 칼뱅은 영적인 삶에 전력을 기울여야 한다고 신자들에게 상기하는 것을 주저하지 않는 목회 전략을 갖고 있다. 그들은 성령의 일하심을 단지 '기다릴' 수는 없다. 하지만 신자들이 하나님께 바쳐야 할 감사가 훼손되는 일이 없도록 칼뱅은 그리스도 안에 있는 그들의 삶에 대한 영예(credit)를 오직 하나님께만 바치라고 끊임없이 떠올려 준다. 감사, 기도, 성례전을 받는 행위는 모두 '선물들'이다. 그것들이 하나님으로부터 나와서, 신자들의 활동적인 삶으로 흘러 들어간다는 의미에서, 그리고 신자들의 활동적 삶을 통과해 흐른다는 의미에서 그러하다. 선물 담론에 참여했던 사람들의 의혹과 달리, 하나님의 영예에 대한 칼뱅의 일관된 관심은 인간성을 깎아내리지 않고 하나님과 피조물을 체계적으로 분리한다. 오히려 기도와 성례전 안에 있는 칼뱅의 참여 신학에서 신자들은 창조와 구속의 목적을 향해 적극적으로 나아간다. 그것은 하나님과 연합되어 서로 사랑하는 교제 가운데 사는 것이다.

그렇기에 세례는 그리스도를 통해 아담의 자녀를 아브라함의 혈통으로 옮기겠다는 하나님의 약속의 표지이다. 신자들의 자녀들은 이러한 하나님의 언약적 약속의 표지를 받을 '유전적 권리'를 가지고 있지만 믿음을 통하여 그것을 받는 것은 성령의 자유로운 행위에서 나온다. 성령께서는 그리스도를 통해 신자들이 성부의 값없는 사면을 경험할 수 있게 하신다. 신자들은 그리스도의 의의 선물을 소유하게 되면서 하나님과 이웃을 감사하는 마음으로 사랑하도록 활성화되고, 성령의 능력으로 금욕적으로 분투하게 된다. 세례를 받은 신자들은 그리스도를 통해 성부에 의해 입양되고 그리스도의 몸인 교회에 통합된다. 교회는 성령으로 충만하게 되어 감사하는 사랑의 삶을 살아갈 힘을 얻는다.

신자들은 주의 성찬에서 하나님의 성령을 통하여 그리스도의 몸과 피를 취하면서 하나님의 선물과 권한을 부여하시는 성령의 임재를 받는다. 식사 중에 아버지의 은혜로우신 용서가 드러나고 양심이 쉼을 누리면서 아담의 경건함은 회복된다. 신자들은 자기 정당화의 노력에서 벗어나는 이러한 쉼 가운데 하나님과 이웃을 사랑하는 삶에 힘을 실어 주시는 하늘 양식이신 그리스도로부터 자양분을 얻는다. 신자들은 성찬의 실체이신 그리스도를 가리키는 표지인 빵과 포도주라는 적응 형태로 생명을 베푸시는 그리스도의 살과 피를 받는다. 신자들은 성찬에서 그리스도를 취하는 것이 성령으로 가능하게 되면서 아버지께서 아들에게 주신 것을 받고 동시에 성령에 의해 사랑으로 다른 이들에게 다가가며 하늘을 맛보게 된다.

주의 성찬에서 나오는 이러한 사랑은 암암리에 호혜성을 무시하는 '일방적인 선물'이 아니다. 오히려 그리스도를 취하면서 경험하는 풍성한 친교와 교제가 수평적 차원에 주어지고 그리스도의 몸으로서 영적인 유대를 가진 신자들을 하나 되게 한다. 참으로 주의 만찬에서 일어나는 '찬미를 받으실 희생'은 '사랑의 모든 의무'를 포함한다. 칼뱅의 성만찬 교리는 그리스도의 몸에 대한 적극적인 참여를 포함하고 그 결과 신자들은 그리스도의 몸의 코이노니아에 참여하고 이웃을 향해 뻗어나가는 사랑에 참여하게 된다. 신자들이 수직적, 수평적 차원에서 그리스도 안에 공동체적으로 참여할 때 그들은 서로 코이노니아를 갖게 하시는 동일한 성령에 힘입어, 성령을 통하여 그리스도와 함께 적극적으로 코이노니아에 들어간다.

5장

참여와 율법
: 인간이 하나님에게 적응하게 하시고자
하나님이 인류에게 적응하심

선물 신학자들이 칼뱅을 비판하는 내용은 대부분 칼뱅의 사랑, 호혜성, 율법 신학과 관련된 이슈를 중심으로 모여 있다. 예를 들어 밀뱅크는 칼뱅과 칼뱅주의가 그리스도교 복음에서 '사랑의 중심성'을 몰아내고 신뢰 혹은 희망이라는 보다 수동적인 행위로 대체했다고 주장한다.[1] 더욱이 칼뱅의 사랑의 신학은 율법의 신학과 연결된 방식 때문에 비판을 받는다. 칼뱅의 사랑의 신학 자체는 의무에 기반을 두는 율법주의가 되고 거기에 즐거움을 위한 자리는 별로 없고 호혜성을 위한 자리는 전혀 없다는 것이다.[2] 제몬 데이비스의 말대로 칼뱅은 제네바 교구민에게 그들이 어떻게 주어야 할지는 말하지만 어떻게 받아야 할지는 말하지 않는다. 칼뱅은 일방적인 선물을 장려한다는 것이다.[3] 애정 어린 교환은 배제된다. 하나님이 '값없는 선물'을 주시면서 인간과 분리된 상태로 남아 계신 것처럼, 베푸는 칼뱅주의자도 받는 사람과 분리된 상태로 남아 있다.

또한 일부 비판자들이 볼 때 칼뱅의 율법 신학은 이른바 부정적이고 징벌적인 인간학을 반영한다.[4] 칼뱅이 "따라서 자연법의 목적은 인간이 변명할 수 없게 되는 것"이라 말한 것은 사실이다.[5] 특히 20세기에 들어와 바르트와 브루너의 자연신학 논쟁에 참여했던 학자들이 볼 때, 칼뱅의 율법 신학은 자연신학에 대해 바르트의 권위 있는 '아니오!'를 단순히 예기하는 듯하다. 니젤이 담대히 말하듯, "자연법의 목적은 하나뿐이다. 즉 사람이 하나님 앞에서 변명할 수 없게 만드는 것이다."[6] 니젤은 현재의 타락한 상태를 고려하면서 칼뱅의 신학에서 율법의 중심 역할을 정확하게 지목했다. 하지만 니젤과 다른 학자들의 과도한 부정적 설명 때문에 자연법의 창조적 목적과 율법의 현재 용법은 흐려진다. 칼뱅이 자연법의 '모든 전통'과의 단절을 주장한다는 것은 사실이 아니다.[7]

이번 장에서는 하나님 안에 참여하는 인간과 그리스도 안에 참여하는 신자와 관련되는 율법의 심오하고 다면적인 방식을 탐구한다. 처음 만들어질 때부터 율법은 인간들이 자발적으로 하나님을 기뻐하고 이웃을 사랑할 수 있는 기회를 제공한다. 율법은 하나님과 인간의 연합을 위한 하나님의 은혜로운 적응(조정)이다. 이 적응(조정)은 그리스도 안에서 충만하게 표현된다. 더욱이 사람들이 그리스도의 새로운 질서를 종말론적 조건으로만 경험하긴 하지만, 자발적인 사랑으로 하나님과 이웃과 교제하는 근본 질서는 교회와 국가 모두에 대해 인간 번영을 궁극적으로 묘사한다. 교회에서 그리스도 안에 참여함은 몸 안에서의 상호 사랑과 이웃 사랑을 포함하면서 사회의 필요에까지 확장된다. 이러한 사랑은 인간 사이에 있던 태초의 조화와 친교를 회복하고자 한다. 국가가 외적인 복종을 강제로 시행할 수는 있다. 하지만 시민 정부는 가능하면 시민이 정부에 자발적으로 참여하는 것을 회복하기 위해 자발적 의지를 위한 여지를 두어야 한다. 칼뱅의 율법 신학은 인간 존재의 활동적이고 공동체적이고 참여적인 위치를 보여 주되, 창조에서는 하나님의 형상을 통해서 보여 주고 믿음으로 신자들이 그리스도 안에 참여하는 구속에서는 성령의 능력을 통해 보여 준다.

1. 근본적 '관계 양식': 타락 이전의 율법

율법의 '세 번째' 용법으로 알려져 있기는 하지만, 신자들을 위한 지침이 되어 주는 역할이 사실 율법의 주된 쓰임새다.[8] 그것은 창조, 타락, 회복, 충만으로 구원의 경륜을 다루는 칼뱅의 설명에서 차지하는 위치를 통해 그런 주요한 지위를 얻는다. 율법의 부정적인 쓰임새는 타락 때문에 그런 기능을 한다. 하지만 율법의 세 번째 쓰임새는 하나님에게서 오는 근본적 선물이고, 다우이(Dowey)는 이 선물을 인류가 타락하기 이전의 상태에서 인간과 하나님이 누렸던 '관계 양식'(mode of relation)이라 부른다.[9]

율법은 아담이 타락하기 전에 '관계 양식'을 제공하여 인류가 하나님과 제대로(properly) 연합할 수 있게 한다. 하나님과의 알맞은 (proper) 연합은 자발적 연합이기에 지성만 아니라 의지도 관여한다. 따라서 동산에 있는 금단의 나무를 먹지 말라는 명령은 이 법의 표현이다. "아담에게 선과 악을 아는 나무가 허락되지 않은 것은 그의 순종을 시험하고 그가 **기꺼이** 하나님의 명령 아래 있음을 증명하기 위함이었다."[10] 하나님은 아담의 자발적인 순종을 원하셨다. 하나님은 아담에게 명령하셔서 그가 "자기 삶의 감독과 주님이 계심을 알 수 있도록, 그가 누구의 명령에 의지해야 하는지 누구의 명령을 받아들여야 하는지 알 수 있도록 하셨다." 그러나 하나님은 자신에 대한 아담의 의존이 자발적이고 '자원하는' 의존이 되었으면 하셨다. 아담이 "자신의 힘으로 사는 것이 아니라 하나님의 친절로만 사는 것임을 인정할 수 있도록 말이다."[11]

본래 율법의 목적(텔로스)은 여전히 그리스도인들을 위한 율법의 목적(텔로스)인 하나님과의 연합이다. 칼뱅이 말했듯이 율법에는 "우리를 하나님과 연합시키는 것을 목적"으로 하는 명령이 포함되어 있다. "그리고 그것[하나님과의 연합]은 우리의 행복과 영광을 만들어 낸다."[12] 사실 "율법의 주된 목적과 쓰임새"는 "사람들을 하나님께 초대하는 것이다. 그리고 참으로 그들의 진정한 행복은 하나님과 연합되는 데 있다."[13] 율법은 인간을 유일한 참된 행복, 유일한 참된 영광, 즉 하나님과의 연합으로 인도한다. 이 생애 동안 율법은 여전히 그리스도인들에게 그들의 죄를 [올바르게] 보여 주는 기능을 할 것이다. 율법은 '육체' 혹은 '옛 자아'와의 분투 한가운데서 이러한 부정적인 역할을 수행한다. 그러나 율법에 대한 이러한 부정적인 쓰임새조차도 연합의 길로 이어진다. 회개하는 신자들은 "그분[하나님]의 자비로 도피하고, 그 안에서 완전히 안식하고, 그 안에서 깊이 숨어, 의와 공로를 얻고자 그것만 붙잡기" 때문이다.[14] 신자들은 율법의 부정적인 쓰임새를 통해 하나님과 연합된 '그리스도 안에서' 자신의 정체성을 찾도록 촉구된다.[15]

이러한 방식으로, 율법은 감사하는 적극적인 응답을 불러일으키기 위한 하나님의 선물이다. 모세를 통해 이스라엘 백성에게 율법을 제시한 것을 되돌아보며,[16] 칼뱅은 다음과 같이 썼다.

> 우리가 그에게서 받은 유익을 하나씩 하나씩 세어 나가 보자. "가련한 피조물이여, 하나님께서 그대에게 그분의 뜻을 나타내셨을 때 그대가 하나님께 주목하는 데 얼마나 해이한지! 그대가 그분에게 받은 것을 숙고해 보자. 그분이 이제까지 나눠 주신 유익을 숙고해 보자." 따라서 우리 각자가 그분에게 얼마나 빚을 지고 있는지 살펴보자. 그러면 그분을 섬기고 싶은 마음이 훨씬 강하게 들 것이다.[17]

율법 안에 계시된 하나님의 뜻은 귀중한 선물이고, 그분이 한 백성을 찾으셔서 그들과 관계를 맺으시고 그들이 가지고 있는 모든 것이 하나님이 그들에게 베푸신 것임을 보여 준다. 따라서 그들은 자신이 하나님께 얼마나 '빚을 지고 있는지 살펴볼' 기회를 갖게 된다. 하지만 율법이 요구하는 순종은 마지못해서 하는 복종은 아니다. 오히려 신자들은 그리스도를 통해 그들을 위해 성취된 하나님과의 하나 됨을 맛보면서 기쁨을 경험한다. 칼뱅이 볼 때, 불순종하는 사람과 순종하는 사람의 주요한 차이는 전자가 율법에 '나태'와 '무관심'으로 반응하는 반면에 후자는 '기쁨'과 '들뜸'으로 반응한다는 것이다.[18] 율법에 대한 순종은 하나님의 '아버지 사랑'을 기뻐하는 데서 나온다.[19]

친밀한 교제를 원하시는 그분의 뜻을 드러내는 하나님의 율법이라는 선물은 자신을 낮추시는 사랑의 행위이다. 율법은 언약과 함께 주어지고 언약 가운데 "살아 계신 하나님은 공동 조약을 시작하시고자" "자신을 낮추시고" "그렇게 하실 필요가 없는데도 자신과 우리를 서로 묶으신다."[20] 율법은 훨씬 더 큰 계시적 겸손인 성육신을 예기하는 겸손이다. 칼뱅은 하나님이 어떻게 율법과 함께 자신을 낮추시는지 반복해서 말한 후에 계속해서 이렇게 말한다.

> 그분[우리 주님]이 자신의 독생자를 보내셨을 때, 그 어느 때보다 더욱 풍성하고 말할 수 없이 부드럽고 화목한 방식으로 우리의 아버지이자 구원자이심을 드러내셨다. 그것은 마치 자신의 가장 친밀한 감정을 알려 주신 것과 같았다. 이처럼 하나님은 우리 주 예수 그리스도의 인격으로 우리에게 자신의 마음을 베풀어 주셨는데, 그리스도는 우리와 너무나도 친밀하게 교제하시면서 우리를 더는 자신의 종이라 부르지 않고 친구라고 부르신다.[21]

율법은 예수 그리스도 안에 있는 하나님의 마음이라는 선물로 성취되는 사랑의 선물이다. "부드러우신" 아버지는 그리스도를 통하여 "가장 친밀한 감정"을 표현하신다. 역설적이지만 법은 주인에게 복종하는 방식만이 아니라 친밀하게 교제하는 가운데 "친구"가 되는 방식으로 성취된다. 율법이라는 선물은 친교와 친밀한 교제로 이어진다. 따라서 창조에서, 그리고 그리스도 안에 있는 구속을 통해서 율법의 목적은 메마른 율법주의와는 거리가 멀다. 율법은 하나님의 사랑의 일부로서, 기쁨과 친밀함으로 인간을 하나님께 연합시키려는 겸손을 나타낸다.

2. 타락 이후: 숨겨지고, 고발하고, 억제하는 율법

칼뱅이 보기에 하나님과 인간 사이의 적절한 관계 '양식'인 율법의 근본적 기능은 중단되었다. 율법이라는 선물은 숨겨졌다. 하나님은 인간에게 사랑 많은 아버지로 나타나지 않는다.[22] '자연적 질서'(genuinus ordo)에서 우주 자체는 "우리가 경건함을 배우고 그로부터 영원한 생명과 완전한 행복으로 넘어가는 학교"였지만 이제는 "우리 영혼을 절망으로 압도하는" "저주"가 있다.[23] "하나님께서 여러 가지 방식으로 아버지의 은혜를 나타내신다 해도 우리가 우주를 묵상해서 그분이 아버지이심을 추론할 수는 없다."[24] 반대로, 우리는 자신을 하나님의 입양된 자녀로 알기보다는, 우리 양심이 "우리를 속에서 압박하고 우리 죄 안에서 하나님이 우리와 절연하고 우리를 그의 아들로 간주하거나 인정하지 않을 정당한 이유를 보여 준다."[25] 아이러니하게도, 그것이 율법의 첫 번째 쓰임새로서 우리가 율법의 근본적인 세 번째 쓰임새의 성취와 얼마나 거리가 먼지 우리에게 보여 준다. 율법의 첫 번째 쓰임새는 인간의 죄성에 대한 거울 역할을 맡아 죄인들이 하나님 앞에서 변명할 도리가 없음을 보여 준다. 타락 이전에 율법은 경건과 입양의 확신을 구축한다. 같은 율법이 타락 이후에는 인간이 경건하지 않고 정죄받을 만하다는 것을 드러낸다.

그러나 타락 이후와 그리스도께서 오시기 이전에도 율법에는 긍정적인 기능이 있었다. 구약의 의식법은 이스라엘을 하나님의 백성, "하나님의 영광의 파트너가 되는" "하나님의 제사장 나라"로 은혜롭게 입양하시는 것을 보여 준다.[26] 의식법은 이스라엘의 입양과 하나님과의 파트너십을 증언하면서 인류가 타락하기 전 근본적인 법의 흔적을 유지한다. 언약과 율법에 바탕을 두는 하나님과 이스라엘 사이의 '충만'한 긍정적 관계는 그리스도 안에서 절정에 이른다. 그럼에도 불구하고 의식법 자체는 하나님이 율법 안에서 자신을 조정하심과 궁극적으로 그리스도 안에서 하나님이 자신을 조정하심의 영광을 반영한다.

그러나 어떤 의미에서 긍정적 조항으로서의 율법은 죄인들이 하나님의 완전한 율법을 결코 성취하지 못하기 때문에 부정적인 정죄로서의 율법으로 상쇄되는 것처럼 보일 수 있다. 그리스도는 율법을 완벽하게 구체화하셨지만, 율법에 대한 그분의 조명은 다른 사람들이 얼마나 부족한지를 보여 주는 '거울' 역할을 한다.[27] 따라서 "율법은 스스로 무력함을 보인다." 왜냐하면 아무도 율법을 성공적으로 지키지 않았기 때문에 "우리는 생명의 약속"과 하나님께서 아버지가 되시는 입양에서 "배제"된다.[28] 이는 언약이 도덕법에 대한 '완전한 순종'을 요구하기 때문이다.

하지만 바로 이 지점에서 칼뱅의 그리스도론은 결정적인 차이를 만들어 낸다. 아브라함과 그의 영적 자녀들에 대한 입양의 약속은 그리스도 없이는 전적으로 무효다. 타락 이후에 인간은 그리스도와 그의 의에 참여해야만 하나님과의 원초적인 '연합'을 회복할 수 있을 정도로, 죄로 인해 눈이 멀었다. 율법에 따른 생명과 입양의 '약속'은 순종을 조건으로 한다. 그러나 전가(첫 번째 은혜)로 우리가 그리스도 안에 참여함을 통해 하나님은 "부족한 것을 공급하여 순종을 완전하게" 하시기에 "율법의 약속이 주는 혜택을 우리가 그 조건을 채운 것인 양 받게 하신다."[29] 그리스도를 통한 입양의 약속을 소유하시는 성령은 신자들이 (두 번째 은혜에 해당하는) 두 번째 의미로 그리스도 안에 '참여'하도록 일하신다. 신자들은 율법을 구현하신 그리스도 안에 참여하면서 성령을 통해 계명에 더욱 순종하게 된다. 이러한 방식으로 인간이 '해야 할' 일과 '할 수 있는' 일 사이의 격차는 해소된다. 첫 번째 은혜를 통해 율법의 요구('해야 한다')가 충족되고, 두 번째 은혜는 신자가 율법에 점차 순종할 수 있게 한다('할 수 있다'). 그리스도 안에 참여함은 두 가지 은혜를 옛 언약과 새 언약의 섭리(dispensation) 모두에서 더불어 유지한다.

첫 번째 은혜의 논리에 따라 칼뱅은 계명에 순종하기 위한 첫 번째 단계는 사람이 그렇게 해낼 수가 없음을 인정하는 것이라고 생각한다. 계명에 대한 순종은 인간 본성의 원초적 텔로스(목적)를 충족하지만, 타락으로 인해 순종은 '옛 자아'를 넘어서 움직여야 하는 역동적인 행동이 된다. (그러나 동산에서조차 아담의 의로움은 '하나님 안에 참여함'을 통한 것이었다.)[30] 순종은 우리 밖에 계시는(extra nos) 그리스도의 의를 믿음을 통해 겸손하게 받아들이는 것을 요구한다. '옛 자아'로부터의 이러한 움직임은 두 번째 은혜로 확장된다. 여기에서 신자들의 적극적 순종은 사실상 성령에 의해 그리스도 안에 참여하는 것이다. 우리가 율법에 순종하려면 단순히 계명에만 초점을 둘 수가 없다. 우리 자신을 그리스도에게 바쳐야 한다.

칼뱅은 율법의 부정적인 쓰임새가 율법의 목적에는 우연한(accidental) 것이라고 공개적으로 인정한다. 바울이 '죽게 하는 율법 조문의 직분'이라고 말했을 때(고후 3:7) 칼뱅은 "그것이 우리 본성의 부패로 인해 우연히 생겨난 것"이라고 말한다. 왜냐하면 하나님은 '처음부터' 율법을 선한 목적을 위하여 도입(부과)하셨기 때문이다.[31] 하지만 율법의 첫 번째 기능과 두 번째 기능은 구원론적 의미가 있다. 인간의 불순종을 비추어 주는 거울이라는 첫 번째 기능으로 사람들에게 자신을 넘어 '우리 밖에 계시는' 의로운 구원자이신 그리스도를 바라보도록 가리킨다. 율법의 두 번째 기능은 공적인 악행을 억제하여 "공적인 인간 공동체를 위하여 필요한" "억제되고 강제된 의"가 이루어지게 한다.[32] 구원론에서 볼 때 이렇게 악행자들이 억제되면 신앙 공동체가 사회 전반의 부당한 영향을 부정적으로 받지 않고 기능할 수 있는 조건을 제공하는 데 도움이 된다.

결국 율법의 부정적 기능은 사람들이 참된 의의 길, 하나님과의 참된 교제의 길을 찾도록 박차를 가하며 돕는다. 다시 말해, 믿음으로 그리스도와의 연합을 통해, 성령을 통해 율법을 성취하는 자에게 참여하면서 말이다. 율법은 정죄하고 억제하면서 죄인의 무력함을 드러냄으로써 그 자신 이상의 것을 정확히 가리킨다. 그것은 죄인의 마음에 그리스도만이 성취하실 수 있는 갈망을 만든다.

3. 참여와 자연법

위에서 언급했듯이, 율법은 하나님께서 사람에게 은혜롭게 적응하시는 것으로, 타락 이전에 존재했던 좋은 선물이다. 타락 이전에 율법은 사람이 하나님과 교제하며 연합할 수 있는 양식(mode)을 제공했다. 타락 이후에 율법은 유사한 형태의 참여를 가능하게 할까? 율법의 첫 번째 쓰임새를 통해 사람들은 [타락한] 아담 안에 '참여'함을 넘어서 율법을 성취하신 그리스도의 의를 구하도록 도전을 받는다. 율법의 두 번째 쓰임새에서 사람들은 시민 사회를 위하여 하나님이 정하신 질서(God-ordained ordering)에 참여하라는 도전을 받는다. 그러나 율법의 세 번째이자 주된 쓰임새는 '참여'와 어떤 관련이 있을까?

이 질문에 대한 대답은 이중적인데, 곧 자연법에 참여함이라는 율법의 세 번째 쓰임새와 그리스도 안에 참여함이라는 율법의 세 번째 쓰임새이다. 이 두 차원은 서로 분리되지도 않고 중요성이 동등하지도 않다. 오히려 자연법에 참여하는 것은 그리스도 안에 참여함으로써만 성취되는 참여의 전 단계라고 할 수 있다.

칼뱅에게서 자연법과 그것이 자연신학과 맺는 관계 문제는 반세기이상 칼뱅 학계에서 논쟁거리였다.[33] 맥닐과 같은 학자들은 자연법과 관련하여 칼뱅 사상의 토마스주의 경향성을 강조한다. 이는 자연법에 대해 부정적 쓰임새만 보는 바르트적 독법과는 대조된다.[34] 이러한 두 가지 해석학적 기둥 사이에서 보하텍, 헤세링크, 리틀, 그라빌, 배커스와 같은 학자들은 칼뱅이 자연법에 대해 중간 입장을 취하는 것으로 묘사했다.[35] 확실히 자연법의 중요한 구원론적 목적 중 하나는, 중생하지 않은 인간에게 스스로 자기 양심의 기준에 미치지 못함을 볼 수 있는 근거를 제공하는 데 있다. 타락한 인류는 무엇이 옳은지는 알면서도 옳은 것을 행하지는 않는다. 칼뱅이 "자연법의 목적은 … 사람을 변명할 수 없게 만드는 것"이라 쓴 것은 바로 이러한 문맥에서다.[36] 그러나 칼뱅은 또한 자연법에 대해 더 긍정적인 쓰임새를 가지고 있다.[37] 회개로 이끄는 율법의 부정적 쓰임새는 율법의 **유일한** 목적이 아니다.

칼뱅의 신학에서 자연법의 위치를 이해하려면 그의 용어에서 몇 가지를 구분하는 것이 필요하다. '자연법'(natural law) 또는 '자연의 법칙'(law of nature)은 타락 이전에 창조 세계 안에 있던 법칙이다. 그러나 칼뱅은 자연법에 대해 말할 때 "모든 사람의 마음에 새겨져 있는"

"내적인 법"(lex interior)에 대해 종종 이야기한다.[38] 이 율법은 인간의 마음에 기록되어 있지만, 이 율법에 대한 인간의 이해는 타락으로 인한 맹목과 죄로 크게 훼손된다. '내적인' 법의 내용은 무엇일까? '내적인 법'은 불완전하게 감지되긴 하지만 '도덕법'과 동일하다. 그것은 "그들의 삶을 하나님의 뜻에 순응시키고자 하는, 모든 나라와 시대를 위해 규정된 참되고 영원한 의"다.[39] 도덕법의 내용은 십계명에 요약되어 있다. 그것은 오직 그리스도에 비추어 보고 하나님을 사랑하고 이웃을 사랑하라는 이중 계명에 비추어 볼 때 온전히 이해될 수 있다.[40] 이처럼 '도덕법'도 '자연법'의 일부다. 비록 인간이 계시와는 별도로 자연적, 도덕적인 법에 불완전하게 접근할 따름이지만 말이다.

칼뱅은 인간이 타락함으로써 도덕법에 대한 지식을 상실했음을 설명하면서 십계명을 첫 번째 돌판과 두 번째 돌판으로 나눠 보는 전통적인 구분을 대단히 중요하게 다룬다. 도덕법을 담은 첫 번째 돌판은 "우리가 하나님께 바쳐야 할 것" 즉 하나님에 대한 올바른 예배와 관련이 있다.[41] 도덕법의 두 번째 돌판은 인류에 대한 사랑의 의무에 관한 것이다.[42] 한편으로 첫 번째 돌판에 대한 순종은 필연적으로 두 번째 돌판에 대한 순종으로 이어진다. 하지만 두 개의 돌판이 타락으로 같은 영향을 받지는 않았다. 율법의 첫 번째 돌판에 대한 내적인 지식은 거의 완전히 사라졌다.[43] 『기독교 강요』 2권에 나오는 자연적 지식에 대한 칼뱅의 설명은 1권 44항에 나오는 하나님에 대한 자연적 지식에 대한 설명을 암묵적으로 바탕으로 삼는다.[44] 1권에서 칼뱅은 로마서 1장 18-32절을 역설적이고도 매우 독창적으로 해석하여, 하나님에 대한 자연적인 지식은 하나님이 **건네시지만** 인간들이 **받지는** 못한다고 주장한다.⁴⁵ 타락으로 인해 눈이 먼 탓에 (첫 번째 돌판과 관련되는) 하나님에 대한 자연적인 지식은 최소한의 내용, 즉 하나님은 존재하시는 분이고 심판하시는 분이라는 것 정도에 그친다.⁴⁶ '자연적인' 인류가 소유하는 하나님에 대한 지식과 하나님에 대한 적법한 예배에 대한 지식은 인간이 충분히 (어떤 의미에서든) 책임을 질 수 있게, 따라서 '변명할 수 없게' 만들 만큼만이다.

그러나 자연법과 도덕법의 두 번째 돌판은 사정이 다르다. 타락한 인류는 하나님의 계시를 받을 때까지 두 번째 돌판에 대해 왜곡된 견해를 가지고 있긴 하지만 그래도 사람은 선악에 대해 상당히 신뢰할 만한 지식을 타고난다.⁴⁷ 한편으로 이것은 인간이 선과 악의 차이를 알고 있으면서도 악한 것을 행한다는 로마서 1장에 기인하는 칼뱅의 주장을 확장한다. 하지만 이것은 시민 사회의 윤리와 규범 안에 있는 '자연법'을 설명하기 위한 열린 문도 제공한다. 율법의 두 번째 돌판은 인간에게 너무나 '내면화된' 것이기에 율법의 두 번째 돌판을 반영하지 못할 정도로 정의와 불의에 대한 감각이 없는 사회는 존재하지 않는다.⁴⁸ 두 번째 돌판에 '세속적'으로 접근할 경로가 상당히 있기 때문에 칼뱅은 시민 사회를 설명할 때 윤리와 형평에 대한 고전적 개념을 활용할 수 있었다.⁴⁹ 사실 이교도 사회의 법은 자연법을 반영하기 때문에 양심을 매개로 하여 하나님의 영원한 법을 반영하는 셈이다.⁵⁰ 두 번째 돌판은 그리스도에게 비추어야만 온전히 이해될 수 있지만, 타락 이후에 남아 있는 자연법에 대한 내적 지식은 여전히 상당하다.

우리는 이러한 구별을 염두에 두면서 칼뱅의 구원론적 주장의 형태를 감지할 수 있다. 하나님과 하나님의 율법에 대한 '자연적인' 지식은 경건함에 대한 풍부한 지식을 포함하지 않는다. 인간은 '하나님과 사람 사이의 특정한 수단'인 양심을 통해,[51] 타락한 상태에서조차 선과 악을 구별할 수 있다.[52] 선과 악에 대한 타고난 감각이 하나님 형상의 일부이긴 하지만[53] 그것이 인간을 하나님께로 되돌아가게 이끌어 주지는 못한다. 실제로 두 번째 돌판에 대한 지식이 가치가 있기는 하나 그 자체로 경건함에서 볼 수 있는 하나님에 대한 적절한 '지식'을 구성하진 않는다. 칼뱅이 볼 때, 경건함을 통해 하나님을 아는 지식이란 선함에 대한 정보도 신에 대한 정보도 아니다. 오히려 하나님에 대한 지식은 언제나 하나님과 교제하고 재연합하는 것을 포함한다. 율법의 두 돌판은 사람들이 그리스도 안에서 구원의 친교와 의로움을 찾도록 이끄는 역할을 한다. 하지만 자신에게서 벗어나는 이러한 역동적인 움직임과 함께, 칼뱅이 타락 이전 율법의 역할을 강조하는 것은 성령에 의한 갱신 또한 하나님의 창조 목적에 맞는 피조물로 **내면이** 갱신되는 것도 의미한다.

이처럼 중생을 위해서는 성령이 필요하다는 칼뱅의 주장은 하나님이 '자연적인' 타락한 인간을 폭력적으로 밀어붙여야 한다는 걸 의미하지 않는다.[54] 오히려 성령의 주도권은 인간이 진정 '자연스러운' 상태가 되도록, 곧 '하나님 안에 참여'할 수 있도록 인간 피조물의 내적 회복을 이루신다. 성령은 하나님에 대한 자연적인 지식과 자연법에 대한 지식을 회복하신다.

성령만이 율법의 세 번째 쓰임새를 (율법의) 주된 쓰임새가 되게 하실 수 있다. 율법이 거룩한 삶을 살아가는 그리스도인들을 위한 지침이 되도록 말이다. 다르게 말하면 성령의 강림은 그 자체로 신자들에게 또 다른 유형의 '참여'를 가능하게 하는 '참여'이다. 신자들은 성령을 통해 하나님과 친밀하게 교제하고 그리스도와 연합한다. 성령은 신자들이 자발적으로 하나님께 순종하고 자발적으로 율법의 길을 따를 수 있게 하신다. 율법의 길은 그 자체로 하나님과 연합하는 교제이다. 그 결과 자발적인 순종은 상호 침투하시는 성령의 참여가 없이는 가능하지 않다.

이러한 관점에서 볼 때 칼뱅이 타락한 의지의 속박을 강조하는 것은 그의 고-성령론(high pneumatology)을 두드러지게 한다. 성령만이 율법에 자발적으로 순종하게 하실 수 있다. 왜냐하면 자발적 순종은 본래의 인간 본성을 회복하고 인간이 그리스도를 통해 '하나님 안에 참여'할 수 있게 하는 하나님과의 교제와 항상 연결되어야 하기 때문이다. 온전히 성령의 사역은 아니었던 자유로운 순종이 있다면 바울이 금지한 일종의 '자랑'의 여지가 생길 것이다(엡 2:4-10). 더욱이 온전하게 성령의 사역이 아니었던 자유로운 순종이 가능하려면 본래 인간 본성과 본래 율법을 바라볼 때 피조물의 회복에서 신적 능력을 배제하는 견해를 상정해야 할 것이다. 본래의 인간 본성과 본래의 인간 법칙 모두가 하나님과 인간 사이의 구별된 하나 됨과 친교를 포함하고 있으므로, 인간의 자유를 성령의 능력의 효력 있는 은혜에 맞서고 반대하는 것으로 설정할 근거는 없다. 성령의 친밀한 교제야말로 타락 후에 사라진 하나님과의 자발적이고 친밀한 교제를 회복시킨다.

칼뱅이 율법의 두 돌판을 구분하는 점에 비추어 보면, 성령은 '이다'(is)와 '해야 한다'(ought) 사이의 간격을 메워 본래의 인간 본성을 회복시킬 뿐만 아니라 두 돌판 사이에 하나님이 의도하신 일치도 회복시킨다. 인간은 자기만의 힘으로는 첫 번째 돌판에 순종할 수 없는데, 그 계명들은 "하나님을 예배하는 것이 의의 시작이자 토대"가 된다.[55] 왜냐하면 "언제든지 예배가 제거되면 사람들 간에 행하는 그 어떤 형평, 자제, 또는 절제라도 하나님 보시기에 비어 있고 가치 없는 것이기 때문이다."[56] 칼뱅은 하나님을 올바르게 예배하지 않는 사람들에게 율법의 두 번째 돌판에 포함된 '형평'(aequitas)의 미덕이 전혀 없다고는 주장하지 않는다. 다만 성령이 없으면 그러한 '미덕'은 참된 의로움을 제공하는 데 '가치가 없다'. 참된 의로움은 그리스도 안에서 성령을 통해 하나님과의 재연합을 통해서만 일어날 수 있다. 의로움은 무엇보다도 하나님의 특징이기 때문에 타락 후에는 하나님-인간이신 그리스도 안에 참여함을 통해서만 되찾을 수 있다.[57] 칼뱅은 이렇게 기록한다.

> 하나님이 누구신지 생각해 보자. 그분은 우리의 본성에 따라 알려지기를 원하지 않으신다. … 다만 그분은 자신이 제대로 알려지기를 원하신다. 다시 말해서 공평하시고 선하신 분으로 알려지기 원하신다. 그분은 모든 지혜, 모든 미덕, 모든 성실과 의로움의 완전함이자 원천이시다. 그러므로 우리가 하나님을 참으로 있는 그대로, 즉 공의롭고

성실하고 의로우신 분으로 생각하기 시작하면, 우리는 그분에게 우리 자신을 적응하고(맞추고) 싶어질 뿐이다.[58]

하나님은 모든 의로움의 원천이시기 때문에, 참된 인간의 의는 그리스도 안에 참여할 때만 주어지고, 그로 인해 하나님께 '적응'된다. 우리가 '하나님과 연합'하면서 하나님의 의는 신자들 속으로 '스며들게'(infused) 된다.[59] 그러므로 참된 예배(첫 번째 돌판)의 부재가 참된 의로움(두 번째 돌판)의 부재로 이어진다는 것은 놀랍지 않다. 예배를 드리지 않는 사람들이 '형평'이라는 표현을 여전히 쓴다 해도 달라질 것은 없다.

의를 받기 위해서는 성령으로 그리스도 안에 참여해야 하기 때문에 율법의 두 돌판은 함께해야 한다. 하나님의 의에 참여하는 것은 반드시 하나님 사랑과 이웃 사랑을 **모두** 포함한다. 이 두 사랑이 그리스도 안에서 하나로 결합되어 있기 때문이다. 사람이 이중적 사랑을 적극 행함으로써 그리스도 안에 참여함에 따라, 그의 본래의 본성은 하나님이 은혜롭게 마련해 주신 율법에 적극 참여하게 되면서 회복된다. 이러한 구속적 맥락에서 율법은 더는 정죄하기만 하지 않고 삶의 길을 가리킨다. 그 삶의 내용은 더도 말고 덜도 말고 그리스도를 통해 하나님과 사랑으로 교제하고 이웃을 사랑하는 것이다. 그리스도 안에 산다는 것은 이러한 사랑 중 어느 하나도 생략할 수 없는 것이다. "성실과 올바름은 참으로 하나님께 기쁨을 드린다. 하지만 인간이 서로에 대해 형평을 실천하는 동안에도 하나님의 권리를 속여 빼앗는다면, 누구도 그의 삶이 제대로 질서가 잡혔다고 말하지 않을 것이다."[60] 이중 은혜가 일치를 포함하면서도 두 '유형'의 은혜를 구별하는 것처럼, (두 돌판에 상응하는) 이중적 사랑의 명령도 분리할 수 없지만 구별되어야 한다. 둘 다 성령의 역사를 통해 결합된다.

4. 참여, 적응, 그리고 율법의 완성이신 그리스도

마지막 항에서 설명된 율법의 구원론적 쓰임새를 고려할 때, 칼뱅은 도덕법 안에 먼저 '참여'하는 것을 가정하고 그 예비적 참여가 그리스도 안에 '참여함'을 통해 완성된다고 말하고 있다고 볼 수 있다. 십계명 안에 있는 도덕법에 대한 순종은 주님이신 그리스도께 순종하는 것과 희미하게 대응한다. 율법과 그리스도 안에 이중으로 참여하는 것에는 서로 연관되는 두 가지 결과가 뒤따른다. 첫째, 사람은 그리스도 안에 참여하면서 도덕법의 요구를 소홀히 할 수 없다. 둘째, 신자들에게 그리스도 안에 참여하는 것과 율법에 순종하는 것은 별개의 행위가 아니다. 오히려 도덕법에 순종하는 것과 그리스도 안에 참여하는 것은, 인간을 하나님과 다시 연합시키기 위한 하나님의 은혜로운 적응(조정)과 불가분의 관계가 있다.

이러한 적응(조정)의 신학 때문에, 칼뱅은 성육신과 사랑의 요구를 밀접한 관계로 만들 수 있다. 도덕법은 하나님 사랑과 이웃 사랑으로 요약되고, 칼뱅은 『모세의 마지막 책 네 권의 조화』에서 이 원리에 비추어 구약 율법 전체를 해석하려 한다. 옛 언약의 경륜에서 성령의 조명이 없다면 율법은 죽은 문자일 뿐이다.[61] 더욱이 이처럼 필요한 성령의 참여에 더하여, 이스라엘 백성들 사이에서 하나님과 이웃에 대한 사랑은 중보자인 그리스도에 참여하는 것을 포함한다. 새 언약의 가장 중요한 장점은 우리의 참여 파트너가 더욱 완전하게 공개되었다는 데 있다. 율법의 '실체'는 남아 있고, "우리 주 예수 그리스도의 오심으로 [율법의] 모호함은 사라졌다."[62]

이스라엘 백성에게 주어진 하나님의 율법이라는 선물은 항상 칼뱅의 언약 개념과 관련이 있다. 하나님은 율법을 주시면서 그분의 백성과 언약을 맺으시고 "꼭 그래야 하는 것도 아닌데 우리와 자신을 상호 결속"하고 "우리의 아버지이자 구원자"가 되기로 하신다.[63] 이스라엘 백성이 성령을 통해 율법에 순종했을 때 그들은 이러한 언약 관계의 자기 몫에 참여하고 있었다. 그들은 하나님과 언약의 유대를 경험하는 한, 중보자이신 그리스도 안에 참여했다. 그리스도는 "항상 하나님과 인간 사이에 연합의 유대"였다.[64] "하나님은 아들을 통해서가 아닌 다른 어떤 방법으로도 인간에게 자신을 현시하신 적이 없으셨다." 왜냐하면 중보자이신 그리스도 없이는 하나님과의 교제가 불가능하기 때문이다.[65] 하나님과 인간 간의 관계의 유대에서 그리스도가 지니는 중심성 때문에 율법에 응답하는 하나님 백성의 사랑은 심오하게 중대해진다. 이스라엘 백성이나 그리스도인들이 하나님과 이웃을 사랑할 때 그들은 하나님과 이웃을 사랑하는 데 그치지 않는다. 그들은 영원한 중보자인 그리스도를 통해 맺은 언약에 참여하고 있는 것이다. 언약과 그리스도 사이의 밀접한 연결 때문에 하나님과 이웃에 대한 사랑은 성령에 의해 그리스도 안에 참여하는 것을 반드시 포함하게 된다.

따라서 그리스도는 단순히 율법의 본보기 혹은 율법의 결정적인 해석자가 아니다. 그리스도는 율법의 실체이다. 그리스도의 오심은 율법의 실체인 그리스도의 '좋은 소식'을 드러냄으로써 율법 안에 있는 하나님의 적응하심(조정하심)을 지속하는 것이다. "복음은 율법 전체를 대신하여 구원의 다른 방식을 가져온 것이 아니었다. 오히려 복음은 율법이 약속한 것은 무엇이든 확인하고 만족시켰고 그림자에 실체를 부여해 준 것이었다."[66] 그리스도는 줄곧 율법의 실체적인 내용이었다. 왜냐하면 "복음은 드러냄의 명료성에 있어서만 그것[전체 율법]과 다르기 때문이다."[67] 족장들이 언약과 율법의 규정으로 하나님과 결속되었던 것은 오직 말씀을 통해서였다.[68] 율법이라는 은혜로운 선물은 육신이 된 말씀 안에서만 구체적이고 가시적인 것이 된다.

칼뱅은 신명기 4장 44절 – 5장 3절 설교에서 율법 안에 있는 조정이 어떻게 그리스도 안에 있는 조정을 통해 성취되어 하나님과의 친밀함을 가능하게 하는지 설명한다. 하나님은 이스라엘 백성에게 언약과 율법을 주시면서 '자신을 낮추시고' 상호 결속력 있는 '공동 조약을 맺으신 것'이다. 그래서 "그분이 우리를 자신의 양 무리와 유업으로 받아들여 주실 때, 우리는 우리를 위한 영생으로 가득한 그분의 보호하심 아래 거하도록 하자."[69] 하나님은 언약으로 말씀하신다. "나는 너희의 인도자요 구원자로 나 자신을 나타내고자 여기에 온다."[70] 칼뱅은 언약과 율법 안에 있는 이러한 적응(조정)에 대해 경탄하면서 이렇게 썼다. "살아 계신 하나님이 그 정도까지 자신을 겸손하게 낮추실 때에, 아무쪼록 우리가 그분 앞에 겸손하지 않고 모든 교만과 오만을 삼가지 않으면 우리는 은혜를 모르는 사람보다 더 못한 것이 아니겠는가? 하나님이 그의 백성과 맺으신 언약에 대해 모세가 여기서 말하는 것에는 분명한 이유가 있는데, 주로 그분의 선함과 은혜가 알려지도록 하기 위해서다."[71] "우리를 하나님과 연합시키려는" 목적을 가진 언약과 그 규정은 자발적인 감사의 응답을 자아내야 한다.[72]

칼뱅은 율법과 복음이 모두 하나님의 적응(조정)하시는 언약에 기초를 두고 있기에 둘 사이의 연속성에 대해 종종 이야기하면서도 둘 사이의 대조 또한 인식한다. 한편으로 칼뱅은 율법과 그리스도 안에 있는 하나님의 계시에 대해 평행 언어를 사용한다. 두 가지 모두에서 하나님은 자신을 '우리의 아버지이자 구원자'로 계시하신다.[73] 두 경륜의 시대에 하나님의 적응(조정)의 '실체'는 같다. 그리스도 자신이다. 반면, 칼뱅은 율법의 시대와 복음의 시대 사이의 대조를 기꺼이 발전시키고자 한다. 바울이 고린도후서 3장에서 그리스도 이전에는 율법을 덮는 '수건(베일)'이 있었다고 주장했기 때문이다. 따라서 칼뱅에 따르면 수건(베일)은 "조상들이 오늘날 우리가 [하나님을] 아는 것처럼 친밀한 방식으로 하나님을 알지 못하도록" 막았다.[74] 칼뱅이 볼 때 율법의 시대와 복음의 시대 사이에는 불연속성이 있어서 복음의 시대에 알려진 것과 비교하면 율법의 시대에 있는 사람들의 시야는 희미하다. 두 시대 모두 법의 실체는 같다. 처음 시대에 율법은 이미 하나님의 관대한 부성적 돌봄을 드러냈지만, 그리스도가 오실 때까지는 율법의 이러한 측면 자체가 온전히 드러날 수가 없었다. 칼뱅은 시각의 이미지와 빛의 이미지를 결합하면서 바울의 '율법과 복음 사이의 구별'은 "율법의 환함이 사람들의 눈을 밝혀 주기보다 어지럽게 했고 반면에 복음에서는 그리스도의 영광스러운 얼굴이 분명하게 보이게 된다"라고 포착한다.[75] 한편으로 율법의 적응(조정)은 여전히 소중한 계시적 선물이다. "율법은 그 자체로 환하기 때문이다." 그러나 "오직 그리스도께서 그[율법] 안에서 우리에게 나타나실 때만 우리는 그것의 광채를 누린다."[76] 따라서 율법 자체가 성육신을 통해 온전히 드러날 때 하나님은 단순히 '종'의 주인이 아니라 우리의 형제이자 '친구'로서 "더는 능가할 수 없을 정도로 온유하고 화목한 방식으로" 계시된다.[77] 우리는 예수 그리스도의 복음을 통해 주어진 눈을 통해서만 "그분이 우리를 자녀와 상속자로 받아들이시는 것"을 발견할 수 있다. "율법의 시대에는 그렇지 않았다."[78]

5. 적응된 지식과 자발적 사랑의 기쁨

율법의 실체는 그리스도이지만, '율법의 시대'에서 '복음의 시대'로 전환하면서 신적 계시의 점진적 진전이 나타난다. 이 점진적 계시(실제로 하나님과의 점진적인 재-연합)의 조건은 신적 조정이 없이 따로 하나님을 알 수는 없다는 것이다. 비록 '수건(베일)'이 말씀의 성육신 이후

벗겨지긴 했어도, 하나님에 대한 우리의 지식은 여전히 '부분적일 뿐'
이다.

오늘날 우리는 그러한 친밀한 지식을 가지고 있고 그와 같은 개인적
지식을 가지고 있지만 그래도 방금 인용한 내용은 여전히 진실하며
우리는 부분적으로만 볼 수 있다. 왜 그런가? 우리는 아직 하나님의
영광에 참여하지 않았기 때문에 그분에게 다가갈 수 없다. 오히려 그
분이 우리의 무례함과 연약함에 맞추어서 우리에게 자신을 계시하실
필요가 있다. 태초 이래로, 하나님이 죽을 수밖에 없는 인간에게 자신
을 나타내셨을 때 그것은 자신을 있는 그대로 드러내기 위해서가 아
니라 그분을 보좌하는 인간의 능력에 맞춘 것이었다. 우리가 항상 명
심해야 할 사실이 있으니, 하나님은 족장들에게 알려지지 않았다는
것이다. 그리고 오늘날 그분은 그의 본질로 우리에게 나타나지 않으
신다. 오히려 그분 자신이 우리에게 적응(조정)하신다. 사정이 그렇기
에, 우리와 함께하는 그분의 임재하심을 우리가 느끼게 하시려면 그
분이 우리의 능력에 맞추어 내려오셔야 한다.[79]

하나님은 인간이 그분에 대해 '친밀하고' '개인적인' 지식을 가질
수 있도록 자신을 조정하신다. 실제로 칼뱅이 다른 곳에서 언급했듯
이, 하나님은 "현재 우리에게 자신을 드러내시어 우리가 하나님을 보
되 훤히 목도하게 하신다."[80] 하지만 현재 신적 영광에 '참여하는 것'
은 종말론적으로 성취되지 않았기에 우리의 지식은 여전히 '부분적'

일 뿐이다. 하나님은 "우리에게 유익한 만큼만, 그리고 우리의 능력이 허용하는 한에서만" 자신을 드러내시는 분이시다.[81]

신자들은 (믿음으로 순종하며 살면서) 성령에 의해 그리스도 안에 참여할 때 하나님과 이러한 친밀한 관계를 경험한다. 하지만 친밀함이 주는 기쁨은 신자들을 감사로 이끌어야 한다. 하나님과의 친밀함은 진정한 친밀함이지만 **조정된** 지식으로 가능해진 친밀함이다. 그리스도 안에서 믿음으로 가능해진 하나님과의 친밀함은 자신을 인간에게 맞춰 낮추시기 위해 굽히시는 하나님과의 친밀함이다. 신자들은 현재 일종의 '하나님을 봄'을 경험하지만, 그것은 조정된 지식의 양식 안에 있다. 그레고리오스 팔라마스가 하나님의 힘에 대한 지식이 (하나님의 본질에 대한 지식은 아니더라도) 하나님에 대한 '진정한' 지식이라 생각하는 것처럼, 칼뱅은 하나님에 대한 조정된 지식은 (하나님의 본질에 대한 것은 아니지만) 하나님에 대한 '진정한' 지식이라 믿는다.[82] 칼뱅이 볼 때, 율법 안에 있는 하나님의 조정 개념은, 부분적일 뿐이긴 해도 하나님을 친밀하게 아는 구원론의 일부에 해당한다. 하나님에 관한 조정된 지식은 인간이 바랄 수 있는 가장 좋은 지식이다. 그것은 하나님에 관한 참된 지식이며 보는 사람을 변화시키는 것이 사실이다. 그러나 하나님에 대한 인간의 지식은 결코 그 대상(하나님)에 적절하거나 충분한 것은 아니다.

조정과 그리스도론에 관한 이러한 배경을 염두에 두고 보면, 사랑의 법에 순종함으로 그리스도 안에 참여하는 그리스도인에 대한 칼뱅의 비전은 새로운 특성을 띠게 된다. 율법에 대한 순종은 그리스도 안에서 완성되는, 조정하시는 하나님의 언약에 참여하는 것이다. 율법에 대한 순종은 다름 아닌 바로 율법의 참된 내용을 드러내고 율법의 실체로 행하는 중보자이신 그리스도 안에 참여하는 것이다. 이러한 언약 관계의 인간적 측면은 어떤 모습으로 드러날까? 자발적 사랑이다. 신자들은 "진실하고 유쾌한 마음"으로 자원해서 하나님께 나아와야 하며, "이것은 우리가 그분을 사랑하지 않는다면 이루어질 수 없는 일이다."[83] 그렇기에 "순종의 원천, 토대, 뿌리뿐 아니라 순종의 시작도 하나님에 대한 이러한 사랑이다. 그분에게서 우리의 가장 깊은 기쁨을 발견하지 않는 한, 우리는 그분에게 가려 하지 않을 것이다." 하나님을 기뻐하고 사랑하는 것이 "우리의 진정한 축복"이다.[84] 하나님을 향한 이 기쁨은 선물이다. 그것은 율법에 순종하는 뿌리이며 그 자체가 은혜로운 조정이다. 더욱이 사람이 하나님을 기뻐하는 것은 성령을 통해 하나님과 다시 연합할 때만 일어날 수 있다. 율법에 순종하게 되는 원천은 자발적으로 하나님을 기뻐하는 마음이다. 그것은 성령 안에서 하나님에 의해 가능하게 된다.

역설적으로 들릴지 모르지만, 하나님을 자발적으로 기뻐하는 사랑은 율법을 성취하는 동시에 뛰어넘는다. 한편으로 신자들의 양심이 성부의 용서라는 첫 번째 은혜를 통해 안식을 받게 될 때, 신자들은 "율법으로 의로워지려는 모든 생각을 잊고 율법을 넘어서고 그 너머로 나아가야 한다."[85] 그러나 하나님이 주신 용서로 인한 이러한 자발적 기쁨은 율법에 대한 참된 순종이다. 왜냐하면 그것은 '끊임없이 계속되는 두려움'이 아니라 '열렬한 자발성'에서 나오는 것이기 때문이다.[86] 양심이 어떻게 하나님의 호의를 얻을지 염려하는 한, 기쁨이 없는 굴종적 순종만 가능할 따름이며, 그런 것은 참된 순종이 아니다. 그러나 율법의 '가혹한 요구'에서 해방된 신자들은 "하나님이 아버지의 관대함으로 그들을 불러주심을 듣고 [그래서] 기뻐하고 열렬히 응답하면서 그분의 인도하심을 따라갈 것이다."[87]

율법의 첫 번째 돌판이 두 번째 돌판으로 이어지는 것처럼, 칼뱅은 하나님에 대한 자발적인 기쁨과 사랑이 반드시 이웃에 대한 사랑으로 이어져야 한다고 믿는다. 이웃 사랑에는 몇 가지 상호 연관된 차원과 영역이 있다. 이웃을 사랑하라는 명령은 다른 모든 인간을 심지어는 원수도 사랑하라는 명령을 의미한다. "우리는 사랑이라는 단 하나의 감정으로 예외 없이 전 인류를 포용해야 한다."[88] 더욱이 사랑의 행동만으로는 충분하지 않다. 진정으로 하나님께 순종하기 위해서는 하나님 안에서 '즐거워'해야 하듯이, '진정한 사랑의 감정'에서 동기를 부여받아 이웃을 섬겨야 한다.[89] 이웃 사랑의 율법에 순종한다는 것은 이웃이 '합당하든, 합당하지 않든, 친구이든 적이든' 관계없이 하나님에 대한 기쁨과 신뢰가 이웃에 대한 진정한 사랑과 배려로 넘쳐흐르는 것을 의미한다.[90] 이웃 사랑은 그 자체로 타락의 상실로부터 회복되는 행위이다. 타락한 인간이 (신을 폭군이라 믿으면서) 하나님으로부터 소외된 것처럼, 타락한 인간은 서로에게서도 소외된다. 성령의 역사는 이러한 타락한 본성의 경향을 뒤집어서 하나님 및 다른 사람과의 관계를 타락 이전의 조화롭던 관계로 회복시킨다. 이웃을 즐거이 사랑하는 행동은 신자들이 사랑의 행동으로 그리스도 안에 참여함으로써 그들 안에 하나님의 형상을 회복하는 행동이다.

　이웃 사랑의 명령에는 모든 사람이 포함되어야 하지만, 각각 다른 사람들에 적합한 여러 유형의 의무가 있다. 예를 들어 칼뱅은 "친족 관계, 지인 관계, 또는 이웃의 유대 관계로 더욱 밀접하게 묶일수록 서로 책임을 더 많이 공유하는 것은 인류의 공통된 습관이다. 하나님은 이것을 불쾌하게 여기시지 않는다"라고 인정한다.[91] 비슷한 방식으로 칼뱅은 하나님이 지상에서 그리스도의 몸인 공동 가족에 입양된 사람들에 대한 엄격한 의무 사항들을 상세히 기술한다. 그리스도교의 교제에 속하지 않은 사람들에게 사랑은 사회의 사람들을 향한 정의(ius)와 형평(aequitas)의 모습으로 나타나고 가난한 사람들에 대해 특별한 관심으로 표현된다. 사랑의 의무라는 이 더 넓은 영역에도 명랑하고 성실한 사랑은 필요하다. 하지만 정의와 형평의 실천은 대개 생물학적 가족이나 영적 가족을 향한 사랑보다 친밀함이 덜하다.

　교회 안의 신자들 사이에 있는 사랑의 본질에 대해 칼뱅이 했던 가장 통렬한 말은 주의 만찬의 중대성을 언급하며 나온 것이다. 3장에서 설명했듯이, 칼뱅의 고린도전서 10장 16-17절 독법은 그리스도의 몸과 피에 참여하는 성찬과 그리스도의 몸인 교회 안에 참여하는 코이노니아를 불가분의 관계로 연결한다. "우리가 서로 연합하기 위해서는 그리스도 안으로 통합되어야 한다."[92] 많은 곡식이 섞여 하나가 되어 빵을 만드는 것처럼 그렇게 "우리는 어떤 종류의 불일치나 분열도 끼어들지 않을 정도로 커다란 마음의 합의로 함께 이어지고 묶여 있어야 한다."[93] "우리 몸의 어떤 부분이든 고통을 느끼면 그 고통이 몸의 다른 부분으로 퍼지듯, 우리는 한 형제가 어떤 악의 영향을 받으면 그에 대한 연민에 사로잡혀야 마땅하다."[94] 신자들은 다른 신자들을 친족(형제 혹은 자매)을 사랑하듯 또는 자신(자신의 몸)을 사랑하듯 사랑해야 할 뿐 아니라 그리스도 자신을 사랑하는 것처럼 다른 사람을 사랑해야 한다. "형제 안에서 그리스도를 사랑하지 않고서는 그리스도를 사랑할 수 없다."[95] 그리스도는 그리스도의 몸을 사랑하고 하나가 되기 위한 모범과 수단을 제공하신다. "그리스도께서는 자신을 우리에게 내주심으로 자신의 본으로 우리가 서로 서약하고 서로에게 자신을 내주도록 초대하실 뿐만 아니라 자신을 모든 사람에게 공통으로 만드심으로 우리 모두를 그분 안에서 하나로 만드신다. 우리 사이에 상호적 사랑을 일으키게 하는 데 이보다 더 날카로운 자극제가 어디 있겠는가?"[96] 주의 만찬에서 그리스도는 자신의 몸과 피를 주셔서 자신을 '모든 사람에게 공통으로' 만드신다. 신자들이 성령을 통해 그리스도와 함께하는 것처럼, 그들은 또한 자기 몸을 사랑하듯 기꺼이, 그리고 즐거이 다른 신자들을 사랑해야 한다. 이러한 과정에서 그리스도와 하나 됨에 힘입어 신자들은 하나가 된다.

   칼뱅이 사회에 대한 사랑의 윤리를 더 광범위하게 확장한 것은 신학계에서 논란의 대상이 되어 왔다. 칼뱅은 이웃 사랑의 범위가 보편적이어야 한다고 말하면서 공통된 인간 본성을 종종 언급한다. "인류 전체가 교제라는 신성한 유대로 연합되어 있다"라는 것이다.[97] 바르트에 따르면 칼뱅의 견해는 "신약 성경의 교리라기보다는 스토아 철학에 더 가까운 것이다."[98] 확실히 칼뱅의 이웃 사랑의 신학은 이교

사상, 특히 자연법과 형평에 대한 고전적 개념을 통합하고 적용했다. 위에서 언급했듯이 칼뱅은 모든 사람이 율법의 두 번째 돌판에 대한 상당한 양의 자연적 지식을 가지고 있다고 믿었기에 모든 사회의 법은 두 번째 돌판의 규정을 (불완전하게) 반영하는 것이 되었다. 이는 시민 질서와 법에 대한 통찰력을 가진 이교도 사상가들과 칼뱅이 서로 관계를 맺을 수 있는 열린 공간을 제공해 준다. 하스가 보여 준 것처럼, 칼뱅은 비록 변형된 형태이기는 하지만 고전적 모델을 활용하여 이웃 사랑에 대한 자신의 개념을 '형평'으로 발전시킨다.[99]

하지만 헤세링크는 바르트가 칼뱅의 관점을 그리스도교적이라기보다 '스토아 철학'에 더욱 가깝다고 주장한 것을 반박한다. 헤세링크는 칼뱅이 "우리의 이웃을 단순히 인류의 일원이라고 해서 사랑해야 한다고 말하지 않고 그들이 하나님의 형상으로 창조되었기 때문에 사랑해야 한다고 말하고 있는 것"이라고 올바르게 지적한다.[100] 하나님의 형상이란 '하나님 안에 참여함'이다. 그와 같이 어떤 의미에서 인간은 중생하기 전에도 하나님과 완전히 분리되지는 않았다. 하나님은 모든 인류가 신적 형상의 영광에 참여하도록 선택하셨다. 그렇기에 칼뱅이 "우리는 예외 없이 온 인류를 포용해야 한다"라고 말할 때, 그의 이론적 근거는 이 모든 것이 "모든 [사람]이 그들 자신 안에서가 아니라 하나님 안에서 숙고(관조, 바라봄)의 대상이 되어야 하기 때문에" 그래야 한다는 것이다.[101]

우리가 그러한 숙고(관조)에서 벗어날 때 많은 오류에 휘말리게 되는 것은 전혀 놀라운 일이 아니다. 그러므로 만약 우리의 사랑이 올바르게 방향을 잡기 원하면 우리는 먼저 시선을 사람이 아니라 하나님께로 돌려야 한다. 사람을 보게 되면 사랑보다 미움이 더 많이 생겨나기 마련이다. 그러나 하나님은 우리에게 그분을 향해 품고 있는 사랑을 모든 사람에게 베풀라고 명령하신다. 이것은 불변의 원리가 될 수 있다. 상대가 성품이 어떤 사람이건 간에 우리는 하나님을 사랑하기 때문에 그 사람을 사랑해야 한다는 원리 말이다.[102]

여기서 칼뱅의 논증은 선행하는 은혜라는 신적 자비의 특징에 대해 그가 논증했던 것과 유사하다. 인간 본래의 선한 본성이 부패하기는 했지만 "주님은 우리 안에 있는 그분의 것을 잃지 않으려 하시고" 그렇게 "그분 자신의 자애로움으로 여전히 사랑할 어떤 것을 찾고 계신다."[103] 타락한 인간이라도 여전히 하나님의 형상을 지니고 있기에 하나님은 "순수하고 자유로이(값없이) 우리에게 베풀어 주시는 사랑에 의거하여 우리를 은혜로 받아들이신다."[104] 말하자면 하나님은 인간을 '하나님 안에' 있는 존재로 사랑하신다.

마찬가지로, 이웃을 사랑하라는 명령은 신적 형상과 관련하여 동료 인간을 '하나님 안에' 있는 존재로 보는 것을 포함한다. 하나님을 사랑하고 하나님의 완전한 형상이신 그리스도를 사랑함으로써 우리의 사랑은 죄 많은 인간을 향한 사랑을 불러일으키는 '형상'을 분별할 수도 있게 된다. 이것은 2장에서 논의된 칼뱅의 『의지의 속박과 자유』에 나오는 인간 본성에 대한 설명과 잘 어울린다. 인간 본성의 '실체'

는 선하다. 그것은 타락과는 별개로 하나님에게 연합되어 있다. 그러나 타락 이후에 이 '실체'는 하나님과의 근본적인 교제를 방해하는 죄의 '우연한' 성격에 가려지고 만다. 칼뱅은 보편적 이웃 사랑 윤리에서 신자들에게 죄에 의해 가려진 것, 즉 하나님과 연합되어 하나님의 형상을 지닌 인간 본성의 실체를 보도록 요청한다. 이 형상은 심각하게 손상되었지만 그럼에도 불구하고 우주 안에 있는 인간이라는 독특한 장소의 중심에 있다. 하나님 형상의 담지자라는 인간의 독특한 위치 때문에 칼뱅은 이웃 사랑의 윤리를 보편적 범위로 발전시킨다.

따라서 보편적 이웃 사랑의 근거는 하나님 형상에, 그리고 인간이 어떤 의미에서는 '하나님 안에 있는' 존재라는 인간관에 뿌리를 두고 있지만, 칼뱅은 이러한 보편적 이웃 사랑의 의미를 표현하는 데 스토아 사상과 여타의 고전적 자원을 활용한다. 하스가 보여 준 것처럼, 칼뱅은 자신의 사상의 사회정치적 측면에서 '사랑, 형평, 정의' 사이의 매우 긴밀한 관계를 분명히 표현하면서 이러한 연관성을 이웃 사랑의 황금률을 해석하는 광범위한 방법으로 사용한다. 이러한 과정의 일부로서, 칼뱅은 정의와 형평에 대한 고전적 개념을 사용한다.[105] 형평성(aequitas)은 이웃에게 속한 것을 그들에게 제공하는 것이다. 각 사람에게 자기 몫을 주면서 말이다. 이것은 우리가 다른 사람이 우리를 대우하기를 바라는 대로 우리가 다른 사람을 대우하는 '자연법'에 비추어 이루어진다. 정의는 이 형평성을 모든 사람에게 확장하여 모든 사람에게 '그의 몫'을 베푸는 것을 포함한다.[106]

형평과 정의가 이웃 사랑의 연장선상에 있기는 하지만, 칼뱅은 사랑의 의무가 가난한 사람과 어려움에 처한 사람에게 특별히 적용된다고 생각한다. 칼뱅은 예루살렘 교회의 가난한 이들을 도우라는 바울의 권고를 주석하면서 이것을 특히 분명히 했다. 어떤 의미에서 분명히 노동은 자연스러운 것이고 하나님이 정하신 활동이기는 하지만, 일을 해서 받는 임금이 노동자의 배타적인 소유는 아니다. 왜냐하면 "우리는 하나님께 우리 존재와 소유의 일부가 아니라 우리 존재의 전부와 우리가 가진 전부를 빚지고 있기 때문이다."[107] 따라서 "하늘 아버지께서 모든 것을 우리에게 기꺼이 베푸시는 것처럼 우리의 도움이 필요한 사람들을 향해" 선을 행함에 있어 우리는 그분의 과분한 친절을 본받아야 한다.[108] 이것은 '열광주의자'의 주장처럼, 순종하는 사람은 '모든 것'을 '다 내놓게' 될 거라는 의미가 아니다. 열광주의자에 따르면 "그 누구도 고요한 양심으로 자선을 베풀 수 없기 때문이다."[109] 오히려 우리는 '자원이 허용하는 한' '기꺼운 마음으로' '알맞게' 베풀어야 한다.[110] 목표는 "그들은 편안하게 되고 우리는 궁핍하게 되는 것"이 아니라 기꺼이 자신을 내주시는 하나님의 사랑에 참여하여 "우리의 풍요한 것으로 형제들의 필요한 것을 채워 주는 것"이다.[111]

칼뱅이 가난한 자에게 베푸는 과정에서 '알맞음'과 '기꺼움'을 기술하긴 하지만 그럼에도 불구하고 가난한 자를 사랑할 의무는 만만찮은 것이다. 타락 이후로 자리를 잡은 자기중심성 때문에, "우리 스스로 각성해서 관대해지는 것은 우리의 역할이다. 이 부분에서 과도하게 될까 봐 너무 두려워하진 말아야 한다." 오히려 "위험성은 과도하게 인색하게 되는 쪽에 있다."[112] 더욱이 모든 소유는 하나님께 속한 것이기에 이러한 소유를 사람에게 베푸시는 하나님의 **목적**이 사치품을 제공하는 것이 아니라, 도움이 필요한 사람을 위해 필수품을 공급하는 것임을 알아야 한다. "그러면 풍부한 재산을 가지게 된 사람이 유산으로 받았든지 열심히 일하고 노력해서 얻었든지 자신의 풍요가 무절제와 과잉을 위해 주어진 것이 아니라, 형제들의 필수품을 구제하기 위한 것임을 숙고하게 하자."[113] 실제로 우리가 미래를 위해 부를 쌓을 때 "우리는 가난한 형제에게 **줘야** 할 혜택을 **빼앗는** 것이다."[114]

일반적으로 어려움에 처한 사람에 대해 특별한 의무가 있겠지만, 이 의무는 교회의 지체들에게 특히 적용이 된다. "형제들을 구제할 때 우리는 **그들에게 마땅히 해야 할** 사역을 수행하는 것 이상의 일을 하는 것이 아니다. 반면에 **성도**들이 우리의 도움이 필요한 처지에 있을 때 그들을 등한히 여기는 것은 비인간적인 것보다 못한 일이다. 그 **들의 정당한 몫**을 우리가 빼앗는 것이기 때문이다."[115] 그리스도의 몸에 참여한다는 것은 마음과 생각과 재정을 기꺼이 베푸는 것을 의미한다. 칼뱅에게서 이러한 '참여'의 과정은 의무, 정의, 형평의 개념과 심오하게 조화된다. 각 사람에게 마땅히 받아야 할 몫을 줘야 한다는 것이다. 사람들이 도움이 필요한 상황에서 그들에게 '마땅히 주어야 할' 의무가 늘어날 때도 역시 그래야 한다.

따라서 우리는 신자들이 그리스도 안에서 하나가 될 때 칼뱅이 이것을 문자 그대로 재정이 공통으로 '하나가' 되어야 한다고 생각한 것은 아니라고 말할 수 있다. 오히려 비엘레가 쓴 것처럼 칼뱅에게 '그리스도와 친교하는 직접적 결과'는 '재화를 자발적으로 재분배'하는 것이다.[116] 고마움과 기꺼움이 항상 연결되는 방식으로 성령의 능력을 받는 신자들은 자발적인 사랑을 통해 '하나'가 되어야 하고 그 사랑은 또한 신앙 공동체 너머로 확장한다. 현대 선물 담론에서 묘사하는 칼뱅의 모습과 달리 그에게 사랑과 선물을 수여하는 일의 본질은 '일방적'이라는 데 있지 않다. 사랑의 다스림을 성취하는 데에 있어 칼뱅이 '그리스도 안에 참여함'을 강조한 것은 기꺼움과 상호 존중이 사랑과 어떻게 늘 연결되어 있는지를 보여 준다. 교회 안에서 이것은 명백하다. 교회 지체들 사이의 '상호 소통'에는 윤리적, 재정적 결과가 따라온다.[117] 칼뱅은 세상에서 신자들이 자신의 사랑에 대한 호응이 있든 없든 모든 사람을 사랑해야 마땅하다고 주장한다. 하지만 그것은 늘 서로 존중할 준비가 되어 있는 사랑이며, '하나님 안에 있다'라는 정체성으로 바라보는 사람들에 대한 기꺼움과 고마움으로 표현되는 사랑이다. 교회와 세상 모두에서 칼뱅은 그 모든 만만치 않은 의무 조항을 가지는 사랑이 (성부의 값없는 용서를 받아서 얻게 된) 평온한 양심에서 생겨난다는 점을 강조한다. 그 평온한 양심은 성령의 능력을 받아 그리스도 안에 참여하게 됨으로써 하나님을 기뻐하고 다른 사람들을 사랑하게 된다.

6. 참여와 두 가지 '질서'

1) 참여와 교회의 질서

칼뱅은 신자들이 사랑의 법을 성취하는 것을 자발적으로 추구하는 가운데 하나님 나라의 새로운 '질서'에 참여하고 있다고 생각한다. 여기서 '질서'라는 단어는 '무질서'와 대조되는 '질서', 그리고 시대로서의 '질서'라는 두 가지 의미가 있다.[118] 칼뱅이 볼 때, 진정한 질서가 있었던 태초의 시대는 타락 이전이었다. 모든 피조물은 무질서가 아니라 항상 질서를 가져오는 하나님의 명령에 직접적으로 응답했다. 하나님의 명령이 거침없이 뜻했던 바는 선이요 질서의 길이었다.[119] 마찬가지로, 하나님의 형상으로 만들어진 인간도 자발적으로 선을 행할 수 있도록 창조되었다. 칼뱅은 에덴동산에 대해 주석하면서 "우리가 하나님께 순종하고 그분의 뜻이 우리의 모든 감정을 조절하게 된다면 우리의 삶은 올바르게 정돈될 것이다"라고 언급한다.[120] 질서를 가져오는 하나님의 명령과 달리, 타락 가운데 놓인 모든 피조물에 무질서가 임했다. 왜냐하면 "세상에서 무질서한 것은 무엇이든 죄의 열매이기" 때문이다.[121] "인간이 원래 높은 모습에서 쇠퇴한 이후로 세상이 점차 그 본성에서 타락하는 것은 당연해졌다." 그러나 무질서와 혼란은 (타락 이전의) '자연 질서' 혹은 '하나님의 손'이 아니라 '인간의 죄'에서 그 원인을 찾아야 한다.[122] 무질서와 혼란에 대한 응답으로, 그리스도의 사역은 우주적 질서 회복을 가져온다. 왜냐하면 "죄는 지워졌고 구원이 인간에게 회복되었기 때문이다. 요컨대 온 세상은 새로워졌고 모든 것은 좋은 질서로 회복되었다."[123]

이러한 회복의 일환으로 신자들은 하나님의 자유로운 선택을 반영하기 시작한다. 그들은 자발적으로 악보다 선을 선택하고 무질서보다 질서를 선택한다. 하나님의 자유롭고 자발적인 선택을 강조하는 칼뱅의 예정론 교리는 신자들이 자발적으로 그리스도의 길을 선택하는 성화에 대한 그의 설명에 반영되어 있다.[124] 인간의 참된 자유가 타락으로 상실되긴 했어도, 성령은 신자들이 하나님께 바치는 '찬양의 제사'로서 사랑의 율법에 자유롭게 순종할 수 있게 하신다. 다시 말해 하나님의 자유로운 선택을 경험한 신자들은 창조 질서의 회복을 위한 하나님의 주권적인 선택에 자유로이 참여한다. 하나님이 그리스도 안에 있는 '새로운 질서'를 선택하심은 하나님이 사람들을 선택하심을 통해 수행되고, 그들은 "자발적으로 헌신하고 순종하여 그분의 다스림을 받는다."[125]

인간이 하나님의 질서를 추구함에서 핵심 차원은 **수동성**에서 **능동성**으로 움직이는 데 있다. 4장에서 언급했듯이 칼뱅은 하나님의 주권이라는 강력한 교리를 써서 기도에서 '노력 부족'을 정당화하려는 사람들을 책망한다. 그 대신 칼뱅은 그리스도인이 '찬양의 제사'를 드리는 감사의 맥락에서 금욕적인(엄격하게 절제하는) 분투에 들어가야 한다고 말한다. 하나님께서 그의 나라를 세우실 때까지 소극적으로 기다려선 안 된다. 왜냐하면 현재 무질서의 근원은 "자신이 어떤 목적을 위해 만들어졌는지"를 고려하지 않기에 "영예롭지도 유용하지도 않은 직업에 종사하는""나태한"사람에게 있기 때문이다.[126] 인간은 능동적이 되고, 하나님이 원하시는 질서를 (질서라는 단어의 두 가지 의미 모두에서) 열심히 자발적으로 원하도록 만들어졌다.

이렇게 자발적으로 활동하는 새로운 질서라는 특별한 영역은 그리스도의 몸인 교회 안에 있다. 이런 이유로 교회 공동체는 "처벌하거나 강제할 수 있는 칼의 권리를 갖고 있지 않다." 왜냐하면 "관건은 [교회에서] 죄인을 그의 뜻에 거슬러 처벌하는 문제가 아니라 죄인이 자발적으로 징계를 받으며 회개한다고 고백하는 문제이기 때문이다."[127] 국가는 복종하게 하는 힘을 강압적으로 발휘할 수 있는 권세를 하나님으로부터 받았지만, 교회는 정의상 **자발적으로** 회개하고 순종하는 장소이다. 교회 안에 있는 사람들도 죄인이기에 국가의 강압적 권위에도 복종할 필요가 있다. 하지만 교회의 '새로운 질서'는 자발적으로 참여하는 형태의 관계와 다스림을 통해 하나님 나라를 나타내는 것이 되어야 한다.

따라서 칼뱅의 교회론은 세상에서 그리스도의 몸으로 산다는 공동의 목표에 기여하기 위해 몸의 각 지체가 능동적으로 활동해야 한다는 점을 강조한다. 교회는 성령의 다스림을 받고 그리스도는 교회의 머리이시다.

> 택함을 받은 자들 모두가 그리스도 안에서 긴밀히 연합되기에, 그들이 하나의 머리에 의존할 때 그들은 또한 한 몸으로 자라며 한 몸의 지체들로 합쳐지고 짜인다. 그들은 하나의 믿음과 소망과 사랑 안에

서, 그리고 동일한 하나님의 영으로 함께 살기에 진정 하나가 된다. 그들은 영원한 생명이라는 동일한 기업(유산)으로 부름받았을 뿐만 아니라 한 분 하나님과 그리스도에게 참여하라는 부름도 받았다.[128]

그리스도인이 교회의 머리는 아니다.[129] 그리스도만이 머리이시며, 그리스도에 대한 의존이 서로에 대한 더 큰 의존으로 이어진다. 성령은 신자들을 함께 묶으시면서 또한 그리스도의 몸을 세우는 기능을 위해 선물을 나누어 주신다.[130] 칼뱅은 『기독교 강요』 제4권에서 교회의 직무를 논의할 때 계급을 언급하지 않고 그 대신에 기능을 다룬다. 칼뱅은 위에서 아래로 이어지는 교회의 지휘 체계(명령 체계)를 강조하기보다는 바울이 "[신자들에게] 공통의 사역만 맡기되 각자에게 특정한 방식으로 할당한다"라고 주장한다.[131] 어떤 사람들은 교회에서 지도력을 발휘할 수 있는 권한을 부여받지만, 칼뱅은 교회의 다양한 역할이 그리스도와 그분의 몸을 섬기는 기능에 따라 어떻게 구성되는지를 강조하려 한다.[132]

이렇게 기능을 중시하는 교회론의 일부로서, 교회 직무를 선택하는 과정에 신자들이 자유롭고 적극적인 의지로 참여하는 것이 중요하다. 목회자는 '사람들의 동의와 승인'을 받아야 한다. 이것이 바로 '교회 공동의 권리와 자유'이기 때문이다.[133] 반대로 로마 교회에서는 "주교를 선출하는 사람들의 권리가 박탈되었다. 투표, 동의, 서명 및 그 비슷한 유형의 것이 사라졌고", 그들은 "법이나 형평에 무관심"하다.[134] 성령의 다스리심을 통해 하나님의 법을 성취하려는 곳인 교회는 일종의 '형평성 있는 참여 방식'(participatory equity)을 보여야 한다. 교회는 상호 보완적인 성령의 선물들을 유기적으로 조정하는 것을 통해서 기능해야 한다. 이것이 교회 내에서 권위의 개념을 제거하지는 않지만, 그 권위를 기능적인 것으로 만들어 교회 직무에 참여함에 있어서 견제와 균형을 제공한다.[135]

칼뱅의 참여적인 교회론은, 특히 주의 만찬 거행에 예시된 것처럼, 그의 '그리스도 안에 참여함'의 신학과 일치한다. 주의 만찬에서 "주님은 우리에게 그분의 몸을 놀랍게 전달하셔서 그분이 우리와 철저히 하나가 되시고 우리는 그분과 완전히 하나가 되도록 하신다. 이제 그분은 오직 하나의 몸만 갖고 계시고 우리 모두를 그 몸의 참여자로 삼으시기에, 그러한 참여로 우리 모두도 하나의 몸이 되는 것이 필요하다."[136] 교회의 하나 됨은 한 분 그리스도 안에 참여함으로써 하나 됨이다. 신자들은 그들의 영혼을 위한 공동의 양식인 그리스도 때문에 공동 식사로 연합된다. 주의 만찬은 사제가 그리스도를 대신해서 (in persona Christi) 수행하여 하나님의 몸을 바치는 동떨어진 행위가 아니다. 주의 만찬은 모인 신자들이 그리스도와 그분의 몸과 피에 참여함이다. 그와 동시에 그것은 사랑과 형평의 법에 참여하여, 죄로 인해 파괴되었던 원래의 인간 교제를 맛보는 것이다.[137] 이처럼 [그리스도의] 몸 안에 있는 상호 사랑은 그리스도에 참여하면서 나누는 사랑과 분리될 수 없다. 만찬에서 그리스도에게 참여하는 것은 이중 사랑의 계명을 성취하는 경험을 하게 되는 하나의 방식이고, 이것은 하나님이 피조물에 의도하신 질서, 즉 피조물이 다른 피조물과 서로 사랑하는 가운데 창조주를 사랑하는 질서를 회복시킨다.

주의 만찬에서 나누는 사랑은 사회의 필요, 특히 가난하고 궁핍한 사람들에게까지 확장된다. 칼뱅은 이것을 성찬 예전을 설명하며 명시한다.

> 그[예수 그리스도]와 함께 그분[아버지]은 모든 것을 베푸셨다. 죄 용서, 영원한 구원의 약속, 하나님의 생명과 의로움, 마침내 하나님의 자녀들에게 더해지는 모든 바람직한 것들까지 그의 나라와 그의 의를 구하는 이들에게 주셨다. 그런 다음 선하고 정당한 이유를 가지고 우리는 아주 많고도 크나큰 유익을 인식하면서 하나님 아버지와 우리 주 예수 그리스도에게 우리 자신을 온전히 드리며 순종한다. 그리고 (그리스도교적 사랑이 요구하는 대로) 우리는 가장 작은 자 안에 계신 예수 그리스도께, 즉 굶주린 자, 목마른 자, 헐벗은 자, 낯선 자, 감옥에 갇힌 자에게 드리는 거룩한 예물과 선물로 그 사실을 증명한다. 그리스도 안에 살고 그리스도의 내주하심이 있는 모든 사람의 경우, 율법이 명하는 것을 자발적으로 행하라. 그리고 율법은 우리에게 [그러한] 예물이 없이는 하나님 앞에 나오지 말 것을 명한다.[138]

주의 만찬에서 신자들은 성부께서 성자에게 베푸신 선물을 예수 그리스도 안에서 받게 된다. 성찬에서 받은 이 신성한 선물에 대한 응답으로 신자들은 자신들이 하나님에게 받은 (물질적인 그리고 영적인) 모든 '혜택'과 함께 "그들 자신을 온전히 하나님께 드리고 순종하게" 된다. 성찬에서 받은 신적 선물에 대한 이런 자기를 드리는 응답의 일환으로 신자들은 그들이 먼저 받은 선물과 유사한 일을 행한다.[139] "가장 작은 형제들 안에 계신 예수 그리스도께, 즉 굶주린 자, 목마른 자, 헐벗은 자, 낯선 자, 감옥에 갇힌 자에게" 사랑으로 자발적 선물을 주게 된다. 하나님처럼 신자들은 '선물'로 그들의 사랑을 자발적으로 '증언'한다. 신자들은 '율법이 명하는 바를 자발적으로 행함에 따라' 하나님께서 정하신 방식에 참여한다.

따라서 성찬에서, 자신을 내주시는 하나님의 선행하는 사랑을 증언하는 신자들의 자신을 내주는 사랑은 외적인 나선형으로 움직여 태초의(원초적) 질서를 회복한다. 신자들은 성령을 통해 그리스도의 몸과 피를 선물로 받는다. 이렇게 그리스도 안에 참여하는 것은 신자들을 활성화하는 참여로서 그들이 '사랑'의 법의 '요구 사항'에 따라 행동하도록 이끈다. 그것은 상호적 사랑이자 자선을 베푸는 것도 포함하는데, 자선의 대상은 예배 공동체에 국한되지 않는다.[140] 이렇게 '보답으로 드리는' 선물은 어떤 의미에서 하나님께 바쳐지고 곤궁한 사람들 안에 계신 '예수 그리스도'께 드려지는 것이다. 신자들이 본래 하나님께 받은 성찬의 선물[과 같은] 수준에서 '답례 선물'을 드리는 것은 아니지만, 그래도 신자들은 응답의 선물을 베푸는데 하나님의 형상으로 바라본 이웃을 상대로 **응답의** 선물을 베푼다. 칼뱅의 설명은 이웃 사랑 윤리가 어떻게 '하나님 안에' 있는 이웃을 바라보는 데서 생겨나는지 보여 주는 예다. 구체적으로 말하면 '배고픈 사람, 목마른 사람, 헐벗은 사람' 등에게 베푸는 것이 사실 그리스도 안에서 하나님께 '드림'의 한 형태인 셈이다.[141] 이런 식으로 베푸는 것은 타락 이전 처음 질서에 존재했던 피조물 간의 조화를 회복하는 데 도움이 된다.

교회의 예배와 곤궁한 사람들을 위한 봉사를 연결하려는 칼뱅의 관심사는 당시 로마 가톨릭의 집사 직무를 극적으로 수정하도록 이끌었다. 칼뱅은 집사가 사제직으로 가는 하나의 디딤돌 역할을 맡기보다는 가난한 사람들을 돌보는 일을 맡아야 한다고 생각했다. 로마서 12장 8절에 대한 해석에 근거해서 칼뱅은 집사의 '등급을 두 가지로 구분해서' 지정한다. "하나는 가난한 자들의 일을 관리하며 교회를 섬기는 것이고, 다른 하나는 가난한 자들을 직접 돌보는 것이다."[142] 따라서 사회 복지의 특정 측면에 대해서는 시민 정부가 계속해서 책임을 지고 있었지만, 교회 직분자인 집사가 기독교 예배의 평상시 소산물인 구호품을 전달하는 자로 지정되었다. 제네바에서 이러한 집사 신학은 종합 구빈원에서의 조직화(체계화)된 자선 방식으로 이어졌다.[143]

요약하면, 하나님 나라의 새로운 질서는 하나님과 교제하고 다른 사람들과 교제하는 태초의 질서를 회복하는 것이다. 그리스도를 머리로 하는 교회는 성령에 의해 활성화되어 수동성에서 자발적인 행동으로 이동하면서 피조물을 갱신하고 질서를 부여하시는 하나님의 일에 참여하는 것을 적극 선택한다. 칼뱅은 교회 직무를 없애지는 않지만 교회의 삶에 참여적인 역할을 부여한다. 신자들은 교회의 지도자를 선택하는 데 참여해야 한다. 지도자의 역할은 기능적인 것이 되어야 하고 견제와 균형이 주어진다. 교회의 온몸은 머리가 되시는 그리스도를 섬기기 위해 함께 일해야 하기 때문이다. 주의 만찬에서 교회의 예배는 더 넓은 사회의 필요와 연결된다. 신자들은 그리스도의 몸과 피를 받고, 다른 신자들과 사랑의 교제를 맺으며, 집사들이 더 넓은 사회의 곤궁한 이들에게 자선을 베푸는 방식으로 신자 간의 사랑을 확장하여 그리스도 안에 참여한다. 교회는 이 모든 방식으로 예수 그리스도와 연합되고 성령을 통하여 하나님과 이웃을 사랑한다.

그러나 이중 사랑의 율법에 순종하는 것에 대한 관심사는 교회의 질서에 국한되지 않고 시민 질서에도 다른 방식으로 확대된다. 신자들은 그리스도 안에 참여하고 그에 따른 자유로운 사랑의 발로를 통해 창조의 본래 질서를 회복하려고 애쓰지만, 시민 정부는 하나님이 제정하신 기능을 수행함으로써 타락이 낳은 손상(악영향)을 억제하려고 애를 써야 한다. 칼뱅이 교회와 관련해서 시민 정부 기능을 서술하는(delineate) 방식은 우리가 칼뱅의 그리스도 참여 신학에 대한 '질서' 개념에 함축된 의미를 계속 탐구해 나가는 데 중요하다.

2) 참여와 국가의 질서

칼뱅에 따르면, 교회 질서와 관련이 있지만 구별되는 질서가 있는데 그것은 국가의 질서다. 그것은 '신적으로 확립된 질서'다.[144] 시민 질서가 칼뱅에게 신학적으로 중요하다는 사실이 다른 대목에서는 교리 교육 스타일인 그의 저작 1536년 판 『기독교 강요』에 그 스타일에서 벗어난 정부에 관한 항목이 포함된 사실에서 분명히 드러난다. 이 항목은 이후 『기독교 강요』 판본에서 유지되고 확장된다. 나는 '그리스도 안에 참여함' 개념이 시민 질서에 대한 칼뱅의 생각을 밝혀 주는 방식에 초점을 맞추어 설명을 해 나가고자 한다. 이 주제에 정치적 결론이 따라오는 것은 놀라운 일이 아니다. 왜냐하면 칼뱅에게 교회와 국가라는 '이중 정부'는 두 형태의 정부가 구별되더라도 언제나 깊이 상호 연관되어 있기 때문이다.[145]

'참여' 주제는 본래 1536년 판 『기독교 강요』에서 시민 질서에 관한 장을 공유했던 개념인 그리스도인의 자유 개념 분석을 통해 정치 질서에 대한 칼뱅의 생각을 밝힐 수 있다.[146] 그리스도인의 자유에 대한 칼뱅의 설명은 세 부분으로 되어 있다. 첫째, 하나님의 칭의를 받아들인 다음, "신자들의 양심은 … 율법으로 의로워지려는 모든 생각을 잊고 율법을 넘어서고 그 너머로 나아가야 한다."[147] "율법은 아무도 의로운 사람으로 남겨 두지 않으니 사람들은 하나님의 법을 성취하려고 애쓰며 자기를 의롭게 하려는 과업을 포기해야 마땅하다."[148] 그보다도 신자들은 "율법의 모든 완전함을 능가하는" 의롭다 함을 얻기 위해 '그리스도만' 바라보아야 한다.[149] 그리스도인의 자유의 두 번째 측면은 역설적으로 '첫 번째 측면에 의존'한다. "양심은 마치 율법의 필연성에 **구속된** 것인 양 율법을 지키는 것이 아니다. 양심이 율법의 멍에에서 벗어났기에 하나님의 율법에 **기꺼이** 순종하는 것이다."[150] 이러한 자유를 그리스도의 '선물'로서 받는 것은 그리스도의 의로움으로 양심이 평온해질 수 있기 때문이다.[151] 율법으로부터의 자유는 하나님과 다른 사람들 모두에 의한 심판을 '끊임없이 계속 두려워하는 것'에서 자유롭게 되는 것을 포함한다. 왜냐하면 우리는 그리스도인의 자유 안에서 "모든 사람의 권세에서 해방되기" 때문이다.[152] 하지만 이 모든 자유를 경험할 때 감사하는 순종이 가능해져서 신자들은 하나님께 "열성을 다해 즐거이 응답하고 그분의 인도하심을 따를 것이다."[153] 신자들은 이제 성령에 의해 자발적인 감사로 율법을 성취한다. 구약 율법이 폐지된 영역에서 그리스도인의 자유의 세 번째 측면은 "그것들 자체로는 '좋지도 나쁘지도 않은'(indifferent)" 외면적 문제에 대한 자유를 수반한다.[154]

그리스도인의 자유를 교회와 국가의 질서에 연관시킬 때면 "그리스도인의 자유가 모든 부분에서 영적인 것"임을 먼저 인식할 필요가 있다.[155] 그러니 인류를 다스리는 '이중적인 정부'라는 관점에서 보면, 교회는 법을 이행하고 동시에 법을 '넘어서는' 이 자발적 자유가 나타나는 중심적 장소다. 그리스도인의 자유는 성령으로 인한 거듭남에 달려 있다. 더욱이 신자들이 성령으로 인한 변화를 경험하더라도(로마서 8장) 여전히 죄인이기 때문에(로마서 7장) 지금은 그 자유를 부분적으로만 경험한다. 따라서 교회가 그리스도의 몸에 자발적이고 능동적으로 참여하는 영역이긴 해도 마지막 항목에서 설명했듯이 교회 안에 있는 사람들은 여전히 국가 통치가 필요하다.

시민 정부는 '그리스도인의 자유' 영역에서 활동하진 않지만, '시민적' 목적과 '종교적' 목적을 모두 이루도록 하나님이 제정하신 것이다. 시민 정부의 가장 중요한 목적은 "하나님을 외적으로 예배하는 일을 소중히 여기고 보호하며 건전한 경건함의 교리와 교회의 지위를 수호하고 우리 삶을 인간 사회에 맞게 조정하는 데 있다. … 그리고 전반적 평화와 평온을 촉진하는 데 있다."[156] 따라서 두 정부는 모두 첫 번째 돌판(올바른 예배) 및 율법의 두 번째 돌판(이웃과의 올바른 관계)과 관계가 있음이 분명하다.[157] 중생하지 않은 사람의 '내적인' 도덕법 지식은 주로 두 번째 돌판을 포함하긴 하나, 두 돌판 모두가 자연법에 들어 있고 시민 사회의 실정법은 두 돌판 모두를 반영해야 한다. 따라서 국가는 실제로 교회와 공통으로 가지는 목적에 봉사해야 한다. 실제로 어떤 의미에서는 국가가 교회에 '종속적'이라고 볼 수 있다.[158]

하지만 중첩되는 목적에도 불구하고 국가와 교회는 '전적으로 다른 본성'을 가지고 있기에 혼동되어서는 안 된다.[159] 그리스도만이 교회의 머리이시다. 군주, 공적 관리 및 기타 통치자들은 국가의 '수반'으로 하나님에 의해 임명되었다. 교회에서는 자발적으로 감사하며 순종하는 것이 규범이다. 국가에서는 강제성을 자주 사용하면서 외적 복종을 유지해야 한다. 모든 사람이 죄인이라서 국가는 실재하는 사악함을 감안해서 적당한 방법으로 무질서와 혼돈을 억제해야 한다. 왜냐하면 통치자가 '지나친 엄중함'을 가지고 있으면 '고치기보다 해를 끼칠' 수 있기 때문이다.[160] 반면에 무고한 자의 취약함을 감안할 때, 통치자는 '미신적인 관용 사랑'을 피해야 한다. [범죄자에 대한 무분별한] 관용은 '많은 사람을 파멸에 이르도록 내버려 둘' 수 있는 '가장 잔인한 온유함'인 까닭이다.[161]

국가는 하나님의 섭리 안에서 교회가 창조의 본래 '질서'를 회복하려고 애쓰는 데 도움이 되도록 주어진 것이다. 이러한 회복의 일환으로, '자발적 참여'의 개념이 칼뱅의 '그리스도인의 자유'와 '그리스도 안에 참여함'의 신학 모두와 연결되어 특별한 역할을 한다. 국가는 엄밀히 말해서 '자연적인' 제도가 아니다. 타락이 아니었다면 국가는 필요하지 않았을 것이다. 국가는 공적 예배를 장려하고 가난하고 곤궁한 사람들을 돕고[162] 외적인 불순종을 강압으로 억제하는 종말론적으로 조건화된 임무를 수행하도록 하나님이 제정하신 것이다. 마지막 이슈에 관해서, 국가는 율법의 두 번째 쓰임새, 즉 공공의 악행을 억제하는 방식으로서의 법을 실행한다. 율법의 두 번째 쓰임새가 타락한 세상에서 필수 불가결하긴 하나 국가는 두 번째 쓰임새가 필요하지 않았던 본래의 질서, 즉 하나님에게 자발적으로 순종하고 자원해서 다른 사람들과 사랑하는 조화로운 관계를 누리는 시대에 대한 비전을 교회와 공유한다. 국가는 하나님의 통치를 떠받치고 회복하고자 하기에, ('강제적 순종'을 낳는) 강압적 제한과 자원하는 적극적 순종이라는 최종적 목적(텔로스) 사이에서 균형을 맞출 필요가 있음을 인식해야 한다.

위에서 언급했듯이 자발적으로 순종하고 공동으로 기능하는 '인간'에 대한 비전은 칼뱅의 교회론에 드러난다. 그리스도는 교회의 유일한 머리이시다. 교회의 직무를 맡은 이들은 성령께서 나누어 주신 각각 다른 은사(선물)에 의존하면서 서로 다른 역할을 실행한다. 더욱이 교회 지도자들을 뽑는 일은 교회 지체들이 자원하여 참여하는 의지의 행사를 통해 이루어져야 한다.[163] 교회에는 그리스도교 군주와 같은 직무가 없으며 교회 안에서 그리스도의 권위는 어떤 의미에서는 공동의 권위다. 모든 지체가 성령에 의해 머리이신 그리스도 안에 참여하기 때문이다.

비슷한 방식으로, 인간의 번영에 공동으로 참여하는 비전은 칼뱅의 시민 질서 개념을 위한 모델로 볼 수 있다. 한편으로 칼뱅은 하나님의 섭리 계획에서 사실상 배제된 특별한 형태의 시민 정부는 없다고 생각한다. 하지만 칼뱅은 견제와 균형을 갖춘 정부가 폭정을 피하는 데 유용한 방식이 될 수 있다고 생각한다.[164] 더욱이 칼뱅은 하나님이 제정하신 정부 형태가 무엇이든 간에 '사람들'의 의지가 어떤 형태로든 정부에 영향을 미쳐야 한다고 강조한다. "가장 바람직한 종류의 자유는 우리가 압제적으로 우리 머리 위에 놓인 모든 사람에게 복종하도록 강요받아서는 안 되고 선거를 허용하여 우리가 승인한 사람이 아니면 누구든 통치하지 못하게 해야 한다는 것이다."[165] 사실, 자연법 개념과 하나님 형상이라는 자연적 자질과 관련해서 칼뱅의 정치사상이 훗날 자연권 이론 발전을 위한 중요한 원천이 된 것은 틀림없다.[166] 하지만 이러한 기본적 입장에 더해, 칼뱅은 '백성들'이 여전히 죄인들이기에 대중 참여는 규제되어야 한다고도 생각한다. 실제로 (세르베투스와 다른 사람들 경우와 마찬가지로) 이단 억제에 대한 강압 수단 사용을 칼뱅이 지지한 것은 결국 신앙 문제를 자발적 양심에 맡겨 둘 수 없다는 종말론적인 비관론을 내비친 것이다.[167] 죄인들도 의지는 제어되고 규제될 필요가 있다는 것이다. 하지만 이것과 균형을 잡아 주는 긴장을 유지하면서, 칼뱅은 공동체의 자원하여 참여하는 의지가 바로 하나님의 통치가 교회에서 의미하는 바이고 나름의 방식으로 국가에서 의미하는 바이기도 하다는 분명한 인식을 갖고 있다.[168] 칼뱅의 정치사상은 회펠이 '통제된 형태의 대중 참여'라고 부르는 것을 필요로 한다.[169] 무정부 상태와 폭정의 양극단을 피하려는 칼뱅의 관심사를 고려하면 우리는 칼뱅이 '최상의 정부 형태'가 [규제된] 대중 참여와 '법적 권리의 안전한 향유'를 다 포함하는 것이라고 본다는 회펠의 해석을 따를 수 있다.[170]

따라서 최초의 질서에 걸맞은 자유로운 참여와 죄의 세계에 필요한 강압과 규제 사이에 종말론적 긴장이 있긴 해도, 칼뱅은 종말론적 목적이 다양한 사회 구조에 사람들이 자유롭고 자발적으로 참여하는 것을 지향하고 있음을 분명히 한다. 때때로 이러한 종말론적 긴장은 한계점까지 이른다. 그리스도인들은 공의도 지키지 않고 시민의 뜻도 고려하지 않는 압제적 통치자에게 어떻게 대응해야 할까? 칼뱅의 통상적 대답은 하나님의 명령에 불순종해야 하는 경우가 아닌 한, 신자들은 계속해서 통치자에게 복종해야 한다는 것이었다.[171] 대중 혁명은 원칙적으로 금지된 것으로 보인다. 불의한 통치자조차도 악을 억제하기 위해 하나님에 의해 임명되고 '공공의 복종'을 받을 자격이 있기 때문이다.[172] 그럼에도 불구하고 칼뱅은 『기독교 강요』에서 드물지만 예외를 허용한다. 공적 관리는 정의를 무시하는 "군주들의 전횡을 억제하도록 임명된다"는 것이다.[173] 무슨 근거로 그런 주장을 할까? "그들[부당한 군주들]은 시민의 자유를 부정직하게 배신했기 때문이다.

그들은 하나님의 규정으로 자신들이 시민의 자유의 보호자로 임명된 것을 알고 있다."[174] 또한 칼뱅은 생애 말기에 쓴 편지에서 불의한 군주에 대항해 싸우는 귀족들에게 '모든 선한 시민'이 '무장 지원'을 제공하는 것은 '합법적'이라고 말한다.[175] 이러한 조언은 칼뱅의 후기 설교에서 저항권에 점점 더 열린 입장이 되어 가는 모습과 일치한다.[176] 시민 당국이 인간의 자유와 적극적 참여를 포함하는 인간 번영의 질서를 정당하게 최소화할 수 있는 범위에는 분명한 한계가 있다. 따라서 칼뱅은 본질적으로 혁명의 문제에 관해서는 정치적 보수주의자로 남았지만, 자발적 자유에 대한 칼뱅의 사상과 제네바에서 태동된 칼뱅주의 정치사상에 담겨 있는 보다 혁명적인 흐름 사이에는 연속성이 있다.[177]

요약하면, 참여와 정치 질서에 관한 이번 항에서 나는 인간이 하나님의 율법에 자발적으로 순종하는 본래 질서에 대한 칼뱅의 비전이 그의 정치사상에 어떻게 중요한 영향을 미치는지 보여 주고자 했다. 한편으로 시민 정부는 교회 정부와 중첩되는 목표를 가지고 있다. 이 둘은 모두 공동체 안에서 율법의 두 돌판 모두에 대한 순종을 함양하려고 하기 때문이다. 둘 다 본래의 질서와 조화를 회복하려고 노력한다. 그러나 교회는 강압을 사용하지 않는 장소로서 종말론적으로 특권을 가진 무대이다. 신자들은 성령에 의해 활성화되어 자발적으로 율법보다 '위에' 있으면서도 율법을 '성취하기' 때문이다. 하지만 교회 내에 있는 사람조차 죄인이며 모든 사람을 위해서는 두 번째 형태의 정부가 필요하다. 이 두 번째 시민적 형태의 정부는 필요할 때는 강제에 의하여 외적인 순종을 유지하려 한다. 따라서 두 번째 질서는 종말론적으로 잠정적이고, 그리스도께서 '모든 것 안에 모든 것이' 되실 때 교회의 질서에 의해 대체될 것이다. 본래의 조화로운 질서는 최종적인 구속에서 성취될 것이다.

따라서 칼뱅은 정치적인 '보수주의자'로 남아 있긴 하지만, 그래서 시민 [정부의] 권위와 통치자는 하나님에 의해 임명되었고 '공공의 복종'을 받을 자격이 있지만, 자유롭고 자발적인 참여를 포함하는 인간 번영의 종말론적 비전은 여전히 그의 정치사상에 영향을 미친다. 특히 군주가 '시민의 자유'를 배반할 때 공적 관리가 왕에게 저항하도록 규정한 것은, 칼뱅이 마음속에 그리는 국가에서의 [제한된] 자유와 참여를 나타내는 것이다. 국가는 교회와 마찬가지로 본래의 참여적 창조 질서를 회복하기 위해 겸손하면서도 실제적인 노력을 기울여야 한다.

7. 결론

이번 장에서 나는 칼뱅이 '그리스도 안에 참여함'이라는 그의 개념과 강한 연관성을 가진 복잡하고 다면적인 율법 신학을 어떤 방식으로 가지고 있는지 보여 주려고 노력했다. 율법이란 인간을 하나님과 연합시킬 의도로 하나님이 인류에게 적응하신 것이다. 그 '원칙적 목적'은 인간이 '하나님과 하나 됨'이라는 '진정한 행복'을 경험할 수 있도록 하나님에게 초대하는 것이다.[178] 타락 이전에 율법은 인간이 하나님 안에 참여할 수 있게 하는 원초적 방식이었다. 타락 이후에 율법은 인간을 회개로 이끌고 인류의 사회적 악행을 억제한다. 그러나 신자들은 율법을 성취하신 그리스도 안에 참여함을 통해, 타락하면서 잃어버렸던 하나님과의 기쁨과 친밀함을 현재 맛볼 수 있게 된다.

밀뱅크의 생각과 달리, 이러한 방식으로 사랑은 그리스도인의 삶을 바라보는 칼뱅의 관점 중심에 위치한다.[179] 인간의 방식은 하나님과 이웃에 대해 흔쾌하게 자원하는 사랑을 통하는 방식으로 율법이라는 신적 적응(조정)에 들어간다. 이러한 이중적 사랑에서 신자들은 그리스도와 '하나'이고, 서로 간에 '하나'이고, 그리스도의 몸에 접목되고 합쳐진다. 신자들은 그들을 살게 하시는 그리스도를 성찬에서 받아들이면서 모든 사람, 특히 궁핍한 사람에게 선물(자선)과 사랑도 펼친다. 이러한 사랑의 공적인 확장은 '형평'과 '정의'를 향한 사회적 관심과 병들고 가난하고 궁핍한 사람들의 필요를 제공하겠다는 서약의 형태를 취한다. 신자들의 교회 내의 사랑과 사회를 향한 사랑은 '일방적' 성격의 것이 아니라 하나님과 이웃에 대해 적극적이고 상호적이고 자발적인 사랑이다. 타락 이전 인류 안에 있던 본래의 조화를 회복시키시는 하나님의 일에 신자들이 참여하고자 노력함에 따라 그리스도인의 사랑은 교회적, 경제적, 정치적 차원을 갖게 된다.

적절한 인간관계로 이루어진 태초의 질서는 사랑의 율법에 자발적으로 순종하는 것을 포함하기 때문에, 교회와 국가는 이러한 자발적 참여가 이루어질 수 있는 자리를 제공하는 방식으로 조직되어야 한다. 그리스도를 머리로 삼고 성령에 의해 다스려지는 교회에서는 자발적 순종과 기능적으로 이해된 권위가 중심 규범이다. 국가에서는 외적인 순종을 강압으로 강제할 수 있다. 타락으로 인해 일시적으로 강제가 필요하게 되었다. 그럼에도 불구하고 국가는 시민의 자발적 의지의 인도를 따르라는 종말론적으로 규정된 명령을 받았다.

교회와 시민 정부는 각자의 방식으로 무질서와 죄와 소외보다는 질서와 조화와 자발적 참여의 방식을 가능한 한 많이 회복하려고 한다. 신자들은 이러한 종류의 질서를 선택하는 데 있어 그리스도 안에 참여하는 동시에 자기 자신과 하나님과 이웃 사이의 교제를 회복하시겠다는 하나님의 주권적인 선택에 참여한다. 역설적이게도 질서에 대한 관심은 국가의 강제력에 관한 칼뱅의 통제 경향의 배후에도 있고, 적절하게 기능하는 인류를 조화롭고 공동체적이며 참여적인 존재들로 보는 그의 비전 배후에도 있다. 칼뱅의 통제 경향은 종말론적 비관주의를 드러내어 칼뱅은 신앙 문제에서조차 죄를 억제하기 위해서는 국가의 강제력이 필요하다고 본다. 칼뱅의 참여 비전은 하나님의 형상(창조)과 그리스도 안에 참여함(구속)에 있는 인간 활동에 대한 그의 심오한 자발적 비전에서 나온다. 죄의 분열로 인해 칼뱅 신학의 이러한 두 가지 주제는 교회와 국가와 관련된 실제적 결과를 결정하는 데 서로 긴장 관계에 있다. 그럼에도 불구하고 이 두 주제는 율법의 신학을 통해 창조와 구속을 밀접하게 결합하는 비전에서 나온다. 하나님과 이웃에 대한 자발적 사랑인 율법은 그리스도 안에서 그 성취를 찾는 은혜로운 적응(조정)이며, 그리스도는 신자들을 하나님과 연합시키는 위대한 적응(조정)이 되신다.

6장
칼뱅의 참여 신학 전망

　우리 탐구의 출발점은 오늘날 선물 신학이 제기하는 새롭지만 오래된 질문이었다. 칼뱅 신학에서 하나님은 주권적인 신적 권능을 가지고 피조물을 강압하는 분이신가? 칼뱅에게 하나님과 인류의 구원 관계는 어느 정도 호혜성을 수반하는가? 아니면 한쪽이 받기만 해야 하는 일방적인 선물인가? 선물 담론에서 칼뱅에 대한 언급이 널리 퍼져 있는데, 그것은 적어도 칼뱅이 '일방적인 선물'의 전형적 예를 제공하는 것처럼 보이기 때문이다. 선물 신학자들은 극단으로 치닫는 신학 사상의 예로 칼뱅을 사용하는 경향이 있다. 즉, 응답할 여지가 없는 주권의 신학, 감사할 여지가 없는 사랑의 신학, 자발적인 것을 배제하는 자유의 신학이라는 것이다.
　선물 신학자들의 이러한 비판과 동방 정교회와 페미니스트 신학자들의 유사한 비판에 대한 응답으로,[1] 나는 칼뱅 사상에서 논란이 되는 개념, 즉 그리스도 안에 참여함의 신학의 중요성을 살펴보았다. 급진 정통주의와 관련된 선물 신학자들은 칼뱅의 참여 신학을 유명론 이전의 참여 신학자들에게서 완전히 벗어난 것으로 읽는 경향이 있다. 그들은 아우구스티누스와 토마스 아퀴나스가 적절한 삼위일체 용어로 '호혜성'과 신-인 관계를 말하기 위해 세운 전략을 칼뱅이 거부하고 있다고 본다. 다른 선물 신학자들은 칼뱅이 신-인 관계에 대해 엄격하게 일방적인 설명을 한다고 묘사하면서 유사한 이야기를 암묵적으로 가정한다. (이들의 생각이 옳다면,) 신자들이 그리스도를 통해 하나님과 연합하는, 그리스도 안에 참여함의 신학은 칼뱅에게 이질적으로 보일 것이다.

칼뱅의 참여 신학을 살펴보면서, 나는 이러한 비판에 응답할 뿐만 아니라, 칼뱅의 생각에 담겨 있는 참여의 중요성에 대해 종합적인 설명을 제공하려고 노력했다. '선물'과 같이, '참여'는 칼뱅의 사상에서 공식적인 교리의 자리(loci)는 아니었다. 하지만 입양과 접목에 대한 성경의 이미지와 더불어, 참여는 1539년부터 칼뱅의 신학 프로그램에서 중요한 주제들의 결합을 이루어 냈다. 칼뱅은 바울의 로마서를 성경의 나머지 책들을 바라보는 렌즈로 사용하면서 드러나는 참여 신학을 우리에게 제공한다. 이러한 주석적 근거로부터 칼뱅은 광범위하게 다양한 교리적 자리들과 관련하여 참여 개념을 발전시킨다.[2] 이 마지막 장에서 나는 이러한 작업이 현재 진행 중인 선물 담론에 얼마나 중요한지 간략하게 가늠하면서 칼뱅의 그리스도 안에의 참여 신학에 대한 비판과 전망을 평가할 것이다.

1. 선물 담론에서 칼뱅의 자리를 재평가하기

1) '선물'의 범주와 칼뱅의 신학

선물 담론과 관련하여 칼뱅의 신학을 평가할 때 가장 먼저 주목해야 할 것은 '선물'의 범주가 칼뱅의 신학에 대한 설명 능력 면에서 한계가 뚜렷하다는 점이다. 선물 신학자들이 신-인 행동을 설명할 때 선물과 교환에 관한 언어의 체계적 지위에 대해 그리 명확하지 않다.[3] 실제로 밀뱅크와 같은 사상가들의 신학 방법으로는, '선물'이 하나의 '중심 원리'(central dogma)에서 나오는 신학의 주요 범주가 된다고 제안할 수 있을 것이다.[4] 그런 접근법이 하나님과 인류의 구원 관계와 그에 따른 그리스도교 윤리에 대한 신학적 유추가 적절한지 고려하는 데 도움은 되겠지만, 칼뱅은 인류학적 분석의 결과로 인해 특정한 선물 언어에 규범적 지위를 부여하는 신학적 접근 방식과는 상당한 거리가 있다.

그럼에도 불구하고 우리는 '선물' 언어가 칼뱅의 신학 사상에서 중요한 위치를 점하고 있는 사례를 보았다. 칼뱅은 구원이 인간의 '행위'(엡 2:8-9)의 성취가 아니라 '믿음'에 의한 '하나님의 선물'이라는 바울의 논리를 따른다. 그렇기에 칼뱅의 칭의 교리에서 구원 자체는 믿음을 통해 '선물'로 받는다. 칼뱅은 이중 은혜의 첫 번째 은혜가 우리 너머의 (우리 바깥의[extra nos]) 의로움을 포함해야 한다고 주장한다. 이러한 의로움은 받는 것이지 공로가 아니다. 사람이 행하는 어떤 일도 그리스도 안에서 받은 의로움에 뭔가를 더할 수는 없다. 빠진 것이 없으니 덧붙일 것도 없다. (법정적) 용서라는 하나님의 은혜로운 행위에서 하나님은 죄인들이 믿음을 통해 그리스도와 연합하여 그리스도의 의로움을 소유하기 때문에 그들이 의롭다고 선언하신다.

첫 번째 은혜의 동력으로 칼뱅은 바울의 선물 언어를 사용하여 하나님이 공로가 아닌 방식으로 신자들을 살리시는 것에 대해 말한다. 그 결과, '선물' 언어는 비인격적 거래가 아니라 하나님이 앞서서 충분한 은혜를 베푸시면서 믿음으로 자유롭게 동의하는 인간을 생명으로 인도하는 방식을 수사학적으로 강조한다. 겉으로 볼 때 칼뱅의 '선물' 언어는 확실히 구원이 신자의 내적 갱신의 총합보다 더 많은 것을 포함한다는 것을 의미한다. 구원의 선물은 우리 자신의 외부에서 받는 것이다. 하지만 이 선물은 또한 관계의 선물이다. 인간과 하나님의 원초적 교제를 회복하시고자 타락한 인간을 찾으시는 하나님과의 관계라는 선물이다.

또한 우리는 칼뱅의 성례전 신학에서 '선물' 언어가 어떻게 두드러지게 나타나는지 살펴보았다. 칼뱅의 선물 언어의 수사학적 쓰임새가 각각 상황에 따라 다양하지만 종종 신적 주도권에 대한 **통합적** 강조라고 할 수 있다. 칭의에서 성령은 성부의 용서를 드러내시면서 신자를 그리스도와 연합시키신다. 성화에서 성령은 신자들이 그리스도를 닮아 성장하면서 그리스도 안에 참여하도록 힘을 실어 주신다. 이중 은혜의 맥락에서 성례전은 외부에서 받은 선물이지만 신자들을 하나님의 삼위일체적 사역에 통합한다. 성례전은 또한 '선물'이다. [빵과 포도주 같은] 성례전의 피조물적 요소 자체가 능력이 있다고 생각해서는 안 된다는 의미에서 그러하다. 그런 생각은 성례전이 갖는 '선물'의 특징을 훼손하는 것이다. 신자들과 마찬가지로 성례전도 성령 안에서 능력을 지니는 것이지 그 자체로 능력이 있는 것은 아니다.

유사한 방식으로, 칼뱅에게서 자주 들을 수는 없지만 (그래도 여전히 의미심장한), 율법이 '선물'이라는 칼뱅의 언급은 인간을 통합하시는 신적 주도권을 강조한다. 율법은 '선물'이다. 왜냐하면 그것은 인간을 하나님과 연합시키는, 하나님이 가능하게 만드신 하나님과의 교제 방식이기 때문이다. 이것이 직접적 방식으로 이중 은혜와 일치하지는 않지만, 율법이 '선물'이라는 가르침은 율법이 근본적으로 인간의 성과를 넘어서는 선함이고 하나님과 이웃과의 교제라는 선물임을 분명히 한다. 따라서 율법의 선물을 올바르게 받는 것은 이중 사랑의 율법에 순종함과 그리스도 안에 참여함과 분리되지 않는다.

칼뱅은 또한 하나님의 자기를 주심과 인간의 사랑과 자기를 내줌 사이에 있는 특정한 관계를 보고 있다. 아마도 이 둘 사이의 가장 직접적 관계는 주의 만찬을 거행하는 것에 있을 것이다. 주의 만찬에서 사람들은 믿음의 선물을 통해 하나님의 은사를 받을 수 있게 된다. 그것은 그리스도와의 동시적인 교제, 다른 신자들과의 교제, 그리고 이웃에게 퍼지는 사랑을 포함한다. 구체적으로, 칼뱅이 바람직하다고 여기는 자선과 성만찬 거행의 연결 관계는 하나님의 자기를 내주심과 신자들의 자신을 내줌 사이에 내재하는 연결 관계를 보여 준다. 하지만 이러한 자선이 '일방적'인 선물을 나타내는 것이라고 보지 않으려면, 성례전 참여에 포함되는 외적 움직임은 가능한 한 상호적 관계를 추구함이자 모든 사람에 대해서는 사랑에서 우러난 정의와 형평을 추구함이라는 것을 기억함이 중요하다(5장 참조).

신적인 내줌과 인간의 내줌에 대한 이러한 이미지가 칼뱅의 사상에서 중요한 것만큼이나, '선물'은 칼뱅이 자신의 신학과 윤리의 여러 측면을 설명하는 데 사용했던 성경의 많은 이미지 중 하나라는 점을 기억해야 한다. '선물'과 '받음'이 칼뱅 사상에서 '칭의'와 '성화'를 대체할 수는 없다. 역설적이게도 칼뱅은 '선물'을 많은 성경 용어 중 하나로 사용한 덕분에, 그의 신학을 남김없이 '선물' 용어로 번역하는 신학자들의 비판들 중 상당수는 그의 신학에 해당하지 않는다. 믿음은 '선물'이지만 믿음은 또한 자발적인 동의를 요구하는 언약에 참여하는 것이기도 하다. 구원은 외부로부터 받는다. 그리스도의 의로움을 전가받는 형태로 구원을 받는 것이다. 그러나 이 전가는 단순히 '일방적'인 선물이 아니라 칼뱅의 그리스도와의 연합 신학의 한 특징이다. 믿음 자체가 단순히 받아들이는 것이 아니라 그리스도를 소유하고 사랑의 새로운 삶으로 들어가는 것이다. '일방적'인가 '쌍방적'인가, '수동적'으로 받는가 '능동적'으로 받는가의 양자택일로 기우는 경향이 있는 '선물' 개념은 칼뱅 사상의 성경적, 신학적인 복합성을 표현하기에 그야말로 적절하지 않다.[5]

2) 칼뱅의 참여 신학과 그에 대한 비판

칼뱅의 그리스도 안에 참여함의 신학은 선물 신학자들의 비판에 대한 응답을 제공하고 있을까? 그들은 칼뱅의 신학이 주권적, 강압적인 하나님과 관련하여 인간을 '수동적'인 역할로 제한한다고 주장한다. 밀뱅크, 워드, 픽스톡, 올리버와 같은 신학자들이 그런 식으로 생각한다. 밀뱅크가 몇 가지 단서를 붙인 것을 제외하면, 이 신학자들은 칼뱅의 참여 신학이 칼뱅이 일방적 선물의 신학자라고 비판받는 상황을 개선할 가능성을 인정하지 않는다.[6]

1장에서 칼뱅의 참여 신학에 대한 반론들을 소개했고, 책 전체에 걸쳐 그것을 간헐적으로 언급했으니, 이제 그 다양한 비판들과 내가 그것들에 어떻게 답했는지 간략하게 정리해 보고자 한다.

① 칼뱅의 참여 신학은 유명론 이전의 참여 신학과 급진적으로 불연속적이다.

칼뱅이 다양한 교부 신학과 중세 전통과 관련하여 연속성이 있는가 하는 사안은 복잡한 문제이긴 하지만, 나는 칼뱅이 그의 참여 신학에서 알렉산드리아의 이레나이우스, 아우구스티누스, 알렉산드리아의 키릴로스와 같은 교부 저술가들을 어떻게 선택적으로 활용했는지 보여 주었다(2장). 칼뱅은 하나님 안에 참여함에 대한 교부들의 설명에 영향을 끼쳤던 요한과 바울의 동일한 주제들 가운데 많은 것을 발전시킨다. 그 결과 칼뱅의 가르침은 창조 (그리고 구속 안에 있는 창조의 회복), 하나님의 형상, 지복 직관, 참여 혹은 '신화'(神化)로서의 구원에 관한 주요 교부들의 가르침과 폭넓은 공통점을 갖게 된다(2장). 또한 칼뱅은 자연법 개념을 중요하게 사용하는 토마스주의와 주의설(主意說, voluntarism) 사이에 일종의 '중간 지대' 위치를 발전시킨다(2장 및 5장).

② 전가의 법정적 논리는 참여의 신학을 약화시킨다.

칼뱅의 그리스도와의 연합 교리는 포기할 수 없는 법정적 요소를 가지고 있지만, 하나님의 법령이라는 법적인 이미지가 이 연합에 대해 유일하게 적절한 비유라고 말하는 것은 정확하지 않다. 칼뱅이 볼 때 전가는 참여의 신학적 논리를 약화시키는 것이 아니라 그것을 한데 묶어 준다. 전가와 중생은 신자들에게 그리스도 안에 참여함의 두 측면이 됨으로써 결합된다. 더욱이 칼뱅의 참여 신학의 법정적 요소는 감사의 삶으로서 그리스도인의 삶을 위한 확고한 근거를 제공한다. 신자들이 전가라는 값없는 용서를 받을 때만이 [그들에게] 하나님은 은혜로운 아버지로 인정되실 수 있다. 이러한 인정은 믿음을 통해 그리스도와 연합될 때 찾아온다. 값없는 용서를 인정함으로써 신자들은 성령의 능력을 통해 그리스도 안에 참여하고 자발적인 감사로 응답할 수 있다(2장 및 4장).

③ 칼뱅은 그리스도 안에 참여함보다 믿음에 의한 칭의를 강조하여 그리스도인의 삶에서 사랑을 중심 자리에서 몰아낸다.

믿음에 의한 칭의는 그리스도 안에 참여함으로 구성되는, 분리할 수 없는 이중 은혜(duplex gratia) 중 첫 번째 은혜다. 그리스도 안에 참여한다는 것은 그리스도의 의로움에 참여하는 것이고, 값없이 입양된다는 것이고, 이는 필연적으로 성령에 의해 사랑의 법에 참여함을 의미한다(5장). 칼뱅이 볼 때, 이중 은혜는 믿음과 사랑 사이에서 양자택일을 할 필요가 없도록, 그리스도인의 삶을 위한 기본 구조를 제공한다. 두 가지 은혜처럼 믿음과 사랑은 구별할 수는 있지만 분리할 수는 없다. 믿음을 통해 하나님과 인간의 원초적 연합과 교제가 회복되기 시작한다. 이것은 신자들이 하나님의 형상을 통해 '하나님 안에' 있는 이웃과 하나님에 대한 사랑과 기쁨이 자라날 때 따라오는 결과이다. 이러한 이중 사랑의 자라남은 성령에 의해 그리스도 안에 참여함을 통해 일어난다. 주의 만찬을 거행하는 데서 알 수 있듯이 그리스도 안에의 참여함에는 언제나 교회의 상호 사랑과 교제에 참여함도 포함된다(3장과 4장). 또한 거기에는 정의, 형평, 곤궁한 자들을 돌봄에 관한 관심으로 표현되는, 더 넓은 사회의 사람들에 대한 사랑도 포함된다(5장).

④ 칼뱅의 하나님은 '일방적'인 선물을 가지고 인간에게 오신다. 그 선물에 대해 인간은 수동적일 수밖에 없기에 진정한 감사는 훼손된다.

칼뱅은 하나님과 인간의 구원 관계를 이야기하기 위해 다면적인 이미지와 비유를 폭넓게 사용한다. 이러한 구원 관계는 단순히 '일방적'이라거나 '쌍방적'이라는 식으로는 제대로 설명할 수 없다. 한편으로 인간은 성령과 소통하는 교제 없이도 하나님을 알 수 있을 만큼 그렇게 자율적이지가 않다(2장 및 5장). 반면 칼뱅은 그의 가르침을 듣는 이들에게 단지 성령을 '기다리라' 하지 않고 엄격하게 절제하는 분투에 적극적으로 참여하라고 반복해서 권고한다(4장과 5장). 그리스도인의 믿음과 사랑은 그들 능력의 발휘에 관여하지만, 믿음과 사랑은 하나님으로부터 선물로 받는 것이기도 하다. 더욱이 칼뱅은 성화 개념의 중심에 감사를 놓는다. 강압에 의해서가 아니라 자원해서 사랑의 법에 순종함이 바로 성령 안에서 사는 삶의 특징이다. 그리스도인의 삶은 하나님이 그리스도 안에서 행하신 은혜로운 일에 감사하는 마음으로 응답하는 것이지만 그것은 강요되는 것이 아니고 동의와 적극적이고 자발적인 사랑에서 나오는 감사이다(2장, 4장, 5장).

⑤ '그리스도 안에 참여함'은 '영적인 것'이라는 칼뱅의 개념은 성찬에서 그리스도의 임재를 개인의 주관적 반응에 의존하게 만든다.

워드와 올리버는 칼뱅을 주체에 의지하고 개인성에 의탁하는 현대성을 예기하는 존재로 간주한다. 3장과 4장에서 보여 주었듯이 이러한 규정은 적절하지 않다. 주의 만찬을 위한 칼뱅의 언어는 상당한 발전을 거쳐 진정한 참여(vera participes), 제시(exhibere), 실체(substantia)의 언어를 추가하면서 그의 입장은 기념설의 대안과 구별된다(3장). 또한 칼뱅은 성례전의 표지로 약속된 것은 참으로 하나님이 베푸신 것이라고 거듭 강조한다. 이것은 개별적 주체에 의해 생성되거나 제조되는 것이 아니다. 참으로 신자들은 성찬에서 그리스도의 '실체'를 받으면서 그리스도와 연합하고 서로 간에 연합한다. 더욱이 성찬에서 칼뱅의 그리스도 안에 참여함의 신학은 '개인'에 몰두하지 않는다. 성찬은 심오하게 공동체적이다. 교회의 통합적이고 상호적 사랑 안에서 그리스도의 몸에 수평적으로 참여하지 않은 채 (말하자면) 수직적 차원에서 '그리스도 안에 참여하는 것'은 불가능하다. 칼뱅이 성찬에서 그리스도 안에 참여하는 것이 '영적'이라고 강조한 것은 맞다. 그것은 성령의 능력에 의한 것이다. 이는 칼뱅의 전반적인 삼위일체적 구원론과 잘 맞는다(4장). 그러나 칼뱅이 볼 때 '영적'이라는 것은 신자의 주관적 의식에 의해 생성되는 것을 의미하지 않는다. 오히려 성찬의 실체인 그리스도가 성찬에서 모든 사람에게 주어지는 것이다. 그러나 믿음이 없는 사람은 그리스도와 신자를 연합시키는 성령이 없기에 [성찬에서] 제공되는 것을 받지 못한다(4장).

⑥ 칼뱅의 참여 신학은 하나님과 인간을 체계적으로 분리하는 이원론에 의해 붕괴된다.

칼뱅의 그리스도 안에 참여함의 신학은 하나님과 인간을 체계적으로 분리하는 것과는 거리가 멀다. 오히려 그것은 창조와 구속에서 인간이 하나님과 연합되는 구원론을 보여 준다. 아담은 '하나님 안에 참여함'을 통해 의로웠고,[7] 그리스도 안에 있는 죄인들은 성령에 의해 변화되어 성부가 성자에게 베푸신 모든 것을 받을 때 이러한 근본적인 참여가 구속 안에서 성취된다. 결국 창조주와 피조물의 구분은 그대로 남아 있지만, 하나님은 '일종의 신화(deification)'를 통해 신자들을 변화시키실 것이며[8] 신적인 속성은 인간의 고유한 속성을 압도하지 않을 것이다. 칼뱅의 신학은 신화라는 기술적 언어를 자주 사용하지는 않는다. 그러나 이는 이레나이우스, 니사의 그레고리우스, 또는 아우구스티누스의 신학도 마찬가지다. 그럼에도 불구하고, 팔라마스 혹은 토마스와 같은 중세의 기준을 가지고 신화의 신학을 정의하지 않는 한, 칼뱅의 구원 신학은 교부의 신화 신학의 핵심 요소를 담고 있음이 분명하다(2장 및 5장).[9]

⑦ 칼뱅의 참여 신학은 형이상학적으로 모호하다.

밀뱅크가 칼뱅에 대해 가장 신중하게 논의한 것 중 하나에서 제시한 이 비판은 칼뱅의 형이상학적 추론에 담긴 한 가지 제한성을 지적하는데, 어떤 이들은 이것을 결점으로 간주할 것이다.

한편으로 그리스도 안에 참여함에 대한 칼뱅의 형이상학은 전적으로 모호하지 않다고 말해야 한다. 칼뱅은 참여가 성례전, 율법, 인간학, 구원론 및 신론과 어떻게 연관되는지와 관련하여 형이상학적 무게(가중치)를 실어 주장한다(2장, 4장, 5장). 하나님과 세상의 구원 관계에 대한 칼뱅의 삼위일체적 설명에는 피조물들이 하나님 안에서 구별되는 '하나 됨'과 하나님 안에 '참여함'이 있다. 그 하나 됨과 연합은 죄로 인해 분열되었지만, 성부의 값없는 용서를 나타내는 성령의 능력에 의해, 그리스도와 신자들의 연합을 통해 극복될 수 있다. 칼뱅의 성례전, 율법, 인간학, 구원론에 대한 설명은 이러한 삼위일체적 틀에 들어맞는다. 또한 칼뱅은 오시안더와 토론하면서 토마스주의자, 스코투스주의자, 또는 팔라미스주의자라는 넓은 범주들의 많은 부분에서 벗어나는 비중 있는 참여 교리를 제시한다(2장 및 4장). 칼뱅의 참여 신학은 성경적, 교부적, 중세적, 그리고 근대 초기의 영향을 다양하게 받으면서 복합적인 조합을 이루고 있다.

다른 한편으로, 여러 지점에서 칼뱅이 사변적 구분을 하는 것을 주저하는 것은 사실이다. 그래서 밀뱅크가 말했듯이 칼뱅의 참여 신학이 여러 측면에서 '모호해지는' 것으로 보일 수 있다. 적어도 '그리스도 안에 참여함'에 대한 그의 저작 일부에서 분석적 명확성이 떨어지는 것처럼 보일 수 있다. 예를 들어, 2장에서 우리는 칼뱅이 어떻게 아리스토텔레스의 구분을 사용해서 구속이 하나님의 선한 창조물의 소멸이 아닌 것인지 설명하는 방식을 보았다. 하지만 이러한 구분 가운데 일부는 『의지의 속박과 자유』의 지엽적인 부분에 묻혀 있으며 『기독교 강요』에 담긴 그의 논의에는 전혀 추가되지 않았다. 칼뱅은 스콜라 신학의 특정한 구분들은 분명히 활용하지만 스콜라적 구분을 불필요한 '사변'으로 거부하는 그의 경향은 두 가지 결과를 가져올 수 있다. 그것은 독자가 이해하기에는 명료성이 부족해서 그의 사상에 대한 불필요한 오해를 유발할 수 있다. 그런가 하면 광범위한 형이상학적 틀에 적용할 수 있도록 그의 사상이 열려 있게 할 수 있다.

물론 칼뱅의 참여 신학에서 볼 수 있는 한정된 양의 형이상학적 모호함이 반드시 결점은 아니다. 형이상학에 대한 20세기 신학의 비판을 감안할 때, 많은 현대 신학자들은 칼뱅 쪽의 형이상학적 엄밀함이 상대적으로 부족하다는 사실을 기뻐할지도 모른다. 그런데 형이상학적 엄밀함은 칼뱅에게는 최우선 과제가 아니었다. 그 부분적 이유는 그의 주요 청중이 대학의 신학자들이 아니라 복음주의 운동에 속한 그리스도인들이었던 까닭이다. 그리고 그들 중 많은 사람이 박해를 받고 있었다.

더욱이 인문주의자의 자제력을 지니고 있던 칼뱅은 성경 본문 주해라는 자신의 목적에 부합하지 않을 때는 대체로 사변을 피한다. 신학을 수행하는 칼뱅의 방식은 성경에 있는 하나님의 계시적인 적응(조정)을 깊이 신뢰하고 있으며, 이러한 신뢰는 성경 외적인 추론과 분석적 구분에 대한 전반적인 불신을 동반한다. 많은 경우에 칼뱅은 '그리스도 안에 참여함'에 관한 그의 가르침에 대해 분석적인 설명을 제시한다. 그러나 그의 참여 신학은 여전히 '토마스주의자' 혹은 '주의설주의자' 혹은 '팔라미스주의자' 등 참여에 대한 광범위한 형이상학 사상 학파 중 어느 하나로 분류되지 않는다. 그의 신학은 다른 무엇보다도 성경에서 하나님의 말씀을 주해하려 노력했기 때문에, 형이상학적으로 모호한 지점들에 대해 어떤 결론을 내리는 것을 칼뱅이 반드시 미덕으로 여기지는 않았을 것이다.

2. 칼뱅의 참여 신학 전망

우리가 살펴본 바와 같이, 칼뱅의 그리스도 안에 참여함의 신학은 참여, 입양, 접목의 의미에 중요한 지위를 부여하는 성경 주석에서 나온다. 칼뱅은 이런 이미지들을 그의 로마서 읽기에서 발전시킨 바울의 논리와 함께 엮어 낸다. 또한 그는 성경의 다른 책들에 대한 주석과 교회 교부들에 대한 독서를 통해 이러한 참여 이미지의 용도를 확장한다. 다양한 그리스도론 논쟁과 성례론 논쟁에서 '참여'에 대해 말하는 칼뱅의 의미 범위는 명확해진다. 몇 가지 선택지가 제외되긴 했지만, 칼뱅은 그리스도 안에 참여함의 개념을 이중 은혜, 성육신, 삼위일체, 하나님의 형상, 성례전, 율법 및 성령을 포함하는 광범위한 교리적 자리들(loci)로 확장한다.

칼뱅의 참여 신학은 광범위하기는 하지만 현대 담론과 관련하여 독특하다. 그의 참여 신학은 흔히 따로 다뤄지는 것을 결합하기 때문이다. 성령의 내주하심에 의해 그리스도를 닮아가는 변화라는 유기적인 이미지와 하나님의 거저 베푸시는 용서라는 법정적 이미지의 결합이 그렇고, 인간의 죄를 강력하게 설명함과 하나님과 연합하던 원래 교제를 회복하는 데 근거하는 구원론의 결합이 그렇다. 칼뱅의 성경적 참여 신학은 죄의 심각성(로마서 2장 – 3장 7절)을 무시한 채 연합과 참여의 이미지(로마서 6장 및 8장)에 주의를 기울이는 일은 없다. 만일 참여와 신화라는 현재 신학 중 일부가 인간의 죄와 그리스도의 십자가라는, 유행 타지 않는 주제를 과소평가하면서 영광의 신학이 되는 경향이 있다고 해도, 칼뱅의 참여 신학 역시 그렇다고 말할 수는 없다. 칼뱅의 참여 신학은 신자들을 삼위일체적인 삶으로 통합하는 것에 대한 성경과 전통의 변화시키는 언어를 진지하게 받아들인다. 그러나 칼뱅은 인간의 죄가 가진 힘과 그 영향력의 정도에 대해 현실주의를 견지한다. 그리스도인의 삶은 그리스도 안에 집단적으로 참여하는 삶이고, 종말론적으로 규정된 하나님과의 재결합이다. 그러나 마지막 종말의 날은 현재로 무너져 들어오지 않으며 죄인들이 이생에서 완전해진다고는 할 수 없다.

칼뱅의 참여 신학은 많은 참여 신학들이 분리시키는 것을 결합하지만, 로마 가톨릭, 성공회 및 동방 정교회의 참여 신학과 공통점도 많다. 칼뱅의 구원론은 죄와 용서의 문제에 중심 위치를 부여하나 그 주제에 고정되지는 않는다. 오히려 그 주제는 많은 면에서 범교회적 비전인 구원의 더 큰 비전 안에서 발생한다. 칼뱅의 관심사는 주요 교부 저술가들과 마찬가지로 창조의 선함을 확인하는 것과 구속은 본래 선했던 인간 본성을 파괴하지 않고 성취하는 것임을 확증하는 데 있다. 칼뱅은 처음부터 끝까지 삼위일체론적 구원론을 제공하면서 우리가 성부를 계시하시는 성령에 의해 그리스도에게 연합되는 방식으로 계속해서 되돌아간다. 칼뱅의 참여 신학은 성례전적이며 교회적이기에 그리스도의 몸의 생명에 말씀과 성례가 중심이 됨을 강조한다. 그리고 그리스도의 몸은 교회의 교제 안에서만 성례를 받을 수 있다. 교회 자체는 성령에 의해 머리이신 그리스도 안에 참여하며, 지체들은 머리이신 그리스도를 섬기는 기능적 역할을 수행하는 교회 직무를 선택하는 데 적극 참여한다. 칼뱅에게 참여는 더 넓은 사회로 확대되는 이웃 사랑도 포함한다. 이 사랑은 형평과 정의에 관한 관심으로도 표현되고, 가능할 경우 시민 질서에 자발적으로 참여할 수 있는 자리를 유지하려는 종말론적 지향성으로도 표현된다.

칼뱅의 참여 신학은 결국 여러 오해를 교정한다는 점에서뿐 아니라 여러 성경적, 신학적 주제들을 비추어 준다는 점에서도 전망이 밝다. 참여에 대한 칼뱅의 가르침의 중심 구절은 세례에서 신자들이 그리스도의 부활에 참여할 뿐만 아니라 그리스도와 함께 그의 죽음에 참여한다는 바울의 진술이었다. 옛 자아는 십자가에 대하여 못 박히고, 신자들은 하나님에 대하여 살아나게 된다(롬 6:1-11). 칼뱅의 참여 신학은 어떤 의미에서 세례라는 신비의 핵심에 있는 그러한 주장에 대한 성경적 숙고이다. 한 가지 관점에서 볼 때, 참여에 대한 칼뱅의 설명은 매우 복합적인 것이어서 성경, 교부들, 중세 및 근대 초기 작가들, 그리고 당대의 통찰력까지 결합해 낸다. 그 범위는 삼위일체 신학에서 인간학까지, 구원론에서 종말론에 이르기까지 다양하다. 하지만 또 다른 의미에서 칼뱅의 참여 신학은 매우 단순하다. 믿음의 삶이란 성령의 능력을 통해 그리스도 안에 참여하여 은혜로우신 성부의 용서를 받는 삶이다. 그 결과, 믿음의 삶은 죄인들에게 그들이 잃어버린 것을 되돌려 주시고 하나님과 다시 연합시키시는 하나님 덕분에 자발적인 감사가 가능해진 삶이다.

주

| 1장 | 칼뱅, 참여, 그리고 현대 사상에서 선물의 문제

1. 칼뱅에 관한 이러한 두 가지 해석학적 관점의 간결한 설명으로, 특히 '원천'의 이미지와 관련하여, B. A. Gerrish, *Grace and Gratitude: The Eucharist in John Calvin's Theology* (Minneapolis: Fortress Press, 1993), 21-31를 보라.
2. 미국 조지아주 애틀랜타의 American Academy of Religion에서 발표된 사라 코글리(Sarah Coakely)의 논문 '왜 선물인가?'(Why Gift?)를 보라; Robyn Horner, *Rethinking God as Gift: Marion, Derrida, and the Limits of Phenomenology*, 1st edn (New York: Fordham University Press, 2001); John Milbank, *Being Reconciled: Ontology and Pardon* (New York: Routledge, 2003); Kathryn Tanner, *Economy of Grace* (Minneapolis: Fortress Press, 2005); *idem, Jesus, Humanity and the Trinity: A Brief Systematic Theology* (Minneapolis: Fortress Press, 2001); Stephen H. Webb, *The Gifting God: A Trinitarian Ethics of Excess* (New York: Oxford University Press, 1996).
3. Natalie Zemon Davis, *The Gift in Sixteenth-Century France* (Madison: University of Wisconsin Press, 2000), 114.
4. Ibid. 114-21를 보라.
5. Ibid. 119.
6. 선물 담론의 학제 간 범위에 대한 소개로는, Alan D. Schrift, *The Logic of the Gift: Toward an Ethic of Generosity* (New York: Routledge, 1997)를 보라.
7. Marcel Mauss, *The Gift: The Form and Reason for Exchange in Archaic Societies*, trans. W. D. Halls (New York: Norton, 1990), 5-7를 보라.
8. Mary Douglas, 'No Free Gifts', in The Gift (New York: Norton, 1990), pp. vii-xviii; David Graeber, *Toward an Anthropological Theory of Value: The False Coin of Our Own Dreams*, 1st edn (New York: Palgrave, 2001)를 보라.
9. 특히 Mauss, *The Gift*, 65-83를 보라.
10. Jacques Derrida, *Given Time, I, Counterfeit Money* (Chicago: University of Chicago Press, 1992), 24; 강조가 추가됨.
11. Ibid. 7.
12. "선물이 되려면 호혜, 교환, 답례, 혹은 빚이 없어야 한다. 만일 다른 사람이 나에게 돌려주든지, 나에게 신세를 지고 있다고 생각하든지, 내가 그에게 준 것을 돌려주어야 한다면 선물이란 존재하지 않게 될 것이다."(ibid. 12).
13. 하이데거의 es gibt에 대한 설명으로는, Horner, *Rethinking God as Gift*, 28-38를 보라. 이 개념에 대한 데리다의 읽기로는, John D. Caputo, *The Prayers and Tears of Jacques Derrida: Religion without Religion* (Bloomington: Indiana University Press, 1997), 164-7를 보라. 선물에 관해 레비나스가 데리다에 미친 영향으로는, Horner, *Rethinking God as Gift*, ch. 3를 보라.
14. Jacques Derrida, *The Gift of Death* (Chicago: University of Chicago Press, 1995), 3-4장

을 보라.
15. Webb, *The Gifting God*, 11.
16. Ibid. 94.
17. Webb, *The Gifting God*, 97. 웹과 마찬가지로 캐스린 태너는 칼뱅이 대부(loan)와 부채(debt)의 범주 내에서 설명을 유지하는 정도에 대해 비판한다. Tanner, *Economy of Grace*, 48-9를 보라. 또한 태너는 웹이 칼뱅을 비판하며 부연한 의혹, 즉 감사하며 응답하는 것을 '의무'로 만드는 개념에 대한 의혹을 웹과 공유한다. Scott N. Dolff, 'The Obligation to Give: A Reply to Tanner', *Modern Theology* 21, no. 1 (2005), 119-39; Tanner, *Jesus, Humanity and the Trinity*, 85-90을 보라.
18. Webb, *The Gifting God*, 97.
19. Ibid. 95.
20. Ibid. 98.
21. Ibid.
22. 급진정통주의는 Routledge 최근 시리즈의 명칭이다. 이 시리즈는 다음 책으로 시작했다: *Radical Orthodoxy*, John Milbank, Catherine Pickstock, and Graham Ward (eds.), (London: Routledge, 1999).
23. Milbank, *Being Reconciled*, p. ix.
24. John Milbank, 'Can a Gift Be Given? Prolegomena to a Future Trinitarian Metaphysic', *Modern Theology*, 11, no. 1 (1995), 119-61를 보라.
25. Ibid. 131.
26. J. Todd Billings, "John Milbank's Theology of the 'Gift' and Calvin's Theology of Grace: A Critical Comparison", *Modern Theology*, 21, no. 1 (2005), 87-105 중에서 89를 보라.
27. Jean-Luc Marion, 'The Saturated Phenomenon', in *Phenomenology and the 'Theological Turn': The French Debate*, trans. Thomas Carlson (New York: Fordham University Press, 2000), 176-216을 보라.
28. Milbank, 'Can a Gift Be Given?', 133-44; idem, 'The Ethics of Self-Sacrifice', *First Things*, no. 91 (1999), 33-8; idem, 'The Soul of Reciprocity: Part One, Reciprocity Refused,' *Modern Theology*, 17, no. 3 (2001), 335-91; idem, 'The Soul of Reciprocity: Part Two, Reciprocity Granted', *Modern Theology*, 17, no. 4 (2001), 485-507을 보라.
29. Milbank, 'Can a Gift Be Given?', 136.
30. 밀뱅크는 니사의 그레고리우스와 선물에 관한 그의 에세이에서 '능동적 수용'이라는 용어를 사용한다. John Milbank, 'Gregory of Nyssa: The Force of Identity', in *Christian Origins*, ed. L. Ayres and G. Jones (London: Routledge, 1998), 94-116을 보라.
31. Milbank, *Being Reconciled*, 138.
32. Milbank, 'Can a Gift Be Given?', 132.
33. Milbank, 'The Ethics of Self-Sacrifice', 35.
34. 나의 밀뱅크 읽기는 칼뱅에 대한 그의 논평과, 그의 저서 *Being Reconciled*에서 참여의 형이상학에 대한 그의 전반적인 설명 사이에 있는 상관관계에 의거한다. John Milbank, 'Alternative Protestantism', in *Creation, Covenant and Participation: Radical Orthodoxy and the Reformed Tradition*, ed. James K. A. Smith and James H. Olthius (Grand Rapids, MI: Baker Academic, 2005), 25-41, at 27-9, 32-3을 보라.

35. Ibid. 27-30.
36. '유명론' 용어는 현대 신학과 역사 기록학(혹은 사료 편집)에서 논쟁의 여지가 있는 용어이다. 칼뱅을 해석하고 연구하면서 이 개념을 사용한 방식을 살펴보기 위해서는 이 책 2장을 보라.
37. Milbank, 'Alternative Protestantism', 29, 32-5.
38. Catherine Pickstock, *After Writing: On the Liturgical Consummation of Philosophy* (Oxford: Blackwell, 1998), 156-7.
39. Milbank, 'Alternative Protestantism', 35-6.
40. Ibid. 32-3.
41. 칼뱅의 사랑 윤리에 대한 밀뱅크의 비판은 『선물의 역사 - 16세기 프랑스의 선물 문화』에 나오는 나탈리 제몬 데이비스의 설명과 유사하다.
42. Milbank, 'Alternative Protestantism', 32-5.
43. Simon Oliver, 'The Eucharist before Nature and Culture', *Modern Theology*, 15 (1999), 331-53; Graham Ward, 'The Church as the Erotic Community', in *Sacramental Presence in a Postmodern Context*, ed. L. Boeve and L. Leijssen (Louvain: Peeters, 2001), 167-204; idem, Cities of God (New York: Routledge, 2000), 161-7을 보라.
44. Ward, 'The Church as the Erotic Community', 183.
45. Ibid. 179-88를 보라. 또한 Oliver, 'The Eucharist before Nature and Culture', 342-7을 보라.
46. 픽스톡뿐만 아니라 워드도 이 점을 주장한다. After Writing, 162-3.
47. Oliver, 'The Eucharist before Nature and Culture', 344.
48. 워드와 올리버는 모두 '근대성'을 예기하는 이러한 '이원론'을 주장한다. 워드의 'The Church as the Erotic Community'와 올리버의 'The Eucharist before Nature and Culture'를 참조하라.
49. Anna Case-Winters, *God's Power: Traditional Understandings and Contemporary Challenges* (Louisville, KY: Westminster/John Knox Press, 1990), 64-6. 케이스-윈터스에 대한 구체적인 비판은 권력과 은혜에 대한 다른 개혁주의 신학에 대한 페미니스트의 비판과 유사하다. Sheila Greeve Davaney, *Divine Power: A Study of Karl Barth and Charles Hartshorne* (Philadelphia: Fortress Press, 1986), 89-100, 229-32; Judith Plaskow, *Sex, Sin, and Grace: Women's Experience and the Theologies of Reinhold Niebuhr and Paul Tillich* (Washington, DC: University Press of America, 1980), 83-94를 보라. 플라스코의 비판은 인간 행위 문제에 대해서는 덜 초점을 맞추고 있지만, 그녀 역시 은혜 안에 있는 인간의 역할에 대한 개혁신학의 설명을 비판한다.
50. 칼뱅의 이름이 거의 언급되지 않긴 하지만, 이러한 비판은 칼뱅주의 신학에 반대하는 로스키의 암묵적 주장에 등장하는 정교회의 신화에 대한 설명에서 나온다. 실제로, 신화는 아우구스티누스주의의 칼뱅주의적 버전, 즉 의지의 속박에 대한 교리와 구원론에서 신성과 인간을 분리한다고 주장하는 교리를 극복하는 방식으로 여겨진다. Vladimir Lossky, *The Mystical Theology of the Eastern Church* (Crestwood, NY: St Vladimir's Seminary Press, 1976)를 보라. 동방교회와 서방교회의 접근 방식을 대조하는 신화를 오늘날 동방 정교회가 어떻게 설명하는지는, Andrew Louth, 'The Place of Theosis in Orthodox Theology', in *Partakers of the Divine Nature: The History and Development of Deification in the Christian Tradition*, ed. M. Christensen and J. Wittung (Madison, NJ: Fairleigh Dickinson University Press, 2007), 32-44를 보라.
51. Louth, 'The Place of Theosis in Orthodox Theology', 35.
52. Ibid. 33.

53. Joseph P. Farrell, *Free Choice in St. Maximus the Confessor* (South Canan [sic], PA: St Tikhon's Seminary Press, 1989), 9장 부록을 보라.
54. 칼뱅은 자신의 고유한 목적을 위해 그들의 신학을 사용함으로써 초기 신학을 '재맥락화'한다. 그는 대체로 교부 문헌과 중세 문헌을 저자의 본래 용어로 읽지 않고, 자신의 관심사에 맞게 조정한다. n. 70을 보라.
55. 그리스도교 신학의 이러한 '유형'에 대해 말하자면, 나는 광범위한 에큐메니컬 용어로 말하고 있다. 나는 칼뱅의 참여 신학이 다른 누구의 신학도 그와 비슷한 주된 특징을 가지고 있지 않다는 의미에서 '독특하다'고 주장하는 것이 아니다. 오히려 칼뱅은 부서를 비롯하여 동시대 다른 이들과 많은 점에서 공통점을 지녔다. 나는, 고유성을 주장하기보다는, 칼뱅의 참여 신학이 저명한 가톨릭, 정교회, 루터교 신학과 관련하여 독특하다고 말하는 것이다.
56. 이 책 2장에서 최종 상태에 관한 칼뱅의 견해를 더욱 상세하게 설명하겠지만, 유용한 개요를 위해서는 Heinrich Quistorp, *Calvin's Doctrine of the Last Things*, trans. Harold Knight. London: Lutterworth Press; New York: AMS Press, 1955, 1부와 2부를 보라.
57. '차별화된 연합'으로 내가 의미하는 것은 창조주와 피조물의 차이가 칼뱅의 진술 전반에 걸쳐 유지되고 있다는 것이다. 타락 이전에 인류가 하나님과 '연합'하던 때에도, 그리고 신자들이 종말론적으로 조건화된 방식으로 하나님과 '연합'되는 것에도 그러하다. 여기서 '연합'은 신적 속성이 인간 속성을 압도하는 융합을 의미하지 않는다. 피조물이 하나님과 연합할 때 정체성을 상실한다는 의미가 아니다. 오히려 인간의 진정한 정체성은 죄로 인해 깨어진 정체성, 즉 하나님과의 교제와 연합 안에 있다. 칼뱅의 설명에 따르면, 구속은 하나님과의 원초적인 연합과 친교의 회복을 포함한다. 2장과 5장을 보라.
58. 배틀즈의 『기독교 강요』 번역은 종종 '친교'나 그 관련 동의어로 '참여'(participes)의 변형들을 번역한다. 이것이 『기독교 강요』에 담긴 전반적인 사고의 감각을 묘사하긴 하지만, 라틴어에 담긴 참여 언어의 두드러진 중요성을 모호하게 한다.
59. Davis, *The Gift in Sixteenth-Century France*, 114-21을 보라.
60. Richard A. Muller, *After Calvin: Studies in the Development of a Theological Tradition* (Oxford and New York: Oxford University Press, 2003), 4, 5장을 보라.
61. 찰스 파티와는 대조적이다. Charles Partee, 'Calvin's Central Dogma Again', in *Calvin Studies* 3 (Davidson, NC: Davidson College, 1986), 39-46.
62. Dennis E. Tamburello, *Union with Christ: John Calvin and the Mysticism of St Bernard* (Louisville, KY: Westminster/John Knox Press, 1994), 1장.
63. *Institutes*, 3.11.10를 보라.
64. Wilhelm Kolfhaus, *Christusgemeinschaft bei Johannes Calvin* (Neukirchen: Buchhandlung des Erziehungsvereins K. Moers, 1939).
65. Ibid. 126-8; Tamburello, *Union with Christ*, 6장을 보라.
66. Kolfhaus, *Christusgemeinschaft bei Johannes Calvin*, 108-24.
67. Ibid. 86-107을 보라.
68. A. N. S. Lane, *Calvin and Bernard of Clairvaux* (Princeton: Princeton Theological Seminary, 1996); idem, *John Calvin: Student of the Church Fathers* (Edinburgh: T. & T. Clark, 1999), 1, 2, 5장을 보라.
69. 칼뱅은 신적 법령에 대한 자신의 설명을 옹호하기 위해, 베르나르두스의 아가서 주해를 인용한다. "내가 온전한 의를 얻기 위해서는 그분을 내 편에 두는 것으로 충분하다." 그리스도의 의를 전가 받음으로 인해서 신자는 외칠 수 있다. "오, 진정한 쉼의 자리. … 오, 하나님을 바라보는 자리, 예

전처럼 각성되고 진노하는 장소도, 주의가 흐트러지는 장소도 아닌, 그분의 선하시고 호의적이며 완전한 뜻의 영향을 경험하는 자리!"(*Institutes*, 4.21.4).
70. 이 책에서 나는 교부 저자들이 칼뱅에게 '영향을 주는' 방식에 대해 말하지만, 이 영향은 교부 저작이 '그 자신의 방식'으로 끼친 것이 아닙니다. 오히려, 칼뱅은 자신의 신학적 목적을 위해 교부 본문의 언어를 사용하고 전유한다. 그럼에도 불구하고 칼뱅이 해석한 교부 본문이 그의 신학에 상당한 영향을 미치는 방식이 있다. 2장을 보라.
71. Julie Canlis, 'Calvin, Osiander and Participation in God', *International Journal of Systematic Theology*, 6, no. 2 (2004), 169–84; James B. Torrance, 'The Concept of Federal Theology—Was Calvin a Federal Theologian?', in *Calvinus Sacrae Scripturae professor* (Grand Rapids, MI: Eerdmans, 1994), 15–40; idem, 'Covenant or Contract: A Study of the Theological Background of Worship in Seventeenth-Century Scotland', *Scottish Journal of Theology*, no. 23 (1970), 51–76을 보라.
72. 외부 법령 비유를 강조하는 설명으로는, Edward A. Dowey, *The Knowledge of God in Calvin's Theology*, expanded ed. (Grand Rapids, MI: Eerdmans, 1994), 234; A. N. S. Lane, *Justification by Faith in Catholic-Protestant Dialogue: An Evangelical Assessment* (Edinburgh; New York: T & T Clark, 2002), 17, 21; T. H. L. Parker, 'Calvin's Doctrine of Justification,' *Evangelical Quarterly*, 24 (1952) 101–7을 보라.

| 2장 | 칼뱅의 참여 교리: 맥락과 연속성

1. 칼뱅에 대한 이러한 비판을 담은 참고 문헌 전체에 대한 설명으로 이 책의 1장을 보라. 의지의 속박과 자유에 관한 비판 사례로 Milbank, *Being Reconciled*, 7–12를 보라.
2. 특히 Pickstock, *After Writing*, 156–68, 62–5; Ward, *Cities of God*, 164–5를 보라.
3. 특히 Milbank, 'Alternative Protestantism', 32–5. Oliver, 'The Eucharist before Nature and Culture', 342–7; Ward, *Cities of God*, 161–7를 보라.
4. Kilian McDonnell, *John Calvin, the Church, and the Eucharist* (Princeton: Princeton University Press, 1967), 3. 서론과 1장도 보라.
5. Ibid. 229–31, 367–71.
6. Ibid. 245, 367.
7. Ibid. 232–48, 특히 237–8.
8. 파커는 칼뱅의 초기 경력에 대해 다른 날짜를 처음으로 제시했다. T. H. L. Parker, *John Calvin: A Biography* (London: Dent, 1975). 이 연구가 출간된 이후로 칼뱅 학자들은 두 가지 중에서 하나로 결정 내리지 않고 그 두 가지 날짜를 모두 언급하곤 했다. (예를 들면, Bernard Cottret, *Calvin: A Biography*, trans. M. Wallace McDonald [Grand Rapids, MI: Eerdmans, 2000], 11, 20, 348.) 칼뱅의 초기 경력에 대한 '표준' 날짜가 있는 설명으로는 François Wendel, *Calvin: Origins and Development of His Religious Thought*, trans. Philip Mairet (Durham, NC: Labyrinth Press, 1987), 15–21을 보라.
9. 이것은 위의 서론 항목에서 설명한 킬리언 맥도널의 배경 이론의 중요한 부분이다. 맥도널은 칼뱅이 3년 동안 마요르와 함께 공부했다고 추측까지 하면서, 칼뱅이 마요르 문하에서 스코투스와 오

컴에 몰두했다고 주장한다. McDonnell, *John Calvin, the Church, and the Eucharist*, 1장을 보라.

10. Karl Reuter, *Das Grundverständnis der Theologie Calvins: unter Einbeziehung ihrer geschichtlichen Abhängigkeiten* (Neukirchen-Vluyn: Neukirchener Verlag des Erziehungsvereins, 1963), 20-36를 보라.
11. Thomas F. Torrance, *Theology in Reconstruction* (London: SCM Press, 1965), 84.
12. Reuter, *Das Grundverständnis der Theologie Calvins*, 24, 37-8; Torrance, *Theology in Reconstruction*, 89. 로이터는 칼뱅 사상의 '양극성'에 관한 장에서 마요르의 유명론이 칼뱅에게 끼쳤을 숨겨진 영향을 설명한다. 역사학자들의 유명론 논의로는, 31-33를 보라.
13. Alister E. McGrath, *A Life of John Calvin: A Study in the Shaping of Western Culture* (Cambridge, MA: Basil Blackwell, 1990), 40-7.
14. Lane, *John Calvin*, 2장을 보라. 1536년『기독교 강요』의 면밀한 분석과 숨겨진 출처 이론에 대한 비판으로는, Alexandre Ganoczy, *The Young Calvin*, trans. David Foxgrover and Wade Provo (Philadelphia: Westminster Press, 1987), 173과 그다음을 보라.
15. Parker, *John Calvin*, 11를 보라.
16. Ibid.
17. Armand A. LaVallee, 'Calvin's Criticism of Scholastic Theology: A Thesis' (Harvard University, 1967), 242-7.
18. 여기에는 칼뱅의 신적 속성 교리와 무에서의 창조 교리가 포함된다. Richard A. Muller, *The Unaccommodated Calvin: Studies in the Foundation of a Theological Tradition* (New York: Oxford University, 2000), 152-7을 보라.
19. 이 증거에 대한 설명으로는, Ganoczy, *The Young Calvin*, 57-63, 168-78을 보라; LaVallee, 'Calvin's Criticism of Scholastic Theology'; Muller, *Unaccommodated Calvin*, 40-1.
20. 가노치는 칼뱅이 받은 훈련에 포함된 철학과 신학을 말하면서 다음과 같이 쓴다. "역사 자료에 따르면 칼뱅은 몽테규에서 스콜라 철학만 공부했고 신학 그 자체와는 실제 접촉이 없었을 가능성이 크다."(*The Young Calvin*, 174). 또한 Parker, *John Calvin*, 9-12를 보라.
21. Ganoczy, *The Young Calvin*, 178.
22. 칼뱅 연구의 특정 측면을 '유명론'의 궤적에 놓고 다른 부분은 '토마스주의자'의 궤적에 놓는 최근 연구 요약으로는 Muller, *Unaccommodated Calvin*, 40-2를 보라.
23. Muller, *After Calvin*, 40-1.
24. Muller, *Unaccommodated Calvin*, 68-77.
25. Ganoczy, *The Young Calvin*, 186-7. 가노치와 유사한 방식으로 '변증법' 언어를 사용하는 설명에 대한 개요로는, Philip Butin, *Revelation, Redemption and Response: Calvin's tanan Understanding of the Divine-Human Relationship* (New York: Oxford University Press, 1995), 15-19를 보라.
26. Ganoczy, *The Young Calvin*, 178. 1966년 *Le Jeune Calvin* 프랑스어 초판 이후, 중세 후기와 근대 초기의 '유명론'은 재평가되었다. 이 재평가에 대한 설명으로는, pp. 32-33을 보라.
27. n. 29을 보라.
28. 20세기 '변증법적' 신학에 나오는 신과 인간 사이의 '거리'에 대한 키르케고르식 설명으로는, James C. Livingston et al., *Modern Christian Thought*, 2nd edn., ii (Upper Saddle River, NJ: Prentice-Hall, 1997), 62-75를 보라. 칼뱅을 연구하는 '바르트파' 학자들은 '변증법' 용어의

이러한 의미에 영향을 받으면서도 신중한 연구를 통해 바르트 자신은 이 용어를 더 미묘하게 사용하고 있음을 보여 주었다. Bruce McCormack, *Karl Barth's Critically Realistic Dialectical Theology: Its Genesis and Development, 1909-1936* (Oxford: Oxford University Press, 1995)를 보라.

29. 예를 들어, 웬들과 지젤 또한 신성과 인간의 변증법적 대조가 칼뱅 신학에서 중심이 되는 가정이라고 본다. Pierre Gisel, *Le Christ de Calvin* (Paris: Desclee, 1990), 1장; Wendel, *Calvin*, 2장을 보라.
30. Muller, *After Calvin*, 27-33을 보라.
31. Ibid. 28.
32. 이 점에서, 급진정통주의의 유명론 해석은 위에서 논의한 가노치의 해석과 유사하다. Milbank, *Being Reconciled*; John Milbank and Catherine Pickstock, *Truth in Aquinas* (London: Routledge, 2001)을 보라.
33. Ward, *Cities of God*, 165을 보라.
34. 이 재평가에 대한 요약으로는, William Courtenay, 'Nominalism and Late Medieval Religion', in *The Pursuit of Holiness in Late Medieval and Renaissance Religion*, ed. Charles Trinkaus and Heiko A. Oberman (Leiden: Brill, 1974), 26-59을 보라.
35. '좌파 진영' 유명론자들에 로버트 홀코트(Robert Holcot), 애덤 우드넘(Adam Woodham)이 포함된다. Heiko A. Oberman, 'Some Notes on the Theology of Nominalism', *Harvard Theological Review*, no. 53 (1960), 47-76, at 54.
36. '우파 진영' 유명론자들에 리미니의 그레고리, 토머스 브래드워딘이 포함된다(ibid. 55, 63).
37. Ibid. 62.
38. Philotheus Boehner, 'The Metaphysics of William Ockham', in *Collected Articles on Ockham* (St Bonaventure, NY: Franciscan Institute, 1958), 373-399을 보라.
39. Richard Cross, '"Where Angels Fear to Tread': Duns Scotus and Radical Orthodoxy", *Antonianum*, 76, no. 1 (2001), 7-41, 특히 16-19.
40. Ibid. 19.
41. 사실, 오베르만에게 유명론은 본질적으로 이러한 구별을 원칙으로 반영하는 '태도'이다 (Oberman, 'Some Notes on the Theology of Nominalism', 47-51).
42. 알브레히트 리츨과 킬리언 맥도널은, 칼뱅이 구별을 거부하면서도 현실적 능력(potentia absoluta)을 효과적으로 확언했다고 주장하는 학자들 가운데 속한다. Albrecht Ritschl, 'Geschichtliche Studien zur Christlichen Lehre Von Gott', in *Jahrbücher für deutsche Theologie*, xiii (Gotha, 1868), 25-176, 특히 107을 보라; Kilian McDonnell, *John Calvin, the Church, and the Eucharist*, 8-10.
43. 중세 맥락에서, 하나님의 절대적인 능력과 미리 정해진 능력 사이의 구별은 신적 본성보다는 창조된 질서에 대해 더 많이 말하려는 비유였다. Courtenay, 'Nominalism and Late Medieval Religion', 42를 보라.
44. *Institutes*, 3. 23. 2.
45. 주의설/지성론 논쟁에서 칼뱅의 '중도적' 위치에 대한 자세한 내용으로는, I. John Hesselink, *Calvin's Concept of the Law* (Allison Park, PA: Pickwick Publications, 1992), 1장을 보라.
46. 이 책 5장을 보라. 르네상스 인문주의를 거치면서 고전 철학이 칼뱅의 윤리에 미친 영향에 대한 기술로는, Josef Bohatec, *Budé und Calvin: Studien zur Gedankenwelt des französischen*

Frühhumanismus (Graz: H. Boehlaus, 1950), 4장을 보라.
47. 공의회수위설에 대한 칼뱅의 높은 평가를 고려할 때, 칼뱅의 자연법 이론의 출처 중 하나가 될 수 있다는 가능성이 있다. 근대 초기 자연법과 공의회수위설에 관해서는, Francis Oakley, *Natural Law, Conciliarism and Consent in the Late Middle Ages: Studies in Ecclesiastical and Intellectual History* (London: Variorum Reprints, 1984), 1장과 9장을 보라.
48. David Little, 'Calvin and the Prospects for a Christian Theory of Natural Law', in *Norm and Context in Christian Ethics*, ed. Gene Outka and Paul Ramsey (London: SCM Press, 1968), 175-197을 보라.
49. n. 105를 보라.
50. David Willis, 'Rhetoric and Responsibility in Calvin's Theology', in *The Context of Contemporary Theology*, ed. Alexander McKelway and David Willis (Altlanta, GA: John Knox Press, 1974), 43-64, at 46.
51. *Institutes*, 3.25.11.
52. Olivier Millet, *Calvin et la Dynamique de la Parole: Étude de Rhétorique réformée* (Geneva: Slatkine, 1992), 24. 밀러는 어떻게 『기독교 강요』의 16세기 후반 체계가 칼뱅 논증의 스콜라주의적 구조를 명백하게 만드는지에 관해 통찰력 있게 설명한다. Muller, *Unaccommodated Calvin*, 68-77을 보라.
53. Willis, 'Rhetoric and Responsibility in Calvin's Theology', 48.
54. Serene Jones, *Calvin and the Rhetoric of Piety* (Louisville, KY: Westminster/John Knox Press, 1995), 21-2, 133-4; Millet, *Calvin et la dynamique de la parole*, pt 3; Willis, 'Rhetoric and Responsibility in Calvin's Theology', 47-50, 53-7.
55. *Institutes*, 2. 11. 13.
56. 하나님의 다정한 부성애를 아는 지식의 경험적 차원에 대한 설명으로는, 4장을 보라.
57. Jones, *Calvin and the Rhetoric of Piety*, 27-30을 보라; 특히 Millet, *Calvin et la dynamique de la parole*, sect. 7을 보라.
58. 칼뱅의 사상에서 장르-문제를 더 자세히 알고 싶으면 3장을 보라.
59. 존스는 『기독교 강요』에 대해 말하면서 전통적인 주석가들이 칼뱅에게 '일정한 정도의 텍스트의 일관성'을 가정하는 오류를 범한다고 주장한다. 그 대신에, 텍스트는 '일치된 논증'이 없다는 것과 '스타일이나 장르의 관점에서 통일성을 찾으려는 어떤 시도도 거부한다'라는 것을 인식해야 한다 (Jones, *Calvin and the Rhetoric of Piety*, 146). 역사적 관점에서 존스의 주장은 설득력이 없다. 밀레와 멀러 및 그 외 사람들이 보여 주었듯이, 칼뱅은 '스타일과 장르' 문제를 예리하게 인식한다. 확실히 『기독교 강요』는 수사학적으로 복잡한 작업이지만, 칼뱅은 『기독교 강요』의 장르를 성서 주석과 매우 신중하게 구별했다. 수사학적 복잡성은 이렇게 신중하게 정의된 맥락에서 발생한다.
60. Ibid. 147-9.
61. 특히 Millet, *Calvin et la dynamique de la parole*, pt 8을 보라.
62. 근대적 경건 운동이 칼뱅에 미쳤던 영향에 대한, 책 한 권 분량의 조사로는, Lucien Richard, *The Spirituality of John Calvin* (Atlanta, GA: John Knox Press, 1974)를 보라. 리처드의 설명은 로이터의 논문에 공개적으로 의존하고 있다. 또한 Reuter, *Das Grundverständnis der Theologie Calvins*, 28-36. McDonnell, *John Calvin, the Church, and the Eucharist*, 24-7; Suzanne Selinger, *Calvin Against Himself: An Inquiry in Intellectual History* (Hamden, CT: Archon Books, 1984), 26-9를 보라.
63. Clive S. Chin, '*Unio Mystica and Imitatio Christi*: The Two-Dimensional Nature of John

Calvin's Spirituality' (Ph.D. thesis, Dallas Theological Seminary, 2002), 5.
64. 에라스무스와 근대적 경건 운동, 그리고 칼뱅과 에라스무스의 생각 사이의 중요한 차이점을 감안할 때 연결은 잘해 봐야 불안정하다. 또한 클라이브 친은 칼뱅이 에라스무스가 거부한 근대적 경건 운동의 특정 요소를 적절하게 사용하고 있음을 암시하는 것 같다. 이것이 당혹스러운 까닭은 칼뱅이 근대적 경건 운동의 자료를 읽었다는 증거가 부족하다는 사실을 친이 받아들이기 때문이다. Ibid.를 보라.
65. 친의 논문 외에도, 카를로스 에이레(Carlos Eire)의 *War Against the Idols*가 칼뱅이 끼친 인문주의적 영향을 하나의 방법론보다는 형이상학에 의해 인문주의를 특징짓는 광범위한 필법으로 그려 내는 경향이 있다. Philip Butin, 'Constructive Iconoclasm: Trinitarian Concern in Reformed Worship', *Studia Liturgica*, 19, no. 2 (1989), 133-42; idem, 'John Calvin's Humanist Image of Popular Late-Medieval Piety and its Contribution to Reformed Worship', *Calvin Theological Journal*, 29, no. 9 (1994), 419-31; idem, *Revelation, Redemption, and Response*, 14-15를 보라.
66. 사료의 관점에서 이것은 칼뱅이 읽은 출처를 평가하는 가장 신뢰할 만한 방법임이 입증되었다. Lane, *John Calvin*, ch. 1, 특히 pp. 10-11을 보라.
67. 칼뱅은 주석에서 아우구스티누스를 20번 인용했는데 이 중 15개는 『하나님의 도성』에서 가져온 것이다. 이도 하찮은 것은 아니지만 칼뱅이 향후 10년 동안 습득할 아우구스티누스에 대한 광범위한 지식은 거의 보여 주지 않는다.
68. John Calvin, *Institutes of the Christian Religion, 1536 Edition*, trans. Ford Lewis Battles (Grand Rapids, Mich.: Eerdmans, 1986), 5; OS 1.25.
69. 바울의 가르침만큼 '오래된 것'이라고 칼뱅은 말한다(ibid).
70. Calvin, *Institutes, 1536 Edition*, 6; OS 1.27.
71. Calvin, *Institutes, 1536 Edition*, 6; OS 1.27.
72. *Institutes*, 1.11.13.
73. Ganoczy, *The Young Calvin*, 174-8.
74. Ibid. 177; Muller, *Unaccommodated Calvin*, 44-5.
75. Johannes Van Oort, 'John Calvin and the Church Fathers', in *The Reception of the Church Fathers in the West: From the Carolingians to the Maurists*, ed. Irena Dorota Backus (Leiden: Brill, 1997), 661-700, at 678-9.
76. 칼뱅이 베르나르두스의 진가를 알아보는 것은 1540년대 초에 시작되었고 그가 베르나르두스의 *Opera omnia*를 읽으면서 발전했다. Lane, *John Calvin*, 5장을 보라.
77. Van Oort, 'John Calvin and the Church Fathers', 682.
78. Ibid. 682-4.
79. Lane, *John Calvin*, 77-81.
80. Irena Backus, 'Calvin and the Greek Fathers', in *Continuity and Change: The Harvest of Later Medieval and Reformation History*, ed. Robert J. Bast and Andrew C. Gow (Leiden: Brill, 2000), 253-76을 보라; Lane, *John Calvin*, 76-7. 칼뱅이 이 책에 대한 주석에서 요한에 대한 키릴로스의 주석을 인용하지만, 바쿠스는 키릴로스가 인용만으로 제안하는 것보다 더 많은 영향을 칼뱅의 주석에 끼치고 있다고 지적한다.
81. 롤런드 베인턴은 칼뱅의 하나님이 "너무나 높으시고 고양되어 말할 수 없을 정도로 거룩하시고, 인간은 너무나 합당하지 않아서 하나님과 인간 사이의 어떤 연합도 생각할 수 없을 정도"라고 주

장하면서 공통된 감정을 표현한다(Roland H. Bainton, *Hunted Heretic: The Life and Death of Michael Servetus*, 1511-1553 [Boston: Beacon Press, 1960], 46-7). 이 장의 나머지 부분은 유사한 주장을 하는 많은 칼뱅 학자들을 다룰 것이다. 신과 인간 사이의 '날카로운 분리'를 주장하는 설명에 대한 개요로는, Butin, *Revelation, Redemption, and Response*, 1장을 보라. 이 책의 1장에 나오는 현재의 연구가 보여 주듯이, 선물 신학자들은 칼뱅이 신성과 인간을 날카롭게 분리하고 있다는 해석에 동의하는 경향이 있다.

82. '연합'에 대해 말하면서, 나는 칼 켈러가 칼뱅을 범신론적으로 해석하는 것을 따르지 않는다. Carl A. Keller, *Calvin mystique: Au Coeur de la Pensee du Refororrmateur* (Geneva: Labor et Fides, 2001)을 보라. 오히려, 이 장에서 주장하듯, 칼뱅은 창조주와 피조물의 구분을 지지하는 종말론적 조건인 구속 안에서 신성과 인간의 차별화된 연합을 확언한다. 하나님과의 연합은 종말론적 목적이기 때문에, 이에 대한 칼뱅의 언어는 일반적으로 우리가 구속 안에서 하나님과 연합되는 것과 같은 언어 형태이다.

83. 2장의 서론과 n. 81을 보라.

84. 1539년 『기독교 강요』의 한 구절을 요약하면서 칼뱅은 "우리의 모든 것은 주님에 의해 거듭나면서 지워져야 한다"라고 썼다(John Calvin, *The Bondage and Liberation of the Will: A Defence of the Orthodox Doctrine of Human Choice against Pighius*, ed. A. N. S. Lane, trans. Graham I. Davies [Grand Rapids, MI: Baker Books, 1996], 212; CO 6,380-1). 칼뱅이 요약한 본래 구절은 에스겔 36:26-7 주석이다. '돌 같은 마음'(굳은 마음)은 하나님에 의해 제거되고 성령에 의해 '살 같은 마음'(부드러운 마음)으로 대체된다. 칼뱅은 이렇게 쓴다. "그러므로 하나님께서 우리를 의를 위해 열심 있는 사람으로 변화시키시면 돌이 살로 변하고, 우리 자신의 뜻은 무엇이든 지워진다. 그 자리를 대신 차지하는 것은 전적으로 하나님께서 주신 것이다."(*Institutes*, 2.3.6; OS 3.279-80).

85. 따라서 『의지의 속박과 자유』가 『기독교 강요』를 제외한 칼뱅의 어떤 저작보다 더 많은 교부 인용을 가지고 있다는 것은 어쩌면 놀랍지도 않다.

86. 이러한 발전의 특정한 특면이 『기독교 강요』 이후 판본에는 반영된다. 그러나 칼뱅이 아리스토텔레스적인 구분을 사용하는 것과 같은, 『의지의 속박과 자유』의 다른 중요한 특징은 『기독교 강요』에 포함되지 않았다. 『의지의 속박과 자유』에 나타난 칼뱅의 발전에 관해서는 Lane, *John Calvin*, 179-91을 보라. 1550년대 후반까지 칼뱅은 『기독교 강요』 최종판에 통합하고자 많은 양의 자료를 저술했다. 시간과 에너지의 한계 때문에 일부 자료가 포함되지 않았을 것이다. 또한 『의지의 속박과 자유』에서 아리스토텔레스적인 구분으로 인해 칼뱅은 피기우스와의 특별한 '토론을 제외하고는 잠재적으로 불필요한 '스콜라적' 구분을 하는 것을 주저했을 수 있다.

87. 선물 신학자들은 『의지의 속박과 자유』를 언급하지 않는다. 이 연구가 칼뱅 학자들 사이에 무시되고 있다는 것이 어쩌면 더 놀랄 만한 일이기도 하다. 어떻게 해서 의지가 필연적으로 여전히 자발적으로 죄를 짓는지에 대한 칼뱅의 설명을 가끔 언급하기는 해도, 그의 주장에서 중요한 다른 부분이 2차 문헌에서 사실상 무시되고 있다. 예를 들어, 칼뱅의 성령론에 관한 그의 고전적인 저작에서 크루쉐는 『의지의 속박과 자유』에 관련된 여러 주제를 다룬다. 그러나 크루쉐는 창조된 본성의 실체가 구속에서 어떻게 성취되는지에 대한 칼뱅의 결정적인 아리스토텔레스식 구분을 사용하지 않으며, 이 본성과 관련하여 죄가 우연한(accidental) 역할을 수행한다. 크루쉐는 단순히 외부적 강압과 필요성 사이의 통례적인 구분에 기반을 둔다. Werner Krusche, *Das Wirken des Heiligen Geistes nach Calvin* (Göttingen: Vandenhoeck & Ruprecht, 1957), ii. 3을 보라.

88. Calvin, *Bondage and Liberation of the Will*, 212; CO 380-1.

89. 1536년의 원래 구절은 에스겔 36:26-7 주석이었지만, 1559년 『기독교 강요』에서 자신의 진술 의미를 더 설명할 때는 칼뱅이 바울의 출처로 이동했다는 것이 중요하다. 나는 '옛 자아'에 대해 죽는

다는 바울의 언어와 '육체'와 '영'의 대조를 선택했다. 이는 로마서에서 그 의미가 칼뱅에게 큰 영향을 미치고 있고 '우리의 것은 무엇이든지' 중생에서 '무력하게 된다'라는 칼뱅의 언어와 유사하기 때문이다. OS 3.279-80.
90. Calvin, *Bondage and Liberation of the Will*, 229-31; CO 6.393-5.
91. R. J. 무이(Mooi)는 칼뱅의 저술에서 아우구스티누스에 대한 명시적인 인용 1,708개를 나열한다. 특히 반-펠라기우스 저작이 칼뱅에게 중요했다. R. J. Mooi, *Het Kerk, en dogmahistorisch Element in de Werken van Johannes Calvijn* (Wageningen: H. Veenman, 1965), 369; Richard A. Muller, 'Augustinianism in the Reformation', in *Augustine Through the Ages: An Encyclopedia*, ed. Allan Fitzgerald (Grand Rapids, MI: Eerdmans, 1999), 705-7을 보라.
92. 예를 들어, 아우구스티누스의 책, *Four Anti-Pelagian unfiuqs*, trans. John A. Mourant and William J. Collinge (Washington, DC: Catholic University of America, 1992); *Enchiridion* (sects. 36, 40), trans. J. F. Shaw (Washington, DC: Regnery Gateway, 1993)에 있는 *The Predestination of the Saints* (15. 30-1) and *The Gift of Perseverance* (9:21). 이 주제에 관한 칼뱅의 아우구스티누스 전유에 대해서는 Calvin, *Bondage and Liberation of the Will*, 129-30; CO 6.321-2를 보라.
93. Richard A. Norris, *The Christological Controversy* (Philadelphia: Fortress Press, 1980)에 있는, 키릴로스와 네스토리우스의 편지를 보라.
94. Calvin, *Bondage and Liberation of the Will*, 129-30; CO 6.321-2를 보라.
95. 실체, 우연, 습관에 대한 아리스토텔레스적 범주는 이 작품에서 반복적으로 사용된다. 인용 목록에 대한 레인의 개요를 보라. *Bondage and Liberation of the Will*, pp. xxv, xxvi를 보라.
96. "아담이 그를 지으신 분과 연합하여 있고 또 그에게 매여 있는 것은 그의 영적 생명이었다."(*Institutes*, 2.1.5).
97. *Institutes*, 3.3.5-9.
98. 칼뱅은 로마서 6:5-6을 따르며 이 점에 대해 매우 일관된 입장이다. 우리는 단지 그리스도의 죽음에서 그분과 하나가 될 뿐 아니라 그분의 부활에서도 그러할 것이다. "그리스도 안에 참여함으로써 두 가지 모두 우리에게 일어난다." *Institutes*, 3.3.9.를 보라.
99. 자유의 문제에 대해 칼뱅은 이레나이우스가 본래적 창조의 선함(그리고 그것을 따르는 회복)을 확언하는 것을 추구하면서 그에게 기본적으로 동의한다고 주장한다. Calvin, *Bondage and Liberation of the Will*, 71-2; CO 6.281-2를 보라. 칼뱅이 볼 때, 인간 본성은 아담의 상태로 회복될 뿐만 아니라 우월한 상태로 변모된다. "그리스도를 통해 얻은 상태는 첫 사람보다 훨씬 우월하다."(Comm. 1 Cor. 15:46, CTS; CO 49.559). 이러한 변모에 대한 더 상세한 연구로는 Richard Prins, 'The Image of God in Adam and the Restoration of Man in Jesus Christ: A Study in John Calvin', *Scottish Journal of Theology*, no. 25 (1972), 32-44를 보라.
100. 칼뱅은 중세 스콜라 학파에서 사용되는 '협력하는 은혜'의 언어를 받아들이지 않는다. 이것이 하나님과 인간 사이의 작용과 공로를 분할 방식으로 나눈다고 생각하기 때문이다. 칼뱅은 아우구스티누스의 언어 사용에 대해 더 동조하는 편이지만, 오해의 소지가 있는 함축된 의미 때문에 그 구절을 다시 고치지 않는다. *Institutes*, 2.3.7.을 보라.
101. Calvin, *Bondage and Liberation of the Will*, 193-200; CO 6.367-73을 보라.
102. Ibid. 119-20; CO 6.314-15.
103. *Institutes*, 2.8.49.
104. 이 직접적인 설명의 초점은 『의지의 속박과 자유』이지만, 칼뱅의 편지에 기록된 목회적 조언이 자발적인 인간 행동은 비-환원적인 방식으로 성령의 역사와 함께한다는 그의 개념과 아주 잘

맞는다는 점은 주목할 가치가 있다. 예를 들면, '예수를 따르고 싶어서' 감옥에 갇힌 여인에게 보낸 편지에서, 칼뱅은 하나님께 부르짖고 자신을 하나님께 완전히 맡겨야 한다고 제안한다. "그대는 하나님을 부르며 하나님께 그대를 가엾게 여겨 달라고 간청해야 하며, 그분이 그대를 기꺼이 구원하셔서 거기에서 내보내 주실 것을 희망하면서 전적으로 그분의 손에 그대를 맡겨 드려야 합니다." 그렇다고 이것이 그 여성이 수동적으로 하나님의 일을 기다리고 있어야 한다는 의미는 아니다. "그럼에도 불구하고 그대를 구금한 자의 손에서 탈출할 수 있는 올바르고 합법적인 수단이 있다면, 하나님께 지혜를 구하여 그분의 영이 가르쳐 주시는 그 수단을 이용해야 합니다." 여인은 어떻게 해서 포로 상태에서 벗어날 수 있을까? "올바르고 합법적으로 감옥에서 나올 수 있는 수단"을 적극적으로 추구해야 할 것이다. 그러나 이것은 하나님의 손에서 받을 수 있는 것이다. 그러므로 성령께서 이 방법을 가르쳐 주시도록 기도해야 한다(*Letters of John Calvin*, ed. Jules Bonnet, trans. D. Constable [ii, iii] and M. R. Gilchrist [iii, iv] [New York: B. Franklin, 1973], ii, letter 328). 유사한 구절로는, i, letter 133; ii, letters 191, 299을 보라.

105. 사랑이 '주입된 습관'인지에 대해서는, 칼뱅은 『명제집』 1권 17항에 나오는 롬바르드에 비교적 가깝다. 대부분의 중세 스콜라 학자들은 롬바르드와 동의하지 않았다. 루터는 1510/11년 『명제집』 주석에서 이 점에 대해 롬바르드에게 동의한다는 것을 분명히 했다. Steven E. Ozment, *The Age of Reform (1250–1550): An Intellectual and Religious History of Late Medieval and Reformation Europe* (New Haven: Yale University Press, 1980), 31–2.

106. 칼뱅은 하나님이 '폭력으로 누군가를 강압하실 것'이라는 사실을 부인한다. 그 대신에, "그들 자신의 뜻을 따라 순종하는 [자발적인] 종들이 되도록, 하나님은 그들 안에 새 마음을 창조하시고 그들의 내적 본성 안에 올바른 영을 새롭게 하신다." Calvin, *Bondage and Liberation of the Will*, 193–4, 232; *CO* 6.367–8, 396을 보라.

107. 칼뱅은 총괄갱신(recapitulation)이라는 용어를 사용하지 않지만, 이레나이우스의 총괄갱신 교리와 그의 두 번째 아담 그리스도론은 공통점이 많이 있다. Oort, 'John Calvin and the Church Fathers', 685–6을 보라.

108. *Institutes*, 2.2.1.

109. Oort, 'John Calvin and the Church Fathers', 693을 보라. 또한 키릴로스는 칼뱅이 50회 이상 인용한 그리스 교부들 네 명 중 한 명이며, 나머지는 크리소스토무스, 이레나이우스, 오리게네스이다. Lane, *John Calvin*, 41–2를 보라.

110. Comm. John 3:7, 4:44, 21:15를 보라.

111. Comm. Matt. 26:37, in *Harmony of the Gospels*를 보라.

112. 키릴로스의 성례론적 그리스도론은 네스토리우스와의 전반적인 토론에서 중요하다. Henry Chadwick, 'Eucharist and Christology in the Nestorian Controversy', *Journal of Theological Studies*, 2 (1951), 145–64를 보라.

113. *Institutes*, 4.17.9.

114. *TT* 2.541; *CO* 9.495.

115. *TT* 2.122; *CO* 6.200.

116. 1장 n. 70을 보라.

117. 칼뱅은 로마서 주석을 시작하면서 "만일 우리가 이 서신을 진정 이해하게 된다면, 성경의 가장 심오한 모든 보화로 인도하는 열린 문을 갖게 된다"라고 쓴다(*CC* 5; *CO* 49.1).

118. 로마서가 『기독교 강요』에 끼친 영향은 칼뱅 연구에서 자주 확인되지만, 리처드 멀러는 1539년 칼뱅이 시작한 교리적 자리의 발전에 로마서가 얼마나 중요한지 보여 주었다. 칼뱅이 자신의 주석 프로젝트를 개괄한 것은 1539/40년이다. 이 중요한 발전 시기에 칼뱅은 로마서가 성경의 나머

지 부분에 대한 '열린 문'이라 진술한다. Muller, *Unaccommodated Calvin*, 7장과 8장을 보라.
119. 칼뱅은 때로 신자들이 하나님의 백성 공동체에 접붙된 것(로마서 11장 주제)에 대해 말하지만, 요한복음 15:1-11에 나오는 이미지를 발전시킨, 그리스도 안에 접목되는 것에 대해서도 말한다. 칼뱅은 때로 한 가지 혹은 다른 의미를 언급하긴 하지만, 그 둘 사이를 분리하지는 않는다. 신학적으로 말해서 그리스도에게 접목되고 성부에 의해 입양되는 것은 반드시 하나님의 가족에 접목되는 것과 관련이 있다. 예를 들어 *Institutes*, 4.1.2-4를 보라.
120. 3장을 보라.
121. 3장을 보라.
122. 칼뱅의 구속 신학의 '보편적' 성격을 언급하면서, 나는 칼뱅 신학이 다양한 교부 신학과 공유하는 신학적 특징을 지적하고 있다. 이 특징은 교부 신학에 이러한 발전의 빚을 지고 있는 다양한 그리스도교 전통으로 인해 '보편적' 혹은 '전반적'이다.
123. "et quemadmodum unus est in patre, ita nos unum in ipso Wamus"에 대한 나의 번역이다. 삼위일체적 하나 됨(성부와 성자)과 경륜적 하나 됨(그리스도와 신자들) 사이의 '하나 됨'과 상호 내주하심의 유사성에 주목하라. Sermon on 1 Sam., 2.27-36; *CO* 29.353.
124. *Institutes*, 3.2.24.
125. *Institutes*, 2.16.3.
126. *Institutes*, 3.1.2. 칼뱅의 삼위일체적 참여 교리에서 성령의 중대한 역할에 대한 설명으로는, Butin, *Revelation, Redemption, and Response*, 79-92; Canlis, 'Calvin, Osiander and Participation in God'을 보라.
127. 직역함. 베버리지는 전체 구절을 옮긴다. "그[성령]를 통해 우리는 신적 본성의 참여자가 되고(in Dei participationem venimus), 우리 안에서 그의 활력을 느끼는 방식으로 하나님 안에 참여하는 자들이 된다. 우리의 칭의는 그의 일이다. 그에게 능력, 성화, 진리, 은혜, 모든 선한 생각이 있다. 좋은 선물은 모두 성령에게서만 나오기 때문이다."(*Institutes*, 1.13.14; John Calvin, *Institutes of the Christian Religion*, ed. Henry Beveridge and Robert Pitcairn [Edinburgh: CTS, 1845]; *OS* 3.128).
128. *Institutes*, 1.8.26.
129. *Institutes*, 1.15.6.
130. Comm. 1 John 4:15, *CC*; *CO* 47.145.
131. Comm. 1 John 4:15, CTS; *CO* 47.145. Cf. Comm. Jer. 31: "마침내 우리는 그리스도 우리 주를 통해 당신[전능하신 하나님]과 진정으로, 그리고 완전히 연합하게 될 것입니다."
132. *Institutes*, 1.15.5.
133. *Institutes*, 2.14.3.
134. Comm. 2 Pet. 1:4, CTS; *CO* 55.446. 이 지점에서 신화에 대해 기꺼이 말하는 칼뱅의 의지는 신자들이 '신적 본성의 참여자'가 된다는 베드로후서 1:4에 대한 응답이다. 이와 같은 구절은 신화에 대한 교부적 가르침의 핵심이었다. 교부들이 '신화'의 관점에서 자주 읽은 성경 구절에 대한 칼뱅 주석 분석으로는, Carl Mosser, 'The Greatest Possible Blessing: Calvin and Deification', *Scottish Journal of Theology*, 55, no. 1 (2002), 36-57을 보라.
135. Carl E. Braaten and Robert W. Jenson, *Union with Christ: The New Finnish Interpretation of Luther* (Grand Rapids, MI: Eerdmans, 1998); Tuomo Mannermaa, *Der im Glauben gegenwartige Christus: Rechtfertigung und Vergottung zum okumenischen Dialog* (Hannover: Lutherisches Verlagshaus, 1989); Michael J. McClymond, 'Salvation as Divinization: Jonathan Edwards, Gregory Palamas and the Theological Uses of

Neoplatonism', in *Jonathan Edwards: Philosophical Theologian*, ed. Paul Helm and Oliver Crisp (Aldershot: Ashgate, 2003), 139-60; A. N. Williams, *The Ground of Union: Deification in Aquinas and Palamas* (New York: Oxford University Press, 1999)을 보라. 루터와 팔라마스를 비교하면서 루터가 신화를 가르친다는 것을 확인하면서도, 루터와 팔라마스의 거리를 내비치는 자료로는, Reinhard Flogaus, *Theosis bei Palamas und Luther: ein Beitrag zum okumenischen Gesprach* (Göttingen: Vandenhoeck & Ruprecht, 1997)을 보라.

136. 핀란드 학파와 윌리엄스는 모두 서구의 신화 개념과 후기 비잔틴의 신화 개념 사이의 유사점을 과대평가하는 경향이 있다. n. 135를 보라. 반면에 일부 학자들은 신화에 대한 서구 신학을 비판하거나 무시하기 위해 후기 비잔틴 표준을 사용한다. 다른 많은 것을 뒷받침하는 이 접근법의 핵심 작업은 Lossky, *The Mystical Theology of the Eastern Church*, 130-4, 196-216이다. 토마스 아퀴나스를 '반대하는' 그레고리오스 팔라마스의 용법에 대해서는, Eric D. Perl, 'St Gregory Palamas and the Metaphysics of Creation', *Dionysius*, 14 (1990), 105-30을 보라. 후기 비잔틴 표준에 따른 칼뱅에 대한 평가는 Farrell, *Free Choice in St. Maximus the Confessor* 부록을 보라. 펄(Perl)과 패럴(Farrell)은 후기 비잔틴 신학 범주가 활용되지 않으면, 신화의 신학이 부족하다고 암시하는 것 같다.

137. 아우구스티누스와 신화에 관해서는, Gerald Bonner, 'Deification, Divinization', in *Augustine Through the Ages*, ed. Allan D. Fitzgerald (Grand Rapids, MI: Eerdmans, 1999), 265-6을 보라. 아퀴나스와 신화에 관해 애나 윌리엄스는 아퀴나스의 신화 교리의 핵심 요소를 강조하지만 윌리엄스는 토마스주의자와 팔라미스주의 관점의 중대한 차이를 과소평가한다. Williams, *The Ground of Union*을 보라. 아퀴나스와 팔라마스의 차이를 언급하면서 윌리엄스를 교정하는 설명으로는 다음을 보라. Gosta Hallosten, 'The Concept of Theosis in Recent Research—The Need for a Clarification', in *Partakers of the Divine Nature: The History and Development of Deification in the Christian Tradition*, ed. M. Christensen and J. Wittung (Madison, NJ: Fairleigh Dickinson University Press, 2007), 281-93을 보라. Nonna Verna Harrison, 'The Ground of Union: Deification in Aquinas and Palamas (Review)', *St Vladimir's Theological Quarterly*, 45, no. 4 (2001), 418-21.

138. 이 점에 관해서는 아래 나오는 칼뱅과 오시안더의 논쟁에 대한 논고를 보라.

139. 정통 개혁주의에 있는 이러한 구분에 대한 '꽤 복잡한' 용법에 관해서는, Richard A. Muller, *Post-Reformation Reformed Dogmatics* (Grand Rapids, MI: Baker, 1987), iii. 223-6을 보라. 비록 칼뱅이 속성의 교류에 관해서는 안디옥 전통에 서 있지만, 네스토리우스 방식으로 그리스도의 인성에만 전적으로 참여하는 신자에 대해 말하지 않는다는 점은 주목할 가치가 있다. 오히려 신자들은 그리스도의 한 인격 안에 참여한다. 조너선 슬레이터가 칼뱅이 신자들의 신화를 확언했다는 생각에 반대하면서 칼뱅의 신학을 네스토리우스식으로 읽은 것은 이런 오해가 있었기 때문이다. Slater, 'Salvation as Participation in the Humanity of the Mediator in Calvin's Institutes of the Christian Religion: a Reply to Carl Mosser', *Scottish Journal of Theology*, 58, no. 1 (2005), 39-58을 보라.

140. Comm. 2 Pet. 1:4, CTS; *CO* 55.446. 또 다른 번역은 이것을 '일종의 신화'(quasi deificcari)라고 한다. 칼뱅의 deificari 사용은 '신이 되는 인간' 용어가 문자 그대로의 의미라기보다는 과장법을 쓴 것임을 강조하려는 그의 관심사를 보여 준다. 이런 의미에서 칼뱅의 참여와 신화 신학은 언어의 과장된 본성을 강조했던 니사의 그레고리우스와 같은 교부 작가들의 신학과 유사하다. 사실 니사의 그레고리우스도 신화의 하나라고 할 수 있는 신학을 제시했지만, 신화(theosis) 용어는 피했다. Rowan Williams, 'Deification', in *A Dictionary of Christian Spirituality*, ed.

Gordon Wakefield (London: SCM Press, 1983), 106-8; Norman Russell, *The Doctrine of Deification in the Greek Patristic Tradition* (Oxford: Oxford University Press, 2004), 225-32. 141을 보라 신화의 '주제'와 신화의 '교리' 구분에, 나는 Hallosten, 'The Concept of Theosis in Recent Research'에 빚지고 있다.

142. 이러한 용어들을 칼뱅이 어떻게 사용하는지 더 알기 위해서는, Mosser, 'The Greatest Possible Blessing', 41, 53-5를 보라. '신화'라는 특정 용어보다 '참여' 언어를 선호한다는 점에서 칼뱅은 니사의 그레고리우스를 닮았다. Russell, *The Doctrine of Deification in the Greek Patristic Tradition*, 232를 보라.

143. 다른 관련된 논쟁에는 칼뱅이 루터파 베스트팔과 헤슈시오스와 벌인 성례전 논쟁과 그가 세르베투스의 시편 82편 해석에 반대한 일이 있다. 성례전 논쟁의 핵심 문제는 성찬에서 그리스도의 '실체'를 어떻게 취하는가이다. 칼뱅은 이러한 참여에 대해 성령론적 설명을 강력하게 펼치면서, 그를 반대하는 사람들은 그리스도의 육체를 신자들이 취하는 방식만큼, 성령에 충분한 비중을 두지 않는다고 주장한다. Thomas J. Davis, *The Clearest Promises of God: The Development of Calvin's Eucharistic Teaching* (New York: AMS Press, 1995), 5장과 6장을 보라. 세르베투스에게는, 중심 논쟁이 시편 82편의 주해뿐만 아니라 비-칼케돈 방식과 비-종말론적 방식으로 '신자 안에 신성'을 확언하는 문제인 것 같다. Mosser, 'The Greatest Possible Blessing', 50-3를 보라.

144. 칼뱅이 일찍이 보름스 종교 대화(Colloquy of Worms) 때부터 오시안더에게 부정적인 반응을 보인다는 점이 자주 지적되지만, 오시안더 신학에 반대하는 칼뱅의 주요 논박은 1559년 『기독교 강요』 때까지는 나오지 않는다. 칼뱅은 베스트팔과 헤슈시오스 양자와의 논쟁에서 오시안더주의라고 정죄받았다. David Steinmetz, *Reformers in the Wings* (Philadelphia: Fortress Press, 1971), 91; James Weis, 'Calvin versus Osiander on Justification,' *Springfielder*, 29 (1965), 31-47, at 42-3을 보라.

145. 오시안더가 아우구스티누스의 은혜와 참여 신학을 전유한 것에 동조하는 설명으로는, Patricia Wilson-Kastner, 'Andreas Osiander's Theology of Grace in the Perspective of the Influence of Augustine of Hippo', *Sixteenth Century Journal*, 10, no. 2 (1979), 73-91을 보라. 유감스럽게도 윌슨-캐스트너는 칼뱅이 오시안더를 반대하는 이유를 잘못 해석해서, 그것이 칼뱅의 '신성과 인성의 분리' 때문이라고 주장한다(p. 88).

146. 크루쉐는 그리스도와 '한 실체'가 된다는 칼뱅의 언어와 오시안더의 공식화 사이의 유사성을 올바르게 지적한다. Krusche, *Das Wirken des Heiligen Geistes nach Calvin*, 268-9를 보라.

147. *Institutes*, 3.16.1.

148. 칼뱅은 사도행전 20:28과 고린도후서 5:21을 인용하여 그리스도의 십자가와 죄 용서 사이의 연결을 지지한다. *Institutes*, 3.11.8-9를 보라.

149. *Institutes*, 3.11.9.

150. *Institutes*, 3.11.6.

151. Heiko Augustinus Oberman and Paul L. Nyhus, *Forerunners of the Reformation: The Shape of Late Medieval Thought*, 1st edn (New York: Holt, Rinehart, and Winston, 1966), 131-3을 보라.

152. *Institutes*, 3.19.4.

153. *Institutes*, 3.19.5.

154. 오시안더에 반대하는 칼뱅 논박의 삼위일체적 차원에 관해서는, Butin, *Revelation, Redemption, and Response*, 69-73을 보라.

155. *Institutes*, 3.11.5.
156. *Institutes*, 3.11.8.
157. *Institutes*, 3.11.5.
158. 캔리스는 칼뱅과 오시안더의 토론에 나오는 성령의 중대한 역할에 대해 유용한 내용을 설명한다. 유감스럽게도 그 설명에는, 칼뱅의 참여 신학을 되찾기 위한 노력으로 칼뱅의 '법정적' 차원을 경시하는 가운데, 칼뱅이 오시안더와의 논쟁에서 보여 주었던 전가의 결정적인 중요성을 과소평가하는 경향이 있다. Canlis, 'Calvin, Osiander and Participation in God'를 보라.
159. *Institutes*, 3.11.8-9.
160. Muller, *After Calvin*, 13을 보라.
161. "예전에 마니교도는 사람이 신의 일부이고 삶의 경주를 마친 후에 마침내 본래의 모습으로 되돌아갈 것이라고 꿈꿨다. 오늘날에도 우리가 하나님의 본성으로 넘어갈 수 있고, 그 결과 신이 우리의 본성을 삼킨다고 상상하는 광신자들이 있다. 그들은 하나님이 만유의 주로서 만유 안에 계신다(고전 15:28)고 바울이 말한 것을 설명할 때 위와 같은 의미로 이 구절을 취한다. 그러나 이와 같은 망상은 거룩한 사도들의 마음에 결코 들어오지 않았다. 사도들은 단지 육체의 모든 악을 버릴 때 우리의 능력이 허락하는 한, 하나님과 하나가 되는 것처럼, 우리는 신성과 축복받은 불멸과 영광의 참여자가 될 것이라고 말하고자 했다."(Comm. 2 Pet. 1:4, CTS; *CO* 55. 446).
162. 나의 주장은 만약 신화의 개념이 내가 이 항을 시작하는 부분에서 지정한 방식으로 '단서를 다는' 경우, 칼뱅은 신화의 교리를 가지고 있다는 것이다. 특히 칼뱅의 신화 교리는 고유한 신적 속성이 인간에게 '누출'되는 것을 포함하지 않으며, '신이 되는 것'이라는 언어를 과장법으로 이해한다. 이러한 방식으로 칼뱅의 참여와 신화 신학은 공히 신화를 가르치는 것으로 생각되는 교부 저자들의 신학과 유사하다. 비록 그들이 신화의 전문 용어를 광범위하게 활용하지 않는다고 해도 말이다. 예를 들면, 이레나이우스와 아우구스티누스는 내가 칼뱅의 경우에 단서를 단 것과 비슷한 방식으로 '한정'되었을지라도 신화를 가르친다. Jules Gross, *The Divinization of the Christian*, trans. Paul Onica (Anaheim, CA: A & C Press, 2002), 120-30; Gerald Bonner, 'Deification, Divinization'을 보라. 신화의 신학과 관련해서 칼뱅 신학을 어떻게 고려할지 더 살펴보려면, J. Todd Billings, 'United to God through Christ: Calvin on the Question of Deification', *Harvard Theological Review*, 98, no. 3 (July 2005), 315-34를 보라. 또한 *idem*, 'John Calvin: United to God through Christ', in *Partakers of the Divine Nature*, ed. Christensen and Wittung, 200-18을 보라.
163. Comm. Rom. 6:4-5, CC; *CO* 49.105-6.
164. Comm. Rom. 6:5, CC; *CO* 49.107; 강조가 추가됨.
165. Comm. 1 Cor. 11:24, CTS; *CO* 49.487. '그분 몸의 지체 됨에 대해 말하면서', 칼뱅은 에베소서 5:30을 언급한다.
166. Canlis, 'Calvin, Osiander and Participation in God', 184.
167. Bernard McGinn, 'Love, Knowledge and Mystical Union in Western Christianity: Twelfth to Sixteenth Centuries', *Church History*, 56, no. 1 (1987), 7-24. at 14-15.
168. Canlis, 'Calvin, Osiander and Participation in God', 177.
169. 그리스도의 '실체'에 참여함에 대한 칼뱅 사상의 상세한 설명은 3장에 있다.
170. n. 165를 보라. 칼뱅이 신자들이 그리스도와 '하나의 실체'가 되는 것에 대해 말하는 사례 분석을 위해서는, 116-119쪽을 보라.
171. Comm. John 17:21, *CC*; *CO* 47.387.
172. 칼뱅이 말한 신-인 관계의 페리코레시스 차원에 대한 설명은, Butin, *Revelation, Redemption*,

and Response, 42, 82-3을 보라. 칼뱅에 대한 이 설명은 내르나 해리슨의 페리코레시스 설명과 잘 맞는다. 해리슨에 따르면, 페리코레시스는 '스토아학파의 혼합 이론'을 기반으로 한 결과, '각각의 정체성과 특성을 고스란히 보존하는 두 실체의 완전한 상호 침투'가 있다. 해리슨은 페리코레시스가 내적인 삼위일체 관계뿐만 아니라 신-인 관계에 적용된다고 지적한다. Nonna Verna Harrison, 'Perichoresis in the Greek Fathers', *St Vladimir's Theological Quarterly*, 35, no. 1 (1991), 53-65, at 54, 58-9를 보라. '실체'에 대한 스토아학파의 견해를 일반적으로 설명한 내용은, Christopher Stead, *Divine Substance* (Oxford: Clarendon Press, 1977), 118-25를 보라. 스테드의 논문은 초기 그리스도교 신학이 어떻게 스토아 사상의 설명을 기반으로 하는지 이야기한다.

173. *Institutes*, 1.13.17. 그레고리우스에서 가져온 이 인용은 칼뱅의 요한복음 1:1 주석에도 나온다.
174. 제한과 성령의 참여 방식에 대해 더 자세한 내용으로는, 186-191쪽을 보라.
175. 칼뱅이 교부들의 저작을 그들의 용어로 엄밀하게 읽었다고 내가 주장하는 것이 아님을 주목하라(1장 n. 70을 보라). 칼뱅은 21세기 비평 연구를 하는 이레나이우스 혹은 알렉산드리아의 키릴로스를 만난 것이 아니다. 칼뱅은 교부들의 본문을 사용한다. 그가 사용한 방식은 16세기 신학 담론과 논쟁의 관습에 의해 형성된다. 그럼에도 불구하고 칼뱅이 이러한 교부들 본문과 상호 작용을 하면서 실질적으로 발전된 부분과 칼뱅 자신의 입장에 대한 설명이 있다. 특히 『의지의 속박과 자유』에서 칼뱅은 다른 저술에는 기록하지 않은 설명과 어조를 (교부 본문과 상호 작용하면서) 그의 신학에 제공한다.

| 3장 | 칼뱅의 "그리스도 안에 참여함" 언어의 발전

1. 이것은 스티븐 웹, 캐서린 태너, 캐서린 픽스톡, 존 밀뱅크 같은 인물들에 대한 전반적인 선물 담론의 경우이다. 특히 눈에 띄는 것은 이러한 발전을 무시하고 1559년 『기독교 강요』만 보는 경향이 칼뱅의 참여 신학에 특별히 초점을 맞추는 작품에 존재한다는 것이다. Milbank, 'Alternative Protestantism'; Oliver, 'The Eucharist before Nature and Culture'; Ward, *Cities of God*를 보라.
2. 맥그래스는 주석의 중요성과 칼뱅의 사상에서의 발전 개념을 경시한다. "독자는 1559년 판에서 어떤 주제를 다룰 때, 해당 주제에 관한 칼뱅의 입장을 파악하는 데 필수적이라고 여겼던 모든 것을 마주하게 될 것이다."(McGrath, *A Life of John Calvin*, 147). 토머스 데이비스는 '서론'에서 칼뱅을 '책 한 권'의 사람으로 여기는 학자들을 기록한다. Davis, *The Clearest Promises of God*를 보라.
3. Parker, *John Calvin*, 32-3; Cottret, *Calvin*, 82-8을 보라.
4. Ford Lewis Battles, 'Introduction and Notes', in *Institutes of the Christian Religion, 1536 Edition* (Grand Rapids, MI: Eerdmans, 1986), p. xxxvii.
5. Calvin, *Institutes, 1536 Edition*, 37; OS 1. 63.
6. Milbank, *Being Reconciled*, 138; Pickstock, *After Writing*, 156-8을 보라.
7. 4장은 참여와 이중 은혜의 개념을 상당히 깊이 탐구한다.
8. Calvin, *Institutes, 1536 Edition*, 87-8, 94-6, 102-3; OS 1.118-19, 127-9, 136-8을 보라.
9. Battles, 'Introduction and Notes', 339.

10. 마르꾸르와 파렐에 관해서는, Christopher Elwood, *The Body Broken: The Calvinist Doctrine of the Eucharist and the Symbolization of Power in Sixteenth-Century France* (New York: Oxford University Press, 1999), 2장을 보라. 아래 마르꾸르와 파렐의 문장 번역은 엘우드의 책에서 가져온 것이다.
11. Antione Marcourt, 'Petit Traicte de la saincte eucharistie', in *The Body Broken*, trans. C. Elwood (New York: Oxford University Press, 1999), 35.
12. Guillaume Farel, 'Le Maniere et Fasson', ibid. 42.
13. Ibid. 43.
14. Ibid. 42-3.
15. Calvin, *Institutes, 1536 Edition*, 104; OS 1.139.
16. Ibid. 103; OS 1.138.
17. Ibid. 104; OS 1.139.
18. 1538년 『기독교 강요』에 있는 칼뱅의 초기 진술로부터 그의 성찬 신학의 발전에 관한 자세한 내용은, Davis, *The Clearest Promises of God*, 3장을 보라. 부서의 성찬 신학에 관해서는, Irena Backus, 'La theorie logique de Martin Bucer: la predication chez P. Crockaert, Georges de Trebiizonde, R. Lever et M. Bucer', *Cahiers de la revue de theologie et de philosophie*, no. 5 (1980), 27-39; idem, 'Polemic, Exegetical Tradition and Ontology: Bucer's Interpretation of John 6:52, 53, and 64 before and after the Wittenberg Concord', in *The Bible in the Sixteenth Century*, ed. David Steinmetz (Durham, NC: Duke University Press, 1990), 167-80을 보라.
19. Calvin, *Institutes, 1536 Edition*, 95; OS 1.129.
20. Wendel, *Calvin*, 2장을 보라.
21. William J. Bouwsma, *John Calvin: A Sixteenth-Century Portrait* (New York: Oxford University Press, 1988), 21; Cottret, *Calvin*, 132; Muller, *Unaccommodated Calvin*, 27을 보라.
22. Muller, *Unaccommodated Calvin*, 186-7.
23. Ibid. 186.
24. Richard A. Muller, '*Ordo docendi*: Melanchthon and the Organization of Calvin's Institutes, 1536-1543', in *Melanchthon in Europe*, ed. Karin Maag (Grand Rapids, MI: Baker, 1999), 123-40을 보라.
25. Comm. Romans, 'Argument', CC; CO 49.1.
26. OS 2.6. 1539년부터 1550년까지의 판에 인용된 구절이 변경되지 않은 경우, 달리 명시되지 않는 한 배틀즈의 『기독교 강요』(*Institutes*) 번역본에서 번역한 것이다. 관련 라틴어 구문과 영어 구문의 대체 번역은 괄호 안에 표시한다.
27. Ibid.
28. 칼뱅의 신학이 연역적 체계라는 개념에 대한 광범위한 응답으로는, Muller, *After Calvin*, 4장과 5장을 보라. 멀러는 그의 교리적 자리들 체계에 대한 통찰력 있는 설명도 제공한다. *Unaccommodated Calvin*, 6장.
29. Richard A. Muller, "Calvin and the 'Calvinists': Assessing Continuities and Discontinuities between the Reformation and Orthodoxy", *Calvin Theological Journal*, 31 (1996), 125-60, at 131.

30. 이러한 참여 언어를 설명하려면, 멜란히톤과 칼뱅 자신의 로마서 연구 작업의 영향뿐만 아니라, 스트라스부르의 부서와 같이 칼뱅을 초대한 선임 동료의 참여 언어에도 주목해야 한다. 106쪽을 보라.
31. 칼뱅은 로마서 6:1-14 주석에서 세례 받은 신자들을 위해 그리스도와의 연합, 그리스도 안에 접목, 그리스도의 죽음과 부활에 참여함의 주제를 발전시킨다. 로마서 8장 주석에서 칼뱅은 입양에 대한 삼위일체적 설명을 발전시킨다. 즉, 신자들은 그들 안에서 역사하여 그들로 하여금 하나님을 '아버지'라고 부르게 하는 성령에 의해 그리스도와 연합된다는 것이다. 신자들은 그리스도의 고난에 참여하고 그리스도의 영광에 참여하게 된다(롬 8:17). 관련된 주제는 로마서 8장에서도 두드러지는, 신자들 안에 내주하시는 하나님의 영이다.
32. 칼뱅은 1536년 『기독교 강요』와 1538년 『교리 교육』에서 하나님의 형상이 '취소되고 지워져서'(『기독교 강요』, 1536년) 겉으로 보기에는 잃어버린 것처럼 보인다고 말한다. 그러나 헤세링크가 지적하듯이, 나중에 칼뱅은 주석과 『기독교 강요』에서 완전한 상실이 아니라 흔적이 남아 있음을 분명히 밝힌다. 여기서 추가된 참여의 언어는 1539년 이 시점에서 칼뱅이 발전시킨 내용이다. John Calvin and I. John Hesselink, *Calvin's First Catechism: A Commentary Featuring Ford Lewis Battles' Translation of the 1538 Catechism*, trans. Ford Lewis Battles (Louisville, KY: Westminster/John Knox Press, 1997), 62-8을 보라.
33. Wevers 19, in 2.6.25 (of 1559 edn).
34. Muller, *Unaccommodated Calvin*, 132를 보라.
35. 그러므로 Wevers 116은 1559년 『기독교 강요』 그리스도론에 관한 2.16.7에 포함된다. Wevers 102는 1559년 『기독교 강요』 삼위일체에 관한 1.13.14에 포함된다.
36. Wevers 121, 123은 각각 4.1.2. 와 4.1.3이다.
37. Wevers 102-3, in 4.27.15. Beveridge trans., *Institutes*.
38. Wevers 123, in 4.48.25.
39. Wevers 121, in 4.46.52.
40. Wevers 167, in 6.6.11.
41. Wevers 191, in 6.33.37.
42. Wevers 293, in 12.9.19.
43. Wevers 295, in 12.13.35.
44. Davis, *The Clearest Promises of God*, 5장과 6장을 보라. 또한 Butin, *Revelation, Redemption, and Response*, 9장; Gerrish, *Grace and Gratitude*, 5장을 보라.
45. 이 책의 105-106쪽을 보라. 그리고 Davis, *The Clearest Promises of God*, 147을 보라.
46. Muller, *Unaccommodated Calvin*, 146.
47. 칼뱅이 성만찬과 관련하여 처음으로 실체를 긍정적으로 사용한 것은 1541년 주의 만찬에 관한 『소논문』에 있으며 1541년 『제네바 교리 교육』으로 이어졌다. 『소논문』에서 그 의미는 1543년 『교리 교육』과 『기독교 강요』와 약간 다르다. 『소논문』에서 그는 성례전의 '실체'이신 예수 그리스도에 대해 말하는데, '실체'는 요소 안에 있는 표지와 결합한다(*TT* 2.169-70, 172-3; *OS* 1.507-8, 509-10). 『교리 교육』과 1543년 『기독교 강요』에서 칼뱅은 그리스도와 하나가 되기 위해 그리스도의 실체에 참여하는 신자들에 대해 말한다. 참조, 1541년 『제네바 교리 교육』에서 칼뱅은 성만찬에서 그리스도는 "우리가 그분의 실체(sustantiae participes)에 참여하게 하시면서, 우리는 그분과 함께 하나의 삶에 참여하게 된다"라고 말한다(*TT* 2.91; *CO* 6.128).
48. *OS* 5.352-3.

49. *OS* 4.35. David Willis-Watkins, 'The Unio Mystica and the Assurance of Faith according to Calvin', in *Calvin: Erbe und Auftrag*, ed. Willem van't Spijker (Kampen, Netherlands: J. H. Kok, 1991), 77–84. at 90.
50. Mosser와 Willis에 의해 이러한 삭제가 많이 이루어졌다. Mosser, 'The Greatest Possible Blessing', 48; Willis, 'The Unio Mystica', 80을 보라. 그러나 칼뱅은 주석에서 같은 언어를 사용한다. 예를 들면, 고린도전서 11:24을 주석하면서 성만찬에서 신자들이 그리스도 안으로 통합되는 것에 대해 말하면서, 칼뱅은 그리스도와 함께 '한 생명과 실체'로 연합되는 것을 말한다(*CO* 49.487). 칼뱅은 에베소서 5:31 주석에서 유사한 의미로 '실체'를 사용한다. 그리스도와의 연합에 관한 '하나의 실체' 언어의 세 번째 예는 갈라디아서 3:26-29이다. 두 주석은 모두 1545년『기독교 강요』이후에 쓰였다. 이 구절들은 1551년과 1556년에 서신서 주석 개정을 통해 유지된다.
51. Elwood, *The Body Broken*, 67–8; David Willis, 'Calvin's use of Substantia', in *Calvinus ecclesiae Genevensis custos*, ed. Wilhelm H. Neuser (Frankfurt: Peter Lang, 1984), 289–301을 보라.
52. Davis, *The Clearest Promises of God*, 3–6장을 보라.
53. 참여 신학과 교부 신학 토론에 관해서는 2장을 보라.
54. 제네바 교회는 칼뱅을 다시 불렀다. 칼뱅은 제네바로 돌아오라는 파렐의 요청을 마지못해 받아들였다(1541년). 칼뱅은 파렐에게 이렇게 썼다. "제가 원하는 대로 선택할 수 있다면, 당신의 조언을 따르는 것보다 더 달갑지 않은 것은 없을 것입니다. 그러나 제가 저 자신의 것이 아니라는 것을 기억하며, 주님을 위한 희생 제물로 제 마음을 바칩니다."(*Letters of John Calvin*, i, letter 73). 칼뱅은 1539년『기독교 강요』의「독자에게 보내는 편지」에서 성서 주석과『기독교 강요』를 위한 '프로그램'에 대해 구체적으로 말한다. *OS*. 2.6.
55. 1539년『기독교 강요』와 1540년 로마서 주석에 있는 이 구절들 사이의 밀접한 관계는 서문 편지들이 서로 가까운 시일 안에 쓰인 것을 보면 알 수 있다. 첫 번째 편지의 날짜는 1539년 8월이고, 두 번째 편지는 1539년 10월이다(1540년까지 주석은 출간되지 않았지만 말이다). 로마서 서문 편지는 사이먼 그리네우스(Simon Grynaeus)에게 전달된다.
56. Comm. Romans, Preface, *CC*; *CO* 10.402–3.
57. Ibid.; *CO* 10.404.
58. Ibid.; *CO* 10.404, 403.
59. Ibid.; *CO* 10.405.
60. 수사학적 차원에서 칼뱅은 풍유와 관련하여 절제하지 않고 과도하다는 점에서 오리게네스뿐만 아니라 아우구스티누스, 그리고 루터와 같은 동시대인들에게도 매우 비판적이다. David Lee Puckett, *John Calvin's Exegesis of the Old Testament*, 1st edn (Louisville, KY: Westminster/John Knox Press, 1995), 54–5, 106–13을 보라.
61. John L. Thompson, 'Calvin as a Biblical Interpreter', in *Cambridge Companion to John Calvin*, ed. Donald K. McKim (Cambridge: Cambridge University Press, 2004), 63을 보라. Backus, 'Calvin and the Greek Fathers', 254–9도 보라.
62. Thompson, 'Calvin as a Biblical Interpreter', 67–8을 보라.
63. *OS* 3.404.
64. *OS* 3.424, 403–4.
65. *OS* 3.408.
66. Thompson, 'Calvin as a Biblical Interpreter', 66.

67. *OS* 3.406-7.
68. *OS* 3.407-8.
69. Comm. 1 Cor. 10:3, *CC*; *CO* 49.454.
70. Thompson, 'Calvin as a Biblical Interpreter', 70.
71. 이러한 기도들은 공식적인 패턴을 따르며, 칼뱅은 듣는 사람들이 그리스도를 통한 영광에 참여함으로써 현재 신앙의 미래 성취를 기대하도록 인도한다. 칼뱅의 예레미야 주석만으로도 이 패턴에 대한 충분한 증거가 된다. 다음 구절과 관련된 기도들을 보라. 렘 4:14, 5:15, 30-31, 7:17-19, 9:25-26, 11:20, 14:20, 16:18, 22:18-19, 32:20, 34:4-5, 36:15-16, 49:18. 참여 주제는 예언서와 관련된 기도에서 두드러진다. 그러나 그 기도들이 다른 성경 구절에 대한 설교 후에 나온다면, 놀랄 만한 일은 아닐 것이다. 유감스럽게도 선지서 강연과 관련된 기도는 모두 칼뱅의 구약 성서 주석에서 살아남은 것이다. John Calvin, *John Calvin: Writings on Pastoral Piety*, ed. Elsie A. McKee (New York: Paulist Press, 2001), 31.
72. 칼뱅의 라틴어 번역은 다음 책에 수집되어 있다. Richard F. Wevers, *A Concordance to the Latin Bible of John Calvin: Along with the Biblical Text Itself Reconstructed from the Text of His Commentaries*, vol. i (Grand Rapids, MI: Meeter Center for Calvin Studies at Calvin College and Seminary, 1985).
73. 파커가 보여 준 것처럼, 본문 비평적 결정에 대한 그의 이유는 다양한 본문의 신빙성뿐만 아니라 문맥 및 신학적 요인에도 달려 있다. T. H. L. Parker, *Calvin's New Testament Commentaries*, 2nd edn (Louisville, KY: Westminster/John Knox Press, 1993), 66.
74. 롬 11:17; 고전 9:23, 10:20; 고후 6:14; 빌 1:7; 히 2:14; 벧전 5:1.
75. Comm. 1 Cor. 10:16, *CC*; *CO* 49.464.
76. 고전 9:10, 10:16, 17, 30; 히 3:1, 14; 5:13, 6:4, 12:8.
77. Comm. Heb. 1:3, 12; 2:11, 14, 16; 5:2. 히브리서 5:2에 대한 언급을 보라. 칼뱅은 다음과 같이 기록한다. "이전에 사도는 인류가 한 사람의 인격 안에서 하나님께 연합되어 있다는 것을 우리에게 가르쳤다. 이는 모든 사람이 같은 육체와 본성을 취하기 때문이다. 그러나 이제 그는 또 다른 것을 언급한다. 즉, 제사장은 죄인들에게 친절하고 온화해야 한다. 왜냐하면 그분이 그들의 연약함을 취하기 때문이다."(CTS; *CO* 55.58).
78. Comm. Heb. 1:12, 3:14, 9:11, 10:22, 13:10을 보라.
79. Rowan Williams, *Arius: Heresy and Tradition*, 2nd edn (London: SCM Press, 2001), 222.
80. 예를 들면, 위의 고린도전서 1장 주해에서 koinonia에 대한 확장된 인용문에서, 칼뱅은 접목의 언어를 사용하는데, 이는 그가 쓴 단락의 직접적인 맥락과는 다르다.
81. 직접적인 문맥과는 상관없이 이 묶음의 사례에는 다음 구절에 대한 주석이 포함된다. 각 구절은 입양 및/혹은 접목의 언어와 연결된, 하나님, 그리스도, 혹은 성령에 참여함을 말한다: 창 17:8, 참여와 입양; 사 40:8, 참여와 입양; 사 60:2, 참여와 입양; 눅 23:43, 참여와 접목; 요 3:29, 참여와 입양; 행 10:4, 참여와 접목; 엡 2:4, 참여와 접목; 빌 1:7, 참여와 입양; 살전 4:14, 참여와 접목; 살전 5:10, 참여와 접목; 딤후 1:9, 참여와 접목; 딛 3:5-6, 참여, 접목, 입양; 히 6:4, 참여와 입양; 히 10:22, 참여와 입양; 요일 1:3, 참여와 입양; 로마서 주석에는 이러한 묶음이 여러 번 나온다.
82. 칼뱅은 로마서 주석 6장 2절에서 참여, 그리스도와의 연합, 입양의 이미지를 함께 작업한다. 그리고 로마서 주석 6장 4-6절에서 이미지 묶음을 확장해서 참여와 연합과 함께 접목을 포함한다.
83. Comm. Rom. 6:5, *CC*; *CO* 49.107.
84. 특히 다음과 같은 주제에는 참여 주제와 관련하여 중요한 해설이 추가된다: 기도(4장에서 논의), 성례전(4장), 율법(5장).

85. 칼뱅과 오시안더의 논쟁은 아우구스티누스의 참여 교리에 대한 공통 수용과 관련해서 2장에서 논의했다. 칼뱅이 보름스 종교 대화 때부터 오시안더에게 부정적인 반응을 나타냈다는 지적이 자주 제기되었지만 오시안더의 신학에 반대하는 칼뱅의 주요 논점은 1559년 판 『기독교 강요』 때까지 없었다. 이에 대해 신빙성 있는 역사적 이유는 오시안더와의 논쟁이 주의 만찬에 대한 루터파와의 논쟁과 어떻게 얽혀 있는지를 나타낸다. 베스트팔과 헤슈시우스는 모두 칼뱅의 성찬 신학을 1550년대 후반 루터파가 분명히 좋아하지 않은 오시안더주의라고 정죄했다. 따라서 칼뱅은 자신의 성찬 신학이 이와 비슷한 방식으로 불신을 받지 않으려면 오시안더를 공격해야 한다. Steinmetz, *Reformers in the Wings*, 91; Weis, 'Calvin versus Osiander', 42-3을 보라.
86. 이에 대해 가능한 예외는 세르베투스에 반대하는 칼뱅의 논쟁이 어떻게 신화와 관련될 수 있는지에 관한 것이다. 칼뱅은 신성에 의한 인간의 변화를 반대한 것이 아니라 모든 인간이 위격적 결합을 통해 신화된다고 생각하는 세르베투스의 거의 자동적인 방식을 반대한 것이다. 궁극적으로 칼뱅은 신화 개념 자체가 아니라, 세르베투스가 신화 교리를 표현하는 비-칼케돈 방식의 그리스도론을 반대한다. 신화에 대한 칼뱅과 세르베투스의 버전에 대한 자세한 내용은, Mosser, 'The Greatest Possible Blessing', 52-3을 보라.
87. 롤런드 베인턴이 쓴 것처럼, 세르베투스에 동조하는 설명조차도 그의 삼위일체 신학을 종속론주의자이자 양태론적이라고 평가한다(Bainton, *Hunted Heretic*, 45).
88. Parker, *John Calvin*, 123.
89. Davis, *The Clearest Promises of God*, ch. 2; Wendel, *Calvin*, 329-30을 보라.
90. Willis, 'Calvin's use of Substantia', 297-9를 보라.
91. *TT* 2.219; *CO* 7.742.
92. 그러나 데이비스는 이러한 exhibere(나타나는) 언어조차 1549년 5월 『상호 협의』에 포함되지 않았다고 지적한다. 칼뱅은 나중에 그 언어가 포함되어야 한다고 주장했다. Davis, *The Clearest Promises of God*, 41-3을 보라.
93. 베스트팔에 대한 첫 번째 반응은 『건전한 정통 성례전 교리 옹호』였다. 베스트팔에 응답하는 '스위스 목회자들에게 보내는 서신'이 포함된다. 이 서신은 칼뱅이 제안받은 대로 수정안을 만든 후에 처리히 목회자들에게 승인되었다. Joseph N. Tylenda, 'The Calvin-Westphal Exchange: The Genesis of Calvin's Treatises against Westphal', *Calvin Theological Journal*, 9 (1974), 182-209, at 193-5를 보라.
94. *TT* 2.277-8, 384; *CO* 9.70, 170. 헤슈시오스에 반응하는 칼뱅의 매우 강력한 '실체' 언어도 보라: *TT* 2.506, 560; *CO* 9. 470, 509.
95. *TT* 2.277; *CO* 9.70.
96. *TT* 2.270; *CO* 9.65.
97. Ibid.
98. *TT* 2.283; *CO* 9.73.
99. *TT* 2.248, 280-1, 293, 366, 374, 384, 481, 506, 560; *CO* 9.47, 72, 81, 157-8, 162, 170, 241, 470, 509.
100. 또한 칼뱅은 베스트팔과 헤슈시오스와의 논쟁에서 그의 참여 교리를 성경에서만 아니라 교부 출처에서 인용해서 상당히 광범위하게 변호할 기회를 얻는다. 칼뱅은 아우구스티누스를 많이 언급할 뿐 아니라, 그의 특별한 참여 언어를 옹호하기 위해 키릴로스, 이레나이우스, 힐라리우스 등도 인용한다. 특히 *TT* 2.537-52; *CO* 9.492-503을 보라.
101. 기도와 십계명과 같은, 원래 교리 교육 자료 중 일부는 신조 체계에서 분명한 위치를 차지하지 않은 것으로 보인다. Muller, *Unaccommodated Calvin*, 137-8을 보라.

102. 예를 들면, 이중 지식에 대한 에드워드 다우이의 초기 작업에 대한 멀러의 비판을 보라. 중심 문제는 이 주제를 바울의 순서와 관련하여 이해하지 않은 것이다. Ibid. 1559년 『기독교 강요』와 함께 끝나지 않고, 시작하는 학자들 및 선물 신학자들의 예를 위해서는 위의 nn. 1-2을 보라.
103. 이 구절들은 신자들이 그리스도 안에 참여함에 대해(participes의 변형으로) 말한다: 2.15.5, 16.7; 3.2.24, 35; 3.3.9; 3.4.26; 3.11.1, 8, 23; 3.15.5, 6; 3.16.1; 3.17.11; 4.1.2, 3; 4.14.16; 4.15.5, 6, 14, 16; 4.16.2, 17; 4.17.4, 5 (2), 9, 10, 11, 12, 38; 4.18.8; 4.19.8.
104. 신학의 다양한 자리들에 적용되는 참여 언어의 예가 많이 있다. 그중 일부는 이후 장에서 상세하게 살펴볼 것이다. 다음은 위에 나열된 주제 중 몇 가지 예다: 칭의(3.17.11), 세례(4.16.2), 주의 만찬(4.17.10), 부활(3.3.9), 성육신(2.12.5), 속죄(2.16.12), 하나님의 형상(2.2.1), '하나님 안에 참여함'(1.13.14).
105. *Institutes*, 3.1.1.
106. 이 장은 배틀즈의 『기독교 강요』에서 6쪽에 불과하다.
107. Davis, *The Clearest Promises of God*; Muller, *Unaccommodated Calvin*, 137-8을 보라.
108. Oliver, 'The Eucharist before Nature and Culture'; Ward, *Cities of God*를 보라.
109. 이것은 칼뱅의 참여 신학을 논의하는 또 다른 다양한 통찰력 있는 작품들에 해당된다. 예를 들면, 다음을 보라. Trevor A. Hart, 'Humankind in Christ and Christ in Humankind: Salvation as Participation in Our Substitute in the Theology of John Calvin', *Scottish Journal of Theology*, 42, no. 1 (1989), 67-84; Tamburello, *Union with Christ*.
110. 한편, 참여 언어에 대한 칼뱅의 인식에 대한 단서로서 칼뱅이 발전시킨 내용은 분석하지 않고, 칼뱅의 참여 언어는 자주 (그리고 불리하게) 아퀴나스의 언어와 비교된다. Ward, *Cities of God*, 161-7; Milbank, 'Alternative Protestantism'을 보라. 반면에 칼뱅의 신학적 '체계'는 성서 주석과 결합된 『신학 강요』(*loci communes*)라기보다는 '중심 원리' 신학으로 해석된다.

| 4장 | 그리스도 안에 참여함: 신자들이 기도와 성례전 안에서 하는 활동

1. 1장을 보라. '반-법률학파'의 사례로는, Canlis, 'Calvin, Osiander and Participation in God'; J. B. Torrance, 'The Concept of Federal Theology'; *idem*, 'Covenant or Contract'를 보라. 칼뱅의 '법적' 추론을 강력하게 강조하는 대안으로는, Parker, 'Calvin's Doctrine of Justification'을 보라.
2. *Institutes*, 3.11.10.
3. *Institutes*, 3.15.6.
4. *Institutes*, 3.16.1; 강조 추가됨.
5. *Institutes*, 3.11.6.
6. Ibid. 칼뱅은 이 이중 은혜에 대한 비유로서 칼케돈의 공식을 명시적으로 언급하지는 않지만, 두 본성에 대한 칼케돈의 언어를 반영하는 두 가지 은혜에 관한 언어를 사용한다. 두 가지 은혜의 연합의 본질은 '빛과 열기가 서로 분리될 수 없는' 햇빛에 비유된다. 둘 사이에는 '상호적이고 불가분의 연결'이 있다. 하지만 이것이 두 가지 은혜가 '완전히 동일한' 것이라는 식으로 두 가지 은혜를 '혼합해서' 두 가지 은혜를 '뒤섞는'(혼동하는) 결과를 초래해서는 안 된다(ibid.) 칼케돈주의 그리스도론의 두 본성처럼 이중 은혜는 칼케돈의 용어를 사용하자면 '혼동도 없고 변화도 없고 분할

도 없고 분리도 없이' 연합된다.
7. *Institutes*, 2.14.5, 3.15.5를 보라.
8. *Institutes*, 3.14.4, 4.17.1을 보라.
9. *Institutes*, 3.14.18, 4.1.7을 보라.
10. *Institutes*, 2.3.9, 3.2.35, 4.17.1을 보라.
11. 칼뱅의 용법을 알기 위한 작은 표본을 얻기 위해서는 3장 주 103, 104번에 나열된 항목과 비교하라. 칼뱅은 칭의와 성화의 구분을 없애지 않으면서 두 가지 모두에 적용하는 방식으로 입양, 접목, 참여 이미지를 사용한다.
12. 칼뱅은 기도라는 주제에 목회적, 신학적으로 큰 관심을 가졌지만, 그에 비해 그 주제에 관한 그의 생각은 학자들에게 별 관심을 받지 못했다. 로널드 월리스조차 칼뱅과 그리스도인의 삶에 관한 통찰력 넘치는 광범위한 책에서 그 주제에는 상대적으로 적은 분량을 할애한다(Ronald S. Wallace, *Calvin's Doctrine of the Christian Life* [Edinburgh: Oliver and Boyd, 1959], 271-95). 니젤은 다소 환원주의적 방식으로 "칼뱅은 『기독교 강요』에서 기도 교리보다는 기도에 관한 가르침을 준다"라고 주장한다. 니젤이 볼 때, 기도는 칼뱅의 신학적 비전의 '실천적인' 결과이다(Wilhelm Niesel, *The Theology of Calvin*, trans. Harold Knight [London: Lutterworth Press, 1956], 156). 그럼에도 불구하고, 칼뱅의 『기독교 강요』에서 기도에 관한 긴 장은 실제 교육과 신학 성찰 모두를 포함하고 있다. 또한, 기도에 대한 칼뱅의 글은 신앙생활에서 신자의 입양 경험을 엿볼 수 있게 한다.
13. 기도에 관한 장의 배치에 대한 자세한 내용으로는, Muller, *Unaccommodated Calvin*을 보라. 찰스 파티는 기도에 대한 칼뱅의 설명과 그의 예정 교리를 연결하여 확신의 중요성을 훌륭하게 설명한다. 그러나 이중 은혜의 구조는 예정 교리보다 신적 주도권과 인간의 응답을 더 잘 설명한다. 이중 은혜 구조와 예정 교리는 양립할 수 있지만 말이다. 그럼에도 파티는 칼뱅의 기도 신학에서 신성하게 보장된 구원의 확신이 얼마나 필수적인지 올바르게 설명한다. Charles Partee, 'Prayer as the Practice of Predestination', in *Calvinus Servus Christi*, ed. Wilhelm H. Neuser (Budapest: Pressabteilung des Raday-Kollegiums, 1988), 241-56을 보라.
14. 『기독교 강요』 최종판에서 기도에 관한 장이 '이중 은혜'에 초점을 맞춘 장들 다음에 밀접하게 이어진다는 점은 주목할 가치가 있다. 실제로, '기도' 장 바로 앞 장은 행위와 보상(3.17-18)과 감사 행동의 성격(3.19)이라는 점에서 이는 '이중 은혜'의 함의를 해결하는 것으로 볼 수 있다.
15. 칼뱅은 1536년 『기독교 강요』에 있는 칭의에 관한 비교적 짧은 항목에서도 이중 은혜의 주요 특징을 분명히 표현한다. "우리의 자비로운 주님은 진노와 영원한 죽음에 합당한 우리의 죄를 용서하고 용납해 주시고 그분의 선하심과 기꺼이 베푸신 뜻에 따라 참으로 친절하게 우리를 은혜로 영접하셨다. 그런 다음 그분은 성령의 은사를 통해 우리 안에서 거주하시고 다스리시며, 그분을 통해 우리 육신의 욕망은 날마다 점점 더 쇠약해진다. 우리는 참으로 거룩해진다. 즉, 온전하게 순결한 삶으로 주님께 봉헌되고, 우리 마음은 율법에 순종하도록 형성된다."(Calvin, *Institutes, 1536 Edition*, 34-5; OS 1:60-1).
16. *Institutes*, 3.20.1.
17. Ibid.
18. Ibid.
19. *Institutes*, 3.20.2.
20. *Institutes*, 3.20.5.
21. *Institutes*, 4.20.3.
22. Ibid.

23. *Institutes*, 3.20.14, 19, 28, 41을 보라.
24. *Institutes*, 3.20.21.
25. *Institutes*, 3.20.21.
26. *Institutes*, 1.14.20-2를 보라.
27. *Institutes*, 3.20.14.
28. *Institutes*, 3.20.15-16. 실제로 신자의 기도가 오류를 범하기 쉽다는 것을 칼뱅이 솔직하게 인정한 것은, 비록 기도가 (성령을 통해 가능한) 신-인 행동이긴 하지만, 그가 기도의 인간적 차원에 관심을 두었다는 사실을 증명한다. 이 통찰력에 대해 탐신 존스(Tamsin Jones)에게 감사한다.
29. *Institutes*, 3.20.37.
30. *Institutes*, 3.20.38.
31. Ibid.
32. 칼뱅이 "현재 [그리스도 안에 있는 형제들]로 보고 인정하는 사람들뿐만 아니라 이 땅에 거하는 모든 사람을" 사랑해야 한다고 기록할 때, 그 언급은 예정론에 있는 성령의 은밀한 역사에 대한 것이다. 칼뱅은 예정론 교리에서 성령의 은밀한 내적인 역사에 대해 외부적인 결정을 내릴 수 없음을 애써 강조한다. 신자는 자신의 선택을 확신할 수는 있지만, 다른 사람이 하나님께 버림받을지 자기가 아는 것처럼 그를 대할 근거는 없다. 이 지식은 인간에게는 숨겨져 있기 때문이다. *Institutes*, 3.24.1-5를 보라.
33. 칭의라는 첫 번째 은혜는 의심할 여지 없이 우리 밖에서 오는 의로움을 포함하며, 우리가 그리스도와 연합되고 교환될 때 받는 것이다. 칼뱅의 첫 번째 은혜는 성격상 '법정적'이지만, 법정적 법령의 법정 비유로만 환원될 수 없는 것이기도 하다. 첫 번째 은혜는 그리스도 안에 참여하고 나누는 것으로서, 믿음으로 성령에 의해 그리스도와 연합되는 것에서 생겨난다.
34. *Institutes*, 3.20.5.
35. Ibid. 또한 *Institutes*, 3.20.3, 28, 46, 50-1을 보라.
36. 금욕적인 노력을 포함하는 (그러나 이러한 노력에 대해 하나님께 영광을 돌리는) 기도에 대한 설명은 칼뱅의 편지에 담긴 목회 조언과 일치한다. 예를 들면 칼뱅은 복음주의 신앙을 지키도록 가울(gaol)에 있는 여성에게 이렇게 권고한다. "무슨 이유로든 나는 그대가 위험을 겁내어 피하거나, 하나님께서 그분의 말씀으로 인도해 주신 좁은 길에서 돌이킬 수 있는 방법을 찾아내라고 그대를 설득하지 않을 것입니다. 나는 칭찬받을 만한 굳은 지조를 하나님께서 그대에게 부여하셨다고 들었고 그로 인해 그분의 이름을 영화롭게 하지만, 그 용기를 약화시키기보다 그러한 용기를 그대가 더 많이 가질 수 있도록 노력할 것입니다." 그녀는 '칭찬받을 만한 굳은 지조'를 가지고 있고 칼뱅은 그로 인해 하나님께 감사를 드린다. 그러나 그녀가 이러한 미덕을 받았기 때문에 수동적이라는 의미는 아니다. 실제로 칼뱅의 권고 요점은 그녀가 박해를 받으면서도 신실하도록 노력해야 한다는 데 있다. 영예와 감사는 성령에게 돌려야 하지만, 그녀의 신실함과 그녀에게 '칭찬받을 만한 굳은 지조'를 주시는 성령의 역사는 나란히 서 있다(*Letters of John Calvin*, ii, letter 328). 성령, 기도, 인간적 작용에 대해 유사한 언어를 사용하는 (또한 박해받는 그리스도인들에게 기록된) 또 다른 편지로는 'iii, letter 432'를 보라. 박해라는 상황은 칼뱅이 독자들에게 기도 안에서 행동하고 진리 안에서 인내하도록 요구하는 동시에 이 신실함의 공을 성령에게 돌리고 있음을 보여 주는 데 도움이 된다.
37. 이중 은혜에 대한 삼위일체적 설명을 칼뱅의 성례전 신학의 맥락으로 설정함으로써, 나는 성찬에 대한 맥도널의 칼뱅 읽기에 이의를 제기한다. "성찬은 실제로 강력한 사회학적 함의를 지닌 교회론적 실재이지만, 멀리 떨어져 있고 종종 언급되지 않는 신학적 결정 요인은 선택하고 예정하고 성화시키는 하나님의 순수한 뜻이다. 교회는 그리스도의 몸이지만 이 몸의 신학적 출발점은 성

육신이 아니라 선택과 예정이다."(McDonnell, *John Calvin, the Church, and the Eucharist*, 363-4). 게리시는 칼뱅의 이중 은혜 사용의 중심성과 정확성을 과소평가하는 경향이 있지만, 칼뱅의 성찬 신학의 신학적 중요성에 대해서는 더 유용한 설명을 해 준다. B. A. Gerrish, 'Calvin's Eucharistic Piety', in *Calvin and Spirituality*, ed. David Foxgrover (Grand Rapids, MI: CRC Product Services, 1998), 52-65; *idem, Grace and Gratitude*를 보라.

38. *Institutes*, 4.14.1, Muller, 'Augustinianism in the Reformation'을 보라.
39. *Institutes*, 4.14.1.
40. *Institutes*, 4.14.6.
41. *Institutes*, 1.2.1.
42. Ibid.; *OS* 3.35.
43. Ibid.
44. *Institutes*, 4.14.1.
45. 칼뱅의 성례전 신학의 표지와 실체에 관한 일반적인 설명으로는, Ronald S. Wallace, *Calvin's Doctrine of the Word and Sacrament* (Edinburgh: Oliver and Boyd, 1953), 8장을 보라. 나의 설명은 표지에 대한 칼뱅의 일반 신학과 이중 은혜로 조건화된 입양에 대한 그의 삼위일체적 구원론 사이의 연결을 모색한다.
46. *Institutes*, 4.14.16.
47. *Institutes*, 4.14.15.
48. *Institutes*, 4.14.12.
49. *Institutes*, 4.14.16.
50. *Institutes*, 2.1.5, 1을 보라.
51. *Institutes*, 4.14.17.
52. *Institutes*, 4.14.7.
53. 구원은 행위에 의한 것이 아니라 은혜를 통한 것이므로 아무도 자랑할 수 없다는 바울의 진술(엡 2:8-9)은 일반적으로 칼뱅과 종교개혁 신학에 깊은 영향을 미친다. 이 원리를 성례전에 적용하면서, 칼뱅은 다른 방법으로는 부족한 성례전에 믿음이 실체를 부여하지 않는다는 것을 분명히 한다. 성례전 안에 있는 그리스도의 임재는 믿음에 대한 '보상'이 아니다. 믿음으로 받든 안 받든, 그리스도의 임재는 성례전에서 하나님에 의해 참으로(vere) 주어진다. 하지만 믿음이 없이는 성례전은 그 유익을 베풀지 않는다. "그대는 질문할 것이다. 그러면 악인들은 그들의 배은망덕함으로 인해 하나님의 안수가 쓸모없어지고 무효가 되는가? 나는 이렇게 대답한다. 내가 말하려는 바는 성찬을 받는 사람의 상태 혹은 선택에 따라 성례전의 권세나 진리가 좌우되는 것처럼 이해해서는 안 된다는 것이다. 하나님께서 제정하신 것은 견고하고 그 자신의 본성을 유지하나, 사람은 다를 수 있기 때문이다. 주는 것과 받는 것은 서로 다른 것이기에 그 어떤 것도 주님의 말씀으로 거룩하게 된 상징이 실제로 그 의미 그대로 되지 못하도록, 그리고 그 자체의 힘을 유지하지 못하도록 방해할 수 없다. 하지만 이것은 사악하고 불경한 사람에게는 유익이 되지 않는다."(*Institutes*, 4.14.16). 그레이엄 워드는 칼뱅의 성례전 신학을 오늘날 지식의 '투영' 이론의 선구로 해석하면서 칼뱅의 성례전 신학의 중대한 측면을 놓친다. Ward, *Cities of God*, 161-7을 보라.
54. Wallace, *Calvin's Doctrine of the Word and Sacrament*, 171-3을 보라.
55. Calvin, *Institutes, 1536 Edition*, 95; *OS* 1.129.
56. Wallace, *Calvin's Doctrine of the Word and Sacrament*, 14장을 보라.
57. *Institutes*, 4.15.1, 1543년 판에 추가됨.

58. *Institutes*, 4.15.5.
59. *Institutes*, 4.15.6.
60. Ibid.
61. *Institutes*, 4.15.11; *OS* 5.293. 배틀즈가 라틴어 strenue certare을 "남자답게 싸우다"로 번역한 것은 기본적 의미를 제공하긴 하지만, 라틴어에는 없는 문구에 남성적인 의미를 연관시킨다. 그렇기에 나는 이 표현을 문자 그대로 '적극적인 분투'라고 옮긴다.
62. *Institutes*, 4.15.12, 그리고 McNeill's n. 20을 보라.
63. *Institutes*, 4.15.14.
64. *Institutes*, 4.15.2.
65. *Institutes*, 4.15.14.
66. *Institutes*, 4.16.20. 유아의 믿음에 관해 칼뱅이 갖고 있던 1536년 입장의 이러한 변화에 관해서는, Joachim Beckmann, *Vom Sakrament bei Calvin: die Sakramentslehre Calvins in ihren Beziehungen zu Augustin* (Tübingen: J. C. B. Mohr, 1926), 97을 보라. 칼뱅의 입장이 '육체적 씨앗으로 일어나는 중생'으로 적절히 특징지어지지 않을 것임에 유의하라. 세례에서 제공되는 약속은 유아의 중생을 보장하지 않는다. 따라서 칼뱅은 세례를 받은 모든 유아가 믿음의 '씨앗'을 받는다고 말하지 않는다. 단지 그들이 이것을 받을 수 있다고 말했을 뿐이다. 그들은 '미래의 회개와 믿음으로 세례를 받게' 된다. 그래서 숨겨진 씨앗의 역사는 나중에야 완전히 드러난다.
67. *Institutes*, 4.16.15.
68. *Institutes*, 4.16.21.
69. *Institutes*, 4.16.22.
70. *Institutes*, 4.16.31.
71. Wendel, *Calvin*, 328-9를 보라.
72. *Institutes*, 4.16.4.
73. Ibid.
74. 바울이 아담과 그리스도를 비교한 것에 대한 칼뱅의 논의로는, *Institutes*, 2.1.6을 보라. 칼뱅이 세례를 이야기하면서 유아들을 '아담의 자녀'라고 말할 때, 궁극적으로 『기독교 강요』 2권에 나오는 원죄 논의를 다시 언급하고 있다.
75. *Institutes*, 4.16.17.
76. *Institutes*, 4.16.6.
77. *Institutes*, 4.16.12.
78. *Institutes*, 4.16.13-14를 보라.
79. 칼뱅은 디도서 3:5 주석에서 "세례를 통해 악한 사람들이 씻기거나 새로워지지는 않지만, 세례는 하나님과 관련된 한 그 권세를 유지한다. 그들이 하나님의 은혜를 거절하더라도 세례는 여전히 그들에게 제공되기 때문이다."(Comm. Titus 3:5, CTS; *CO* 52.431). 월리스는 이것으로부터 "세례의 표지는 믿음에 의해 유익하게 될 때까지 잠재적 효력을 유지할 수 있다"라고 추론한다(Wallace, *Calvin's Doctrine of the Word and Sacrament*, 185).
80. *Institutes*, 3.21.7, 24.4, 6을 보라. 우리는 칼뱅이 성령께서 유아의 생애 어느 시점에 그 유아를 중생시키고자 감화하지 않을 때 세례의 성례가 '텅 비어 있는' 것이라 주장하지 않는다는 점에 주목해야 한다. 세례('약속') 안에서 하나님이 그리스도를 여전히 제공하시지만, 유아가 그리스도를 [아직-역자 주] 영접하지 않았을 뿐이다. n.53을 보라.
81. *Institutes*, 4.16.24를 보라. 이에 대한 칼뱅의 원형은 아버지 아브라함에게 주신 약속의 '유전적 권

리'에 근거하여 어린 이삭이 할례의 '성례'를 받은 방식이다.
82. Comm. Ps. 103:17, CTS; *CO* 32,82.
83. *Institutes*, 4.16.9.
84. 부틴과 틸렌더가 주장했듯이, 칼뱅의 성례전 신학의 중심 목표는 성례전을 그리스도 안에의 참된(veri) 참여로 설명하는 것이다. Butin, *Revelation, Redemption, and Response*, 114-21; Joseph N. Tylenda, 'Calvin and Christ's Presence in the Supper—True or Real', in *Calvin's Ecclesiology: Sacraments and Deacons*, ed. Richard C. Gamble (New York: Garland, 1992), 215-25를 보라. 따라서 성찬에 관해서 칼뱅은 실제(reali) 현존이 아니라 참된(veri) 참여의 관점에서 질문하는 것을 선호한다. 칼뱅은 후자 용어를 선호하긴 하지만, 두 용어를 모두 인정한다. "나의 결론은 그리스도의 몸이 실제로(realiter), 즉 평상시 단어를 사용하면, 만찬에서 우리에게 진실로(vere) 주어진다. 그래서 우리의 영혼에 건강을 주는 양식이 될 수 있다. 나는 일상적인 용어를 채택하고 있지만, 우리의 영혼이 그분 몸의 실체를 먹고 우리가 그분과 진정으로 하나가 된다는 것을 의미한다."(Comm. 1 Cor. 11:24, *CC*; *CO* 49.487). 실질적 임재에 대한 질문에 관해서는, 칼뱅의 관점에 대한 존 헤세링크의 설명('The Reformed View of the Real Presence of Christ in the Lord's Supper', in *Four Views of the Lord's Supper*, ed. John H. Armstrong [Grand Rapids, MI: Zondervan, Forthcoming])과 앞에서 말한 틸렌더의 논문을 함께 보라. 칼뱅의 성찬 신학에 대한 워드의 설명은 칼뱅이 '실질적' 임재의 개념을 부정한다고 잘못 가정한다. Ward, 'The Church as the Erotic Community', 179-88을 보라.
85. 예를 들면, 밀뱅크는 칼뱅의 성찬 신학의 일관성에 의문을 제기한다. Milbank, 'Alternative Protestantism', 34-5를 보라. 워드와 올리버는 칼뱅의 성찬 신학에서 '참여'의 언어를 비판한다: Ward, *Cities of God*, 161-7; Oliver, 'The Eucharist before Nature and Culture', 342-7. 이 비판을 요약한 내용은 1장에 있다.
86. 칼뱅의 참여에 관한 성찬 교리와 그것의 논쟁적 맥락의 발전에 대한 설명으로는, 3장을 보라. 이 설명은 이미 3장에서 강조한 칼뱅의 성찬 사상의 특징을 보완하기 위한 것이다.
87. *Institutes*, 4.17.1.
88. *Institutes*, 4.17.1.
89. Ibid.
90. *Institutes*, 4.17.12.
91. *Institutes*, 4.17.2.
92. Ibid.
93. *Institutes*, 4.18을 보라.
94. *Institutes*, 4.18.1.
95. *Institutes*, 4.18.5.
96. *Institutes*, 4.18.6, 13.
97. *Institutes*, 4.18.12.
98. *Institutes*, 4.18.13.
99. Ibid.
100. *Institutes*. 칼뱅이 볼 때, 찬사를 희생하는 것이 '감사'의 희생 제물이긴 하지만, 그것은 그리스도 안에 참여하면서 그리스도를 위해 기꺼이 고난당하는 것과 분명히 관련된다. 다음은 1556년 4월 19일 칼뱅이 앙제(Angers)에서 박해받는 그리스도인들에게 보낸 편지의 일부분이다. "우리는 죽었다가 다시 살아나신 그분을 위해 고난 받기를 거부할 이유가 없다고 생각하라. 우리의 삶

을 희생 제물로 그분께 드리기 위해서 말이다. 세상은 우리의 단순함을 조롱할 뿐 아니라 우리의 인격을 혐오하지만, 그분의 복음의 진리를 증언하는 것이 무엇보다 하나님이 기뻐하실 만한 봉사라는 점에 만족하도록 하자. 한마디로 주 예수님은 우리가 따라야 할 귀감이기에, 그분을 선석으로 본받는 일에 집중하라."(*Letters of John Calvin*, iii, letter 432).

101. *Institutes*, 4.18.16.
102. Ibid.
103. *Institutes*, 4.18.17.
104. 예를 들면, 칼뱅은 주의 만찬에서 제사장 되심과 '희생'의 언어에 대해 논의하는 맥락에서, 다음과 같이 쓴다. "우리는 중보자 없이는 우리의 선물을 가지고 하나님 앞에 나아가지 않는다. 우리를 위해 중재하는 중보자는 그리스도이시며, 그분에 의해 우리는 우리 자신과 우리의 것을 아버지께 바친다. 그분은 하늘 성소에 들어가셔서 우리가 들어갈 길을 열어 주시는 우리의 제사장(Pontiff)이시다. 그분은 우리가 우리의 선물을 놓는 제단이시며, 우리가 무엇을 하려고 하든지 간에 우리는 그분에게 맡길 수 있다. 그분은 바로 우리를 아버지의 나라와 제사장들로 만드신다."(*Institutes*, 4.18.17) 신자들이 제사장으로서 찬양을 드릴 때, 그것은 항상 제사장이자 희생 제물이신 그리스도가 먼저 행하신 사역에 달려 있다. 신자들은 그리스도께서 성부와의 관계를 여신 길(첫 번째 은혜)을 인식함으로써, 그들 자신과 "그들이 하고자 하는 어떤 것이든" 감사의 마음으로 성부께 바칠 수 있다(두 번째 은혜).
105. "우리는 성만찬에서 그대가 언급한 혜택의 형상만을 가지고 있는가? 아니면 그것은 실제로 우리에게 제시되어 있는가? 우리 주 예수 그리스도가 진리 그 자체라는 것을 알기에, 그분이 거기서 우리에게 주신 약속을 이행하시면서 형상에 실재를 더하시는 것에는 의심의 여지가 없다. 그런 이유로 나는 그분이 말씀과 표지로 증언하시듯이, 그분은 우리를 그분의 실재에 참여하는 자로 만드셔서 그분과 하나의 생명을 가질 수 있도록 하신다는 것을 의심하지 않는다."(*TT* 2.91; *CO* 6.128). 칼뱅의 성찬 신학에서 표지와 실체의 관계는 곤란한 질문이다. 두 가지 대조적인 접근 방식에 대해서는, B. A. Gerrish, 'John Calvin and the Reformed Doctrine of the Lord's Supper', in *Calvin's Ecclesiology: Sacraments and Deacons*, ed. Richard C. Gamble (New York: Garland, 1992), 227–40, at 232–4; McDonnell, *John Calvin, the Church, and the Eucharist*, 227–31을 보라.
106. *Institutes*, 4.17.8, 9.
107. *Institutes*, 4.17.8.
108. *Institutes*, 4.17.21.
109. *Institutes*, 4.17.35–6. 칼뱅이 [빵과 포도주의 물리적 – 역자 주] 요소를 숭배하는 것을 반대하는 논쟁에서 반복적으로 양심을 언급하는 이유는 숭배가 성찬의 '명령'에서 '약속'을 분리하고, 따라서 확신을 가져다주는 말씀의 명백한 가르침에서 벗어나게 하기 때문이다.
110. *Institutes*, 4.17.36.
111. 한계가 있는 그리스도의 몸에 그리스도의 신성이 '갇혀 있거나' 제한될 수 없는 것처럼, 성령의 임재도 한 장소에만 일어나는 성례전적 임재 안에 '갇혀 있을' 수 없다. 이러한 유사점에 대한 설명으로는, Elwood, *The Body Broken*, 70을 보라.
112. 제4차 라테라노 공의회 법규 1에는 그리스도의 "몸과 피가 빵과 포도주의 형상 아래 제단의 성사에 진정으로 **담긴다**"라고 되어 있다(John H. Leith, *Creeds of the Churches*, 3rd edn [Louisville, KY: John Knox Press, 1982], 58; 강조가 추가됨].
113. *Institutes*, 4.17.18.
114. *Institutes*, 4.17.29.

115. 예를 들면, Milbank, 'Alternative Protestantism', 35을 보라.
116. *Institutes*, 4.17.30. 또한 *TT* 2.277-80; *CO* 9.70-2; 그리고 3장에 나오는 성찬 논쟁에 대한 나의 설명을 보라.
117. Oliver, 'The Eucharist before Nature and Culture', 342-4를 보라.
118. *TT* 2.401-2; *CO* 9.183.
119. 주의 만찬과 상호 사랑의 관계에 대한 자세한 내용으로는 3장을 보라. 주의 만찬과 자선의 관계에 대해서는 5장을 보라.
120. *Institutes*, 4.17.33.
121. 워드에 따르면, "그[칼뱅]는 성찬에 대한 설명을 통해서 공간적 결정 요인에 집착한다."(Ward, *Cities of God*, 164). 칼뱅은 공간적인 것처럼 보이는 언어(예를 들면, '하늘에' 있는 몸)를 자주 사용하지만, 워드가 주장하듯이 그것을 직접적인 '공간'으로서가 아니라 적응(조정)으로서 계시 신학 안에 사용한다. 또한 Milbank, 'Alternative Protestantism', 35를 보라.
122. *TT* 2.384; *CO* 9.170.
123. Comm. Eph. 1:20, CTS.
124. Ibid.
125. Wallace, *Calvin's Doctrine of the Word and Sacrament*, 204-6을 보라.
126. 이러한 미묘함은 하늘에 계신 그리스도의 몸에 대한 칼뱅의 설명을 살펴보면 분명해진다. 칼뱅은 그리스도의 몸이 하늘에 있다는 주장이 성경과 아우구스티누스 모두에서 발견된다고 말한다. 칼뱅은 이 점을 강조하지만, 하늘의 '공간적' 본성을 탐구하는 질문에 대답하기를 간단히 거부한다. "그러므로 어떤 이들의 말처럼 우리가 그리스도께 하늘의 한정된 지역을 할당하겠는가? 그러나 나는 아우구스투스와 더불어, 이것은 뭔가를 캐물으려고 하는, 불필요한 질문이라고 대답한다. 우리에게는 그분이 천국에 있다고 믿는 것으로 충분하기 때문이다."(*Institutes*, 4.17.26).
127. 거리에 대한 칼뱅의 개념을 공간적 거리보다는 주로 형이상학적인 것으로 해석하면서, 나는 *Calvins Lehre vom Abendmahl*에서 빌헬름 니젤이 해석한 부분에 기본적으로 동의한다 (Munich: Chr. Kaiser, 1930), 92.
128. *TT* 2.428; *CO* 9.202: 강조가 추가됨.
129. *Institutes*, 4.17.25, 30.
130. *Institutes*, 4.17.32.
131. 또한 Gerrish, 'John Calvin and the Reformed Doctrine of the Lord's Supper', 235-6을 보라.
132. 칼뱅의 키릴로스 사용에 대한 자세한 내용으로는 3장을 보라. 주의 만찬에 대한 교회 교부들을 칼뱅이 가장 광범위하게 전유한 경우는 만찬에 대한 그의 마지막 논문『거룩한 성만찬에서 그리스도의 살과 피 안에 진정으로 참여함』에 있다.
133. *Institutes*, 4.17.33, 30.
134. *Institutes*, 4.17.30. Lombard, *Sentences*, iii. xxii. 3. 칼뱅은 이 지점에서 롬바르드에 의거하여 그리스도의 몸 자체가 편재하지 않는다고 하더라도 그리스도는 어떤 의미에서는 어디에나 계실 수 있다는 주장을 강화한다. 이 원리에 대한 칼뱅의 구체적인 적용은 일부 사람들이 '초(超)칼빈주의'(extra Calvinisticum)로 분류했다. 신성으로는 그리스도는 어디에나 계시지만, 그분의 인성은 (몸 때문에) 제한될 수 있다. 그렇기에 데이비드 윌리스의 말에 따르면 "하나님의 영원하신 아들은 그분의 인성과 연합하나 인성에 한정되지는 않는다." 일부 사람들은 이러한 가르침이 개혁주의 신학의 특색이라고 간주하지만 윌리스는 이 가르침이 교부 저자들 사이에 얼마나 널리

퍼져 있는지 보여 준다. 이 점에서 칼뱅에게 직접적인 영향을 준 것은 아우구스티누스와 롬바르드였지만, 그것은 "사실 오리게네스에서 몹수에스티아의 데오도르, 아타나시우스 및 키릴로스, 성 토마스에 가브리엘 비엘에 이르기까지 거의 보편적으로 고백한 가르침이었다."(David Willis, *Calvin's Catholic Christology: The Function of the So-Called Extra Calviniticum in Calvin's Theology* [Leiden: Brill, 1967], 60).

135. *Institutes*, 4.17.18, 38.

| 5장 | 참여와 율법: 인간이 하나님에게 적응하게 하시고자 하나님이 인류에게 적응하심

1. Milbank, 'Alternative Protestantism', 33.
2. 특히 1장에 나오는 웹의 논의를 보라. 또한 ibid. 32-3을 보라.
3. Davis, *The Gift in Sixteenth-Century France*, 114.
4. 이것은 1장에서 논의한 칼뱅의 인간학에 대한 전반적인 비판의 일부이다.
5. *Institutes*, 2.2.22.
6. Niesel, *The Theology of Calvin*, 102. 이 문제에 대한 관점의 범위로는, William Klempa, 'John Calvin on Natural Law', in *Calvin Studies* 4, ed. John H. Leith and W. Stacey Johnson (Davidson, NC: Davidson College, 1988), 1-24를 보라.
7. 이것은 *A Handbook of Christian Theology*, ed. Marvin Halverson and Arthur Allen Cohen (New York: Meridian Books, 1958), 206에서 폴 레만이 '법' 항목을 다룰 때 '종교개혁'의 입장을 규정한 것과는 다른 입장이다.
8. *Institutes*, 2.7.12.
9. Dowey, *The Knowledge of God in Calvin's Theology*, 225.
10. *Institutes*, 2.1.4; 강조가 추가됨.
11. Comm. Gen. 2:9, CTS; *CO* 23.38.
12. John Calvin, *John Calvin's Sermons on the Ten Commandments*, trans. Benjamin Wirt Farley (Grand Rapids, MI: Baker, 1980), 39; *CO* 26.237.
13. Comm. Isa. 45:19, CTS; *CO* 37.145.
14. *Institutes*, 2.7.8.
15. Ibid.를 보라.
16. 칼뱅이 신명기 4:44-5:3을 설교한 내용에는 감사의 의무를 다루는 놀랍도록 긴 단락이 있다. Calvin, *Sermons on the Ten Commandments*, 41-3; *CO* 26.238-40을 보라. 신명기의 어떤 말씀을 근거로, 칼뱅은 율법을 주신 것에 감사함을 이렇게 설명하는가? 칼뱅은 "모세와 이스라엘이 애굽에서 나왔을 때 패배시킨, 헤스본을 다스리던 아모리 왕 시혼의 땅에서" 십계명이 주어졌다는 사실을 활용한 것으로 보인다(Deut. 4:46-7a, NRSV). 칼뱅의 주석에서, 십계명은 그의 백성을 위한 하나님의 승리와 은혜로우신 공급의 맥락에서 주어졌기 때문에 이 일은 의미가 있다 (ibid. 42; *CO* 26:239). 따라서 율법은 감사로 받아야 한다. "이 둘은 강하고 혈기왕성한 왕이었지만 패배했다. … 하나님은 그들을 우리 손에 넘겨주셨다. 이러한 승리의 원인은 누구인가? 모든 것을 지도하고 다스리는 분은 하나님이 아니신가? 그때 그분이 우리에게 측은한 마음을 갖고 우리

조상들에게 하신 약속을 이루시기 시작했다는 것을 알았다. … 우리가 자신을 하나님께 맡기고 전적으로 그분께 복종하고자 힘쓰는 것이 참으로 적절하지 않겠는가?"(ibid.).

17. Ibid.
18. *Institutes*, 2.7.8.
19. "확실히 하나님께 드리는 경외심은 우리를 향하신 그분의 부성적 사랑을 맛보는 것 외에 다른 원천에서 나오지 않는다. 우리는 그에 대한 보답으로 그분을 사랑하도록 이끌린다."(Comm. Deut. 10:12, *Harmony of the Law*, iii, CTS; *CO* 24.723.)
20. Calvin, *Sermons on the Ten Commandments*, 45; *CO* 26.242.
21. Ibid. 46; *CO* 26.242-3.
22. 인간은 여전히 신에 대한 감각(divinitatis sensus)이 있지만, 신적 계시에 의하지 않고서는 하나님이 인간에게 사랑과 은혜의 하나님으로 보이지 않는다고 칼뱅은 생각한다. 계시가 없으면 하나님이 인류에게 재판관과 폭군으로 보인다는 것이다. 그러나 예수 그리스도 안에 있는 하나님의 계시가 아버지의 다정하고 은혜로운 성품에 대한 결정적인 계시를 제공한다. 우리가 주목해야 할 것은 계시가 없이는 하나님이 폭군으로 보여야 마땅하다고 칼뱅이 말하고 있지 않다는 점이다. 오히려 그는 양심이 의식하는 죄책감 때문에 하나님이 재판관이자 대적으로 보이는 것이 분명하다고 말한다. 칼뱅의 주장이 갖는 힘은 [규범적/당위적인 것이 아니라―역자 주] 기술적(記述的)인 것이다. 양심의 보편성과 죄를 깨닫게 하는 양심의 능력을 있는 그대로 설명한다는 데 있다. *Institutes*, 1.3-6, 2.6.1-2, 2.7, 3.19를 보라.
23. *Institutes*, 2.6.1; *OS* 2.320.
24. Ibid.
25. Ibid.
26. *Institutes*, 2.7.1.
27. *Institutes*, 2.7.2를 보라.
28. *Institutes*, 2.7.3.
29. *Institutes*, 2.7.4.
30. *Institutes*, 2.2.1.
31. Comm. Gen. 2:16, CTS; *CO* 23.45.
32. *Institutes*, 2.7.10.
33. 이 논쟁에 대한 요약과 참고 문헌으로는, Stephen J. Grabill, 'Theological Foundation for a Reformed Doctrine of Natural Law' (Ph.D. thesis, Calvin Theological Seminary, 2004), 108-18; Hesselink, *Calvin's Concept of the Law*, 57-60; Klempa, 'John Calvin on Natural Law'를 보라.
34. 맥닐 외에도(*Institutes*, i. 367-8 n.), 귄터 글로드가 칼뱅을 자연법 전통에 크게 빚진 것으로 해석하는 중요한 작업을 제공한다. Günter Gloede, *Theologia naturalis bei Calvin* (Stuttgart: W. Kohlhammer, 1935). 칼뱅이 자연법을 사용하는 것에 대해 부정적인 관점을 취하는 좀 더 바르트적 입장으로 T. F. 토런스, 워너 크루쉐, W. 니젤이 있다. Krusche, *Das Wirken des Heiligen Geistes nach Calvin*; Niesel, *The Theology of Calvin*; Thomas F. Torrance, *Calvin's Doctrine of Man* (Grand Rapids, MI: Eerdmans, 1957)을 보라.
35. Irena Backus, 'Calvin's Concept of Natural and Roman Law', *Calvin Theological Journal*, 38, no. 1 (2003) 7-26, at 7-15; Josef Bohatec, *Calvin und das Recht* (Graz: H. Boehlaus, 1934), 19-26; Grabill, 'Theological Foundation for a Reformed Doctrine of Natural Law',

148-64; Hesselink, *Calvin's Concept of the Law*, 60-73; Little, 'Calvin and the Prospects for a Christian Theory of Natural Law'를 보라. 각 학자들은 칼뱅의 자연법 신학을 다소 다르게 설명하지 처기반, 그들 모두는 자연법을 '긍정적'으로 사용하는 것으로 보지 않는 바르트적 읽기와 자연법에 대해 칼뱅을 토마스주의자로 보는 읽기에 동의하지 않는다. 가장 최근의 설명으로 그라빌은 칼뱅이 자연법의 지성론과 주의설 전통과 약간 공통점이 있는 자연법의 '실재론 전통'에 참여하고 있다고 특징짓는다(p. 157).

36. *Institutes*, 2.2.22.
37. Backus, 'Calvin's Concept of Natural and Roman Law', 10-15; Grabill, 'Theological Foundation for a Reformed Doctrine of Natural Law', 112-14; Hesselink, *Calvin's Concept of the Law*, 58-60을 보라.
38. *Institutes*, 2.8.1.
39. *Institutes*, 4.20.15. 도덕법은 "그분 자신이 진정으로 우리 모두에게 경배를 받으시고 우리가 서로 사랑해야 한다는 그분[하나님]의 영원하고 변하지 않는 뜻"이라고 칼뱅은 계속해서 말한다.
40. *Institutes*, 2.8.7, 51.
41. Calvin, *Sermons on the Ten Commandments*, 122; CO 26.300. 칼뱅이 볼 때, 율법의 첫 번째 돌판은 처음 네 계명을 포함하고, 두 번째 돌판은 마지막 여섯 계명을 포함한다. 칼뱅의 계명 구분은 루터파 및 로마 가톨릭과 달랐다. *Institutes*, 2.8.12를 보라.
42. Calvin, *Sermons on the Ten Commandments*, 122; CO 26.300.
43. 자연적인 이성과 양심은 '하나님께 드리는 합법적 예배'에 대해 여러 면에서 '눈이 멀어' '첫 번째 돌판의 요점을 전혀 준수하지 않는다.' 그럼에도 불구하고, 자연적인 능력은 비록 '거짓된 계략으로 즉시 왜곡된[됐]다 하더라도, 여전히 '하나님께 드리는 영적 예배에 대한 어떤 개념'을 갖게 한다(*Institutes*, 2.2.24).
44. *Institutes*, 1.3-5과 2.2를 비교하라.
45. David Steinmetz, *Calvin in Context* (New York: Oxford University Press, 1995), 28-32를 보라.
46. Dowey, *The Knowledge of God in Calvin's Theology*, 72를 보라.
47. 이러한 지식은 인간이 '몰랐다고 변명'하지 못하도록 '정의와 불의를 충분히 구분하는' 자연적 능력인 '양심'을 통해 온다(*Institutes*, 2.2.22). '양심'에 대한 칼뱅의 생각에 관해서는, Dowey, *The Knowledge of God in Calvin's Theology*, 56-72; Backus, 'Calvin's Concept of Natural and Roman Law', 10-12; Marc Édouard Chenevière, *La Pensée politique de Calvin* (Geneva: Editions Labor, 1937); Grabill, 'Theological Foundation for a Reformed Doctrine of Natural Law', 148-64를 보라.
48. 칼뱅은 "두 번째 돌판의 계율에 대한 다소 더욱 [자연적인] 이해"가 있다는 사실에 섭리적 목적을 부여한다. "이것들은 그들 안에서 시민 사회의 보존과 더욱 밀접하게 관련되어 있기 때문이다"(*Institutes*, 2.2.24). 칼뱅의 추론은 시민 질서에 상대적으로 높은 위치를 부여한다. 하나님은 두 번째 돌판의 자연적 지식을 보존하셔서 시민 사회가 무질서에 빠지지 않게 하신다. 왜냐하면 크게 무질서한 시민 사회는 하나님의 구원론적 목적을 방해할 수 있기 때문이다.
49. Guenther H. Haas, *The Concept of Equity in Calvin's Ethics* (Waterloo, Ont.: Wilfrid Laurier University Press, 1997)을 보라. 칼뱅은 국가의 실정법 근거가 모세를 통해 유대 민족에게 주어진 특별한 법이 아니라 '자연법'과 '형평'이어야 한다는 점을 매우 분명히 한다. '자연법'은 '형평'을 규정하고 '형평'만이 '모든 법의 목표이자 규칙이자 한계가 되어야 한다.'(*Institutes*, 4.10.16).

50. Comm. Rom. 2:14-15를 보라. 양심의 개념은 이교도 민법에 대한 칼뱅의 (제한된) 승인에서 특히 두드러진 역할을 한다. Backus, 'Calvin's Concept of Natural and Roman Law', 10-15를 보라.
51. *Institutes*, 4.10.3.
52. 예를 들면, 칼뱅은 이렇게 쓴다. "아직도 부패한 본성으로 남아 있는 빛의 두 가지 주요 부분이 있다. 첫째, 종교의 씨앗이 모든 사람 안에 심겨 있다. 다음으로, 그들의 양심에 선과 악의 구분이 새겨져 있다."(Comm. John 1:5, CTS; *CO* 47.6).
53. Comm. Gen. 2:9, CTS; *CO* 23.38을 보라.
54. 하나님이 타락한 피조물을 '폭력적으로' 밀어붙이신다는 생각에 대한 칼뱅의 직접적 반응으로는, Calvin, *Bondage and Liberation of the Will*, 193-4, 232; *CO* 6.367-8, 396을 보라.
55. *Institutes*, 2.8.11.
56. Ibid.
57. 따라서 칭의로 인해 신자들은 '자신의' 의에 의존하지 않고 그리스도의 의, 즉 하나님의 의를 소유하게 된다. 이러한 대조의 예로는, *Institutes*, 3.14를 보라.
58. Calvin, *Sermons on the Ten Commandments*, 77; *CO* 26.267. 구원받은 신자들의 성화에 대한 이 구절에서 '적응(조정)'이 사용되는 방식에 주목하라. '참여'와 같이 '적응(조정)'은 하나님의 계시적 강림 혹은 신자의 구속적 상승을 묘사할 수 있다. '참여' 언어의 이중 방향에 관해서는, 3장에 있는 히브리서 주석에 나오는 논의를 보라.
59. 급진정통주의 사상가들은 '전가'를 '주입'과 날카롭게 구분하는 경향이 있지만, 칼뱅은 우리와 '하나님의 연합'이라는 맥락에서 '주입'을 기꺼이 이야기한다. 하지만 이것은 이중 은혜의 맥락에서 이루어져야 한다. "우리 하나님이 거룩하시니 우리가 거룩해져야 한다는 성경적 경고 외에 어떤 근거로 의로움이 더 잘 일어날 수 있겠는가? 사실 우리는 길 잃은 양처럼 흩어져 세상의 미궁에 분산되어 있었지만, 하나님은 우리를 자신과 결합하기 위해 우리를 다시 모으셨다. 우리와 **하나님의 연합**에 대한 언급을 들을 때, 우리는 둘 사이를 연합시키는 것이 거룩함이어야 함을 기억하자! 우리는 자신의 거룩함으로 그분과 교통하게 되는 것이 아니다. 오히려, 우리는 그분의 거룩함이 **주입되어** 그분이 부르시는 대로 따라갈 수 있도록 먼저 그분께 꼭 붙어 있어야 한다."(*Institutes*, 3.6.2; 강조가 추가됨).
60. Comm. Deut. 6:20, *Harmony of the Law*, i, CTS; *CO* 24.225.
61. Hesselink, *Calvin's Concept of the Law*, 96을 보라.
62. Calvin, *Sermons on the Ten Commandments*, 98; *CO* 26.284.
63. Ibid. 45; *CO* 26.242.
64. Comm. Gen. 48:16, CTS; *CO* 23.584-5.
65. *Institutes*, 4.8.5. Cf. Comm. Gen. 48:16, CTS; *CO* 23.584-5.
66. *Institutes*, 2.9.4.
67. Ibid.
68. *Institutes*, 2.10.7.
69. Calvin, *Sermons on the Ten Commandments*, 45; *CO* 26.242.
70. Ibid.
71. Ibid. 46; *CO* 26.242.
72. Ibid. 39; *CO* 26.237.
73. Ibid. 45-6; *CO* 26.242-3에 있는 예들과 비교하라.

74. Ibid. 52; *CO* 26.247-8.
75. Comm. 2 Cor. 3:12, CTS; *CO* 50.44.
76. Comm. 2 Cor. 3:14, CTS; *CO* 50.45.
77. Calvin, *Sermons on the Ten Commandments*, 46; *CO* 26.242-3.
78. Ibid. 52; *CO* 26.248.
79. Calvin, *Sermons on the Ten Commandments*, 52-3; *CO* 26.248.
80. "우리가 현재 하나님에 대해 가지고 있는 지식은 그리스도께서 마지막 날 오실 때 우리가 갖게 될 영광스러운 견해와 비교하면 모호하고 빈약하다. 그와 동시에 그분은 현재 우리에게 그분 자신을 나타내어 우리에게 유익한 만큼만, 그리고 우리의 능력이 허용하는 한에서만, 우리가 볼 수 있고 공개적으로 볼 수 있게 하신다."(Comm. 2 Cor. 3:18, CTS; *CO* 50.47) 어떻게 하나님이 "현재 우리에게 그분 자신을 나타내어 우리가 볼 수 있고 공개적으로 볼 수 있게 하시는지" 주목하라. 그러나 이 '볼 수 있음'은 (영적 진보와 관련해서) 우리에게 '유익'이 되느냐에 따라, 그리고 우리의 '능력'에 따라 구원론적으로 조건화된다.
81. Ibid.
82. 물론 칼뱅은 후기 비잔틴 신학에서 사용된 '본질-에너지' 구분을 알지 못했다. 그러나 (후기 비잔틴 사상에서 부정신학이 차지하는 역할과 비슷한 교리적 역할을 [그의 신학에서] 차지하는) 그의 적응 교리가 하나님을 아는 실제적이고 친밀한 방식, 그러면서도 하나님의 '본질'을 알 수 없게 두는 방식에 대해 말할 때 [부정신학과] 비슷한 관심사를 가지고 있다는 데 놀라서는 안 될 것이다. 칼뱅과 팔라마스는 모두 알 수 없는 하나님의 초월을 시인하는 방식으로 현재의 삶에서 하나님을 바라보는 이상을 품은 신자들에 대해 말한다. 그럼에도 불구하고 칼뱅과 팔라마스가 현재 '하나님을 보는 것'을 전반적으로 묘사하는 내용이 매우 다르다는 점에 유의해야 한다. 특히 칼뱅은 죽음 이후까지 종말론적 성취가 연기된다고 주장하기 때문이다.
83. Calvin, *Sermons on the Ten Commandments*, 76; *CO* 26.266.
84. Calvin, *Sermons on the Ten Commandments*, *CO* 26.267.
85. *Institutes*, 3.19.2.
86. *Institutes*, 3.19.4.
87. *Institutes*, 3.19.5.
88. *Institutes*, 2.8.55, 57.
89. *Institutes*, 3.7.7.
90. *Institutes*, 2.8.55.
91. *Institutes*, 2.8.55.
92. Comm. 1 Cor. 10:16, *CC*; *CO* 49.464.
93. *Institutes*, 4.17.38.
94. Ibid.
95. *Institutes*
96. Ibid.
97. Comm. Luke 10:30, CTS; *CO* 45.613. 칼뱅은 선한 사마리아인 비유에 관한 주석에서 '누가 내 이웃인가?'라는 질문과 함께 모든 인류를 연합하시는 '교제의 신성한 유대'를 확언한다. Calvin, *Sermons on the Ten Commandments*, 126-7; *CO* 26.304도 보라.
98. 바르트는 "내 이웃의 개념에 대한 성경적 의미는 내 동료 각각 그 자체가 아니라" "내 이웃은 나를 위해 은인으로 행동하는 내 동료"라는 "사건"이라고 주장한다(Karl Barth, *Church*

Dogmatics, ed. Geoffrey William Bromiley and Thomas Forsyth Torrance [Edinburgh: T. & T. Clark, 1956], I/II, 419-20).
99. 특히 Haas, *The Concept of Equity in Calvin's Ethics*, 1장과 2장을 보라.
100. Hesselink, *Calvin's Concept of the Law*, 136.
101. *Institutes*, 2.8.55.
102. Ibid.
103. *Institutes*, 2.16.3.
104. Ibid. 또한 Ellen T. Charry, *By the Renewing of Your Minds: The Pastoral Function of Christian Doctrine* (New York: Oxford University Press, 1997), 206을 보라.
105. Haas, *The Concept of Equity in Calvin's Ethics*, ch. 4.
106. Ibid. 50-3에서 이 문제에 관한 칼뱅의 여러 인용을 보라.
107. Comm. 2 Cor. 8:13, CTS; *CO* 50.100.
108. Comm. 2 Cor. 8:4, CTS; *CO* 50.97.
109. Comm. 2 Cor. 8:13, CTS; *CO* 50.100-1.
110. Ibid.; *CO* 50.101.
111. Ibid.
112. Ibid.; *CO* 50.100.
113. Comm. 2 Cor. 8:15, CTS; *CO* 50.102.
114. Ibid.; 강조가 추가됨.
115. Comm. 2 Cor. 9:1, CTS (강조가 추가됨); *CO* 50.106.
116. André Biéler, *The Social Humanism of Calvin*, trans. Paul T. Fuhrmann (Richmond, VA: John Knox Press, 1964), 37.
117. Ibid.를 보라.
118. 창조의 원초적인 상태이자 구속의 최종적인 목적으로서 '질서'와 조화에 대한 칼뱅의 개념 설명으로는, David Little, *Religion, Order, and Law: A Study in Pre-Revolutionary England* (Chicago: University of Chicago Press, 1984), 3장을 보라. 내가 칼뱅의 교회와 국가 신학을 위한 '질서'라는 다면적 주제의 중요성을 지적한 것은 리틀 덕택이다.
119. Comm. Gen. 2:2, CTS; *CO* 23.31-2를 보라. Comm. Ps. 8:5-7, CTS; *CO* 31.92에서 칼뱅은 창조의 '적법한 질서'와 타락한 세상의 '혼란'을 대조한다.
120. Comm. Gen. 2:16, CTS; *CO* 23.45.
121. Comm. Gen. 3:19, CTS; *CO* 23.75.
122. Comm. Gen. 2:3, CTS; *CO* 23.32.
123. Comm. John 13:31, CTS; *CO* 47.317.
124. Little, *Religion, Order, and Law*, 3장 특히 pp. 47-56을 보라.
125. Comm. Matt. 6:10 [*Harmony* 1], CTS; *CO* 44.197. 칼뱅은 주님의 기도에서 '당신의 나라가 임하소서'라는 문구를 주석하면서 자발적 헌신에 관해 말한다.
126. Comm. 2 Thess. 3:6, CTS; *CO* 52.211.
127. *Institutes*, 4.11.3.
128. *Institutes*, 4.1.2.
129. *Institutes*, 4.6.8-10을 보라.

130. *Institutes*, 4.1.3을 보라.
131. *Institutes*, 4.6.9.
132. 이렇게 기능을 중시하는 교회론에 대한 설명으로는, Little, *Religion, Order, and Law*, 62-80을 보라.
133. *Institutes*, 4.3.15.
134. *Institutes*, 4.5.2.
135. 교회에서 (위계 구조는 유지하더라도) '형평성 있는' 참여 방식을 유지하려는 칼뱅의 관심사는 1541년 『교회법』에 나와 있다. 목사, 장로, 집사는 선출되기도 하지만 교리와 은사와 관련된 심사도 받는다. 직분자들은 교회법에 명시된 특정 훈련 절차에 따라 자신들의 안수 서약에 책임을 져야 한다. 칼뱅이 선택과 견제와 균형을 강조한 것은 그의 참여적이고 공의회적 교회관에서 비롯된다.
136. *Institutes*, 4.17.38.
137. 타락 이전에 인간은 "의심할 여지가 없는 신성한 유대에 의해 끊어지지 않도록 보존된 상호 간의 교제"를 즐겼다(Comm. Ps. 8:5-7, CTS; *CO* 31.92).
138. OS 2.41-2. Elsie A. McKee, *John Calvin on the Diaconate and Liturgical Almsgiving* (Geneva: Librairie Droz, 1984), 50에 나온 번역에서 가져옴.
139. 우리는 칼뱅의 성찬 신학의 이러한 특정한 측면에서 일어나는 일을 설명하기 위해 밀뱅크의 '동일하지 않은 재현'이라는 구절을 사용하고 싶은 유혹을 받는다. Milbank, 'Can a Gift Be Given?', 131을 보라.
140. 성찬식을 위해 자선 구호물자를 모으는 것은 복잡한 문제이다. McKee, *John Calvin on the Diaconate and Liturgical Almsgiving*, 1장과 2장을 보라. 칼뱅이 죽을 때까지 제네바는 그 관행을 제도로 마련하지 않았음에도 불구하고, 칼뱅은 아마도 스트라스부르에서 성찬식을 위해 자선 구호물자를 모았을 것이라고 매키는 주장한다. 매키에 따르면, "이것은 신학적인 입장이 아니라 실질적인 양보였다." 칼뱅의 사상은 예배에 자선을 포함하는 것을 지지했기 때문이다(p. 64). 부서에 의거하는 칼뱅의 신학적 정당화는 주의 만찬과 자선 제공을 포함하는 사도행전 2:42에 대한 특유의 읽기에 의존한다(pp. 52-3). (McKee, *John Calvin on the Diaconate and Liturgical Almsgiving*, 3장을 보라).
141. 위의 구절에서 칼뱅은 자선과 예배에 관하여 마태복음 25:31-46의 이미지를 사용한다. 자선은 교회의 지체만을 위한 것이 아니다. 그러나 칼뱅의 마태복음 25:31-46 주석은 다소 복잡하다. "배고픈 사람, 목마른 사람, 헐벗은 사람, 낯선 사람, 병든 사람 혹은 옥에 갇힌 사람"이라는 구절은 맨 먼저 신자들에게 적용되는 것으로 보인다. 그들은 "내 형제 중 지극히 작은 자"(마 25:40)라고 불리기 때문이다. 이렇게 신자들을 우대하는 근거는 "아담의 모든 자녀를 묶는 공통의 끈이 있지만, 하나님의 자녀들 사이에는 더욱 신성한 연합이 있기 때문"이라고 칼뱅은 말한다. 그럼에도 불구하고, 칼뱅은 본문의 목적이 "부와 자원이 풍부한 사람들이 형제들의 빈곤을 해소하도록 격려하는 것"이라고 생각한다. "그러나 그것은 가난하고 고통 받는 사람들에게 [그저] 평범한 위로를 주는 것이 아니다. 세상의 눈에는 부끄러움과 경멸이 그들을 따른다 해도, 하나님의 아들은 그들을 그분 자신의 지체처럼 소중하게 여기신다. 분명히 그들을 형제라고 불러주심으로써, 그분은 그들에게 헤아릴 수 없는 영예를 부여하신다." 칼뱅은 이 구절이 가난한 사람들에게 특별한 '영예'를 가져다주고 세상의 '부끄러움과 경멸'에 직면한 사람들과 그리스도 사이의 밀접한 교제를 가져온다고 보지만, 궁핍한 사람들이 그리스도와 연결된 근거는 하나님의 선택과 '그리스도 안에 있는' 그들의 정체성에 있는 것 같다(Comm. Matt. 25:40 [*Harmony* 3], CTS; *CO* 44.698-90).

142. *Institutes*, 4.3.9.
143. William R. Stevenson, 'Calvin and Political Issues', in *The Cambridge Companion to John Calvin*, ed. Donald K. McKim (New York: Cambridge University Press, 2004), 173-87, at 17를 보라. 또한 W. Fred Graham, *The Constructive Revolutionary: John Calvin and His Socio-Economic Impact* (East Lansing, MI: Michigan State University Press, 1987), 98-104를 보라. 그레이엄은 칼뱅이 제네바에 있던 당시 병원 시스템을 '사회 의료 보장 제도'의 하나라고 부른다. "의사와 외과의가 시에서 주는 비용으로 병원에서 일했기 때문이다."(p. 104) 그러나 '사회 의료 보장 제도'에 대한 미국의 현대적 의미와는 달리 제네바의 병원은 교회와 국가가 밀접한 관계를 맺고 시행한 공동 사업이었다. 그럼에도 불구하고 제네바의 의료 서비스가 시장 주도가 아니었다는 점은 주목할 가치가 있다. 건강관리를 포함해서, 가난한 사람들에게 필수품을 제공하는 것은 교회와 국가의 의무였다.
144. *Institutes*, 4.20.1.
145. *Institutes*, 또한 Herbert D. Foster, *The Collected Papers of Herbert D. Foster* (privately printed, 1929), 40을 보라.
146. Calvin, *Institutes, 1536 Edition*, 176-226; *OS* 1.223-80을 보라. 자유에 대한 칼뱅의 개념이 그의 신학적 사고와 정치적 사고를 연결하는 방식에 대한, 책 한 권 분량의 설명으로는, William R. Stevenson, *Sovereign Grace: The Place and Significance of Christian Freedom in John Calvin's Political Thought* (New York: Oxford University Press, 1999)를 보라.
147. *Institutes*, 3.19.2.
148. Ibid.
149. Ibid.
150. *Institutes*, 3.19.4; 강조가 추가됨.
151. *Institutes*, 3.19.14.
152. Ibid.
153. *Institutes*, 3.19.5.
154. *Institutes*, 3.19.7.
155. *Institutes*, 3.19.9.
156. *Institutes*, 4.20.2.
157. *Institutes*, 4.20.9를 보라.
158. Little, *Religion, Order, and Law*, 55를 보라.
159. *Institutes*, 4.20.1.
160. *Institutes*, 4.20.10.
161. *Institutes*
162. "정의롭고 잘 규제된 정부인지는 가난하고 고통 받는 사람들의 권리를 지지하는지를 보면 알 수 있다."(Comm. Ps. 82:3, CTS; *CO* 31.769-70).
163. 칼뱅은 교회 직분자들이 선출되기를 원하지만, 그 선출 과정을 목회자가 관리 감독하고 규제하기를 원한다. 그리스도인은 죄인으로서 진행 과정에서 여전히 '무질서'가 있을 수 있기에 관리 감독이 필요하다(*Institutes*, 4.3.15).
164. *Institutes*, 4.20.8을 보라. 특히 칼뱅이 견제와 균형을 갖춘 공동 정부를 어떻게 옹호하는지 주목하라. "사람은 누구나 잘못하고 실패할 수 있기에 여러 사람이 통치권을 수행하는 것이 더 안전하고 지속적일 수 있다. 그렇게 함으로써 그들은 서로 돕고 가르치며 서로 권고할 수 있다. 만

일 누군가가 불공정하게 자기주장을 하게 되면 많은 비판자와 지도자가 그의 완고함을 억제할 수 있을 것이다."

165. Comm. Deut. 1:13, CTS; CO 24.190.
166. 1893년부터 1927년까지 다트머스의 역사 교수인 허버트 포스터는 칼뱅에서 이 주제를 발전시키고 칼뱅주의 정치 사상가들을 통해 이를 추적한다. Foster, *The Collected Papers of Herbert D. Foster*, 3-4장을 보라. 데이비드 리틀도 이러한 '자유주의적 칼뱅주의자' 전통을 설명한다. David Little, 'A Christian Perspective on Human Rights', in *Human Rights in Africa*, ed. Abdullahi Ahmed An-Na'im and Francis M. Deng (Washington, DC: Brookings Institution, 1991); idem, 'Human Rights: A Reformed Perspective', *Affirmation*, 6 (1993), 13-24; idem, 'Religion and Human Rights: A Personal Testament', *Journal of Law and Religion*, 18, no. 1 (2002), 57-77. '자연적 권리'라는 개념은 칼뱅의 교회론이 기반으로 삼는 공의회 사상에도 있다. Oakley, *Natural Law, Conciliarism and Consent in the Late Middle Ages*를 보라.
167. Little, 'Religion and Human Rights', 62를 보라. 칼뱅은 (강압이 허용되지 않는) 교회의 자발적 특성을 주장했지만, 그럼에도 불구하고 그는 "하나님께 드리는 외형적인 예배를 보호하고 건전한 경건 교리와 교회의 지위를 수호하기 위해" 시민 정부가 강압적 수단을 사용하는 것에 찬성한다(*Institutes*, 4.20.2).
168. 이러한 긴장에 관해서는 ibid를 보라.
169. Harro Höfel, *The Christian Polity of John Calvin* (Cambridge: Cambridge University Press, 1982), 159. Ibid. 158-60을 보라.
170. Ibid. 또한 Foster, *The Collected Papers of Herbert D. Foster*, 64-5를 보라. 칼뱅의 사상에 있는 이러한 긴장에 대한 대안적 읽기로는, Stevenson, *Sovereign Grace*, 149-52를 보라.
171. *Institutes*, 4.20.24-32를 보라.
172. *Institutes*, 4.20.24-5.
173. *Institutes*, 4.20.31.
174. Ibid.
175. Calvin, *Letters of Calvin*, iv, letter 588.
176. 칼뱅의 입장이 이렇게 외견상 달라진 것은 프랑스에서 칼뱅주의자들에 대한 박해가 늘어난 데 따른 반응이었을 수 있다. 그러나 헤세링크가 지적하듯이 칼뱅의 입장이 달라졌다는 주장의 근거가 되는 대목들을 살펴보면 프랑스의 박해가 증가했던 시점과 꼭 들어맞는 것은 아니다. I. John Hesselink, 'Calvin on the Nature and Limits of Political Resistance', in *Christian Faith and Violence*, ii, ed. Dirk van Keulen and Martien E. Brinkman (Zoetermeer: Meinema, 2005), 69-72를 보라.
177. André Biéler, *La pensée économique et sociale de Calvin* (Geneva: Librairie de l'Université, 1959), 3.3.4; Little, *Religion, Order, and Law*, 4장을 보라.
178. Comm. Isa. 45:19, CTS; CO 37.145.
179. Milbank, 'Alternative Protestantism', 33을 보라.

| 6장 | 칼뱅의 참여 신학 전망

1. 동방 정교회와 페미니스트 신학의 유사점뿐 아니라 선물 신학자의 비판에 대한 자세한 설명으로는 1장을 보라.
2. 다양한 교리적 자리들과 관련해서 칼뱅의 그리스도 안에의 참여 신학이 어떻게 발전했는지는, 3장을 보라.
3. 예를 들면, 밀뱅크는 선물을 '초월적 범주'로 사용하고 있다고 말하지만, 이것이 의미하는 바를 설명하지는 않는다(Milbank, *Being Reconciled*, p. xi). 만약에 그것이 이해의 범주라는 의미에서 초월적인 범주라면, 밀뱅크는 그의 논지를 방어하기 위해 상당한 인식론적 작업을 해야 할 것이다.
4. Billings, "John Milbank's Theology of the 'Gift' and Calvin's Theology of Grace", 98-100.
5. Ibid. 90-3을 보라.
6. 밀뱅크가 단서를 붙인 것으로는, Milbank, 'Alternative Protestantism', 27-32를 보라.
7. *Institutes*, 2.2.1.
8. Comm. 2 Pet. 1:4, *CC*; *CO* 55.446.
9. 이 책의 78-89쪽을 보라. 특히 2장의 nn. 135-42와 162를 보라.

참고 문헌

Augustine of Hippo, *The Enchiridion on Faith, Hope and Love*, trans. J. F. Shaw (Washington, DC: Regnery Gateway, 1993).
_____. *Four Anti-Pelagian Writings*, trans. John A. Mourant and William J. Collinge (Washington, DC: Catholic University of America, 1992).
Backus, Irena, 'Calvin and the Greek Fathers', in *Continuity and Change: The Harvest of Later Medieval and Reformation History*, ed. Robert J. Bast and Andrew C. Gow (Leiden: Brill, 2000), 253–76.
_____. 'Calvin's Concept of Natural and Roman Law', *Calvin Theological Journal*, 38, no. 1 (2003), 7–26.
_____. 'La théorie logique de Martin Bucer: la prédication chez P. Crockaert, Georges de Trébizonde, R. Lever et M. Bucer', *Cahiers de la revue de théologie et de philosophie*, no. 5 (1980), 27–39.
_____. 'Polemic, Exegetical Tradition and Ontology: Bucer's Interpretation of John 6:52, 53, and 64 before and after the Wittenberg Concord', in *The Bible in the Sixteenth Century*, ed. David Steinmetz (Durham, NC: Duke University Press, 1990), 167–80.
Bainton, Roland H., *Hunted Heretic: The Life and Death of Michael Servetus, 1511–1553* (Boston: Beacon Press, 1960).
Barth, Karl, *Church Dogmatics*, ed. Geoffrey William Bromiley and Thomas Forsyth Torrance (Edinburgh: T. & T. Clark, 1956).
Battles, Ford Lewis, 'Introduction and Notes', in *Institutes of the Christian Religion*, 1536 Edition (Grand Rapids, MI: Eerdmans, 1986).
Beckmann, Joachim, *Vom Sakrament bei Calvin: die Sakramentslehre Calvins in ihren Beziehungen zu Augustin* (Tübingen: J. C. B. Mohr, 1926).
Biéler, André, *La Pensée économique et sociale de Calvin* (Geneva: Librairie de l'Université, 1959).
_____. *The Social Humanism of Calvin*, trans. Paul T. Fuhrmann (Richmond, VA: John Knox Press, 1964).
Billings, J. Todd, 'John Calvin: United to God through Christ', in *Partakers of the Divine Nature: The History and Development of Deification in the Christian Tradition*, ed. M. Christensen and J. Wittung (Madison, NJ: Fairleigh Dickinson University Press, 2007), 200–18.
_____. 'John Milbank's Theology of the "Gift" and Calvin's Theology of Grace: A Critical Comparison', *Modern Theology*, 21, no. 1 (2005), 87–105.
_____. 'United to God through Christ: Calvin on the Question of Deification', *Harvard Theological Review*, 98, no. 3 (July 2005), 315–34.
Boehner, Philotheus, 'The Metaphysics of William Ockham', in *Collected Articles on Ockham* (St Bonaventure, NY: Franciscan Institute, 1958), 373–99.
Bohatec, Josef, *Budé und Calvin: Studien zur Gedankenwelt des französischen Frühhumanismus* (Graz: H. Boehlaus, 1950).

_____. *Calvin und das Recht* (Graz: H. Boehlaus, 1934).

Bonner, Gerald, 'Deification, Divinization', in *Augustine Through the Ages*, ed. Allan D. Fitzgerald (Grand Rapids, MI: Eerdmans, 1999), 265–6.

Bouwsma, William J., *John Calvin: A Sixteenth-Century Portrait* (New York: Oxford University Press, 1988).

Braaten, Carl E., and Robert W. Jenson, *Union with Christ: The New Finnish Interpretation of Luther* (Grand Rapids, MI: Eerdmans, 1998).

Butin, Philip, 'Constructive Iconoclasm: Trinitarian Concern in Reformed Worship', *Studia Liturgica*, 19, no. 2 (1989), 133–42.

_____. 'John Calvin's Humanist Image of Popular Late-Medieval Piety and its Contribution to Reformed Worship', *Calvin Theological Journal*, 29, no. 9 (1994), 419–31.

_____. *Revelation, Redemption, and Response: Calvin's Trinitarian Understanding of the Divine–Human Relationship* (New York: Oxford University Press, 1995).

Calvin, John, *The Bondage and Liberation of the Will: A Defence of the Orthodox Doctrine of Human Choice against Pighius*, trans. Graham I. Davies, ed. A. N. S. Lane (Grand Rapids, MI: Baker Books, 1996).

_____. *Calvin's Commentaries*, trans. 1845–56 Calvin Translation Society, ed. John King et al., 22 vols. (Grand Rapids, MI: Baker Book House, 1981).

_____. *Commentaries*, ed. David W. Torrance and Thomas Forsyth Torrance, 12 vols. (Edinburgh: Oliver and Boyd, 1959).

_____. *Institutes of the Christian Religion*, ed. Henry Beveridge and Robert Pitcairn (Edinburgh: Calvin Translation Society, 1845).

_____. *Institutes of the Christian Religion*, trans. Ford Lewis Battles, ed. John T. McNeill. The Library of Christian Classics (Philadelphia: Westminster Press, 1960).

_____. *Institutes of the Christian Religion*, 1536 Edition, trans. Ford Lewis Battles (Grand Rapids, MI: Eerdmans, 1986).

_____. *Ioannis Calvini Opera quae supersunt omnia*, ed. Guilielmus Baum, Eduardus Cunitz, and Eduardus Reuss. Corpus Reformatorum (Brunschwig: apud C. A. Schwetschke et filium, 1863).

_____. *Joannis Calvini opera selecta*, ed. Peter Barth and Wilhelm Niesel (Munich: Chr. Kaiser, 1926).

_____. *John Calvin's Sermons on the Ten Commandments*, trans. Benjamin Wirt Farley (Grand Rapids, MI: Baker, 1980).

_____. *Letters of John Calvin*, trans. D. Constable (iii) and M. R. Gilchrist (iii, iv), ed. Jules Bonnet (New York: B. Franklin, 1973).

_____. *Tracts and Treatises*, trans. Henry Beveridge, ii (Grand Rapids, MI: Eerdmans, 1958).

_____. *Calvin's First Catechism: A Commentary Featuring Ford Lewis Battles' Translation of the 1538 Catechism*, ed. I. John Hesselink and trans. Ford Lewis Battles (Louisville, KY: Westminster/John Knox Press, 1997).

_____. *John Calvin: Writings on Pastoral Piety*, ed. Elsie A. McKee (New York: Paulist Press, 2001).

_____. *Institutes of the Christian Religion of John Calvin, 1539: Text and*

Concordance, i, ed. Richard F. Wevers (Grand Rapids, MI: Meeter Center for Calvin Studies at Calvin College and Seminary, 1988).

Canlis, Julie, 'Calvin, Osiander and Participation in God', *International Journal of Systematic Theology*, 6, no. 2 (2004), 169–84.

Caputo, John D., *The Prayers and Tears of Jacques Derrida: Religion without Religion*. Bloomington: Indiana University Press, 1997.

Case-Winters, Anna, *God's Power: Traditional Understandings and Contemporary Challenges* (Louisville, KY: Westminster/John Knox Press, 1990).

Chadwick, Henry, 'Eucharist and Christology in the Nestorian Controversy', *Journal of Theological Studies*, 2 (1951), 145–64.

Charry, Ellen T., *By the Renewing of Your Minds: The Pastoral Function of Christian Doctrine* (New York: Oxford University Press, 1997).

Chenevière, Marc Édouard, *La Pensée politique de Calvin* (Geneva: Editions Labor, 1937).

Chin, Clive S., '*Unio Mystica and Imitatio Christi*: The Two-Dimensional Nature of John Calvin's Spirituality' (Ph. D. thesis, Dallas Theological Seminary, 2002).

Coakley, Sarah, 'Why Gift?', paper presented at the American Academy of Religion, Atlanta, GA, 2003.

Cottret, Bernard, *Calvin: A Biography*, trans. M. Wallace McDonald (Grand Rapids, MI: Eerdmans, 2000).

Courtenay, William, 'Nominalism and Late Medieval Religion', in *The Pursuit of Holiness in Late Medieval and Renaissance Religion*, ed. Charles Trinkaus and Heiko A. Oberman (Leiden: Brill, 1974), 26–59.

Cross, Richard, '"Where Angels Fear to Tread"': Duns Scotus and Radical Orthodoxy', *Antonianum*, 76, no. 1 (2001), 7–41.

Davaney, Sheila Greeve, *Divine Power: A Study of Karl Barth and Charles Hartshorne* (Philadelphia: Fortress Press, 1986).

Davis, Natalie Zemon, *The Gift in Sixteenth-Century France* (Madison: University of Wisconsin Press, 2000).

Davis, Thomas J., *The Clearest Promises of God: The Development of Calvin's Eucharistic Teaching* (New York: AMS Press, 1995).

Derrida, Jacques, *The Gift of Death* (Chicago: University of Chicago Press, 1995).

_____. *Given Time, I, Counterfeit Money* (Chicago: University of Chicago Press, 1992).

Dolff, Scott N., 'The Obligation to Give: A Reply to Tanner', *Modern Theology*, 21, no. 1 (2005), 119–39.

Douglas, Mary, 'No Free Gifts', in *The Gift* (New York: Norton, 1990), pp. vii–xviii.

Dowey, Edward A., *The Knowledge of God in Calvin's Theology*, expanded edn (Grand Rapids, MI: Eerdmans, 1994).

Eirè, Carlos, *War Against the Idols: The Reformation of Worship from Erasmus to Calvin* (Cambridge: Cambridge University Press, 1986).

Elwood, Christopher, *The Body Broken: The Calvinist Doctrine of the Eucharist and the Symbolization of Power in Sixteenth-Century France* (New York: Oxford University Press, 1999).

Farel, Guillaume, 'Le Maniere et Fasson', in *The Body Broken* (New York: Oxford,

1999).
Farrell, Joseph P., *Free Choice in St. Maximus the Confessor* (South Canan [sic], PA: St Tikhon's Seminary Press, 1989).
Flogaus, Reinhard, *Theosis bei Palamas und Luther: ein Beitrag zum ökumenischen Gespräch* (Göttingen: Vandenhoeck & Ruprecht, 1997).
Foster, Herbert D., *The Collected Papers of Herbert D. Foster* (Privately printed, 1929).
Ganoczy, Alexandre, *The Young Calvin*, trans. David Foxgrover and Wade Provo (Philadelphia: Westminster Press, 1987).
Gerrish, B. A., 'Calvin's Eucharistic Piety', in *Calvin and Spirituality*, ed. David Foxgrover (Grand Rapids, MI: CRC Product Services, 1998), 52–65.
_____. *Grace and Gratitude: The Eucharist in John Calvin's Theology*. Minneapolis: Fortress Press, 1993.
_____. 'John Calvin and the Reformed Doctrine of the Lord's Supper', in *Calvin's Ecclesiology: Sacraments and Deacons*, ed. Richard C. Gamble (New York: Garland, 1992), 227–40.
Gisel, Pierre, *Le Christ de Calvin*. Paris: Desclée, 1990.
Gloede, Günter, *Theologia naturalis bei Calvin* (Stuttgart: W. Kohlhammer, 1935).
Grabill, Stephen J., 'Theological Foundation for a Reformed Doctrine of Natural Law' (Ph.D. thesis, Calvin Theological Seminary, 2004).
Graeber, David, *Toward an Anthropological Theory of Value: The False Coin of Our Own Dreams*, 1st edn (New York: Palgrave, 2001).
Graham, W. Fred, *The Constructive Revolutionary: John Calvin and His Socio-Economic Impac*t (East Lansing, MI: Michigan State University Press, 1987).
Gross, Jules, *The Divinization of the Christian*, trans. Paul Onica (Anaheim, CA: A & C Press, 2002).
Haas, Guenther H., *The Concept of Equity in Calvin's Ethics* (Waterloo, Ont.: Wilfrid Laurier University Press, 1997).
Hallosten, Gosta, 'The Concept of Theosis in Recent Research—The Need for a Clarification', in *Partakers of the Divine Nature: The History and Development of Deification in the Christian Tradition*, ed. M. Christensen and J. Wittung (Madison, NJ: Fairleigh Dickinson University Press, 2007), 281–93.
Harrison, Nonna Verna, 'The Ground of Union: Deification in Aquinas and Palamas (Review)', *St Vladimir's Theological Quarterly*, 45, no. 4 (2001), 418–21.
_____. 'Perichoresis in the Greek Fathers', *St Vladimir's Theological Quarterly*, 35, no. 1 (1991), 53–65.
Hart, Trevor A., 'Humankind in Christ and Christ in Humankind: Salvation as Participation in Our Substitute in the Theology of John Calvin', *Scottish Journal of Theology*, 42, no. 1 (1989), 67–84.
Hesselink, I. John, 'Calvin on the Nature and Limits of Political Resistance', in *Christian Faith and Violence*, ii, ed. Dirk van Keulen and Martien E. Brinkman (Zoetermeer: Meinema, 2005), 57–74.
_____. *Calvin's Concept of the Law* (Allison Park, PA: Pickwick Publications, 1992).
_____. 'The Reformed View of the Real Presence of Christ in the Lord's Supper', in *Four Views of the Lord's Supper*, ed. John H. Armstrong (Grand Rapids, MI: Zondervan, forthcoming).

Höpel, Harro, *The Christian Polity of John Calvin* (Cambridge: Cambridge University Press, 1982)

Horner, Robyn, *Rethinking God as Gift: Marion, Derrida, and the Limits of Phenomenology*, 1st edn (New York: Fordham University Press, 2001).

Jones, Serene, *Calvin and the Rhetoric of Piety* (Louisville, KY: Westminster/John Knox Press, 1995).

Keller, Carl A., *Calvin mystique: Au Coeur de la Penseé du Réformateur* (Geneva: Labor et Fides, 2001).

Klempa, William, 'John Calvin on Natural Law', in *Calvin Studies* 4, ed. John H. Leith and W. Stacey Johnson. (Davidson, NC: Davidson College, 1988), 1–24.

Kolfhaus, Wilhelm, *Christusgemeinschaft bei Johannes Calvin* (Neukirchen: Buchhandlung des Erziehungsvereins K. Moers, 1939).

Krusche, Werner, *Das Wirken des Heiligen Geistes nach Calvin* (Göttingen: Vandenhoeck & Ruprecht, 1957).

Lane, A. N. S., *Calvin and Bernard of Clairvaux* (Princeton: Princeton Theological Seminary, 1996).

_____. *John Calvin: Student of the Church Fathers* (Edinburgh: T.&T. Clark, 1999).

_____. *Justification by Faith in Catholic–Protestant Dialogue: An Evangelical Assessment* (Edinburgh and New York: T. & T. Clark, 2002).

LaVallee, Armand A., 'Calvin's Criticism of Scholastic Theology: A Thesis' (Harvard University, 1967).

Lehmann, Paul, 'Law', in *A Handbook of Christian Theology*, ed. Marvin Halverson and Arthur Allen Cohen (New York: Meridian Books, 1958).

Leith, John H., *Creeds of the Churches*, 3rd edn (Louisville, KY: John Knox Press, 1982).

Little, David, 'Calvin and the Prospects for a Christian Theory of Natural Law', in *Norm and Context in Christian Ethics*, ed. Gene Outka and Paul Ramsey (London: SCM Press, 1968), 175–97.

_____. 'A Christian Perspective on Human Rights', in *Human Rights in Africa*, ed. Abdullahi Ahmed An-Na'im and Francis M. Deng (Washington, DC: Brookings Institution, 1991), 59–103.

_____. 'Human Rights: A Reformed Perspective', *Affirmation*, 6 (1993), 13–24.

_____. 'Religion and Human Rights: A Personal Testament', *Journal of Law and Religion*, 18, no. 1 (2002), 57–77.

_____. *Religion, Order, and Law: A Study in Pre-Revolutionary England*. Chicago: University of Chicago Press, 1984.

Livingston, James C., Francis Schüssler Fiorenza, Sarah Coakley, and James H. Evans, *Modern Christian Thought*, 2nd edn, ii (Upper Saddle River, NJ: Prentice-Hall, 1997).

Lossky, Vladimir, *The Mystical Theology of the Eastern Church* (Crestwood, NY: St Vladimir's Seminary Press, 1976).

Louth, Andrew, 'The Place of Theosis in Orthodox Theology', in *Partakers of the Divine Nature: Deification/Theosis in the Christian Tradition*, ed. M. Christensen and J. Wittung (Madison, NJ: Fairleigh Dickinson University Press, 2007), 32–44.

Mannermaa, Tuomo, *Der im Glauben gegenwärtige Christus: Rechtfertigung und*

Vergottung zum ökumenischen Dialog (Hannover: Lutherisches Verlagshaus, 1989).

Marcourt, Antione, 'Petit Traicte de la saincte eucharistie', in *The Body Broken*, trans. C. Elwood (New York: Oxford University Press, 1999).

Marion, Jean-Luc, 'The Saturated Phenomenon', in *Phenomenology and the 'Theological Turn': The French Debate*, trans. Thomas Carlson (New York: Fordham University Press, 2000), 176–216.

Mauss, Marcel, *The Gift: The Form and Reason for Exchange in Archaic Societies*, trans. W. D. Halls (New York: Norton, 1990).

McClymond, Michael J., 'Salvation as Divinization: Jonathan Edwards, Gregory Palamas and the Theological Uses of Neoplatonism', in *Jonathan Edwards: Philosophical Theologian*, ed. Paul Helm and Oliver Crisp (Aldershot: Ashgate, 2003), 139–60.

McCormack, Bruce, *Karl Barth's Critically Realistic Dialectical Theology: Its Genesis and Development, 1909–1936* (Oxford: Oxford University Press, 1995).

McDonnell, Kilian, *John Calvin, the Church, and the Eucharist* (Princeton: Princeton University Press, 1967).

McGinn, Bernard, 'Love, Knowledge and Mystical Union in Western Christianity: Twelfth to Sixteenth Centuries', *Church History*, 56, no. 1 (1987), 7–24.

McGrath, Alister E., *A Life of John Calvin: A Study in the Shaping of Western Culture* (Cambridge, MA: Basil Blackwell, 1990).

McKee, Elsie A., *John Calvin on the Diaconate and Liturgical Almsgiving* (Geneva: Librairie Droz, 1984).

Milbank, John, 'Alternative Protestantism', in *Creation, Covenant and Participation: Radical Orthodoxy and the Reformed Tradition*, ed. James K. A. Smith and James H. Olthius (Grand Rapids, MI: Baker Academic, 2005), 25–41.

_____. *Being Reconciled: Ontology and Pardon*. New York: Routledge, 2003.

_____. 'Can a Gift Be Given? Prolegomena to a Future Trinitarian Metaphysic', *Modern Theology*, 11, no. 1 (1995), 119–61.

_____. 'The Ethics of Self-Sacrifice', *First Things*, no. 91 (1999), 33–8.

_____. 'Gregory of Nyssa: The Force of Identity', in *Christian Origins*, ed. L. Ayres and G. Jones (London: Routledge, 1998), 94–116.

_____. 'The Soul of Reciprocity: Part One, Reciprocity Refused', *Modern Theology*, 17, no. 3 (2001), 335–91.

_____. 'The Soul of Reciprocity: Part Two, Reciprocity Granted', *Modern Theology*, 17, no. 4 (2001), 485–507.

_____ and Catherine Pickstock. *Truth in Aquinas*. London: Routledge, 2001.

_____ _____ and Graham Ward (eds.), *Radical Orthodoxy* (London: Routledge, 1999).

Millet, Olivier, *Calvin et la Dynamique de la Parole: Étude de Rhéorique réformée* (Geneva: Slatkine, 1992).

Mooi, R. J., *Het Kerk, en dogmahistorisch Element in de Werken van Johannes Calvijn* (Wageningen: H. Veenman, 1965).

Mosser, Carl, 'The Greatest Possible Blessing: Calvin and Deification', *Scottish Journal of Theology*, 55, no. 1 (2002), 36–57.

Muller, Richard A., *After Calvin: Studies in the Development of a Theological Tradition* (Oxford and New York: Oxford University Press, 2003).

———. 'Augustinianism in the Reformation', in *Augustine Through the Ages: An Encyclopedia*, ed. Allan Fitzgerald (Grand Rapids, MI: Eerdmans, 1999), 705–7.

Muller, Richard A., 'Calvin and the "Calvinists": Assessing Continuities and Discontinuities between the Reformation and Orthodoxy', *Calvin Theological Journal*, 31 (1996), 125–60.

———. 'Ordo docendi: Melanchthon and the Organization of Calvin's Institutes, 1536–1543', in *Melanchthon in Europe*, ed. Karin Maag (Grand Rapids, MI: Baker, 1999), 123–40.

———. *Post-Reformation Reformed Dogmatics*, 4 vols. (Grand Rapids, MI: Baker, 1987).

———. *The Unaccommodated Calvin: Studies in the Foundation of a Theological Tradition* (New York: Oxford University Press, 2000).

Niesel, Wilhelm, *Calvins Lehre vom Abendmahl* (Munich: Chr. Kaiser, 1930).

———. *The Theology of Calvin*, trans. Harold Knight (London: Lutterworth Press, 1956).

Norris, Richard A., *The Christological Controversy* (Philadelphia: Fortress Press, 1980).

Oakley, Francis, *Natural Law, Conciliarism and Consent in the Late Middle Ages: Studies in Ecclesiastical and Intellectual History* (London: Variorum Reprints, 1984).

Oberman, Heiko A., 'Some Notes on the Theology of Nominalism', *Harvard Theological Review*, no. 53 (1960), 47–76.

——— and Paul L. Nyhus, *Forerunners of the Reformation: The Shape of Late Medieval Thought*, 1st edn (New York: Holt, Rinehart, andWinston, 1966).

Oliver, Simon, 'The Eucharist before Nature and Culture', *Modern Theology*, 15 (1999), 331–53.

Oort, Johannes Van, 'John Calvin and the Church Fathers', in *The Reception of the Church Fathers in the West: From the Carolingians to the Maurists*, ed. Irena Dorota Backus (Leiden: Brill, 1997), 661–700.

Ozment, Steven E., *The Age of Reform (1250–1550): An Intellectual and Religious History of Late Medieval and Reformation Europe* (New Haven: Yale University Press, 1980).

Parker, T. H. L., 'Calvin's Doctrine of Justification', *Evangelical Quarterly*, 24 (1952), 101–7.

———. *Calvin's New Testament Commentaries*, 2nd edn (Louisville, KY: Westminster/John Knox Press, 1993).

———. *John Calvin: A Biography* (London: Dent, 1975).

Partee, Charles, 'Calvin's Central Dogma Again', in *Calvin Studies* 3 (Davidson, NC: Davidson College, 1986), 39–46.

———. 'Prayer as the Practice of Predestination', in *Calvinus Servus Christi*, ed. Wilhelm H. Neuser (Budapest: Pressabteilung des Raday-Kollegiums, 1988), 241–56.

Perl, Eric D., 'St Gregory Palamas and theMetaphysics of Creation', *Dionysius*, 14 (1990), 105–30.

Pickstock, Catherine, *After Writing: On the Liturgical Consummation of Philosophy* (Oxford: Blackwell, 1998).

Plaskow, Judith, *Sex, Sin, and Grace: Women's Experience and the Theologies of Reinhold Niebuhr and Paul Tillich* (Washington, DC: University Press of America, 1980).

Prins, Richard, 'The Image of God in Adam and the Restoration of Man in Jesus Christ: A Study in John Calvin', *Scottish Journal of Theology*, no. 25 (1972), 32–44.

Puckett, David Lee, *John Calvin's Exegesis of the Old Testament*, 1st edn (Louisville, KY: Westminster/John Knox Press, 1995).

Quistorp, Heinrich, *Calvin's Doctrine of the Last Things*, trans. Harold Knight (London: Lutterworth Press; New York: AMS Press, 1955).

Reuter, Karl, *Das Grundverständnis der Theologie Calvins: unter Einbeziehung ihrer geschichtlichen Abhängigkeiten* (Neukirchen-Vluyn: Neukirchener Verlag des Erziehungsvereins, 1963).

Richard, Lucien, *The Spirituality of John Calvin* (Atlanta, GA: John Knox Press, 1974).

Ritschl, Albrecht, 'Geschichtliche Studien zur Christlichen Lehre von Gott', in *Jahrbücher für dentsche Theologie*, xiii (Gotha, 1868), 25–176.

Russell, Norman, *The Doctrine of Deification in the Greek Patristic Tradition* (Oxford: Oxford University Press, 2004).

Schrift, Alan D., *The Logic of the Gift: Toward an Ethic of Generosity* (New York: Routledge, 1997).

Selinger, Suzanne, *Calvin Against Himself: An Inquiry in Intellectual History* (Hamden, CT: Archon Books, 1984).

Slater, Jonathan, 'Salvation as Participation in the Humanity of the Mediator in Calvin's *Institutes of the Christian Religion*: A Reply to Carl Mosser', *Scottish Journal of Theology*, 58, no. 1 (2005), 39–58.

Stead, Christopher, *Divine Substance* (Oxford: Clarendon Press, 1977).

Steinmetz, David, *Calvin in Context* (New York: Oxford University Press, 1995).

_____. *Reformers in the Wings* (Philadelphia: Fortress Press, 1971).

Stevenson, William R., 'Calvin and Political Issues', in *The Cambridge Companion to John Calvin*, ed. Donald K. McKim (New York: Cambridge University Press, 2004), 173–87.

_____. *Sovereign Grace: The Place and Significance of Christian Freedom in John Calvin's Political Thought* (New York: Oxford University Press, 1999).

Tamburello, Dennis E., *Union with Christ: John Calvin and the Mysticism of St Bernard* (Louisville, KY: Westminster/John Knox Press, 1994).

Tanner, Kathryn, *Economy of Grace* (Minneapolis: Fortress Press, 2005).

_____. *Jesus, Humanity and the Trinity: A Brief Systematic Theology* (Minneapolis: Fortress Press, 2001).

Thompson, John L., 'Calvin as a Biblical Interpreter', in *Cambridge Companion to John Calvin*, ed. Donald K. McKim (Cambridge: Cambridge University Press, 2004), 58–73.

Torrance, James B., 'The Concept of Federal Theology—Was Calvin a Federal Theologian?', in *Calvinus Sacrae Scripturae professor* (Grand Rapids, MI: Eerdmans, 1994), 15–40.

_____. 'Covenant or Contract: A Study of the Theological Background of Worship in Seventeenth-Century Scotland', *Scottish Journal of Theology*, no. 23 (1970), 51–76.

Torrance, Thomas F., *Calvin's Doctrine of Man* (Grand Rapids, MI: Eerdmans, 1957).

_____. *Theology in Reconstruction* (London: SCM Press, 1965).

Tylenda, Joseph N., 'Calvin and Christ's Presence in the Supper—True or Real', in *Calvin's Ecclesiology: Sacraments and Deacons*, ed. Richard C. Gamble (New York: Garland, 1992), 215–25.

_____. 'The Calvin–Westphal Exchange: The Genesis of Calvin's Treatises against Westphal', *Calvin Theological Journal*, 9 (1974), 182–209.

Wallace, Ronald S., *Calvin's Doctrine of the Christian Life* (Edinburgh: Oliver and Boyd, 1959).

_____. *Calvin's Doctrine of the Word and Sacrament* (Edinburgh: Oliver and Boyd, 1953).

Ward, Graham, 'The Church as the Erotic Community', in *Sacramental Presence in a Postmodern Context*, ed. L. Boeve and L. Leijssen (Louvain: Peeters, 2001), 167–204.

_____. *Cities of God* (New York: Routledge, 2000).

Webb, Stephen H., *The Gifting God: A Trinitarian Ethics of Excess* (New York: Oxford University Press, 1996).

Weis, James, 'Calvin versus Osiander on Justification', *Springfielder*, 29 (1965), 31–47.

Wendel, François, *Calvin: Origins and Development of His Religious Thought*, trans. Philip Mairet (Durham, NC: Labyrinth Press, 1987).

Wevers, Richard F., *A Concordance to the Latin Bible of John Calvin: Along with the Biblical Text Itself Reconstructed from the Text of His Commentaries*, vol. i (Grand Rapids, MI: Meeter Center for Calvin Studies at Calvin College and Seminary, 1985).

Williams, A. N., *The Ground of Union: Deification in Aquinas and Palamas* (New York: Oxford University Press, 1999).

Williams, Rowan, *Arius: Heresy and Tradition*, 2nd edn (London: SCM Press, 2001).

_____. 'Deification', in *A Dictionary of Christian Spirituality*, ed. Gordon Wakefield (London: SCM Press, 1983), 106–8.

Willis, David, *Calvin's Catholic Christology: The Function of the So-Called Extra Calvinisticum in Calvin's Theology* (Leiden: Brill, 1967).

_____. 'Calvin's Use of Substantia', in *Calvinus ecclesiae Genevensis custos*, ed. Wilhelm H. Neuser (Frankfurt: Peter Lang, 1984), 289–301.

_____. 'Rhetoric and Responsibility in Calvin's Theology', in *The Context of Contemporary Theology*, ed. Alexander McKelway and David Willis (Atlanta, GA: John Knox Press, 1974), 43–64.

_____. 'The Unio Mystica and the Assurance of Faith according to Calvin', in *Calvin: Erbe und Auftrag*, ed. Willem van't Spijker (Kampen, Netherlands: J. H. Kok, 1991), 77–84.

Wilson-Kastner, Patricia, 'Andreas Osiander's Theology of Grace in the Perspective of the Influence of Augustine of Hippo', *Sixteenth Century Journal*, 10, no. 2 (1979), 73–91.

칼뱅 저서 색인

교리 문답(1538)　286n32
구약 성경 주석
　창세기　200(n11), 206(n31), 211(n53), 216(n64, 65), 232(n119, 120, 121, 122), 288n81
　Harmony of the Law　202(n19), 215(n60)
　시편　176, 83(n143), 176(n82), 232(n119), 244(n162)
　이사야　200(n13), 248(n178), 288n81
　예레미야　80(n131)
신약 성경 주석
　Harmony of the Gospels　77(n111)
　요한복음　92-93, 126, 211(n52), 233(n123)
　사도행전　288n81
　로마서　78(n117), 89-90, 112(n31), 119, 131
　고린도전서　118(n50), 128-129, 136-137, 142
　고린도후서　218-219, 85(n148), 288n74
　갈라디아서(설교)　287n50
　에베소서　287n50, 288n81
　빌립보서　288n74, 288n81
　히브리서　129, 132, 142, 288n81
　데살로니가전서　288n81
　데살로니가후서　234(n126)
　디모데후서　288n81
　디도서　288n81
　베드로전서　288n74
　베드로후서　80(n134), 82(n140), 87(n161), 261(n8)
　요한일서　80(n130, 131), 288n81
제네바 교리 교육(1541)　116(n47)

『기독교 강요』1536년 판　106-107, 109, 114-115, 118, 134, 141, 150, 172, 240-241
『기독교 강요』1539년 판　67, 98, 108-132, 141, 142
『기독교 강요』1543년 판　67, 71, 109, 113, 116-117, 137
『기독교 강요』1545년 판　113, 118, 139
『기독교 강요』1559년 판
『기독교 강요』제1권
　1. 2., 162(n41), 163(n42, 43)
　1. 8., 80(n128)
　1. 11., 66(n72)
　1. 13., 93(n173)
　1. 14., 154(n26)
　1. 15., 80(n129, 132)
『기독교 강요』제2권
　2. 1., 74(n96), 166(n50), 174(n74), 200(n10)
　2. 2., 77(n108), 198(n5), 206(n30), 208(n36), 261(n7)
　2. 3., 70(n84), 149(n10)
　2. 6., 203(n23, 24), 204(n25)
　2. 7., 199(n8), 201(n14, 15), 202(n18), 204(n26), 205(n27, 28, 29), 206(n32)
　2. 8., 76(n103), 209(n38), 209(n40), 213(n55, 56), 223(n88, 90), 224(n91), 226(n101), 227(n102)
　2. 9., 217(n66, 67)
　2. 10., 217(n68)
　2. 11., 62(n55)
　2. 12., 140(n104)
　2. 14., 80(n133), 149(n7)
　2. 15., 140(n103)
　2. 16., 80(n125), 227(n103)

『기독교 강요』 제3권
- 3. 1., 80(n126), 140(n105)
- 3. 2., 80(n124), 149(n10)
- 3. 3., 74(n97), 75(n98)
- 3. 4., 140(n103)
- 3. 6., 214(n59)
- 3. 7., 223(n89)
- 3. 11., 85(n149, 150), 86(n155, 156, 157), 87(n159), 148(n2), 149(n5)
- 3. 14., 149(n8, 9)
- 3. 15., 148(n3), 149(n7)
- 3. 16., 84(n147), 148(n4)
- 3. 17., 140(n103, 104)
- 3. 19., 86(n152, 153), 222(n85), 223(n86, 87), 241(n147, 148, 149, 150, 151), 242(n152, 153, 154, 155)
- 3. 20., 151(n16), 152(n19, 20), 153(n23), 154(n24, 25), 155(n27, 28), 156(n29, 30), 157(n31), 159(n34, 35)
- 3. 21., 176(n80)
- 3. 23., 58(n44)
- 3. 24., 157(n32)
- 3. 25., 61(n51)

『기독교 강요』 제4권
- 4. 1., 149(n9), 235(n128, 130)
- 4. 3., 235(n133), 239(n142)
- 4. 5., 235(n134)
- 4. 6., 235(n129, 131)
- 4. 8., 216(n65)
- 4. 10., 211(n51)
- 4. 11., 234(n127)
- 4. 14., 161(n38, 39), 162(n40), 163(n44), 164(n46, 47), 165(n48, 49), 166(n51, 52, 53)
- 4. 15., 169(n57, 58, 59, 60), 170(n61, 62), 171(n63, 64, 65)
- 4. 16., 172(n66, 67, 68, 69), 173(n70, 72, 73), 174(n75, 76, 77), 175(n78), 176(n81, 83)
- 4. 17., 149(n8, 10), 178(n87, 88, 89), 179(n90, 91, 92), 184(n106, 107, 108, 109, 110), 185(n113), 186(n114, 116), 187(n120), 191(n129, 130), 192(n133, 134, 135), 224(n93), 225(n94), 236(n136)
- 4. 18., 180(n93, 94, 95, 96), 181(n97, 98, 99), 182(n101, 102, 103)
- 4. 20., 153(n21, 22), 209(n39), 240(n144), 243(n156, 157, 159, 160, 161), 246(n171, 172, 173), 247(n174)
- 4. 21., 42(n69)

『건전한 정통 성례전 교리 옹호』(*The Defense of the Sound and Orthodox Doctrine of the Sacraments*) 289n93

『그리스도의 살과 피 안에 진정으로 참여함』 (*The True Partaking of the Flesh and Blood of Christ*) 137, 297n132

「독자에게 보내는 편지」(*Letter to the Reader*) 110-111, 121, 138, 287

『베스트팔에게 보내는 마지막 권고』(*Last Admonition of John Calvin to Joachim Westphal*) 135-137, 190-192

『성례에 관한 신앙의 두 번째 변호』(*Second Defense of the Faith concerning the Sacraments*) 135-137

『성례전에 관한 상호 협의』(*Mutual Consent in Regard to the Sacraments*) 133-138, 289n92

십계명에 관한 설교(신명기에 관한 설교)(*Sermons on the Ten Commandments*) 199-203, 208-210, 213-214, 215-225

『의지의 속박과 자유』(*The Bondage and Liberation of the Will*) 67, 71-76, 263

장 칼뱅의 편지들 247, 278n104, 287n55, 292n36, 295n100

『주의 성찬에 관한 소논문』(*Short Treatise on the Lord's Supper*) 135-137, 286n47

인명 색인

Alciat, Andrea(안드레아 알치아티) 51, 60
Aquinas, Thomas(토마스 아퀴나스) 27-28, 31, 33, 49, 58, 64, 81, 252
Aristotle(아리스토텔레스) 73, 77, 277n86, n87
Athanasius(아타나시우스) 52, 68, 82, 130, 297n134
Augustine of Hippo(히포의 아우구스티누스) 31, 32, 36, 43, 65-70, 73, 76-77, 79, 83, 116, 161, 174, 252, 257, 262, 281n137, 283n102, 297n126, n134

Backus, Irena(이레나 배커스) 208
Bainton, Roland H.(롤런드 베인턴) 276n81, 289n87
Battles, Ford Lewis(포드 루이스 배틀즈) 114, 141, 271n58, 294n61
Beckmann, Joachim 294n66
Bernard of Clairvaux(클레르보의 베르나르두스) 40-43, 67, 276n76
Beza, Theodore(테오도르 베자) 135
Biéler, André(안드레 비엘레) 231
Billings, J. Todd(토드 빌링스) 269n26, 283n162, 307n4
Boehner, Philotheus 274n38
Bohatec, Josef(요제프 보하텍) 208, 274n46, 299n35
Bonner, Gerald 281n137, 283n162
Bouwsma, William J., 285n21
Braaten, Carl 280n135
Bradwardine, Thomas(토머스 브래드워딘) 52, 59, 274n36
Bucer, Martin(마르틴 부서) 106, 108, 116, 121, 134, 271n55, 286n30, 304n140
Budé, Guillaume(기욤 뷔데) 60, 274n46
Bullinger, Heinrich(하인리히 불링거) 100, 121, 134-136, 143
Butin, Philip 12, 273n25, 276n65, n81, 280n126, 282n154, 283n172, 286n44, 295n84

Calvin, John(장 칼뱅) 주제 색인을 보라.
Canlis, Julie(줄리 캔리스) 90-91, 272n71, 280n126, 290n1
Caputo, John D. 268n13
Case-Winters, Anna(안나 케이스-윈터스) 316
Chadwick, Henry 279n112
Charry, Ellen T. 303n104
Chin, Clive(클라이브 친) 63-64
Chrysostom, John(요하네스 크리소스토무스) 77, 122-123
Cottret, Bernard 272n8, 285n21
Courtenay, William 274n24, n43
Cross, Richard(리처드 크로스) 58
Cyril of Alexandria(알렉산드리아의 키릴로스) 36, 39, 43, 68, 73, 77-78, 192, 257

Davaney, Sheila Greeve 270n49
Davis, Natalie Zemon(나탈리 제몬 데이비스) 18, 38, 197, 270n41
Davis, Thomas J. 282n143, 284n2, 285n18, 286n44, n45, 287n52, 289n89, n92, 290n107
Derrida, Jacques(자크 데리다) 20-21,

23-24
Dolff, Scott   269n17
Douglas, Mary   268n8
Dowey, Edward A.(에드워드 다우이)   199, 272n72, 300n46, n47

Eirè, Carlos   276n65
Elwood, Christopher   285n10, n11, 287n51, 296n111
Erasmus, Desiderius(데시데리위스 에라스무스)   60, 63, 71, 127, 276n64

Farel, Guillaume(기욤 파렐)   100, 103-108, 118
Farrell, Joseph P.   271n53, 281n136
Flogaus, Reinhard   280n135
Foster, Herbert D.   305n145, 306n166, n170

Ganoczy, Alexandre(알렉산드레 가노치)   54-56, 66
Gerrish, B. A.   268n1, 286n44, 293n37, 296n105, 297n131
Gisel, Pierre   274n29
Gloede, Günter(귄터 글로드)   299n34
Grabill, Stephen J.(스티븐 그라빌)   208, 300n37, n47
Graeber, David   268n8
Graham, W. Fred   305n143
Gratian   66
Gregory of Nazianzus(나지안조스의 그레고리우스)   93
Gregory of Nyssa(니사의 그레고리우스)   262, 269n30, 281n140, 282n142
Gregory Palamas (그레고리오스 팔라마스)   81, 221, 262
Gregory of Rimini(리미니의 그레고리)   48, 52, 53
Gross, Jules   283n162

Haas, Guenther H.(군터 하스)   226, 228, 300n49
Hallosten, Gosta   281n137, 281n141
Harrison, Nonna Verna   281n137, 283n172
Hart, Trevor A.   290n109
Heshusius, Tilleman(틸레만 헤슈시우스)   99, 133, 137-138, 143
Hesselink, I. John(존 헤세링크)   11, 208, 226, 274n45, 286n32, 295n84, 306n176
Höpel, Harro(해로 회펠)   246
Horner, Robyn   268n2, n13

Irenaeus of Lyon(리옹의 이레나이우스)   36, 43, 67-68, 69, 75, 76, 77, 82, 257, 262, 283n162, 284n175, 289n100

Jenson, Robert   280n135
Jones, Serene(시린 존스)   61-62

Keller, Carl A.   277n82
Klempa, William   298n6, 299n33
Kolfhaus, Wilhelm(빌헬름 콜프하우스)   40-41
Krusche, Werner   277n87, 282n146, 299n34

Lambert, Francis(프란시스 랑베르)   100
Lane, A. N. S.(앤서니 레인)   42, 273n14, 276n66, n76, n79, n80, 277n84, n86, 278n95, 279n109

LaVallee, Armand A.(아르망 라발리) 53
Lehmann, Paul(폴 레만) 298n7
Leith, John H. 296n112
Levinas, Emmanuel(에마뉘엘 레비나스) 21
Little, David(데이비드 리틀) 11, 208, 275n48, 303n118, n124, 305n158, 306n166, n167, n177
Livingston, James C. 273n28
Lombard, Peter(피터 롬바르드) 59, 66, 67, 112, 192, 279n105
Lossky, Vladimir 270n50, 281n136
Louth, Andrew(앤드루 루스) 32
Luther, Martin(마르틴 루터) 52, 59, 66, 71, 100, 161

Major, John(게오르크 마요르) 48, 52-53, 63
Mannermaa, Tuomo 280n135
Marcourt, Antione(앙투완 마르꾸르) 103, 105, 106, 118
Marion, Jean-Luc(장 뤽 마리옹) 10, 25-26
Mauss, Marcel(마르셀 모스) 18-24, 33
McClymond, Michael J. 280n135
McCormack, Bruce 273n28
McDonnell, Kilian(킬리언 맥도널) 48-49, 272n9, 275n62, 292n37
McGinn, Bernard(버나드 맥긴) 90, 92
McGrath, Alister E.(알리스터 맥그래스) 52, 98
McKee, Elsie A. 288n71, 304n138, n140
McNeill, John T.(존 맥닐) 141, 208, 294n62
Melanchthon, Philipp(필리프 멜란히톤) 34, 56, 60, 109, 121, 139, 286n30
Milbank, John(존 밀뱅크) 10, 23-30, 101, 249, 253, 257, 262, 263, 268n2, 284n1, 290n110, 304n139,

Millet, Olivier(올리비에 밀레) 61-62, 275n52
Mooi, R. J. 278n91
Mosser, Carl 280n134, 282n142, n143, 287n50, 289n86
Muller, Richard(리처드 멀러) 39, 55, 60, 109, 112, 279n118, 281n139, 283n160, 289n101, 290n107, 291n13, 293n38

Niesel, Wilhelm(빌헬름 니젤) 198, 291n12, 297n127, 299n34
Norris, Richard A. 278n93
Nygren, Anders(안데르스 니그렌) 25, 26

Oakley, Francis 275n47, 306n166
Oberman, Heiko A.(헤이코 오베르만) 57-58, 282n151
Oliver, Simon(시몬 올리버) 24, 29-30, 143, 257, 260, 284n1, 295n85, 297n117
Oort, Johannes Van 276n75, n77, 279n107, n109
Osiander, Andreas(안드레아스 오시안더) 83-91, 133, 262
Ozment, Steven E. 279n105

Parker, T. H. L.(파커) 53, 272n8, 288n73, 289n88, 290n1
Partee, Charles 271n61, 291n13
Perl, Eric D. 281n136
Pickstock, Catherine(캐서린 픽스톡) 23, 28, 30, 101, 257, 272n2, 274n32, 284n1
Pighius, Albert(알베르트 피기우스) 67, 70-71, 74-75
Plaskow, Judith 270n49

Prins, Richard   278n99
Puckett, David Lee   287n60

Quistorp, Heinrich   271n56

Reuter, Karl(칼 로이터)   52-54, 63, 65, 275n62
Richard, Lucien   275n62
Ritschl, Albrecht   274n42
Russell, Norman   281n141, 280n142

Schrift, Alan D.   268n6
Scotus, Duns(둔스 스코투스)   48, 52, 54-60
Selinger, Suzanne   275n62
Servetus, Michael(미카엘 세르베투스)   67, 133, 138, 245, 282n143
Slater, Jonathan(조너선 슬레이터)   281n139
Stead, Christopher(크리스토퍼 스테드)   283n172
Steinmetz, David   282n144, 289n85, 300n45
Stevenson, William R.   305n143, n146, 306n170

Tamburello, Dennis E.(데니스 탐부렐로)   40-42, 290n109
Tanner, Kathryn(캐스린 태너)   10, 31, 269n17, 284n1
Tertullian(테르툴리아누스)   65-67
Thompson, John L.(존 톰프슨)   126,

287n61, n62, n66
Torrance, James B.   272n71, 290n1
Torrance, Thomas F.(토머스 토런스)   52, 299n34
Tylenda, Joseph N.   289n93, 295n84

Vermigli, Peter Martyr(버미글리, 피터 마터)   134

Wallace, Ronald S.(로널드 월리스)   291n12, 293n45, n54, n56, 294n79, 297n125
Ward, Graham(그레이엄 워드)   23, 272n2, 274n33, 284n1, 290n108, n110, 293n53, 295n84, n85, 297n121
Webb, Stephen H.(스티븐 웹)   21-22, 31, 268n2
Weis, James   282n144, 289n85
Wendel, Francois   272n8, 274n29, 285n20, 289n89, 294n71
Westphal, Joachim(요아힘 베스트팔)   68, 99, 133-138, 143, 188, 282n143, n144
William of Occam(오컴의 윌리엄)   48-57
Williams, Rowan(로완 윌리엄스)   130, 281n140
Williams, A. N.   280n135, 281n137
Willis, David(데이비드 윌리스)   61, 275n50, 287n49, n50, n51, 297n134
Wilson-Kastner, Patricia   282n145

Zwingli, Ulrich(울리히 츠빙글리)   103-104, 106, 134-138

주제 색인

경건(pietas) 62-64, 124, 146, 161-167, 203-204, 211, 243
교제; 코이노니아도 보라. 69-70, 99, 104-105, 128-129, 132, 142, 151, 193-195, 198, 202-203, 207, 211-215, 228, 231, 236, 239-240, 250, 254-255, 259, 265-266
교회와 참여; 세례, 주의 성찬도 보라. 232-240, 248-250, 258-259
그리스도 안에 참여함; 그리스도와의 연합, 성령과의 연합 및 관련 주제도 보라. 17, 27-28, 34-37, 38-39, 77-80, 87-94, 100-102, 104-105, 114-116, 125, 128-130, 140, 146, 148-152, 166-167, 169, 176-180, 187, 205, 213-214, 221-222, 236, 241, 248-267
그리스도론; 성육신, 삼위일체, 그리스도의 십자가도 보라. 29, 47-49, 77-78, 88, 128-129, 133, 139, 148-149, 185, 193, 205, 221
그리스도와의 연합; 그리스도 안에 참여함도 보라. 34, 37-45, 78-88, 91, 93, 102, 105, 111, 118, 131, 137, 140, 147-158, 207, 256
그리스도의 십자가 84-85, 96, 117, 179, 180, 187, 265
급진 정통주의 23, 29, 31, 32, 57-58, 60, 252
기도 127, 147-159, 160-161
『기독교 강요』 참여 언어의 발전 99-119, 138-144

능동적(적극적)인 인간성 26, 146, 195, 234, 235, 247, 249, 260

동방 정교회; 그레고리오스 팔라마스, 신화도 보라. 17, 32, 34, 251, 266

법정적(forensic) 27-29, 44-45, 83-88, 96, 146, 254, 258, 265
변증법 48, 49, 55-56, 58, 60
부활 74, 78, 89, 94, 106-107, 140, 168-169, 186, 267

사랑의 신학과 윤리
  율법과 사랑 197-199, 202-203, 209, 214-217, 222-240, 248-250
  주의 성찬과 사랑 104-106, 135, 178, 194-195
  칼뱅의 관점에 대한 비평 15-17, 26-33, 197-199, 258-259
  칼뱅의 전체 신학 안에서의 사랑 34-35, 76, 85, 96, 147, 158-163, 255-261
삼위일체; 성부, 그리스도론, 성령도 보라. 24-26, 38-39, 67, 79-80, 86-88, 114, 119, 130, 133, 146, 152-153, 262
선물; 현대 신학의 범주로서 선물 신학자들도 보라. 15-33, 197-199, 237-238
  자선(구호)로서의 선물 187, 229, 238, 239, 240, 249, 256
  칼뱅 신학 안에서의 선물 36-37, 85, 149-150, 158-159, 160-166, 169, 182-184, 191-195, 199-203, 207,

| 주제 색인 | 323

216-219, 222, 231, 236-238, 241, 249, 251-257, 259-260
선물 신학자들   15-23, 32, 37, 48-49, 57, 101, 145, 157-158, 177, 197-198, 251-252, 253, 257, 276n81, 277n87, 290n102
선택과 예정   16, 31, 67, 111, 112, 149, 175, 176, 226, 233
설교   125-127, 217, 247
성령, 신자를 그리스도에게 연합시킴   86-87, 114, 194-195, 254, 286n31
~과 교회의 질서와 나라의 질서   232-250, 266, 300n48
~과 그리스도 안에의 참여   86-87, 90-96, 114, 130, 254-255
~과 기도   147-160
~과 도덕법   205, 209-210, 215, 243
~과 성례전 일반   125, 163-166, 192-193
~과 세례   89, 106-107, 167-177
~과 주의 만찬   125, 179, 184-185, 188-189, 191-192, 194-195
인간 의지에 작용하심   69-80
인간의 활동을 활성화하는 작용   75, 76, 146-147, 157, 194, 238, 239, 247
성례; 세례, 주의 성찬도 보라.   29, 36, 41, 47, 66, 102-103, 105, 107, 125-126, 146-147, 160-179, 183, 184, 187, 190, 192-193, 254-255, 256, 260, 262, 266
성부, (칼뱅 신학에서의) 하나님; 삼위일체, 입양도 보라. 28, 36, 69, 80, 91-96, 114, 125, 146, 148, 151-160, 163-167, 169, 177-178, 183, 188-189, 194, 202-203, 237, 261, 262, 266-267
성육신; 그리스도론, 삼위일체도 보라.   32, 73, 99, 129-130, 142, 179, 184, 187, 219

성화; 이중 은혜도 보라.   27, 34-36, 74-75, 84-85, 88, 114, 115, 147-150, 169, 182, 192, 233, 254, 256, 260
세례 89-90, 99, 106-107, 119, 140, 146-147, 167-177, 185, 190, 194, 267
속성의 교류 82, 87
승천 78, 94, 142, 147, 179, 186-189
신화(神化, deification) 16, 27, 32, 33, 81-83, 88, 94, 257, 261-262, 265
실체(substance, substantia) 30, 74, 75, 78, 89-94, 106, 108, 116-118, 123, 134, 136-137, 143, 166-168, 183-192, 216-218, 219, 222, 227-228, 260-261

예정; 선택과 예정을 보라.
유명론(nominalism)   27-33, 47-64, 257-258
율법; 사랑, 형평도 보라.
첫 번째 쓰임새   203-206
두 번째 쓰임새   206, 207, 244
세 번째 쓰임새   199, 204, 207-208, 212
도덕법   204-205, 209, 210, 215, 243
자연법   58-59, 198, 207-211, 228, 243, 245, 258,
칼뱅의 관점에 대한 비평   28, 197-199
칼뱅의 일반적인 관점   36, 39, 58-59, 76, 85-86, 199-250, 255, 262
이중 은혜(duplex gratia); 칭의와 성화도 보라.   34, 45, 101, 146-159, 161, 164, 169, 172, 177, 178, 182-183, 186, 192-193, 215
입양   37-40, 44-45, 50, 61, 69, 78-79, 82-83, 86, 99, 102, 123-132, 140-142, 147-194, 203-205, 224, 252,

259, 264

적응(조정, 하나님이 인류에게 적응하심) 62, 112, 125, 190-191, 197-199, 204-207, 213-223, 248-250, 264, 297n121
전가(imputation) 26-29, 34, 42, 100-102, 147-148, 153-154, 158, 163, 169, 179, 180, 205, 256, 258
접목(ingrafting) 78-79, 89, 101, 104-105, 107-108, 123, 129, 131-132, 140, 148-149, 172, 187
정의(justice) 35, 187, 210, 224, 228, 230, 246, 249, 256, 259, 266
존재론(ontology) 27, 57-58, 91, 93
주석과 칼뱅의 참여 언어 108-132
주의 성찬(만찬) 30, 34, 41, 77-78, 104-106, 115-118, 134, 136, 146, 160-166, 177-192, 224-225, 236-237
주의설(voluntarism); 지성론(intellectualism)도 보라. 48, 49, 58, 258, 264
주입(infusion) 27, 59, 76, 84-88, 90-93, 136, 301n59
중생 70-72, 100-101, 165, 171-173, 180, 208, 226, 243, 258
지성론(intellectualism); 주의설(voluntarism)도 보라. 58, 300n35

창조주-피조물 구분 87-88, 237, 261
칭의 27, 34-35, 44, 83-88, 98, 100-102, 115, 146, 147, 149, 158, 241, 253-254, 256, 258-259

칼뱅 신학과 가톨릭 27-29, 34, 79-80, 88, 94-96
칼뱅; 초기 경력과 교육 관련해서 색인에 있는 신학 주제도 보라. 51-68
    교부 저서 인용 34, 38-43, 49, 64-78, 81-83, 88, 90, 94-95, 100, 192
코이노니아(koinonia); 교제(communion)도 보라. 99, 127-130, 136-137, 142, 195, 224

토마스주의(Thomism) 28, 49, 54, 57, 59, 64, 90, 208, 258

하나 됨; 교제, 신화도 보라. 80, 92-96, 119, 134, 137, 148, 173-174, 183, 202, 212, 225, 236, 248, 262
하나님 안에 참여함 35, 36, 50, 69, 77, 80, 86, 113, 114, 124, 140, 166, 211, 226, 257, 261, 262
하나님과의 연합; 하나님 안에 참여함, 신화도 보라. 35, 50, 75, 80-93, 200, 202, 205, 213, 219, 266
형평(equity) 35, 210, 213-214, 224, 226, 228, 230, 235-236, 249, 256, 266

이레서원 출간 도서

✱ 설교

1. 『청년 설교: 청년 예배, 설교, 사역 노하우』 김상권, 150x220, 312쪽
2. 『엑설런트 프리칭: 성경과 오늘의 세계를 잇는 설교』 크레이그 바르톨로뮤(김광남 역), 130x200, 136쪽
3. 『21세기에 다시 본 존 칼빈의 설교와 예배』 이현웅, 148x210, 268쪽
4. 『설교자를 위한 공동서신 강해』 김병국, 152x223, 360쪽
5. 『1인칭 내러티브 설교』 해돈 로빈슨 외(전광규 역), 152x223, 248쪽

✱ 성경 연구

1. 『중동의 눈으로 본 예수님의 비유』 케네스 E. 베일리(오광만 역), 152x225, 400쪽
2. 『하나님 중심의 성경 해석학』 번 S. 포이트레스(최승락 역), 152x225, 352쪽
3. 『히브리서 산책: 성취와 기다림』 최승락, 140x200, 224쪽
4. 『성경 역사, 지리학, 고고학 아틀라스』 앤손 F. 레이니 외(강성열 역), 240x320, 562쪽
5. 『예수님의 비유』 최갑종, 152x223, 470쪽
6. 『갈라디아서』 최갑종, 152x225, 696쪽
7. 『(이해와 설교를 위한) 고린도후서 주석』 조석민, 152x225, 296쪽
8. 『로마서: 이방인의 사도가 전한 복음』 최종상, 152x223, 496쪽
9. 『어떻게 천천히 읽을 것인가』 제임스 사이어(이나경 역), 139x216, 264쪽
10. 『(이해와 설교를 위한) 요한복음』 조석민, 152x225, 520쪽
11. 『다시 읽는 창세기』 민경구, 152x223, 312쪽
12. 『예수님의 비유 해석 입문: 배경, 해석사, 해석 원리와 실제』 로버트 스타인(오광만 역), 150x220, 280쪽
13. 『골로새서·빌레몬서』(한국성경주석 12) 길성남, 152x225, 464쪽
14. 『고린도에서 보낸 일주일: 바울 사역의 사회적, 문화적 정황 이야기』 벤 위더링턴 3세(오현미 역), 140x200, 232쪽
15. 『에베소에서 보낸 일주일: 1세기 그리스도인은 요한계시록을 어떤 의미로 읽었을까?』 데이비드 드실바(이여진 역), 140x200, 264쪽
16. 『고대 문학의 렌즈로 보는 성경』 마셜 존슨(차준희 역), 140x210, 272쪽

✱ 신학

1. 『마크 존스의 선행과 상급』 마크 존스(오현미 역), 130x200, 248쪽
2. 『마크 존스의 예수 그리스도』 마크 존스(오현미 역), 130x200, 120쪽
3. 『조지 래드의 종말론 강의』 조지 래드(이승구 역), 148x210, 232쪽
4. 『칭의의 여러 얼굴』 제임스 패커 외(김형원 역), 140x200, 304쪽
5. 『선지자적 반시대성』 오스 기니스(김형원 역), 124x182, 192쪽
6. 『예수님과 안식일 그리고 주일』 양용의, 152x223, 456쪽
7. 『삼위일체: 신약신학「실천신학적 연구』 리처드 보컴 외(신호섭 역), 152x225, 400쪽
8. 『구약의 그리스도, 어떻게 설교할 것인가』 시드니 그레이다누스(김진섭, 류호영, 류호준 역), 152x223, 536쪽
9. 『아들을 경배함: 초창기 기독교 예배 의식 속의 예수』 래리 허타도(송동민 역), 140x200, 168쪽
10. 『바울 복음의 심장: 개인, 교회, 창조세계를 변화시키는 복음』 데이비드 드실바(오광만 역), 140x200, 224쪽
11. 『(소요리문답과 함께하는) 365 교리 묵상』 임경근, 152x225, 392쪽
12. 『예배학 지도 그리기: 목회자와 예배 사역자를 위한 예배 기획 지침서』 문화랑, 150x220, 248쪽
13. 『영적 전쟁: 바울 서신으로 본 사탄과 악한 영들』 클린턴 E. 아놀드(길성남 역), 152x225, 320쪽
14. 『바울에 관한 새로운 탐구』 티모 라토(김명일 역), 124x182, 120쪽
15. 『기독교 교파 한눈에 보기』 전희준, 140x200, 144쪽

✱ 채영삼 교수 저서

1. 『긍휼의 목자 예수: 마태복음의 이해』 152x223, 488쪽
2. 『지붕 없는 교회: 야고보서의 이해』 152x223, 398쪽
3. 『십자가와 선한 양심: 베드로전서의 이해』 152x223, 476쪽
4. 『신적 성품과 거짓 가르침: 베드로후서의 이해』 152x223, 544쪽
5. 『삶으로 드리는 주기도문』 124x182, 208쪽
6. 『삶으로 내리는 뿌리』 140x200, 304쪽
7. 『공동서신의 신학: '세상 속의 교회', 그 위기와 해법』 152x223, 800쪽
8. 『코이노니아 성경 해석 가이드북』 148x210, 88쪽
9. 『코이노니아와 코스모스: 요한일서의 이해』 152x223, 576쪽

✠ <일상을 변화시키는 말씀> 시리즈

1. 『하나님께 소리치고 싶을 때: 욥기』 크레이그 바르톨로뮤(송동민 역), 130x200, 128쪽
2. 『십자가와 보좌 사이: 요한계시록』 매튜 에머슨(김광남 역), 130x200, 120쪽
3. 『신비를 엿보다: 다니엘』 바바라 륭 라이(송동민 역), 130x200, 120쪽
4. 『무대 뒤에 계신 하나님: 에스더』 웨인 바크후이젠(송동민 역), 130x200, 144쪽
5. 『왕을 버리다: 사사기』 데이비드 벨드먼(김광남 역), 130x200, 136쪽
6. 『기도의 심장: 누가복음』 크레이그 바르톨로뮤(송동민 역), 130x200, 136쪽
7. 『소외된 이들의 하나님: 룻기』 캐롤린 C. 제임스(이여진 역), 130x200, 160쪽
8. 『함께 세상으로: 사도행전』 마이클 와겐맨(이여진 역), 130x200, 120쪽
9. 『우주의 시작: 창세기 1-11장』 드루 존슨(이여진 역), 130x200, 168쪽

✠ 영적 성장

1. 『요한계시록 40일 묵상 여행』 이필찬, 152x223, 248쪽
2. 『365 힐링 묵상: 밤에 부르는 아침의 노래』 류호준, 127x205, 408쪽
3. 『복음과 생명』 서형섭, 152x225, 352쪽
4. 『마르바 던의 위로』 마르바 던(김병국 역), 140x200, 336쪽
5. 『고귀한 시간 낭비 '예배'』 마르바 던(김병국, 전의우 역), 152x223, 166쪽
6. 『말씀 앞에 서는 용기: 구약 인물의 실패에서 배우다』 한주원, 150x220, 256쪽
7. 『다시 시작하는, 엄마 수업』 하재성, 150x220, 344쪽
8. 『우울증, 슬픔과 함께 온 하나님의 선물』 하재성, 148x210, 344쪽
9. 『강박적인 그리스도인』 하재성, 148x210, 355쪽
10. 『5가지 친밀한 관계』 레스&레슬리 패럿(서원희 역), 124x182, 304쪽
11. 『하이 콜링: 당신을 향한 하나님의 거룩한 초대』 모리스 로버츠(황영철 역), 150x220, 256쪽
12. 『아름다운 '안녕': 확신과 소망으로 죽음이라는 신비에 다가가라』 매럴린 매킨타이어(오현미 역), 140x200, 224쪽
13. 『기꺼이 불편한 예배』 김재우, 128x188, 192쪽

✠ <믿음의 재발견> 시리즈(책임 편집자: 마이클 리브스)

1. 『기도하는 즐거움』 마이클 리브스(송동민 역), 124x182, 88쪽
2. 『두려움 없는 전도』 폴 윌리엄스(이여진 역), 124x182, 136쪽
3. 『변하지 않는 말씀: 성경의 선함과 유익, 그리고 모순과 난제』 앤드루 윌슨(송동민 역), 124x182, 120쪽
4. 『담대한 믿음: 모든 상황에서 예수님을 신뢰하는 법』 조너선 스티븐(이민희 역), 124x182, 72쪽